教育部人文社会科学重点研究基地——西北大学中国西部经济发展研究中心资助项目
陕西省优势学科理论经济学建设项目

西北大学经济管理学院博士文库

THE MECHANISMS OF FINANCIAL DEVELOPMENT ON ECONOMIC GROWTH

金融发展对经济增长的作用机制

金融发展对经济增长的作用机制可分为数量型与质量型，两种机制均具有阶段性与动态性的特征，金融体系的发展需要充分考虑具体的制度背景与约束条件。

王　聪◎著

中国经济出版社
CHINA ECONOMIC PUBLISHING HOUSE
北 京

图书在版编目（CIP）数据

金融发展对经济增长的作用机制／王聪著.
北京：中国经济出版社，2017.2
ISBN 978-7-5136-4629-1

Ⅰ.①金… Ⅱ.①王… Ⅲ.①金融业—经济发展—研究—中国②经济增长—研究—中国
Ⅳ.①F832②F124

中国版本图书馆 CIP 数据核字（2017）第 035919 号

责任编辑　贺　静
责任印制　巢新强
封面设计　华子设计

出版发行　中国经济出版社
印 刷 者　北京柏力行彩印有限公司
经 销 者　各地新华书店
开　　本　710mm×1000mm　1/16
印　　张　22
字　　数　327 千字
版　　次　2017 年 2 月第 1 版
印　　次　2017 年 2 月第 1 次
定　　价　59.00 元
广告经营许可证　京西工商广字第 8179 号

中国经济出版社 **网址** www.economyph.com **社址** 北京市西城区百万庄北街 3 号 **邮编** 100037

本版图书如存在印装质量问题，请与本社发行中心联系调换（联系电话：010-68330607）

总 序

经过30多年的改革开放，我国经济发展站在了新的历史起点，经济增长进入到了新的阶段。我国处于经济增长新阶段的表现为：第一，成为世界第二大经济体。1978年我国GDP总量全球排名第15位，然而在改革开放30多年的进程中，我国的经济增长率持续保持在10%左右，创造了“中国奇迹”。2011年我国GDP为471564亿元，首次超过日本，2015年GDP总量达到676708亿元，已经成为世界第二大经济体，迈入了世界经济大国的行列。我国在迈入经济新阶段后，面临着从经济大国向经济强国转变的根本任务。第二，人均收入进入中等收入国家行列。直到20世纪80年代中期，我国一直是低收入国家，1978年我国人均GDP只有226美元，居全球倒数第2位。经过改革开放30多年的发展，我国人均GDP现已达到5.2万元，约合8016美元，排世界第84位。虽然我国已经步入中等收入国家行列，但新的矛盾却日渐凸显，避免陷入中等收入陷阱成为新阶段的首要任务。第三，我国已经步入新型工业化国家行列。改革开放以来，我国大力推进工业化建设，2014年第三产业占总GDP的比重超过第二产业，而且PPI连续三年下降，这意味着自2015年起我国开始进入工业化的后期阶段，已经完全实现了从农业国到工业国的转变；随着工业化和城市化进程的加快，目前我国已步入新型工业化国家行列。在质量型经济发展新阶段，我国将致力于发展新型工业化，与此同时面临着迎接世界第三次产业革命的艰巨任务。第四，经济增长的红利发生了变化。从2011年开始，中国经济增长率逐季下滑，长期支持中国经济增长的体制转轨红利、资源红利、人口红利、对外开放红利都在消退，投资驱动和需求拉动型的经济增长模式走到尽头，未来增长的可持续性受到了挑战，创造经济发展新红利空间的任务迫在眉睫。第五，资源禀赋结构发生变化。在改革开放初期，我国选择粗放型经济增长模式，以自然资源为依托，通过要素投入带动经济总量的增长，形成了“高投入、高污染、高耗能”的生产机制。在经济增长的新阶段，资源禀赋约束作用加强，高投入的生产机制造成了经济增长方式效率低下，制约了经济的长期增长。同时，我国人口老龄化程度加剧，劳动力数量下降且质量不足，人力资源效率低下，劳动力结构的变化影响了经济新一轮增长。因此，我国正面临着从数量型经济增长向质量型经济增长转型的任务，在这一转型中有许多问题需要进一步研究。

在中国经济进入新阶段的背景下，为了进一步推进我院的学术研究和人才培养工作，学院先后启动了“青年教师科研孵化项目”“教师学术沙龙”“青年教师国际化”，以及“西北大学经济管理学院博士文库”等项目，以不断加强青年教师能力建设。“西北大学经济管理学院博士文库”第一期已经完成，带动了年轻教师的积极性，带动了科研和教学活动，效果明显。

学院党政联席会议研究决定，启动“西北大学经济管理学院博士文库”第二期，入选的13个选题涵盖了理论经济学、应用经济学和工商管理学科，具体包括李勇博士的《发展战略、产权结构和长期经济增长》、郭晗博士的《结构变化与增长潜力：中国潜在经济增长率的测算及其结构转换路径研究》、王聪博士的《金融发展对经济增长的作用机制》、李伟博士的《我国循环经济发展模式研究》、王敏博士的《基于动态比较优势的增值贸易研究——理论与经验证据》、谢平博士的《中国地方政府债券发行制度研究》、董建卫博士的《风险投资机构的网络位置对投资绩效的影响研究》、石阳博士的《机构持股对上市公司的价值影响研究》、谭乐博士的《基于情景的领导素质理论》和《环境不确定条件下领导者人格类型对领导有效性作用机制研究》、张洁博士的《高新技术企业创新管理能力成熟度模型与提升方法研究》和《企业双元创新模式演进：从封闭式创新到开放式创新》，以及张宸璐博士的《组织柔性对企业创新的影响研究：基于组织双元性视角》。第二期博士文库入选著作主要有以下几个研究方向：

1. 突出制度与经济发展之间作用关系的研究。美国克拉克经济学奖获得者阿西莫格鲁认为，一个国家的经济制度和政治制度都可分为汲取性和包容性两类，包容性经济制度的特征包括保护产权、确保法治、市场公平竞争、国家向市场提供公共服务和监管支持等，而汲取性经济制度则在这些方面存在缺失。中国经济实现持续增长、跨越中等收入陷阱，需要由汲取性制度向包容性制度转型。文库第二期中涉及制度与经济发展研究的著作有《发展战略、产权结构和长期经济增长》《金融发展对经济增长的作用机制》《我国循环经济发展模式研究》以及《中国地方政府债券发行制度研究》。

2. 探讨在不确定性背景下宏观经济发展趋势、投资策略选择以及微观企业管理问题。不确定性引发的风险问题在现实经济管理中具有深刻的影响。在微观经济学研究领域，不对称信息引发不确定性进而导致市场失灵的问题，一直以来都是研究的热点。在宏观经济学研究层面，不确定性对未来经济增长趋势的影响需要在不同情景模式下开展。管理学研究中，由不确定性引发的风险管理更是理论界和实务界关注的焦点。第二期文库中的《结构变化与增长潜力：中国潜在经济增长率的测算及其结构转换路径研究》《风险投资机构的网络位置对投资绩效的影响研究》《机构持股对上市公司的价值影响研究》以及《环境不确定条件下领导者人格类型对领导有效性作用机制研究》四个选题可归入这一研究领域。

3. 开放视角下的经济管理问题研究。2002 年中国加入 WTO，2015 年人民币加入 IMF 的特别提款权货币篮子以及“一带一路”战略的推行，中国经济在各个层面都将面临更高程度的对外开放，开放经济条件下中国的经济发展和企业管理也将迎来新的挑战和战略选择。《基于动态比较优势的增值贸易研究——理论与经验证据》《企业双元创新模式演进：从封闭式创新到开放式创新》和《组织柔性对企业创新的影响研究：基于组织双元性视角》三个选题分别探讨了开放条件下的贸易和管理问题。

4. 企业管理的新问题与新思考。领导力研究和企业创新能力研究分别从不同角度分析了企业核心竞争力的构建策略，这也是近年来管理学领域要重点分析和探索的问题。当然，一个成熟的有创造力的企业不但需要构建以领导者为核心的组织架构，而且也需要不断培育企业创新能力，唯有此才能基业长青。我院工商管理学科团队采用实证分析方法，在领导力和企业创新研究领域形成的著作有《基于情景的领导素质理论》和《高新

技术企业创新管理能力成熟度模型与提升方法研究》

入选第二期“西北大学经济管理学院博士文库”的选题在突出不同学科研究特点的同时，也紧跟学术研究前沿，使用先进的研究方法和工具分析中国本土的经济和管理问题，这是学院近年来所倡导的大问题意识、追求“知行合一”与“顶天立地”的科研精神的集中体现。同时，“西北大学经济管理学院博士文库”也是我院“211重点学科”、教育部人文社科重点研究基地和“陕西省优势学科”建设的重要成果之一。

西北大学经济管理学院院长、教授、博士生导师

任保平

2016年10月于西北大学

序 一

伴随中国经济发展进入新常态，经济增长模式逐渐从由人口红利等形成的要素驱动转向由技术红利引领的创新驱动，这既是一国经济发展的机遇期也是瓶颈期，增长的动力源泉与特征均发生了巨大的变化。金融作为现代经济的核心，其发展、创新与监管对经济增长的作用越来越直接且重要。一方面，金融因素向实体经济的传导距离在进一步缩短，经济增长过程中需要有效防控金融风险，否则有可能对金融系统及实体企业融资造成严重的影响；另一方面，金融发展又能够有效提升技术吸收和转移的能力，有效增加创新投入而有力地推动长期经济增长。在新的经济发展阶段，深入探讨金融发展对技术进步和经济增长的具体作用机制，具有理论价值与现实意义。

党的十八大报告提出，要深化金融体制改革，健全促进宏观经济稳定、支持实体经济发展的现代金融体系。纵观世界各国经济增长与发展历程，经济发展方式演变的总体趋势是从劳动、资本投入驱动型向知识创新的生产效率提高型演变。虽然一个经济体不能跨越自身发展阶段而随意选择经济增长方式，但可以通过完善相关体制机制、推动技术进步与知识创新加速其经济增长，从而推进经济朝着更高质量、更有效率、更加公平、更可持续的方向发展。

当前，中国经济正在向形态更高级、分工更复杂、结构更合理的阶段演化。在新常态经济背景下，需要以提高质量和核心竞争力为中心，以创新驱动发展，扩大高质量产品和服务供给。在供给侧结构性改革进一步深化之际，需要首先准确认识当前的经济形势，以了解经济增长动力与主导力量的转换：

第一，随着与世界技术前沿差距的缩小，我国利用后发优势的空间越来越有限，需要更加勇于承担创新的风险与成本，进一步发挥市场在资源配置中的决定性作用。从20世纪后期我国电话交换机的技术创新过程可以看出[①]：在发展初期的计划经济时代，以政府为主导进行自上而下决策，将市场仅仅当作企业技术活动产出的接受者，企业既不对创新风险承担责任，也不会由于创新成功而增加收益，封闭式的“自力更生”的方针未能有效推动电信工业的发展，更不能有效满足市场需求。20 世纪 80 年代至 90 年代中期，引进、消化、吸收国外先进技术，并以市场需求拉动，不仅提升了本国相关应用技术与技能（Know - how），还缩小了我国与发达国家在研发和生产方面的差距。随着自主设计与制造能力的逐步提升，华为、中兴等企业的创新能力达到世界领先水平[②]。面对激烈的竞争，已成为技术创新主体的企业必须不断强化创新意识、优化创新过程、承担创新风险，不断提升自主创新能力。

第二，在经济金融全球化条件下，技术创新的实现途径呈现出多样性，创新驱动路径的选择需要结合自身实际与所处的外部环境。原始创新、集成创新、引进吸收再创新共同构成了开放而有机融合的自主创新系统[③]，推动一国实现核心技术、关键领域的重大突破。值得注意的是，技术存量的规模与经济环境决定着创新能否得到有效的扩散。而在技术的吸收和转移过程中，需要关注深层次的社会与制度的作用。一国金融体系的发展，其主要目的是更有效率地将稀缺的储蓄资源配置到最有产出前景、有可能推动产品质量提高和生产率提升的智力或物质投资。因此，创新及其扩散速度在很大程度上受到金融体系发展及其效率的影响。

第三，从创新驱动发展的来源看，我国的基础研究投入经费相对不足。数据显示，我国基础研究投入绝对值增长较快，从 1990 年的 9.3 亿元增长到 2013 年的 555 亿元，净增约 60 倍，年均增长 19.4%，增长速度远高于 OECD 国家；2014 年又增加到 613.5 亿元。但是，中国基础研究投入占全社会研发投入的比重长期在 5% 上下徘徊，而美国是 19.0%，英国是 11.3%，日本是 12.3%。基础研究在国内生产总值（GDP）中的占比（即基础研究投入强度），美国、法国、日本、韩国等国均大于 0.4%，西班

---

① ZHANG, W., IGEL, B. Managing the Product Development of China’ s SPC Switch Industry as An Example of CoPS [J]. Technovation, 2001, 21 (6): 361 - 368.

② 张炜，杨选良，张宏涛. 20 世纪后期我国电话交换机技术创新过程模式研究 [J]. 中国软科学，2007 (6): 1 - 8.

③ 张炜，杨选良. 自主创新概念的讨论与界定 [J]. 科学学研究，2006，(6): 956 - 961.

牙、意大利等国均在0.2%以上，而中国还不到0.1%。更为严峻的是，我国研发资源配置效率有待提升，特别是基础研究经费结构存在缺陷①。增加金融对于技术创新的有效投入，有助于政府增加对基础研究的投入，提升原始创新能力。

我在西北大学工作时指导的博士生王聪，长期关注中国经济增长与发展问题，在攻读博士学位期间，围绕经济增长与金融发展发表了数篇相关学术论文，并积极参与国家自然科学基金项目、国家软科学研究项目和教育部及其他省部级项目。她的勤勉好学与谦逊踏实，给我留下了深刻的印象。

王聪博士在此书中将前沿技术差距概念引入经济增长中，并将其作为影响金融发展促进经济增长机制与政策选择的重要变量，这是一个新颖的研究视角。在研究中，王聪博士通过对高收入国家与中低收入国家的比较，在新熊彼特内生增长理论模型的内核基础上，构建了“数量型—质量型”作用机制分析框架，并着重分析了金融发展对技术吸收与转移、基础研究与应用性研究的影响，据此剖析金融发展对经济增长作用机制的阶段性与动态性的特点，强调了制度背景与约束条件的变化对作用机制有效性的重要作用。区别于其他针对金融发展与经济增长之间线性关系的探讨，此书稿提出了金融发展作用机制的阶段性假说，论证了在经济发展过程中金融抑制的存在有可能导致二者之间的非线性关系的出现，拓展并丰富了二者之间的非线性研究，这是一个非常有意义的研究方向，也是本书的重要创新点之一，有助于当前的经济结构战略性调整与发展模式转变过程中对二者关系的深入理解。

值此研究成果付梓之际，衷心希望王聪博士在今后的工作和学习中取得更为丰硕的成果。

是以为序。

西北工业大学党委书记、教授
张炜
2016年12月于西安

---

① 张炜，吴建南，徐萌萌，阎波. 基础研究投入：政策缺陷与认识误区［J］. 科研管理，2016，37（5）：87-93，160.

序　二

次贷危机爆发近10年来，全球经济依然在增长的迷雾中求索。卡尔多在1961年提出的著名的六个“典型化事实”，以及概括和总结的已有研究对20世纪经济增长得出的结论，为未来的研究提供了分析的框架。其中前五个事实在新古典增长模型中依次得到了解释。伴随着理论的发展，为了解释卡尔多所提出的第六个事实，关于各国增长率的显著的国别差异与长期增长现象，内生增长理论将知识与人力资本引入经济增长模式，摆脱规模收益递减规律，在动态一般均衡的概念框架下形成了阐述内生技术变迁与创新的分析工具，对新古典增长理论进行了全面的修正与发展。增长理论研究的重点逐渐从早期的投资领域转向技术模仿、研发创新与全要素生产率等领域的研究。

资本积累与创新都是长期经济增长的关键要素，内生增长理论弥补了新古典增长理论仅仅关注资本积累而忽视技术进步的缺陷，系统而完整地深入分析了技术进步与创新，这些思想形成了我们理解并探索经济增长的原因、内在机制与途径的基本的理论脉络。从宏观经济理论演变的历史来看，新古典经济增长理论或AK模型认为物质资本与人力资本的投资推动了经济增长，而产品多样化模型与新熊彼特内生增长理论则更强调以科研形式出现的技术投资对经济增长的重要作用。金融发展在这些增长理论中往往处于相对“隐形”的地位，企业在投融资时有可能面临的融资约束困难，以及银行或其他金融中介在平滑创新投资方面可能发挥的作用等很少被提及或被深入分析。Schumpeter（1912），Gurley和Shaw（1955），Goldsmith（1969）和McKinnon（1973）是研究金融与经济增长关系的先驱者，随后的大量理论与实证研究，增进了人们对金融发展与经济增长之间关系的认识与理解。

从20世纪60年代开始，金融发展与经济增长之间的关系就成为学者们争论的问题，其争论的焦点在于是金融发展导致经济增长，还是经济增长促使金融发展，二者之间是否有因果关系。

对发展中国家的金融发展问题的研究，理论源头需要回到麦金农与肖的“金融抑制”与“金融深化”的研究。20 世纪 70 年代，美国经济学家麦金龙和肖对发展中国家的金融发展与经济增长的关系进行了研究，先后在《经济发展中的货币与资本》和《经济发展中的金融深化》中提出了“金融抑制”和“金融深化”理论，并指出政府对金融体系和金融活动的过多干预会抑制金融体系的发展，金融体系的发展滞后又会阻碍经济的发展，经济如果得不到蓬勃发展则无法刺激金融体系的进一步发展，从而陷入一种恶性循环。因此，他们主张实行金融深化，使实际利率通过市场的调节机制趋近于均衡利率水平，以使经济蓬勃发展并形成一种良性循环。20 世纪 90 年代，金和莱文从金融功能的角度来研究金融发展对经济增长的影响。他们对 80 个国家 1960—1989 年间的数据进行研究后发现，金融发展的初始差距决定了后来这些国家的经济发展差异。由于发展中国家内源融资较为普遍，货币与实质资本是互补而非竞争的关系；提高实际利率有利于增加储蓄率，从而推动资本积累，由此，麦金农与肖赞同发展中国家推行金融自由化的改革。两位学者思想的哲学基础均源于自由放任的思想，相信市场机制的有效性。麦金农与肖虽然开创了金融发展理论的研究体系，使得学者们关注金融发展中政府干预所带来的不良后果，却也忽视了不对称信息带来的逆向选择与道德风险问题增加了金融中介与金融市场失灵的概率。

当前中国经济进入新常态的背景下，意味着中国又一次站在了历史的转折点上，未来中国经济是否能够真正适应新常态，关键在于经济体制改革和经济结构调整。作为中国经济改革的重要组成部分，中国金融改革的进程将不断加快。为了适应新常态的经济发展，中国正在不断深化金融体制改革，有其特有的经济发展阶段与要素禀赋特征。综合比较可以看出，我国金融总量增长有余，但结构调整与效率提升却相对不足，金融抑制与金融市场分割依然存在；不少学者甚至认为，金融相关比率的持续上升正是金融受到抑制的直接表现。中国金融改革的具体实践，有利于进一步发展和完善“金融抑制”与“金融深化”理论。

当前我国经济运行所面临的突出矛盾与问题，虽然有总量性、周期性的因素，但更多的是结构性失衡问题。近日在北京举行的2017年中央经济工作会议中指出，为解决经济增长内生动力不足的问题，需要完善市场在资源配置中起决定性作用的体制机制，健全要素市场，鼓励创新，以提高全要素生产率。会上所提出的“新方位”概念，是十八大以来对经济新常态的认识、五大发展理念以及供给侧结构性改革等概念的融合。

为了推动金融更好地服务于实体经济，落实新方位理念与供给侧结构性改革，金融发展对经济增长的具体作用机制的探究就显得必要与紧迫。在这种背景下，西北大学经济管理学院王聪博士的博士论文选题研究金融发展对经济增长的促进作用，博士论文答辩之后，又在论文的基础上进行了扩展，形成了本书稿。在书稿即将付梓之际，我想就本书的特点谈一些自己的看法：

（1）在理论框架上，该书基于经济发展的阶段性提出了一个解释金融发展对经济增长作用机制的新框架。书稿提出金融发展的“数量型作用机制”与“质量型作用机制”，阐述两种作用机制的阶段性与动态性，提出了“理论解释—经验分析—路径选择”的逻辑框架，这个框架不仅验证了熊彼特范式经济增长理论关于金融发展对一国经济向技术前沿收敛的显著促进作用，而且厘清了具体的制度背景与约束条件对金融体系发展与相应政策选择的重要性。

（2）在研究方法上，该书以扎实的文献资料梳理、较为翔实的统计数据佐证论据，并突出了比较研究的思路。该书稿利用世界银行、世界经济论坛、国际货币基金组织与世界知识产权组织的相关统计资料数据，从制度与政策因素层面、金融中介层面、金融可得性层面等指标横向比较各国金融发展的比较优势，进而以高收入国家与低收入国家1985—2015年面板数据及中国省级面板数据为研究对象，运用较为先进的计量方法对金融—增长两变量间作用机制的理论假说与命题进行了验证，补充并丰富了金融发展与经济增长非线性关系的研究。

（3）在现实应用性上，从“一带一路”与新型工业化建设的视角，深入探讨了以金融发展加速从数量扩张到质量提升的转变进而推动经济增长的作用机制。书稿将理论框架拓展至中国“一带一路”与新型工业化建设的新背景、新形势下，关注要素禀赋升级、空间结构优化、知识编码特征改变对金融发展对经济增长的作用机制可能的约束条件与影响因素的变化，来特别考察以战略性、针对性地有序推进金融改革的必要性与合理性。

冯友兰先生曾指出学术研究不仅要“照着说”，更要“接着说”，应在前人研究的基础上进行新的探索。新常态背景下研究金融发展对经济增长的作用机制，以更好地理解并推进供给侧结构改革，具有重要的理论与现实意义。王聪是西北大学经济管理学院首届基地班的优秀学生，本科毕业后在英国获得硕士学位，后来又在我院攻读博士学位。留校任教以后，坚持教书育人，教学效果好，得到了师生的好评。在学术研究方面，一直以金融发展促进经济发展为主题，坚持不懈地进行研究，曾经获得过国家社科基金课题，为鼓励王聪进一步的研究，形成更多高质量的成果，是以为序。

西北大学经济管理学院院长、教授、博士生导师

任保平

2016 年 12 月于西安

前　言

金融体系的发展需要充分考虑具体的制度背景与约束条件，其作用机制的有效性也不能脱离现实的金融发展程度与经济发展水平。虽然金融发展可能促进经济增长，但其产生原因、作用机制与表现方式却可能存在显著差异。

在理论层面，熊彼特范式内生增长理论将创新的破坏作用模型化，通过把产品质量升级纳入分析框架，扩展了对持续技术进步的结构与制度决定因素的分析，从而为金融发展与经济增长问题的研究提供了一个更为一般性的分析框架。借鉴熊彼特范式分析方法，基于金融发展对经济增长作用机制的阶段性与动态性的内在特征，本书将已有研究中的数量型、质量型作用机制与经济增长的阶段性与动态性相结合，提出金融发展作用机制的阶段性假说：①在内涵与表现方式层面，金融发展对经济增长的数量型作用机制主要表现为通过资本积累渠道动员储蓄，熨平禀赋冲击，提高资本利用效率，促进经济增长，包括外延型资本积累与内涵型资本积累。而金融发展的质量型作用机制则表现为通过促进技术进步与宏观效率提高推动经济增长：一是提高技术吸收能力以促进技术外溢效应与后发优势；二是推动 R&D 项目筛选、融资、过程监督等，以促进研究与开发；三是通过促进企业家精神与企业成长影响技术进步主体的培育与形成。②在相关政策体制层面，数量型作用机制可以通过政府隐性信用担保达到促进资本短期内迅速积累进而促进经济增长的目的；而质量型作用机制则更需要减少政府过度干预与适度放宽金融抑制政策，否则创新主体缺失、创新过程与创新结果转化等因素会阻碍金融发展通过技术进步渠道促进经济增长。

利用世界银行、国际货币基金组织与世界知识产权组织相关统计资料数据，本书分别以高收入国家与低收入国家 1985—2015 年面板数据及中国省级面板数据为研究对象，对金融—增长关系与可能的作用机制及途径予以实证检验。由于本书写作时间跨度较大，第四章、第五章正文部分指标区间分别为1985—2009年、1978—2007年，而2007年8月开始的次贷危机逐渐演变为全球性金融危机，并对全球经济增长产生了持续性的影响。在此背景下，增加了第四章附录1978—2015年跨国面板数据、第五章附录1978—2014年中国省级面板数据，对原假设进行显著性检验。一方面验证了熊彼特范式经济增长理论阐述的金融发展促进一国经济向技术前沿收敛的作用，另一方面验证了金融发展作用机制的阶段性假说。

借鉴西方成熟理论的同时需要考虑本国的资源禀赋、技术发展水平及经济增长阶段等因素对模型中各变量的影响，金融体系的改革也是如此。中国以往的政策方案着眼于政府对金融体系的有力控制，在某种程度上通过数量型作用机制有效实现了迅速的资本积累与经济增长；但随着经济增长进入较高阶段，在趋向世界生产技术前沿的过程中，也需要调整相应政策，以更好地推动金融发展以质量型作用机制促进经济的持续稳定增长。在动力层面上，需要推动动员型金融向资源配置型金融的转变；在能力层面上，需要实施自主创新战略，表现为本土研发与技术引进、消化、吸收及再创新的集成；在协调层面上，需要配套性体制与制度改革的支持，特别是基础设施建设与银行稳定性方面的改革，通过制度环境、商业环境与金融稳定性的提高，促进金融发展作用机制的进一步完善。在“一带一路”与新型工业化的建设中，以促进金融发展加速从数量扩张到质量提升的转变，进而推动经济增长。

CONTENTS 目 录

图目录

表目录

导论

一、选题背景与研究意义

（一）选题背景

1. 现实背景

笔者以“金融发展对经济增长的作用机制”为主题进行研究是基于以下几个方面的原因：

首先，金融发展对经济增长具有十分重要的作用。强有力的金融体系能提供可靠且易获取的信息以降低交易成本，有助于资源合理分配与经济增长（Pagano，1993①；King 和 Levine，1993②；Rajan 和 Zingales，1998③；世界银行，2001④）。金融体系的可获得性、稳定性与效率，金融市场的规模与流动性等因素都会影响到资本积累、技术进步及经济增长。世界银行政策研究工作文稿（Claessens 和 Feijen，2006）以 2005 年世界经济发展指标计算，发现金融发展对人均 GDP 变化有很强的解释力度（见图 1 人均 GDP 与各解释变量回归的 R^2 值），一国金融发展水平与其经济增长正相关也已被各国历史经验与理论实证检验所证明。

其次，后危机时代金融发展的核心地位进一步凸显。一方面，随着 2008 年 9 月雷曼兄弟申请破产而引发全球金融危机，金融体系的脆弱性与

---

① Pagano，M. Financial Markets and Growth：An Overview ［J］. *European Economic Review*，1993（2）：613－622.

② King，R.，Levine，R. Finance and Growth：Schumpeter May be Right ［J］. *Quarterly Journal of Economics*，1993（3）：717－738.

③ Rajan，R.，Zingales，L. Finance Development and Growth ［J］. *American Economic Review*，1998（3）：559－586.

④ 世界银行报告小组. 金融与增长——动荡条件下的政策选择 ［M］. 北京：经济科学出版社，2001.

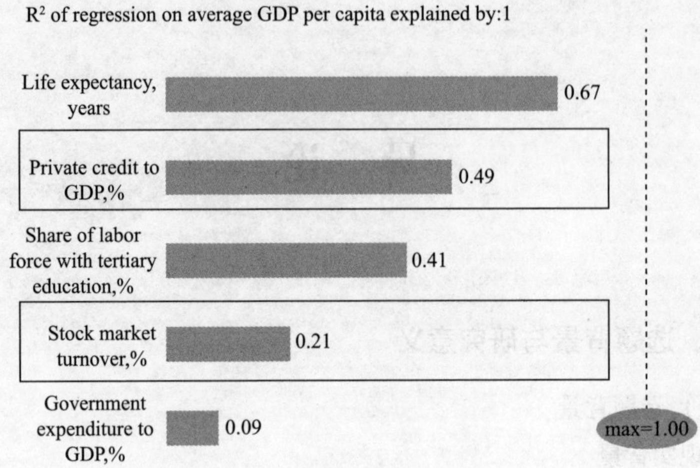

图 1　人均 GDP 与各解释变量回归的 R^2 值

注：转引自 Claessens 和 Feijen（2006）①。图中各解释变量从上往下分别是：预期寿命（年）、私人信贷/GDP（%）、受过高等教育的劳动力（%）、股票市场成交额（%）、政府支出占 GDP 比重（%），R^2 值越高说明对人均 GDP 的解释力度越强，其中与金融发展有关的是第二个与第四个指标（辅以外框）

其影响的广泛性被人们进一步认识。面对本轮金融危机，中国虽然较好地通过资源的行政性配置应对了金融波动，但这种政策持续有效的基础并不稳固，因为中国金融体制功能仍然滞后于实体经济需要，市场化程度较低的金融发展模式并不具有内在稳定性的优势，一味以行政性指令进行资源配置，最终只能恶化收入分配关系，并会积累系统性风险（姚先国、武鑫，2010）②；另一方面，2005 年汇率改革后中国的金融体系对外开放幅度进一步提高，以金融体系国际化的重要指标离岸银行存款与国内银行存款比值为例，该指标一直处于上升趋势，2005 年后尤其显著（见图 2），从 1996 年的 0.0054501 增长至 2005 年的 0.008932，2008 年达到 0.027412，截至 2009 年该指标又翻番达到 0.048592（数据来源于世界银行）；同时，

① Claessens，S.，Feijen，E. Financial Sector Development and the Millennium Development Goals [R]. World Bank Working Paper，No. 89，2006.

② 姚先国，武鑫．中国的金融制度转型——基于经济危机中的观察［J］．经济学动态，2010（11）：54－59.

国内银行中介也得到快速发展，信贷规模持续增长（见图3），促进了投资扩张与经济快速增长。在金融国际化的背景下，由于相对成熟的金融体系有助于帮助一国经济避免或降低金融危机的危害（Federici 和 Carioli，2009）①，有必要对金融发展与经济增长间的关系与作用机制展开研究。

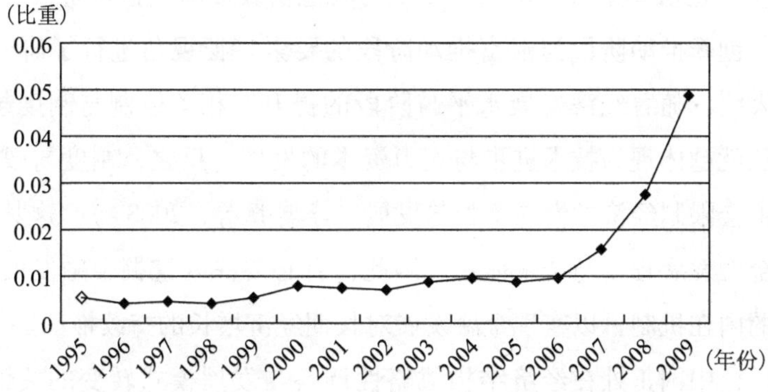

图2　1995—2009 年中国离岸银行存款/国内银行存款

数据来源：世界银行

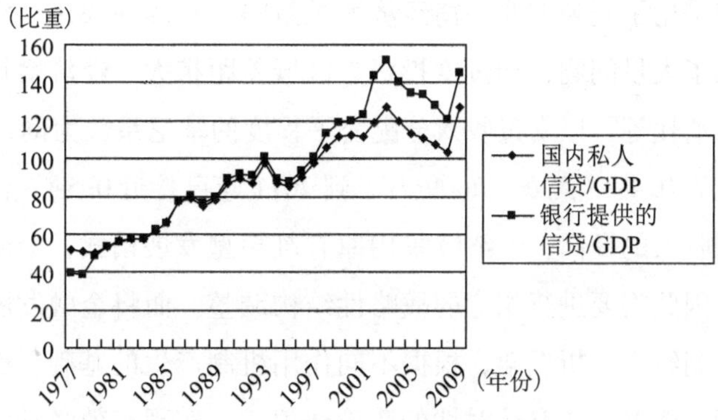

图3　1977—2009 年中国的金融发展

数据来源：世界银行

再次，不同的经济发展阶段，金融发展对经济增长的作用机制可能存在差异。理论研究表明，不同国家、不同资源禀赋与不同经济发展阶段，

① Federici，D.，Carioli，F. Financial Development and Growth：An Empirical Analysis [J]. *Economic Modelling*，2009（2）：285－294.

经济增长的动力会发生变化，例如，W. W. 罗斯托（1960）[①] 从传统社会（Traditional Society）、起飞准备阶段（Preconditions for Take - off）、起飞阶段（Take - off）、向成熟推进阶段（Drive to Maturity）与高额群众消费阶段（Age of High Mass Consumption）角度分析了经济增长的阶段性，而波特（1990）也从要素（劳动力、土地与其他初级资源）推动阶段、投资推动阶段、创新推动阶段与财富推动阶段的要素特征视角进行了研究[②]。已有研究表明，随着经济发展水平与阶段的提升，相关体制与制度越完善，经济增长就越体现为技术进步与人力资本的发展；反之，制度与政策因素的不完善会限制经济的潜在增长与发展（李富强等，2008[③]），这其中当然也包括金融发展程度与金融体系。因此，有必要深入挖掘金融发展影响经济增长的内在机制，以实现金融发展对长期经济增长的持续推动。

最后，中国正处在经济结构战略性调整与发展模式转变的关键阶段，准确理解金融发展对经济增长的作用机制，不仅有利于有效地通过金融体系推动经济增长与结构转型，而且也可降低相关不必要的成本。经济改革以来，中国采用了赶超型非均衡经济增长策略，在实现快速经济增长的同时，也积累了大量问题，如过度投资、区域差距扩大、经济增长高度依赖出口与资源消耗等；以衡量收入分配公平程度的基尼系数为例，2008 年中国基尼系数为 0.47（魏众，2009）[④]，到 2011 年已接近 0.5[⑤]；伴随着经济增长与国民收入的提高，若继续采用原有赶超型发展模式，会面临高额的宏观成本，因此需要进行相应的战略性结构调整。而将金融发展对经济增长的作用机制纳入分析框架，根据不同作用机制产生的基础、有效运行的条件等因素，能够形成有针对性的政策建议，在实现有效激励的同时，避

---

① Rostow，W. W. *The Stages of Economic Growth：A Non - Communist Manifesto* [M]. Cambridge：Cambridge University Press，1960.

② Porter，M. E. *The Competitive Advantage of Nations* [M]. New York：The Free Press，1990.

③ 李富强，董直庆，王林辉. 制度主导、要素贡献和我国经济增长动力的分类检验 [J]. 经济研究，2008（4）：53 - 64.

④ 魏众. 中国“十二五”期间收入分配问题及对策研究 [R]. 中国社会科学院经济所工作论文，2009.

⑤ 2011 年基尼系数数据来自《人民日报》2011 年 1 月 6 日；根据联合国规定，基尼系数 < 0.2，绝对平均；0.2 ~ 0.3，相对平均；0.3 ~ 0.4，相对合理；0.4 ~ 0.5，收入差距大。

免一刀切式政策带来的成本损失。

2. 理论背景

关于金融发展与经济增长间关系与作用机制的讨论，早在主流经济理论中的货币数量理论中就曾出现过，只是当时的思想散落于经济学理论中，主要从狭义角度理解金融，将其完全等同于货币，仅从促进商品交易的功能展开分析，没有形成一个完整的分析框架。金融发展理论第一次正式而又系统地探讨了金融—增长关系，建立了研究的理论基础与逻辑起点。在以金融抑制（金融深化）、金融约束理论为代表的第一代金融发展理论之后，出现了基于内生经济增长理论，并将内生金融中介与金融市场纳入研究框架的第二代金融发展理论①，主要包括 AK 范式与熊彼特范式等，从影响私人储蓄率、资本存量的边际生产率、储蓄转化为投资的比例及信贷乘数等方面分析金融体系对经济增长的影响；20 世纪 90 年代又形成了从法律、政治、非正式制度等角度分析决定金融发展因素的第三代金融发展理论，代表人物是 La Porta，Lopez - de - silanes，Shleifer 与 Vishny（LLSV，1998）② 等。

第二代金融发展理论的 AK 范式与熊彼特范式存在显著差异。同样是利用创新来解释生产率的增长，AK 范式的逻辑是通过节约与实物资本（或人力资本）积累为高新技术投融资，企业间知识的外部性抵消了单一企业资本积累所带来的收益递减；而熊彼特范式的逻辑则是通过新产品与创新，以“创造性毁灭”抵消收益递减。

相关的理论研究深化了人们对金融—增长关系的认识，基本肯定了前者对后者的积极推动作用；然而，对于金融发展对经济增长的具体作用机制，目前学术界还存在一定的争议，虽然相关的实证检验已经较为丰富，但尚缺乏统一的理论框架，尤其是忽略了对金融发展对经济增长作用机制的阶段性内在特征与动态性的研究。

基于以上理论与现实原因，本书以“金融发展对经济增长的作用机

① 代表人物包括 Greenwood 和 Jovanovic（1990），Bencivenga 和 Smith（1991）等。

② La Porta，R.，Lopez - de - silanes，R.，Shleifer，A.，Vishny，R. W. Law and Finance [J]. *Journal of Political Economy*，1998（106）：1113 - 1150.

制”为主题，将经济发展水平与金融发展作用机制的阶段性内在特征相联系，以期从理论与实证层面补充并拓展已有研究。

（二）研究意义

针对“金融发展对经济增长的作用机制”展开研究，不仅具有重要的理论意义，而且也具有显著的实践意义。

近年来，我国经济、金融领域的改革不断深化和发展，取得了令人瞩目的成绩；然而由于各区域间的发展基础、资源禀赋等方面的差异，加之20世纪70年代末以来国家实施的非均衡经济政策，我国区域间经济呈现出非均衡发展态势。在经济结构战略性调整与发展模式转变的关键阶段，如何准确理解金融发展对经济增长的作用机制，以实现全面、协调和可持续发展，成为政府和理论界关注的焦点。

一方面，日益丰富的文献肯定了金融发展对经济增长的重要性，银行业部门的规模、股票市场的规模和流动性等指标与同期人均GDP增长高度相关；而且新的统计实证研究显示，银行业部门发展和股票市场发展的水平都与经济增长有因果关系。

另一方面，相关文献研究也发现，金融中介的引入不仅能消除资本未到期兑现的问题，还可以提高资本配置效率，促进技术创新与经济增长；金融体系的发展也有利于区域经济结构优化。金融发展可以通过不同作用机制推动经济增长。

值得注意的是，随着越来越多的学者对金融发展与经济增长之间关系的关注，已有研究中统计层面的分析与相关的理论与实证研究丰富了金融与经济发展理论，但目前对这一问题的研究中仍存在一些困难和不足：

首先，以往大多数的研究假定金融发展与经济增长之间的关系是线性的，因而仅局限于对二者之间的相关性进行探讨，忽略了在经济发展过程中金融抑制导致的二者之间的非线性关系。有部分学者认识到金融发展对经济增长的促进作用有可能存在着“门槛效应”，如Deidda和Fattouh（2002）发现在低收入国家金融发展与经济增长之间没有相关性，但在高收入国家中该关系则非常显著①；Rioja 和 Valev（2004）则认为当经济发展越过一定的门槛之后，金融才对经济增长有显著的正向作用②；吴信如（2006）也指出各经济体在参数上的差异将导致金融发展促进福利提升的“门槛”高度不同，从而从金融发展中获益的程度也不同③。但他们尚未能针对金融发展推动经济增长的具体作用机制进行实证检验，更无从给出具体门槛值。

其次，样本的同质性假定也是以往金融发展与经济增长研究中的一个不足，即在考察一定时期内样本地区金融发展对经济增长的影响时，并未将样本数据合理分类。虽然有学者对样本进行了分类，但其分类的原则仍然是参照一些外生变量，这样的分类方法具有一定的随意性，并未涉及样本地区数据的内生特征。

制度演进与制度创新的路径依赖取决于经济体制的初始条件，不可避免地具有地域和文化特色，而中国各地区的金融发展是不平衡的，金融发展与经济增长的关系表现出显著的区域性。因此，对金融发展与经济增长关系的研究除在国家层面上展开外，还应该从区域角度分析经济增长中金融发展的作用机制。

为了解决以上问题，本书将结合计量经济学理论的最新发展和相关计量工具，一方面，梳理经济增长中金融发展作用机制的相关研究，比较并分析金融发展的数量型作用机制与质量型作用机制的联系与区别；另一方面，对全球范围与中国省级面板统计数据进行检验与估计，以金融抑制理论与熊彼特范式内生增长理论为理论依据，探析各因素间可能的具体作用机制及影响因素，进而提出并检验经济增长的金融发展阶段性作用机制的假说。

在理论上，本书一方面丰富了西方已有的金融发展与经济增长之间关

① Deidda, L., Fattouh, B. Non-linearity between Finance and Growth [J]. *Economics Letters*, 2002 (74): 339-345.

② Rioja, F., Valev, N. Finance and the Sources of Growth at Various Stages of Economic Development [J]. *Economic Inquiry*, 2004 (1): 127-140.

③ 吴信如. 金融发展的福利收益和“门槛效应”——一个动态最优增长分析 [J]. 财经研究, 2006 (2): 118-126.

系的研究，将西方成熟理论与中国实际相结合；另一方面，从金融发展的数量型作用机制与质量型作用机制视角剖析经济增长的影响因素，并结合转型期“一带一路”与新型工业化建设，从要素禀赋升级、价值链分工和知识创新视角阐释金融发展与Ω知识—λ知识转化的关系，深化对金融—增长非线性问题的认识。在实践上，本书在数据类型与实证研究方法上具有一定的创新性，从而对经济政策的制定与优化有一定的实践与指导意义。

二、研究对象与研究方法

（一）研究对象界定

金融发展是指伴随着金融功能的完善与增强，金融工具的规模、结构与效率的提高，包括金融深化与金融宽化，一般可以用货币化程度、金融相关比、金融中介信贷结构与股票市场发展等指标来衡量。本书主要从熊彼特范式内生增长理论视角，以金融发展对经济增长的作用机制为研究对象，特别是对金融发展的数量型作用机制与质量型作用机制进行研究。利用相关统计数据，基于金融抑制理论与熊彼特范式内生增长理论，对高收入国家与中低收入国家1985—2015年面板数据及中国1978—2014年的面板数据进行计量检验，从定量的角度探讨金融发展对经济增长的作用机制。

（二）研究方法

本书采用了规范分析与实证分析相结合的研究方法。

归纳分析法（Inductive Analysis）是从部分到整体的分析方法，基于经验与实证研究，从中归纳出一般性的结论。本书以该方法区分出金融发展的数量型作用机制和质量型作用机制，并通过对各国金融发展指数的比较归纳分析各国金融发展在规模、结构与效率等层面的优势与劣势。

定量分析法（Quantitative Analysis Method）是对经济行为与现象的数量特征、数量关系与数量变化进行分析的方法。本书一方面利用世界银行等机构的国际统计数据，建立1985—2009年（附录中扩展至2015年）面板统计数据，将样本按照收入水平高低划分为高收入国家与中低收入国家，以检验金融发展对经济增长的作用机制假说；另一方面，分别采用

1978—2007 年与 2000—2007 年（附录中扩展至 2014 年）中国省级面板数据，通过增长效应考察经济增长中金融发展的作用机制，并分析金融发展可能带来的结构效应，以深入探讨中国经济增长中的金融发展作用机制。

比较分析法（Comparative Analysis Approach）是按照特定的指标将研究对象加以比较，以认识其本质与规律并做出正确的评价。本书以各种金融发展指标为研究对象，从统计学角度对各国金融发展水平与经济增长进行比较，分析其趋势与结构、规模的变化等。

三、研究思路与框架结构

（一）基本思路

本书试图在继承与发展前人已有研究的基础上，从理论研究与实证分析两个层面来探讨金融发展对经济增长的作用机制。在对已有相关文献系统综述的基础上，指出了现有理论研究与实证分析的不足。在此基础上，首先，通过回顾与比较货币金融理论、金融发展理论以及 AK 范式、熊彼特范式内生增长理论中关于金融发展与经济增长关系的分析，得出基础理论分析框架；其次，通过明确金融发展的数量型作用机制与质量型作用机制的联系与差别，提出经济增长中金融发展作用的阶段性假说；再次，利用国际统计数据，区分高收入国家与中低收入国家，实证检验所提出的假说；进而将得到初步验证的假说与中国实际相联系，通过对省级面板数据分析，探讨以金融发展促进经济增长的路径选择；最后，结合“一带一路”与新型工业化建设，分析转型期金融发展与经济增长的关系，并提出以金融发展推动经济增长的政策取向。

（二）框架结构

本书共分为九章，每章的主要内容如下：

导论。导论部分首先通过研究的理论与现实背景说明选择该题目的原因，从而得出本书研究的理论与现实意义；其次对本书的研究对象与方法、基本思路与主要内容及框架结构进行界定；最后指出本书研究的特点与不足。

第一章题为“研究述评与方法论”。首先界定金融发展的内涵与测度，梳理金融发展理论发展的主要脉络，并分别从显著性联系、因果性与非线性等方面综述已有文献中关于金融发展与经济增长关系的观点；其次综述目前文献中金融发展影响经济增长的机制，重点分析金融发展的数量与质量传导渠道；最后分析国内研究的新进展。通过系统的文献综述，指出现有理论研究与实证分析的不足之处。

第二章题为“经济增长与金融发展内在关系的理论解释与经验分析”。首先通过对货币金融理论、金融发展理论、AK 范式与熊彼特范式内生增长理论的梳理，分析经济增长与金融发展的内在理论关系；其次，利用国际统计数据，探讨经济增长与金融发展关系的跨国经验，并利用世界经济发展报告或数据，以金融发展指标体系横向比较国家层面金融发展与经济增长水平间的差异。理论解释与经验分析构成了文章分析的基础与逻辑起点。

第三章题为“金融发展对经济增长作用机制的分析框架”。以金融抑制理论、熊彼特范式内生增长理论及后发优势等理论为基础，围绕经济增长中金融发展具体作用机制展开讨论，区分金融发展的数量型作用机制与质量型作用机制，在比较二者内涵、特征、实质与产生原因的基础上，提出经济增长中金融发展作用机制的阶段性假说，并从理论视角对其进行初步论证。

第四章题为“金融发展对经济增长作用机制的国际经验”。利用世界银行、国际货币基金组织与世界知识产权组织等国际组织的统计数据，建立了 1985—2009 年面板统计数据（附录中将时间扩展至 2015 年），将样本区间按照收入水平高低划分为高收入国家与中低收入国家，检验分析金融发展对经济增长的作用机制。首先，考察了 Aghion 等（2004、2005）所提出的趋同假说是否存在及影响大小；其次，分析不同收入国家中金融发展对研发与技术引进的不同作用，从侧面论证了第三章提出的假说，即经济收入水平较低时，金融发展的数量型作用机制相对更显著；最后，利用交叉乘积项探究各变量如何相互影响以促进经济增长。

第五章题为“金融发展对经济增长作用机制的中国经验”。围绕中国经济增长与金融发展状况，首先从发展历程的纵向维度与区域比较的横向维度两个层面，分析中国金融体系发展历程与特征，比较区域经济增长与金融发展差距；其次，分别采用 1978—2007 年与 2000—2007 年省级面板数据（附录中将时间扩展至 2014 年），通过增长效应考察中国经济增长中金融发展的作用机制，并分析金融发展可能带来的结构效应，以检验本书所提出的假说，为得出结论提供科学的判断依据。

第六章题为“以金融发展促进经济增长的路径选择”。主要讨论了以金融发展促进经济增长的路径选择与对策，指出需要从动力层面、能力层面与协调层面推动以金融发展促进经济增长。本章首先对动员型金融与资源配置型金融进行了概念界定，分析了由前者向后者转变的必要性与可行性；其次，探讨了将本土研发与技术引进、技术吸收相结合的策略与方法；最后，提出了配套性体制与制度改革支持导向的对策。

第七章题为“转型期的金融发展与经济增长Ⅰ：‘一带一路’建设”。丝绸之路经济带建设为商业银行创造了基础设施建设、贸易融资等新的业务机会，加快推动人民币成为投资货币与储备货币，从而带动金融业机构的结构性改革与发展。本章分别从丝绸之路经济带核心区产业转型与合作、价值链分工视角丝绸之路经济带投资合作两方面，探讨金融发展通过资本积累渠道、技术进步与效率渠道，以结构优化实现经济增长，深化金融发展对经济增长作用机制的认识。

第八章题为“转型期的金融发展与经济增长Ⅱ：新型工业化”。提出“知识”这一理论概念，从 Ω 知识和 λ 知识的生产、积累、扩散与创新等角度，分析金融发展如何有助于知识借助价值链重构、企业与产业共同演化等途径推动新型工业化，探讨信息化、大数据与新技术革命背景下，如何借助金融体系进一步降低联系成本并扩大企业间联系网络，为更大规模知识积累创造条件，以推动知识扩散与创新，使得金融发展加速新型工业化的建设，进而推动经济增长。

第九章题为“以金融发展推动经济增长的政策取向”。从政策重点、政策建议与保障性措施角度，探讨以金融发展推动经济增长可能的政策取向。

最后是“结束语：总结与展望”。给出了本书的主要结论及有待进一步研究的问题。

本书的框架结构如图 4 所示。

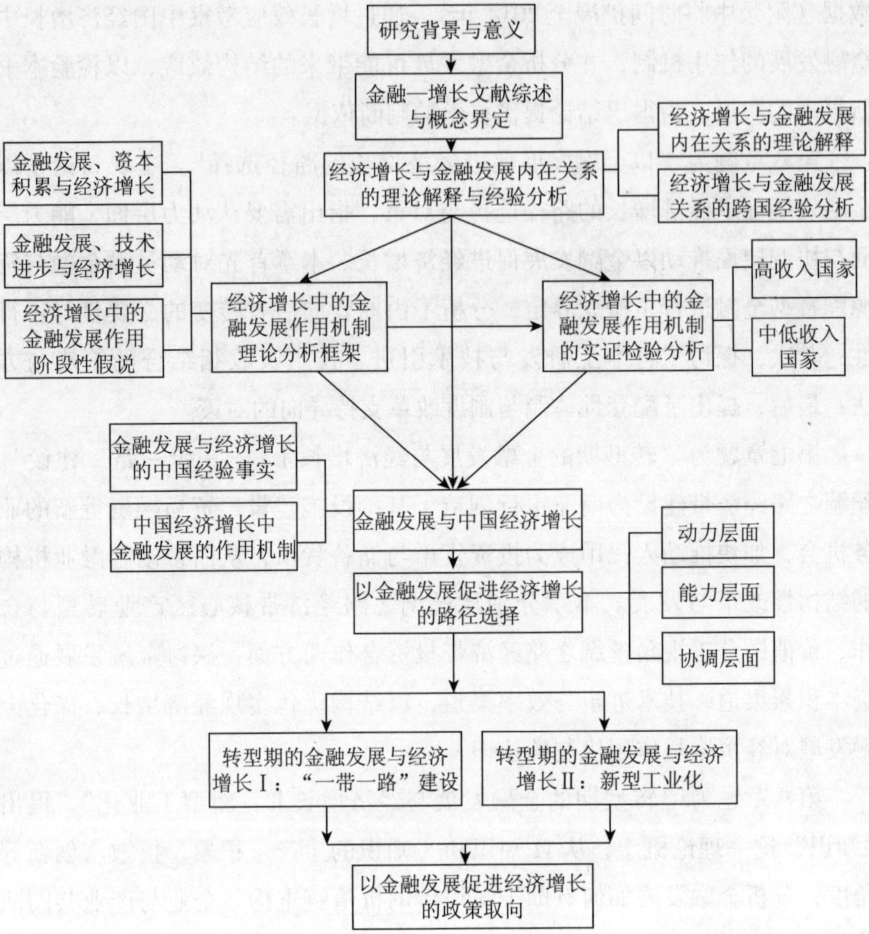

图4　研究的技术路线

四、特点与不足

本书的创新之处主要表现在以下两个方面：

1. 分析视角的创新

金融体系的发展需要充分考虑具体的制度背景与约束条件，其作用机制的有效性也不能脱离于现实的金融发展程度与经济发展水平。本书以金融发展对经济增长的作用机制为研究的切入点，借鉴熊彼特范式内生增长理论，将已有研究中的数量型、质量型作用机制与经济增长的阶段性与动态性特征相结合，从金融发展作用机制的阶段性假说视角，拓展并丰富了已有的金融—增长非线性研究，有利于当前经济结构战略性调整与发展模式转变过程中对二者关系的深入理解。

2. 分析方法的创新

为有效考察两变量的相互关系与作用机制，选择相对准确地描述各变量特征的适当指标是研究的关键，指标的信度与效度会直接影响计量检验结果的可信度与真实性。本书在计量实证检验中以世界知识产权组织公布的 PCT 数量及本国知识产权申请数量与 PCT 的比值指代本土研发与技术吸收，既保证了原始数据来源统一性与连续性，也有利于各变量在不同国家之间的横向比较，避免了不同统计口径带来的噪音。这一分析方法有利于研究金融发展对经济增长的不同作用机制。

本书写作时间跨度较大，个别部分所使用的资料较早，还需采用最新计量方法并纳入新近数据，未来研究可以在这一方面做出改进。

第一章 研究述评与方法论

Schumpeter（1911）指出，完善的金融体系可以通过将金融资源从非生产部门转移至生产性部门，从而促进技术创新①，这一思想被认为是第一个框架性研究金融—增长关系的假说（King 和 Levine，1993）②。Goldsmith（1969）③，McKinnon（1973）④ 和 Shaw（1973）⑤ 在其基础上构建了金融发展与经济增长关系的正式理论框架，并推动了金融发展理论体系的建立，随后的研究加深了人们对金融—增长关系的认识。虽然不同理论在分析金融发展对经济增长的作用机制方面存在差异，但基本上都肯定了金融发展对经济增长有显著的促进作用。考察金融发展在经济增长过程中的作用机制及其约束条件，需要从理论源头上把握二者之间的关系，因此，本章首先界定了金融发展的内涵与测度方法，分析并比较了金融抑制与金融约束理论，以及 2008 年金融危机之后对其应用的新补充；其次，从显著性联系、因果性与非线性等方面梳理金融发展与经济增长的关系；再次，分别从微观（功能观视角）与宏观（数量与质量传导渠道）角度概述金融发展影响经济增长的基本途径与机制；最后，分析国内研究的新进展。

---

① Schumpeter，J. A. *The Theory of Economic Development* [M]. Cambridge：Harvard University Press，1911.

② King，R.，Levine，R. Finance and Growth：Schumpeter May be Right [J]. *Quarterly Journal of Economics*，1993（3）：717 - 738.

③ Goldsmith，R. W. *Financial Structure and Development* [M]. New Haven：Yale University Press，1969.

④ McKinnon，R. *Money and Capital in Economic Development* [M]. Washington，D. C：Brookings Institution，1973.

⑤ Shaw，E. S. *Financial Deepening in Economic Development* [M]. London：Oxford University Press，1973.

第一节 金融发展内涵的界定与测度

金融体系能够动员储蓄、激励投资、分散风险并降低资金配置的交易成本，恰当地理解金融发展的内涵并予以有效的测度是分析其与经济增长关系的前提。

一、金融发展内涵的界定

1. 金融为什么出现

金融是现代经济的核心组成部分，为了缓解经济生活中广为存在的信息不对称、交易成本等市场不完善问题，新的金融机构、金融工具、金融市场与融资方式不断产生，以扩大储蓄与投资规模、便利交易、提高风险管理与服务水平；在这一过程中，金融充当了连接经济各个主体与部门的纽带，并通过影响个体的经济决策，使得资源在时间与空间上实现相对优化的配置。

2. 在现实操作中，金融发展表现为什么

伴随着商品经济的发展，金融的范畴不断扩大，依次从早期的货币与信用，到金融中介与金融市场，到期货、期权等金融衍生工具的交易，扩展到国际收支、国际资本流动与国际金融机构等，并形成了现代复合型金融体系。从货币到复杂的金融产品间形成了一个连续的链条，分别满足不同层次的流动性需要。

科技的进步极大地改变了金融服务业。在全球价值链集成的背景下，传统金融机构成为分工日益细化的金融产品供应商，并形成多种类型新的金融业态；例如，以 P2P 借贷等方式提供新的储蓄与借贷服务，为加密电子货币提供支付服务，资本市场分布式集资平台为虚拟交易、众筹提供新型的集资服务。面对云计算、开源方 IT 技术，金融业能够以更为低廉的成本提供投资管理服务，使得金融服务得以扩展到传统富裕阶层之外的群体；此外，金融服务业也通过搭建平台与市场，推动大数据、人工智能与机器学习、自动化数据收集与分析等新技术的发展，有助于创新的形成。这些进展都从不同侧面反映了一国金融体系的逐渐成熟与发展。

3. 在理论层面，如何认识金融发展

对金融发展概念与内涵的认识伴随着理论的深入而不断演化，金融规模与结构—功能—效率的改进与提升都曾被学者们用来指代金融发展（见图1－1）。

图1－1　金融发展概念的演化

早期学者们认为，金融发展既是总量与规模的增长过程，又是结构的演进与优化过程。Goldsmith（1969）指出，金融发展指金融结构的变化，即各种金融工具与金融机构的形式、性质及其相对规模的变化。

Mckinnon（1973）与Shaw（1973）以欠发达国家和社会主义转轨国家为研究对象，提出了“金融抑制论”与“金融深化论”，指出从一个压抑国内外贸易的中央集权化控制的经济过渡到一个完全市场型经济的过程中，金融政策调控存在最优顺序，成功按照次序推动金融自由化就实现了金融发展。

Merton（1992），Levine（1997，2005），Merton与Bodie（2004）从金融功能视角界定金融发展，强调金融系统对整体经济所提供的关键功能。Levine（2004）认为，金融发展的实质是金融功能不断得以深化与提升的过程，即“当金融工具、金融市场与金融中介减弱了信息、管制以及交易成本的作用，从而为金融的五大功能发挥提供更佳的机会，金融发展就实现了”。

World Economic Forum在《2015年金融服务未来报告》[①] 中将资讯科

① World Economic Forum. The Future of Financial Services［R］. World Economic Forum，2015.

技与互联网特性带来的破坏式创新对金融服务的影响纳入思考范围，将金融功能拓展至6个：支付（Payments）、保险（Insurance）、存贷（Deposit & Lending）、筹资（Capital Raising）、投资管理（Investment Management）和市场资讯供给（Market Provisioning）。

进入21世纪后，学者们对金融发展降低贫困、影响收入分配的关注，使得金融发展的内涵与外延进一步扩展到“包容性金融”（传承自早期Goldsmith的“金融渗透”理念，又被称为“金融宽化”）的概念，强调金融发展的可达性（Reach），如ATM机数量的增加代表着金融发展水平的提高。2008年全球金融危机的发生，又使得学者们关注到金融体系对经济社会可能的负面影响，“金融稳定性”这一概念被进一步纳入金融发展的内涵。

总之，一国的金融发展以金融功能的深化与提升为主要原则，金融深化、金融宽化、金融可达性与稳定性的提高被认为是衡量一国金融发展内涵的四个重要维度；而金融发展水平与层次的提升，是伴随着金融深化与金融宽化的动态的演变过程。金融发展指代“能够推动高效率的金融中介与金融市场发展，从深度与广度两方面增加资本与金融服务可得性的因素、政策与体制”①。

二、金融发展的测度

虽然与金融发展相关的研究可以一直追溯到经济学发展的早期阶段，但直到20世纪70年代初期，相对完整并系统地描述一国金融发展水平的指标体系才得以出现。Goldsmith（1969）首次衡量了35个国家的金融资产占GNP与人均GNP的比率，显示出金融发展与经济增长两变量间显著而具有统计性意义的相关关系，并第一次全面、系统地建立了衡量金融发展的指标体系。20世纪80年代后期，世界银行推出了《世界发展报告》（1989），随后不久关于金融发展的核心数据汇编与跨国数据库的建立，有

① World Economic Forum. The Financial Development Report 2011［R］. World Economic Forum, 2011. “the factors, policies, and institutions that lead to effective financial intermediation and markets, as well as deep and broad access to capital and financial services”（WEF 2011, p. 13）.

效地推动了金融发展测度的研究。关于金融发展的测度从时间进展上可以分为以下几个重要节点。

（一）基础：Goldsmith 的戈氏指标

Goldsmith（1969）认为各种金融工具和金融机构的形式、性质及其相对规模共同构成了一国金融结构的特征①。不同的金融工具和金融机构相继出现的次序、相对增长速度、对不同部门的渗透程度，以及对一国经济结构变化的适应速度或特点反映了各国不同的金融结构，进而代表了不同的金融发展水平。Goldsmith（1969）从以下指标对金融结构予以考察②：

金融相关比率（Financial Interrelation Ratio，FIR）被认为是衡量一国“金融深度”重要的度量指标之一。①FIR 指现有金融资产总值与国民财富（实物资产总额与对外净资产之和）之比，反映了一国金融上层结构的相对规模，以及一国金融上层结构与经济基础结构之间的关系；②由于在经济发展中，金融上层结构的增长快于国民财富所代表的经济基础结构的增长，FIR 在一国经济发展进程中会有提高的趋势；当达到特定发展阶段，即 FIR 在 1 ~ 1.5 时，该比率趋向稳定；而欠发达国家 FIR 则多在 2/3 ~ 1③；③影响 FIR 的主要因素是“储蓄与投资功能的分离程度”，后者可以用非金融部门所发行的债券和股权证券与国民财富的比率来表示，该比率越高，储蓄与投资分离程度越显著。

金融构成比率：各类金融工具与金融工具总额之比，反映了金融工具的相对发行量，以及金融资产总额在国民经济中主要部门的分布状况、比例构成。

金融总资产及余额在各经济部门的比例分布：该指标反映了不同金融工具在经济中的渗透程度以及不同部门和子部门对金融工具的偏好。这一指标对金融“渗透”的衡量为随后“金融宽化”与普惠金融概念的提出奠

---

① 戈德史密斯（Goldsmith，R. W.）. 金融结构与发展［M］. 上海：上海三联书店；上海人民出版社，1994：22.

② 戈德史密斯（Goldsmith，R. W.）. 金融结构与发展［M］. 上海：上海三联书店；上海人民出版社，1994：23.

③ 戈德史密斯（Goldsmith，R. W.）. 金融结构与发展［M］. 上海：上海三联书店；上海人民出版社，1994：39.

定了理论基础。

金融中介比率：各种金融中介机构持有的金融资产在所有金融机构总资产中的比例、在金融工具总额中的比例，以及在几种主要金融工具余额中的比例等，反映了金融机构的相对重要性。

金融机构拥有的金融工具存量份额：一般以金融机构在金融资产总额中的比例为度量标准，是反映一国金融上层结构机构化程度最简单、最全面的指标；与 FIR 一样，是应用最广泛的衡量金融结构的核心度量指标。

各金融资产的持有者与发行者的关系：将金融资产存量按金融工具种类与金融部门分类组合形成一个金融相关矩阵，如债券矩阵、股票矩阵、住宅抵押矩阵等，以此来描述持有者与发行者间的关系。

金融存量的变化：是与上述存量指标相对应的金融结构的流量指标，例如，①与 FIR 对应的金融资产的新发行额与国民生产总值之比；②金融总流量在各种金融工具与各个经济部门之间的分布；③金融机构的金融交易额在金融工具总流量和每一种金融工具流量中所占的比重；④各种金融工具在每个部门和子部门金融交易总额中所占的比重等。

各部门和子部门全部资金来源与资金运作的状态：建立资金来源与运用报表，标注各经济部门在一年或一季度中的资金来源及运用的情况，以此来描述不同部门的内部融资（储蓄）与外部融资（借款或发行股票）的比例关系，以及各部门之间的债权变化情况。

基于以上 8 个金融结构指标，Goldsmith 按照金融发展阶段将金融结构分别分为渐变的三种类型[①]：

第一，金融发展初级阶段的金融结构：在 18 世纪至 19 世纪中叶的欧洲与北美出现过，其特点是 FIR 较低（介于 0.2～0.5），债权凭证远超股权凭证而占主导地位；虽然全部金融资产余额中金融机构所占比例较低，但商业银行在金融机构中地位突出。此时，符号货币仅为金属货币的补充。

第二，金融发展中级阶段的金融结构：在 20 世纪上半叶大多数非工业

① 戈德史密斯（Goldsmith，R. W.）. 金融结构与发展［M］. 上海：上海三联书店；上海人民出版社，1994：28.

化国家中出现，其特点与金融发展初级阶段类似（FIR 较低、债权凭证主导、银行地位突出），唯一的区别在于在这一阶段，政府与政府金融机构发挥了更大的作用，大型股份公司大量存在，金融中介比率较高。

第三，金融发展相对高级阶段的金融结构：在20世纪初以来的工业化国家中出现，其特点为：①FIR 较高（约等于1）且在0.75～1.25（甚至是2）波动；②债权凭证占金融资产总额2/3以上，但股权凭证的比率已经开始逐步上升；③金融机构在全部金融资产中的比重上升并日趋多样化，进而导致银行体系相对于初级阶段地位有所下降，而储蓄机构、私人和公共保险组织的地位上升。

虽然 Goldsmith（1969）由于受到当时计量方法与数据的影响，只是从理论层面证明了金融发展与经济增长间大致的平行关系，并没有完全阐述清楚二者间的因果方向，但其所提出的研究框架与指标体系却奠定了金融发展理论研究的基础。例如，FIR 指标是总量指标，仅从规模这一个维度度量金融发展水平难免有失偏颇，但由于数据的可得性与各国间可比性等原因，该指标仍被作为金融深度的重要指标并被国内学者广泛地用于相关实证研究（王守坤，2015①；陈志刚、王皖君，2009②；姚耀军，2005③）国外文献中已不再重视这一指标，并逐渐不再使用；此外，Goldsmith（1969）关于金融“渗透”的相关思想影响了20世纪80年代“信贷可获得性”进而“普惠金融”概念的提出，从关注金融服务的覆盖面与渗透度，延伸至平等、减贫与发展。

（二）改进：从麦氏指标到 King 和 Levine 的多维度指标

McKinnon（1973）简化并改进了 Goldsmith（1969）的指标体系，提出了新的金融深化指标M2/GDP。但是这一新的指标忽视了股票与债券市场，依然主要衡量一国货币金融体系的支付中介与动员储蓄职能，既无法有效衡量金融体系在推动储蓄向投资转化、促进有效资源配置等方面的功

① 王守坤．政府与金融的政治关联：经济效应检验及中介路径判断［J］．经济评论，2015（5）：3-20.

② 陈志刚，王皖君．金融发展与中国的收入分配：1986—2005［J］．财贸经济，2009（5）：36-41.

③ 姚耀军．金融发展与城乡收入差距关系的经验分析［J］．财经研究，2005（2）：49-59.

能，也无法反映金融发展证券化与虚拟化的趋势。此外，发展中国家由于长期通货膨胀、投资渠道不畅、交易手段落后、谨慎性消费倾向过高以及支付体系效率低下等原因，有可能出现M2/GDP 指标高的表象，并不能真实反映金融深化的程度。

进入 20 世纪 90 年代后，金融发展的测度得到了关键性的改进，使得以实证分析厘清金融发展与经济增长间关系变得更准确且具有操作性，这源于学者们放弃了单一从规模维度衡量金融，转而从金融体系功能角度入手设计具体指标。King 和 Levine（1993）基于金融的五大功能，提出四个测度指标：①Depth 指标：金融体系流动负债/GDP，用于衡量金融中介的总体规模；②Bank 指标：商业银行的信贷资产/（商业银行的信贷资产 + 中央银行国内资产），用于衡量一国商业银行相对于中央银行的规模，其原理在于与中央银行相比，商业银行能够更好地行使风险管理、资源配置等金融功能；③Private 指标：商业银行对私营企业的贷款/（国内信贷总量 - 银行间贷款），用于衡量商业银行对私营企业的贷款；④Privy 指标：商业银行对私营企业的贷款/GDP。指标③与指标④用于衡量国内信贷的分配，因为相较于简单地将贷款注入国有企业或公共部门，商业银行在向私营企业贷款时，需要以更强的信息处理与风险管理能力改善公司治理，动员与聚集储蓄，以提供更为高效、便捷的服务，所以指标③、指标④的增加意味着金融体系配置资金的效率得到改进。

围绕 McKinnon（1973），King 和 Levine（1993）所构建的指标，学者们不断探索并改进对金融发展的测度。比较有影响力的综述性文献如 Levine（2005），Ang（2008）以及 Aghion 与 Durlauf（2005）[①] 在工具书《经济增长手册》第 12 章中针对如何有效测度、指标演化与发展等方面均有翔实而系统的回顾。20 世纪 90 年代之后的研究已经全面微观化，基于经典性文献，King 和 Levine（1993）从金融体系功能角度出发的测度方法不断深化，指标也逐渐丰富。为更为有效地归纳总结已有实证文献，对以往的研究进行系统定量分析的“元分析”（Meta - Analysis）统计分析法近

① Aghion, P., Durlauf, S. et al. *Handbook of Economic Growth Vol* 1 [M]. Amsterdam: Elsevier, 2005.

两年被逐渐引入研究中，以定量测度、概括与提炼已有文献中的不同实证结果，为研究方法与改进方向提供科学依据（Arestis，Chortareas 与 Magkonis，2014[①]；Valickova，Havranek 与 Horvath，2015[②③]；于成永，2016[④]）。Meta – Analysis 梳理的已有研究发现，目前学界比较认可的指标中，居于前位的仍是金融深度 Depth 指标、Bank 指标与金融活动类指标（见图 1 – 2）。伴随着研究的深入，股票债券市场以及非金融机构的规模、活动

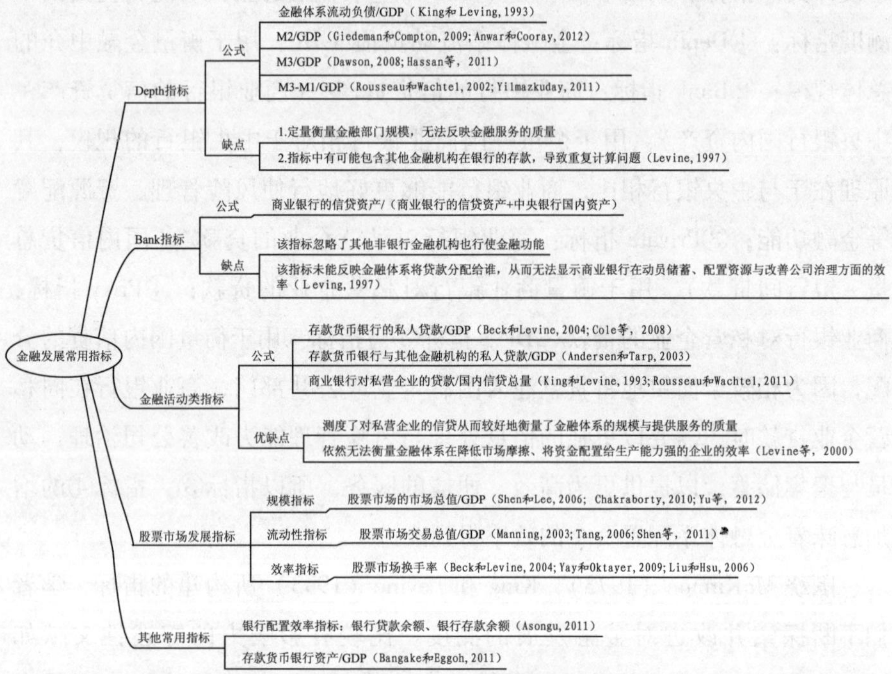

图 1 – 2　金融发展常用测度指标

---

① Arestis，P.，Chortareas，G.，Magkonis，G. The Financial Development and Growth Nexus：a Meta – Analysis［J］. *Journal of Economic Surveys*，2014，29（3）：549 – 565.

② Valickova，P.，Havranek，T.，Horvath，R. Financial Development and Economic Growth：A Meta – Analysis［J］. *Journal of Economic Surveys*，2015，29（3）：506 – 526.

③ Valickova，Havranek 与 Horvath（2015）按照影响因子与引用率筛选 67 篇金融发展与经济增长重要文献，研究 1334 个计量实证统计估计，原始数据库与文献具体信息可从 http：//meta – analysis. cz/finance_ growth/ 获得。

④ 于成永．金融发展与经济增长关系：方向与结构差异——源自全球银行与股市的元分析证据［J］. 南开经济研究，2016（1）：33 – 57.

与效率维度也逐渐被纳入指标体系中。除了传统指标（包括上市公司的数量、股票总市值/GDP、股票交易总额/GDP、股票换手率等），制度性指标与资产定价类指标也被用来辅助测度其他金融机构或金融市场的发展水平，包括会计准则、信息披露规则、监管制度、交易成本、国内资产定价效率、国际融合程度等。

（三）深入：从金融深化到金融宽化

伴随着世界银行、国际货币基金组织等国际机构对金融发展、结构变迁与经济增长问题的关注，从宏观视角衡量金融发展逐渐形成了一套相对普遍接受的测度指标，包括两个对象（金融机构与金融市场）与四个维度（规模、效率、包容性或可得性、稳定性）。这一基本测度框架的建立与两次大的转变有关：一是研究领域从金融发展与经济增长的关系拓展至其与收入分配、减贫的关系；二是2008年全球金融危机后开始关注金融发展对经济增长可能的负面作用，即常见的针对银行体系的Z值①。

信息经济学、内生增长理论的发展，推动了金融发展与经济增长关系研究在理论层面的深入，跨国大型统计数据库以及增长回归计量方法的改进又进一步在实证检验层面推动了金融发展测度的改进。虽然依然以金融体系功能为设计具体指标的原则，但指标的理论内核已从"金融深化"扩展至"金融宽化"。

"金融宽化"概念最初源于Goldsmith关于金融"渗透"的相关思想，后来由Demirgüç－Kunt，Beck和Honohan（2008）②在"金融深化"概念的基础上提出，又被称为"普惠金融"③（Inclusive Finance或Finance to All），它替代了"小额信贷"或"微观金融"（Microfinance）的概念，成

① Z值＝（资产收益率＋资本占资产比）/资产收益率的标准差，主要衡量银行体系的稳定性。

② Demirgüç－Kunt，A.，Beck，T.，Honohan，P. Finance for All? Policies and Pitfalls in Expanding Access［R］. World Bank Policy Research Report，2008.

③ 2005年联合国在"国际小额信贷年"活动中首次提出"普惠金融体系"（Inclusive Financial System）的概念，其基本含义是金融体系能够有效地、全方位地为社会所有阶层与群体（特别是贫困与低收入人口）提供服务，包括四方面内容：一是家庭与企业以合理成本获得广泛的金融服务（储蓄、贷款、支付与保险等）；二是金融机构接受市场监督并接受审慎的监管；三是金融业可持续发展，以长期提供金融服务；四是为消费者提供多样化的选择。

为金融体系正式的组成部分。“金融宽化”指通过降低金融服务的准入门槛，扩大金融服务面，以合理的成本与价格为更多的人提供金融服务，以利率市场化为具有企业家精神的人与中小企业融资、改善要素市场与产品市场效率，从而推动减贫并促进经济增长（Demirgüç－Kunt，Beck 和 Honohan，2008）。

表 1－1　普惠金融主要度量指标体系

指标设计方	代表性数据库	指标设计关注点	特征
国际货币基金组织（IMF） 金融包容联盟[①]（AFI） 芬马克信托（FinMark Trust）	国际货币基金组织的金融可得性调查数据库（Financial Access Survey[②]）	正规金融服务的可获得性与使用状况，包括 242 个指标，涉及全球 189 个国家	评估各国普惠金融现状，数据可获得性、可持续性与稳健性相对较好（1995 年开始）
世界银行	世界银行的全球金融包容性数据库（Global Findex[③]）	银行账户的使用状况及从储蓄、贷款、支付、管理风险等核心指标对具体业务分类评估，涵盖 148 个国家的 474 个指标	监测各国普惠金融实践现状，分类细致（2011 年开始，每三年发布一次）
全球普惠金融合作伙伴组织（GPFI）	G20 普惠指标体系	从供给、需求两方面，金融服务的获取与使用情况、金融服务可获得性、金融产品与服务的质量三个维度衡量，包括 19 大类 35 个指标，覆盖 216 个国家	构建全面、系统的普惠金融指标评估体系，推动普惠金融发展战略框架的建设（2012 年初步制定，2016 年修订）

资料来源：根据世界银行、国际货币基金组织、G20 等公开资料整理

Cihák，Demirgüç－Kunt，Feyen 和 Levine（2012[④]）基于国际货币基金组织（IMF）、国际金融统计（IFS）和国际金融公司（IFC）新兴市场数据库构建了全球金融系统数据库[⑤]（Global Financial Development，World

① 是重要的普惠金融国际组织之一，成立于 2008 年 9 月；另外两个重要的普惠金融国际组织是 2009 年成立的 G20 普惠金融专家组（FIEG）与全球普惠金融合作伙伴组织（GPFI）。

② http：//data. imf. org/？ sk＝E5DCAB7E－A5CA－4892－A6EA－598B5463A34C

③ http：//www. worldbank. org/en/programs/globalfindex

④ Čihák，M.，Demirgüç－Kunt，A.，Feyen，E.，Levine，R. Benchmarking Financial Systems around the World［R］. World Bank Policy Research Working Paper 6175，World Bank，2012.

⑤ http：//databank. worldbank. org/data/views/variableselection/selectvariables. aspx？ source ＝ global－financial－development

Bank），涵盖203个国家和地区1960—2014年[①]的银行、保险公司、养老基金、共同基金、金融公司、股票市场和债券市场的规模、效率和业务活动的信息，并在每年秋季更新。该指标体系包括金融中介的规模与活跃性指标、商业银行效率与市场结构指标、其他金融机构的规模与效率指标、股票与债券市场的发展指标等，涉及金融深度、效率、可得性、稳定性四个维度，成为被学界广为认可的全面测度金融发展水平的指标体系。

表1－2　金融体系特征矩阵（4×2）

	金融中介	金融市场
深度	私人部门信贷/GDP	（股票市场市值＋未偿付的国内私人债务证券）/GDP
	金融机构资产/GDP	私人债务证券/GDP
	M2/GDP	公共债务证券/GDP
	存款/GDP	国际债务证券/GDP
	金融业毛附加值/GDP	股票市场市值/GDP
		股票市场成交量/GDP
可得性	每千名成年人拥有账户数（商业银行）	除去前10家最大公司后的股票市场市值占比
	每10万成年人拥有营业网点数（商业银行）	除去交易量前10大公司后的交易量占比
	拥有银行账户的人数占比	政府债券收益率（3个月和10年期）
	拥有信用额度的企业占比（所有企业）	国内对总债务证券的比率
	拥有信用额度的企业占比（小企业）	私人对总债务证券的比率（国内）
		新发行公司债券对GDP比率
效率	净息差	证券市场交易额指数（交易量/市值）
	存贷利差	价格同步性（联动性）
	非息收入占比	价格影响
	间接费用（占总资产比例）	流动资产/交易成本
	盈利性（资产收益率，净资产收益率）	政府债券买卖价差
	布恩指数（或Herfindahl指数、H值）	证券交易所债券交易量（私人与公共部门）
		结算效率

① 最新更新于2016年6月24日。

续表

	金融中介	金融市场
稳定性	Z 值	股票市场（主权债券）价格波动率（标准差/平均值）
	资本充足率	指数偏度（股票价格指数和主权债券指数）
	资产质量比率	盈余被操纵的脆弱性
	流动资产比率	市盈率
	其他（净外汇头寸等）	久期
		短期债券比率（国内与国际）
		主要债券收益的相关性（如德国、美国）

资料来源：基于已有文献综述中所采用的指标，转引自 Cihák，Demirgüç - Kunt，Feyen 和 Levine（2012）

此外，世界银行《全球金融发展报告 2013：反思国家在金融业中的作用》[①]《全球金融发展报告 2014：普惠金融》[②] 与《全球金融发展报告 2015—2016：长期融资》[③] 的相继出版为改进金融发展测度、深化金融发展与经济增长关系研究指明了未来可能的领域与方向。

第二节　金融发展理论发展的主要脉络

经济学理论发展中很早涉及了金融这一要素，但早期的货币金融理论与现代金融发展理论在理论内核与方法论方面仍存在明显差异，前者研究基础侧重于货币，关注货币本质、货币是否内生；后者转向从个人理性选择角度探讨金融机构的起源、功能与性质，金融体系的差异与演变趋势等，并由此进一步分化形成金融发展与经济增长间关系、金融契约理论、金融市场微观结构理论、行为金融学理论等前沿理论。由于所讨论的具体问题与篇幅所限，我们将关注点集中于研究金融发展与经济增长间关系的

① World Bank. Global Financial Development Report 2013：Rethinking the Role of Government in Finance［R］. World Bank Group. 2013.

② World Bank. Global Financial Development Report 2014：Financial Inclusion［R］. World Bank Group，2014.

③ World Bank. Global Financial Development Report 2015—2016：Long - term Finance［R］. World Bank Group，2015.

金融发展理论体系（具体展开见第二章第一节）。

一、金融发展理论的起源

早期经济学探讨金融问题，关注金融产品的初始状态——货币，学者们讨论的焦点问题有两类：货币本质是什么；货币是否是内生。在凯恩斯之前，围绕货币的本质，相关研究形成了以重商主义为代表、将货币等同于贵金属的“货币金融观”，以及将货币看成是国家法律规定的计算单位或符号的“货币名目观”；围绕货币是否内生，学者们探讨货币对经济增长的影响，形成了相对系统的“货币数量论”。学者们围绕这两类焦点问题的讨论与理论修正，进一步推动了关于货币对经济周期影响机制的研究，并形成了以奥维尔斯顿（Lord Overstone）和托伦斯（Richard Torrens）为代表的通货主义与以图克（Thomas Tooke）和米勒（John Stuart Mill）为代表的银行主义的争论，涉及货币、信用、银行与物价等多个领域。随后，凯恩斯将货币供给外生化，指出货币的实际供给量一般由国家加以控制，是一个外生变量，因此需要分析的是货币的需求，进而提出以货币交易动机、预防性动机与投机动机为基础的货币需求理论，指出货币的重要性源自其联系了现在与未来。以凯恩斯理论为基础，主流经济学家在货币供求、储蓄、利率、通货膨胀等方面进一步拓展了凯恩斯的金融理论，并在与以奥地利学派为基础、强调内生货币供给的理论思想争论与交锋过程中推动对金融问题的研究。

早期经济学中货币金融思想虽然丰富，但缺乏系统性的理论框架，对金融的认识也仅局限于货币。伴随着经济发展与金融创新，金融的范畴逐渐扩大，不再是单一的货币形态。金融产品如何产生，金融机构的起源、性质与功能，以及金融发展与经济增长间关系等问题逐渐成为研究的焦点。金融发展的多面性与阶段性使得研究进展呈现出相应的特征。

第一阶段，金融—增长关系理论的萌芽阶段。Walter Bagehot 作为追随 Adam Smith 的英国古典经济学家，在 1873 年①第一次明确地描述了金融体

① Bagehot, W. Lombard Street: A Description of the Money Market [M]. Chicago: Homewood Publishing, 1873.

系如何影响实体经济，被认为是金融发展与经济增长间关系研究的创始人。虽然早在通货主义与银行主义的争论中，经济学家们就曾经针对金融体系某些要素（如银行券的发行、货币的流通效率）对经济稳定运行的重要作用有所分析，但 Bagehot 第一次通过翔实的例子系统地阐述了二者之间的关系，分析英国作为当时拥有最发达金融体系的超级强国，资本在逐利过程中如何通过银行寻找盈利率最高的项目并配置资金，以类似乘数效应的方式带动其他部门进而推动经济增长[①]。Bagehot（1873）明确肯定了金融体系通过向大型工业项目融资，在英国工业革命进程中所发挥的关键性的作用。

第二阶段，金融—增长关系理论的拓展与沉寂阶段。Bagehot 写作的年代是 19 世纪末 20 世纪初，当时英国是资本的主要输出国，在 1914 年，英国已有 200 亿美元的海外投资，法国紧随其后，约 87 亿美元，德国大约 60 亿美元[②]；早在 1821 年英国便已采用金本位制，这使得 20 世纪初的伦敦成为全球性经济与金融体系的中心、货币兑换的主要中心、世界债务票据交换所，同时也是世界海运中心与许多国际性大公司总部所在地[③]。规模庞大与非个人的“有限责任”公司的迅速发展，使银行界与金融家能够利用他人的储蓄，促进、阻碍或联合合股企业，从而工业资本主义同时带

---

① Bagehot（1873）书中第四页阐述了上述过程：“Political economists say that capital sets towards the most profitable trades，and that it rapidly leaves the less profitable and non – paying trades. But in ordinary countries this is a slow process，and some persons who want to have ocular demonstration of abstract truths have been inclined to doubt it because they could not see it. In England，however，the process would be visible enough if you could only see the books of the bill brokers and the bankers. Their bill cases as a rule are full of the bills drawn in the most profitable trades，and ceteris paribus and in comparison empty of those drawn in the less profitable. If the iron trade ceases to be as profitable as usual，less iron is sold；the fewer the sales the fewer the bills；and in consequence the number of iron bills in Lombard street is diminished. On the other hand，if in consequence of a bad harvest the corn trade becomes on a sudden profitable，immediately ′corn bills′ are created in great numbers，and if good are discounted in Lombard Street. Thus English capital runs as surely and instantly where it is most wanted，and where there is most to be made of it，as water runs to find its level.”

② 帕尔默，等（Palmer，R. R. et al.）. 工业革命：变革世界的引擎［M］. 北京：世界图书出版公司北京公司，2010：185.

③ 帕尔默，等（Palmer，R. R. et al.）. 工业革命：变革世界的引擎［M］. 北京：世界图书出版公司北京公司，2010：188.

动了金融资本主义[①]。希法亭（Rudolf Hilferding，1910[②]）针对该现象提出了著名的“金融资本”概念，指银行资本与产业资本相互渗透、融为一体而形成的垄断资本。在这一历史背景下，马克思、熊彼特均阐述了金融中介的发展通过资本积累与技术创新作用于实体经济进而带动经济增长的思想。

马克思认为技术创新与信用、资本积累密不可分。①信用、资本集中与集聚是促进创新与技术进步的物质手段。资本的积累本身以及随之而来的资本积聚，本身就是提高生产力的一种物质手段。资本集中在加强和加速积累作用的同时，“又扩大和加速资本技术构成的变革，即减少资本的可变部分来增加它的不变部分，从而减少对劳动的相对需求”[③]。②信用通过保障产业资本的充足供给以使得生产正常运行，技术创新、生产力的发展正是在生产过程中实现的。资本的循环过程是流动和生产的统一，在总循环过程中，产业资本依次通过货币资本、生产资本与商品资本三种形态，实现购买、生产与销售三种职能。③信用制度（金融体系）加速并推动创新。“信用制度加速了生产力的物质上的发展和世界市场的形成；使这二者作为新生产形式的物质基础发展到一定的高度，是资本主义生产方式的历史使命。”[④]

熊彼特认为信用是专为以创新为目的的企业家而创设的货币资本，并在《经济发展理论》一书中以两章篇幅阐述信用、资本与货币市场对推动创新进而经济增长的重要作用。①从信贷资本与创新间的密切联系看，信用不仅对于厂商的最初建立是必要的，而且信用机制一旦建立，生产利息产生并在经济系统内扩展，必然会取代旧的组合，从而信用促进新的组合的形成与进入循环流转。②从信贷资本的本质看，不同于古典经济学的“货币面纱论”，熊彼特指出银行体系是推动创新的重要源泉，“信贷的本

① 帕尔默，等（Palmer，R. R. et al.）. 工业革命：变革世界的引擎［M］. 北京：世界图书出版公司北京公司，2010：190.

② 该书在 1910 年以德文出版，1981 年出版英文版；网址：https：//www. marxists. org/archive/hilferding/1910/finkap/ 有该书的全文电子版。Hilferding，R. Finance Capital：A Study of the Latest Phase of Capitalist Development［M］. London：Routledge，1981.

③ 马克思. 资本论：第 1 卷［M］. 北京：人民出版社，2004：724.

④ 马克思. 资本论：第 3 卷［M］. 北京：人民出版社，2004：500.

质是为了把购买力转移给企业家而进行的购买力的创造”[①]“在原则上，没有信用就不可能有发展”[②]。

虽然马克思、希法亭与熊彼特均阐述了金融中介推动经济增长的相关思想，但20世纪30年代到40年代，金融—增长关系的经典性著作与理论却少之又少，这与当时的经济历史背景有很大关系。熊彼特的经典著作《经济发展理论》（1912）出版于第一次世界大战前夕，并在1934年从德语被翻译成英语与法语。1929—1933年全球经济大萧条（The Great Depression）使得美国与主要欧洲国家经济陷于严重衰退，华尔街1929年10月29日股票市场大崩盘及银行系统的崩溃被视作大萧条时期开启的标志性事件。面对经济危机，美国总统罗斯福从整顿金融入手，敦促议会通过《农业调整法》与《全球工业复兴法》。在这一历史背景下，经济复苏与实体经济发展成为各国的首要任务，金融发展只能是随之而来的结果。虽然新古典综合派思想在当时的经济思想中占主流地位，但经济学界普遍认为：金融发展对经济增长重要，却只是伴随着经济增长的副产品，而不是反过来促进经济增长。罗宾逊夫人（Joan Robinson，1952）“企业引领金融”（Where Enterprise Leads Finance Follows）的思想便是在这一经济历史背景下提出的。

第三阶段，金融—增长关系理论的再兴起阶段。Gurley与Shaw（1955）[③]在《美国经济评论》发表的文章，使得金融体系对经济增长的影响这一命题重新获得学者们的重视。Gurley与Shaw（1955）指出，已有研究仅仅关注产品市场、忽略经济系统中的金融要素，低估了金融在决定经济增长速度与模式方面的重要作用。此外，不同于同时代正统的宏观经济模型将研究局限在货币与银行类金融中介，Gurley与Shaw（1955）突破性地强调了其他非银行类金融机构在创造信用过程中的作用，将金融创新与金融机构发展的现实背景融入研究，并在此基础上分析银行类金融机构、非银行类金融机构创造的信用的替代性，以及中央银行单一通过货币

① 熊彼特．经济发展理论［M］．北京：中国社会科学出版社，2009：135.

② 熊彼特．经济发展理论［M］．北京：中国社会科学出版社，2009：134.

③ Gurley，J. G.，Shaw，E. S. Financial Aspects of Economic Development［J］. *American Economic Review*，1955（45）：515 -538.

政策控制货币的不足。Gurley 与 Shaw（1955）指出，由于非银行类金融机构在充当信用中介的过程中同样创造出特定的金融工具，并凭借其持有的资产创造出信用，进而影响经济活动，应以金融控制（Financial Control）补充货币控制（Monetary Control），改变原有孤立地从中央银行视角认识货币供给的局面。

从 Gurley 与 Shaw（1955）的研究对象与之前其他学者的区别中可以看出，随着金融交易的复杂化，不同金融产品逐渐部分或全部地行使着货币的原有职能，理论内核必然从关注金融产品的初始状态——货币，逐渐拓展至金融契约、金融中介、金融体系与经济增长间关系等相对更为前沿、符合现实发展的问题上。

在这一特定历史阶段，经济史学家也进一步在理论层面推动对金融发展与经济增长间关系的解读，引领了新一轮研究的浪潮。虽然与早期研究相似，Gurley 与 Shaw（1955）之后的很多研究依然缺乏翔实的计量分析，但这一时期的文献在思想层面有了很重要的突破，关于发展中国家金融发展的历史经验教训、两变量间可能的因果关系与阶段论的相关思想均在这一时期出现，从而形成了一批经典文章或著作，比较有代表性的学者是格申克龙（Alexander Gerschenkron）与耶鲁大学教授帕特里克（Hugh T. Patrick）。

Gerschenkron（1962）强调了落后发展中国家以金融体系推动工业化的必要性。在《经济落后的历史透视》一书中，Gerschenkron（1962）论证了两个根本性的主题：一是发展的必要性，经济落后是世界性问题，“全世界都为俄国的农民未能获得解放以及俄国未能较早地推进工业化政策付出了代价”①；二是后进者在学习模仿并追赶领先者的过程中，需要做出特殊安排，才能够克服因落后而造成的发展障碍，如控制以银行为主的金融体系以动员社会资金投向工业化等经济政策。Gerschenkron 比较了法国、德国、英国、俄国等国在 19 世纪经济发展的特殊经验，指出落后国家产业发展的基本趋势、产业的生产结构、产业的组织结构都深受银行主动

① 格申克龙（Gerschenkron，A.）．经济落后的历史透视［M］．北京：商务印书馆，2009：36.

将资本吸引并集聚于煤矿、钢铁生产、电气与通用工程、重化工业产品等领域影响，从而推动落后国家的经济实现赶超与增长。

Patrick 进一步将金融问题与个人选择联系起来，探讨了金融发展与经济增长间的因果关系并给出清晰的概念界定。延续 Gerschenkron（1962）的研究，Patrick（1966）[①] 将储蓄型与投资型资产持有人的行为分析与 Gurley 和 Shaw（1955）模型相结合，分析在安全性、流动性与收益率方面具有不同偏好的理性个体如何通过金融资产（货币、存款、债券、股票、保险等）与实物资产的选择影响经济增长。

Patrick 从三方面拓展了金融发展与经济增长关系的思想：①在已有相关文献中，Patrick（1966）首次尝试探讨金融发展与经济增长之间的因果关系，以"需求追随"（Demand – Following）与"供给领先"（Supply – Leading）描述两变量间可能的关系。②从经济演化的视角提出"阶段论"思想，即金融发展与经济增长间关系在经济发展的不同阶段呈现不同的形态。阶段一：在经济发展的初始阶段，金融发展引导经济增长，被称为"供给领先"。此时金融体系重点发挥两大功能：一是将资源从传统非增长部门转移至现代生产部门，后者以跨国高新科技技术、理性主义（利润最大化）与现代制度和组织结构为特征；二是激励并推动代表先进技术的现代部门的企业家行为，通过放松或改进金融约束环境，在预期与心理层面上推动企业家从大处着眼（think big），勇于创新，此观点与熊彼特的"金融信用驱动创新"思想一脉相承。阶段二：当经济进入快速增长阶段，交易关系复杂化，信息不对称、交易成本所导致的摩擦（Frictions）会对金融产品与服务产生需求，并刺激金融发展，被称作"需求追随"，即现代金融机构、其金融资产与债务及与之相关的金融服务的形成，是金融体系对实体经济中投资者与储户相关服务需求的响应，金融产品被当做一种"契约"以实现交易当事人之间的责任、权利与利益的最优配置。在这一背景下，金融系统的演化发展（Evolutionary Development）成为经济持续发展的结果，新兴的金融体系主要由经济环境、制度框架等客观因素与个体

---

① Patrick, H. Financial Development and Economic Growth in Underdeveloped Countries [J]. *Economic Development Cultural Change*, 1966 (14): 174 – 189.

动机、偏好、品位等主观因素共同决定。③从金融发展对资本存量的作用入手，阐述金融发展影响经济增长可能的具体途径。金融发展通过三种方式作用于资本存量进而影响经济增长：在假定资本存量与实际产出之间存在较强的正相关关系的前提下，金融机构一是通过不同资产持有者之间所有权及其资产结构的变化，提高了既定数量的有形财富（广义层面的资本）在总量层面更有效的分配；二是通过促使资本从较低生产效率用途转向较高生产效率用途，提高了新资本的配置效率；三是通过更有效率地激励储蓄、投资与生产，加快了资本积累的速度。

Patrick（1972）① 进一步论证了上述观点，在回应 Stammer 以中国香港为例对其 1966 年研究计量检验的评论时，Patrick 指出有必要区分短期金融需求（家庭或企业内部资本）与长期投资需求，并辨析二者间相互关系。Patrick（1972）认为只有清晰界定初始条件与动力，才能认识到单一依赖“内部金融”（Internal Finance）不足以推动一国经济增长，在劳动力充裕、资本相对缺乏的中国传统经济社会中，金融机构发展对资本积累、投资进而对长期经济增长至关重要。

针对采用“供给领先”式发展模式，以金融发展引领经济增长有可能出现的问题，Patrick（1966）也给出了有启发性的政策建议。例如，由于在经济发展的初级阶段，金融体系最初可能无法通过贷款给现代生产部门而获利，Patrick（1966）赞成民间金融机构直接或间接地接受政府补贴，商业银行在优惠政策下发放抵押贷款，或缴纳很低的存款准备金；或者金融机构先将大部分资金贷给传统农业部门以赚取利润，伴随着新产业的出现与发展，再改变其贷款投资组合，逐渐将投资转移至现代生产部门。

综上，从金融—增长关系理论的萌芽阶段、拓展与沉寂阶段，到再兴起阶段，金融产品不再仅局限于货币这一初级产品；随着交易关系的复杂化，金融产品为参与交易的当事人提供了合理选择风险收益组合的可能空间，提供流动性并规避风险。越来越多的学者开始从理性个人选择的视角去理解现代金融，这为系统金融发展理论框架体系的建立奠定了必要的基础。

---

① Patrick, H. Financial Development and Economic Growth in Underdeveloped Countries: Reply [J]. *Economic Development and Cultural Change*, 1972 (2): 326 - 329.

二、金融发展理论框架的进展

传承了传统货币金融思想与现代金融发展思想，相对完整的金融发展理论框架终于在20世纪70年代得以建立。作为第一代金融发展理论，金融深化与金融约束理论均侧重于从政府政策视角阐述金融发展与经济增长作用机制问题，强调政府的不当干预（金融抑制）如何阻碍金融发展对经济增长的促进作用，或如何通过一系列金融政策在民间部门创造租金机会（金融约束），在防止金融抑制危害的同时又促使银行主动规避风险，从而实现金融发展对经济增长的持续推动。

（一）金融抑制与金融深化

尽管早已有文献关注在经济增长过程中金融发展的重要作用（Gurley和Shaw，1955；Patrick，1966；Goldsmith，1969），但相对完整的金融发展理论框架直到McKinnon（1973）和Shaw（1973）的著作《经济增长中的金融化》和《经济发展中的货币和资本》的出现才得以建立。

通过对新古典经济学中实物资本与货币之间存在“替代”效应①（即实物投资增长会导致货币资产的下降）这一观点的质疑，McKinnon（1973）提出了发展中国家中货币与实物资本之间存在互补性的假说。McKinnon（1973）指出，由于发展中国家不存在新古典经济学中所假设的高效的资本市场，从而也就不能使最终财富的所有者根据利率变化调整资产结构。其根本原因在于发展中国家经济普遍存在的分割性，“具备潜在生产机会的企业家，缺乏自由资金与外部融通资金；而那些持有大量资金的企业家，往往没有‘内部’生产机会（除非政府人为干预制造这类机会），从而也不会按充分反映资本稀缺性的收益率进行‘外部’投资”②。

① 替代效应之所以存在，其原因在于：第一，当实物投资预期收益提高时，追求利润最大化的厂商将直接降低其对货币资产的需求；第二，假设存在高效的资本市场，使所有实物资产及除货币之外的金融资产的收益率与反映预期通胀率的名义利率相等。当实物投资预期回报率增加时，高效运行的资本市场使货币、定期债券、股票的预期变动率（利率）同向变动，财富最终所有者会因此减少持有货币的余额。McKinnon（1973）对新古典经济学的质疑主要在第二个传导渠道。

② 麦金农．经济发展中的货币与资本［M］//麦金农经济学文集（第一卷）．北京：中国金融出版社，2006：8.

在经济（特别是资本市场）分割性显著的背景下，企业只能通过内源性资本积累进行生产，企业的投资由其储蓄的积累提供资金，此时，货币与实物资本之间的替代关系转变为互补关系——较高的实际利率不仅能够提高储蓄与投资的倾向，还能够有效提高资本存量并进而推动经济增长；相反，不当的政府政策干预（如利率管制等金融抑制政策），则会加剧内源性融资行为，落后的金融体系制约了资源配置效率，进一步阻碍了资本积累与经济增长。Shaw（1973）也以落后发展中国家为研究对象，提出了相似的观点。他们主张通过放松利率与汇率管制、提高实际利率等方式推动金融自由化，从而消除金融抑制，推动经济增长。

（二）金融约束

20 世纪 70 年代，在以 McKinnon 与 Shaw 开创的金融深化理论为理论基础，拉美新自由主义、IMF 以“利率自由化”为在发展中国家经济稳定计划基本要求的现实背景下，拉美发展中国家最先将金融自由化付诸实践，智利、乌拉圭分别于 1973 年与 1967 年实现了金融自由化。但金融自由化的实践结果并没有理论预测那样有效，而 1997 年亚洲金融危机的爆发又引发更多学者对于金融自由化政策的质疑。

在反思与检讨金融自由化、借鉴日本及东南亚新兴市场经济国家的经验基础上，Stiglitz 等学者在新凯恩斯主义学派分析的基础上，从信息不对称与政府监管的角度，提出在发展中国家政府适当控制利率上限的必要性与合理性。其基本原理在于，对于发展中国家，金融抑制政策不利于经济的持续增长，而突然的金融自由化又会受到客观条件制约而难以达到预期效果，因此政府有必要对金融体系进行间接控制。Hellman，Murdock 与 Stiglitz（1997）在《金融约束：一个新的分析框架》① 一文中提出了完整的金融约束理论分析框架。

按照 Hellman 等的观点，金融约束的本质是政府通过一系列金融政策在民间部门创造租金机会，由金融机构与企业分享。一定程度的政府干预

① Hellmann，T.，Murdock，K.，Stiglitz，J. Financial Restraint：Towards a New Paradigm［A］. The Role of Government in East Asian Development：Comparative Institutional Analysis［C］. London：Oxford University Press，1997.

不仅能使市场经济更好地发挥作用，而且也有助于提高经济增长水平。

第一，由于信息不完全，政府将利率水平定在市场出清水平之下能够降低代理成本、提高资本的配置效率。一方面，较低的贷款利率提高了借款人的平均质量，避免了利率高时仅风险较高的项目投资者申请贷款（逆向选择）；另一方面，低利率降低了贷款成本，防止企业为偿还高额利率而从事不合意的高风险投资活动，借款者的道德风险也因此下降。金融约束政策降低了借款者违约与破产的概率，从而也保障了金融体系的稳定与安全。

第二，政府的利率控制与进入管制等政策，为现存的金融中介提供了租金机会，激励其扩大营业网点、提高服务质量，降低了交易成本，根据鲍莫尔交易成本货币需求理论，这样能够推动社会总储蓄的增长，提高信贷市场可贷资金总额，促进经济增长，即发挥储蓄的“租金效应”。

比较金融抑制（金融深化）与金融约束理论，二者均从政府干预性政策视角分析金融发展对经济增长的作用机制。前者更强调金融通过利率机制影响经济增长，后者更侧重于分析信贷机制的作用。二者也存在差异，在金融抑制政策下，政府制定利率限额设立租金，然后以通货膨胀税等形式直接占用；而金融约束政策中，政府并不占有租金。值得注意的是，金融约束政策具有阶段有效性，因为金融约束理论中强调实际利率必须为正，如果实际利率水平过低会带来资产替代效应，将会部分或完全抵消由金融约束政策所带来的租金效应。

金融深化与金融约束理论的相关研究，在2008年金融危机之后被重新赋予了新的含义。有学者认为金融抑制不仅存在于发展中国家，发达工业经济也同样存在显著的金融抑制。美国国家经济研究局（NBER）学者Reinhart与Sbrancia（2011）的计算表明，许多发达国家[①]实际利率在二战之后35年与全球危机后3年间的平均值为负数（见图1-3），并推测2008年经济危机之后，美国政府将以金融抑制政策减免债务。

① 包括澳大利亚、比利时、加拿大、芬兰、法国、德国、希腊、爱尔兰、意大利、日本、新西兰、瑞典、美国与英国；2011年的利率是截至2月份的观测值。

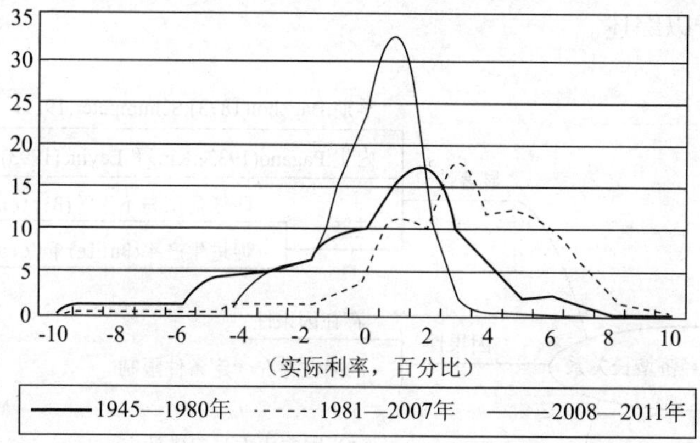

图1－3 二战后35年间及全球危机后3年以来发达国家实际利率的变动

资料来源：转引自 Reinhart 和 Sbrancia（2011）①

Reinhart 和 Sbrancia（2011）指出，金融抑制政策将名义利率维持在较低水平，相当于降低了政府既定规模债务的利息支出，有助于削减赤字。但对于这一可能实行的政策是否会对经济产生不良影响，学者们还持不同意见，例如，Krugman（2011）② 认为即使存在金融抑制，其对经济增长也不会有太大的负面影响。

第三节 金融发展与经济增长关系的相关探索

关于金融发展与经济增长之间关系的研究，在理论方面虽然可以追溯至20世纪50年代的 Gurley 和 Shaw（1955），但相关实证计量类文献直到 King 和 Levine（1993）的经典文章之后才大量出现。已有研究中关于金融发展与经济增长间关系的综述类文献已有很多③，以下根据本书的研究内容与分析重点，在简要分析显著性、因果性的基础上，重点对非线性关系

① Reinhart，C.，Sbrancia B. The Liquidation of Government Debt［R］. NBER Working Paper 16893，2011（3）.

② http：//krugman. blogs. nytimes. com/2011/06/02/financial－repression/

③ Pagano（1993），Levine（1997；2005），Trew（2006），Demirgüç－Kunt 与 Levine（2008）等文献的引用率相对较高，Levine（1997）详细综述了20世纪90年代的相关文献，Levine（2005）与 Ang（2008）则深入述评了20世纪90年代之后文献的发展，后者被许多学者认为相对最完备。

方面研究予以综述。

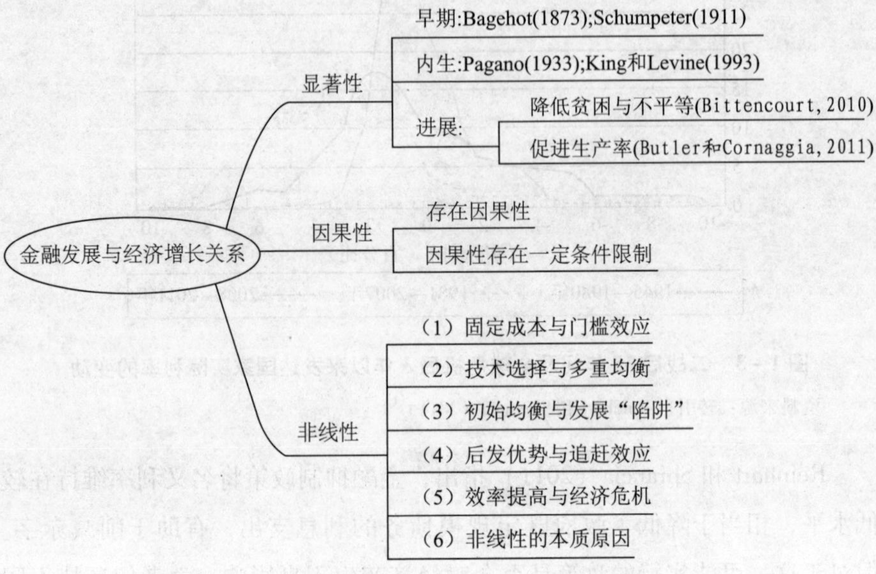

图 1-4　金融发展与经济增长关系的相关探索

一、显著性联系的文献综述

在已有文献中，Bagehot（1873）最早将金融部门发展水平与一国经济体资本配置效率联系起来①；而 Schumpeter（1911）则首次明确讨论了金融中介对经济增长的促进作用，指出完善的金融中介能够通过发现并资助拥有最大成功机会的创新型产品和生产过程的企业家，从而促进技术创新，直接推动经济增长。

随后，关于金融发展与经济增长之间是否存在显著性联系方面出现了两类观点。持反对意见的学者如 Lucas（1988）认为，金融要素在经济增长中的作用被过分强调（Over - stressed）②；Dornbusch 和 Reynoso（1989）认为金融部门与贸易部门类似，除非它被严重扭曲，一般不会对人均 GDP

① Bagehot, W. *Lombard Street: A Description of the Money Market* [M]. Chicago: Homewood Publishing, 1873.

② Lucas, R. E. On the Mechanics of Economic Development [J]. *Journal of Monetary Economics*, 1988 (1): 3 -42.

水平产生影响[①]；相反，持赞同意见的学者不仅认为金融部门对经济增长很重要，而且认为金融发展是经济增长的原因，如 Hicks（1969）以英国为例，阐述金融发展通过促使资本流动（Mobilization of Capital）推动工业革命的发生，进而促进经济增长[②]；他指出，早在工业革命之前许多技术发明就已经存在，正是高度流动性的金融系统广泛动员社会资金，促进大规模的资本持续性地流入经济社会建设中，最终点燃了英国工业革命之火。

20 世纪 90 年代，内生增长理论的发展推动了金融—增长关系的研究，Pagano（1993）利用 AK 内生增长理论模型证明了金融发展与经济增长之间显著的联系。King 和 Levine（1993）拓展了 Barro（1991）[③] 的跨国分析框架，将金融变量引入标准增长模型。利用 80 个国家统计数据进行回归，他们发现初始金融水平与随后人均收入增长间正向且显著的联系。而 Rousseau 与 Wachtel（2000）也利用 1980—1995 年跨国年度面板数据，验证了金融发展对经济增长的重要作用。[④]

除了针对金融变量与人均 GDP 之间关系的分析，还有学者将研究扩展至福利分析。例如，Beck，Demiruç - Kunt 与 Levine（2007）[⑤]，Bittencourt（2010）证明了金融发展对降低贫困与不平等的重要作用[⑥]，从另一角度强化了金融发展对福利提高与经济增长的重要作用；而 Butler 和 Cornaggia（2011）则证明了金融可获得性对促进生产率增长作用十分显著[⑦]。

有许多文献关注了中国经济增长问题。由于使用的金融发展指标、计量方法与选取的时间区间存在差异，相关研究尚未达成共识：有些学者发

---

① Dornbusch，R.，Reynoso，A. Financial Factors in Economic Development［J］. *American Economic Review*，1989（2）：204 - 209.

② Hicks，J. *A Theory of Economic History*［M］. Oxford：Clarendon Press，1969.

③ Barro，Robert J.，Economic Growth in a Cross Section of Countries［J］. *Quarterly Journal of Economics*，1991（2）：407 - 443.

④ Rousseau，P. L.，Wachtel，P. Equity Markets and Growth：Cross - Country Evidence on Timing and Outcomes：1980 - 1995［J］. *Journal of Banking and Finance*，2000（24）：1933 - 1957.

⑤ Beck，H. T. L.，Demirgüç - Kunt，A.，Levine，R. Finance，Inequality and the Poor［J］. *Journal of Economic Growth*，2007（12）：27 - 49.

⑥ Bittencourt，M. Financial Development and Inequality：Brazil 1985 - 1994［J］. *Economic Change and Restructuring*，2010（2）：113 - 130.

⑦ Butler，A. W.，Cornaggia，J. Does Access to External Finance Improve Productivity? Evidence from a Natural Experiment［J］. *Journal of Financial Economics*，2011（1）：184 - 203.

现金融发展对中国经济增长具有显著正面作用（Cheng 和 Degyrse，2010）[①]，有一些学者认为二者之间存在负面相关关系（Boyreau - Debray，2003）[②]，还有些学者指出二者之间没有关系（Aziz 和 Duenwald，2002）[③]。

二、因果关系的文献综述

虽然随着研究的进一步深入，金融与经济增长间正相关关系的显著性得到了验证（Levine，2004）[④]，但关于二者之间因果关系方面却依然没有定论。从研究对象来看，相关研究在 2010 年、2011 年更多侧重于对发展中国家的检验，区域也多集中在非洲、东南亚等国，计量方法创新不是十分显著，在国际前沿期刊上发表数量也较少。相比较而言，早些年的经典研究对本书启发更大。在肯定金融发展与经济增长之间可能存在一定因果关系的前提下，相关研究大致可以分为以下两大类：一是二者之间存在因果关系，二是两变量间因果关系的存在有一定条件。

对于第一类研究，King 和 Levine（1993）的经典文献最具有代表性。利用四种金融发展指标与经济增长指标[⑤]，对 80 个国家 1960—1989 年的跨国面板数据进行分析，计量结果显示当期经济增长与金融发展指标正相关，且每个 10 年初的金融发展与之后 10 年的经济增长也显著正相关，从而金融发展是经济发展的内因。随后，King，Levine 和 Loayza（2000）[⑥] 以改进的计量方法进一步拓展并验证了两变量间的因果关系。此外，另一引

① Cheng，X.，Degryse，H. A. The Impact of Bank and Non - Bank Financial Institutions on Local Economic Growth in China［J］. *Journal of Financial Services Research*，2010（2）：179 - 199.

② Boyreau - Debray，G. Financial Intermediation and Growth：Chinese Style［R］. World Bank Policy Research Working Paper No. 3027，2003.

③ Aziz，J.，Duenwald，C. Growth - financial Intermediation Nexus in China［R］. International Monetary Fund Discussion Paper No. 02/194，2002.

④ Levine，R. Finance and Growth：Theory and Evidence［R］. NBER Working Paper 10766，2004.

⑤ 其中衡量金融发展水平的指标有金融体系的流动性负债（货币供应量 M3）与 GDP 的比率、存款货币银行（deposit bank）国内资产与它和中央银行国内资产之和的比率、对非金融私人企业信贷占总体信贷规模（扣除银行间信贷）的比率、对非金融私人企业信贷占 GDP 的比率；衡量经济增长的四个指标为人均 GDP 增长率、人均资本存量增长率、国内投资占 GDP 比率及经济效率指标（即“索洛余值”）。

⑥ Beck，T.，Levine，R.，Loayza，N. V. Financial Intermediation and Growth：Causality and Causes［J］. *Journal of Monetary Economics*，2000（1）：31 - 77.

用率较高的文献 Odedokun（1996）以 71 个国家 1960—1980 年的时间序列检验证明，研究样本中大约 85% 国家的金融中介对经济增长具有正向作用，且该影响在各样本空间内稳定且显著[①]；Christopoulos 和 Tsionas（2004）发现金融发展对经济增长存在长期单向的因果关系[②]。

除第一类研究之外，还有许多学者发现即使采用类似的方法、样本与时间区间，由于使用的指标的界定差异，也会带来不同的计量结果，如 De Gregorio 和 Guidotti（1995）利用与 King 和 Levine（1993）相似的方法，将样本空间扩展至 1960—1985 年的 98 个国家，并仅以银行给私人信贷占 GDP 的比率作为唯一的指标衡量金融发展，计量结果表明，虽然金融发展对经济增长的作用普遍为正且显著，但具体表现与该国或地区的地理位置、时间区域选择与收入水平相关，特别对中低收入国家的推动作用最为显著[③]，即金融发展与经济增长间因果关系的存在有一定的条件。此类研究的进一步发展，推动了学术界对非线性关系的关注与探讨。

三、非线性关系的文献综述

随着对金融—增长关系研究的深入，许多学者开始质疑二者之间线性关系假设的合理性与有效性，转而从非线性关系视角进行分析（Deidda 和 Fattouh，2002；Rioja 和 Valev，2004[④]；Favara，2003[⑤]；Masten 等，2008[⑥]）。朱闫龙（2004）[⑦] 认为因果性与非线性是一个问题的两个方面，

---

① Odedokun, M. O. Alternative Econometric Approaches for Analyzing the Role of the Financial Sector in Economic Growth: Time - series Evidence from LDCs [J]. *Journal of Development Economics*, 1996 (1): 119 - 146.

② Christopolous, D. K., Tsionas, E. G. Financial Development and Economic Growth: Evidence from Panel Unit Root and Cointegration Tests [J]. *Journal of Development Economics*, 2004 (1): 55 - 74.

③ De Gregorio, J., Guidotti, P. E. Financial Development and Economic Growth [J]. *World Development*, 1995 (3): 433 - 448.

④ Rioja, F., Valev, N. Does One Size Fit All? A Reexamination of the Finance and Growth Relationship [J]. *Journal of Development Economics*, 2004 (74): 429 - 447.

⑤ Favara, G. An Empirical Reassessment of the Relationship between Finance and Growth [R]. International Monetary Fund, Working Paper No. 03/123, 2003.

⑥ Masten, A. et al. Non - linear Growth Effects of Financial Development: Does Financial Integration Matter [J]. *Journal of International Money and Finance*, 2008 (2): 295 - 313.

⑦ 朱闫龙. 金融发展与经济增长文献综述 [J]. 世界经济文汇，2004 (6): 46 - 64.

均与一国经济发展阶段与金融发展水平相关，相关思想启发了本书对于经济增长中的金融发展作用机制的研究。

非线性关系之所以存在，其原因在于金融与经济增长间关系取决于二者的特征，当其中任何一个变量因某些因素出现特征或性质改变时，都将会因此改变金融发展与经济增长间的关系。根据在研究过程中划分金融发展程度的方法，可以将文献分为两类（赵振全等，2007[①]）：一是非统计方法类，研究者人为地按组分类；二是统计方法类，包括以时间为结构转折点的非线性方法（如马尔可夫区制转移模型）和以变量为结构转折点的非线性方法（如门限模型）等。按照研究内容看，相关研究包括以下几个方面：

（1）固定成本与门槛效应。

Greenwood 和 Jovanovic（1990）[②]指出，由于构建复杂金融中介体系和提供复杂金融服务的固定成本很高，只有当经济发展到一定水平时，建立复杂的金融中介体系才有净收益；Galor 和 Zeira（1993）[③] 及 Banerjee 和 Newman（1993）[④] 则认为，在信贷市场不完善的条件下，由于金融成本较高，存在门槛效应（Threshold Effect），富人比穷人在融资上具有比较优势；随着信贷市场的完善，门槛效应减弱，穷人也能得到信贷市场的融资，从而会缩小人们的贫富差距；Bose 和 Cothen（1996）[⑤] 通过计量检验发现，当金融体系的初始发展水平较低时，金融部门的深化不但不能促进经济增长，反而有碍于经济增长；只有当金融部门的发展水平超过某一临界值时，它的发展才能显著地推动经济增长。这一研究表明，制定与金融发展相关的政策需要考虑本国所处的经济环境，不恰当的政策设计非但不能推动经济增长，反而会带来负面影响。

---

① 赵振全，于震，杨东亮．金融发展与经济增长的非线性关联研究——基于门限模型的实证检验［J］．数理经济技术经济研究，2007（7）：54－62.

② Greenwood，J.，Jovanovic，B. Financial Development，Growth，and the Distribution of Income［J］. *Journal of Political Economy*，1990（98）：1076－1107.

③ Galor，O.，Zeira，J. Income Distribution and Macroeconomics［J］. *Review of Economic Studies*，1993（1）：35－52.

④ Banerjee，A. V.，Newman，A. F. Occupational Choice and the Process of Development［J］. *Journal of Political Economy*，1993（2）：274－298.

⑤ Bose，N.，Cothren，R. Equilibrium Loan Contracts and Endogenous Growth in the Presence of Asymmetric Information［J］. *Journal of Monetary Econonmy*，1996（38）：363－376.

（2）技术选择与多重均衡。

Saint Paul（1992）[①] 发现，金融中介与技术选择是各国处于不同经济发展阶段的重要原因。技术选择与金融中介机构之间的相互作用形成了能够导致多重均衡存在的外部性。如果中介组织不发达，则机构选择投资无风险项目并使用过时的技术，从而其开发新技术的积极性不高，限制了资本生产率的提高；若中介机构得到发展，有利于企业选择高度专业化且风险性较高的技术，反过来刺激了对高效率金融体系的需求。金融发展与技术选择具有互补性，二者均可用于分散风险。Saint Paul（1992）的发现具有重要理论意义，支持了金融发展在一个经济体趋向"高水平均衡"（High Equilibrium）过程中所发挥的关键作用；如果金融体系不发达，经济体会因此选择非专业化、低生产率的落后技术，从而陷入"低水平均衡"陷阱。

（3）初始均衡与发展"陷阱"。

Lee（1996）[②] 认为金融发展的动力来自"干中学"过程中知识与信息的积累。由于金融中介机构通过借贷行为发现好的投资机会与有潜力的生产技术，金融体系在积累信息的过程中，实现了对储蓄资源的优化配置。较差的信息环境（存在逆向选择与道德风险）决定了初始均衡水平较低，从而降低了投资规模，并使经济陷入低水平均衡状态。由于该低水平陷阱是由信息不对称造成的，可以通过解决信息不对称（发展金融体系）克服信息的外部性。

Aghion 等（2004[③]、2005[④]）从经济增长收敛视角分析了类似的问题。金融发展水平越过门槛值的国家或地区能够收敛于前沿技术；若该国通过技术创新趋向技术前沿的过程中没有相应的金融体系发展，会陷入"非趋

---

① Saint Paul，G. Technological Choice，Financial Markets and Economic Development［J］. *European Economic Review*，1992（3）：763－781.

② Lee，J. Financial. Development by Learning［J］. *Journal of Development Economics*，1996（50）：147－164.

③ Aghion，Howitt，Mayer Foulkes. The Effect of Financial Development on Convergence：Theory and Evidence［R］. National Bureau of Economic Research Working Paper No. 10358，2004.

④ Aghion，Howitt，Mayer－Foulkes. The Effect of Financial Development on Convergence：Theory and Evidence［J］. *The Quarterly Journal of Economics*，2005（1）：173－222.

同”陷阱。

(4) 后发优势与追赶效应 (Catch - up Effect)。

Yilmazkuday (2011)① 以 1965—2004 年 84 个国家为研究对象，分析影响金融—增长关系的门槛效应。计量结果显示，高通胀对以金融深度衡量的金融发展存在一定的挤出效应，不利于长期经济增长；人均收入水平达到中等以上时“后发优势”的追赶效应更显著。具体的，在人均收入未达到 665 美元 (1995 年固定美元价格) 之前，金融发展对经济增长没有显著作用；当人均收入达到 1636 美元 (1995 年固定美元价格) 以上，该作用机制才最有效率。

(5) 效率提高与经济危机。

发展水平会影响效率提升。Méon 和 Weill (2010)② 发现，以平均水平衡量，金融中介发展能够推动效率提升，但要以经济发展达到一定水平为前提条件，当一国或地区经济发展水平较低时，金融对效率提升就不显著，甚至在某些最贫穷的国家，金融与效率间关系为负。

不当政策会导致经济危机。De Gregorio 和 Guidotti (1995)③，Loayza 和 Ranciere (2005)④研究发现发展中国家金融与经济增长间关系为负，他们认为这并不证明金融发展对经济增长没有作用，而是由于过快的金融自由化改革增加了金融危机发生的可能性从而降低了生产率。

(6) 存在非线性关系的本质原因。

Ketten 等 (2004)⑤ 指出，在模型估计时若能将初始人均收入、人力资本水平与经济增长纳入分析框架，则金融—增长的非线性关系可以消

① Yilmazkuday, H. Thresholds in the Finance - Growth Nexus: A Cross - Country Analysis [J]. *World Bank Economic Review*, 2011 (2): 278 - 295.

② Méon, P., Weill L. Does Financial Intermediation Matter for Macroeconomic Performance? [J]. *Economic Modelling*, 2010 (27): 296 - 303.

③ De Gregorio, J., Guidotti, P. Financial Development and Economic Growth [J]. *World Development*, 1995 (23): 433 - 448.

④ Loayza, N., Ranciere, R. Financial Development, Financial Fragility, and Growth [R]. International Monetary Fund. Working Paper No. 05/170, 2005.

⑤ Ketten, E., Mamuneas, T., Savvides, A., Stengos, T. Finance Development and Economic Growth - Is the Finance - Growth Relationship Nonlinear? [R]. 2004 meetings of the European Economic Association. 2004 (2).

失。Hung（2009）则构造了理论模型解释存在非线性关系的本质原因。金融发展可以同时促进消费贷款与投资贷款，前者不利于经济增长，后者能推动经济增长，从而金融发展对经济增长的作用结果取决于消费贷款与投资贷款作用相互间的比较，而初始金融发展水平对二者间比较又具有决定性作用，从而产生了非线性关系问题。①

第四节 金融发展影响经济增长机制的文献综述

一、金融发展与经济增长：功能观视角

区别于 McKinnon 和 Shaw（1973）建立的第一代金融—增长模型，20世纪 90 年代形成的第二代金融发展理论将外部性、规模经济与质量阶梯（Quality Ladder）等要素融入模型中，将分析重点转移至金融的功能方面，被称为"金融功能说"（Levine，1997）②。

在传统阿罗—德布鲁—麦肯齐（Arrow - Debreu - Mackenzie）理论框架下，经济体中不存在信息不对称与交易成本，金融因素对经济增长的影响从而可以忽略不计。若将交易成本与摩擦引入，则金融发展对经济增长具有十分重要的作用。金融发展可以通过以下五方面功能缓解信息摩擦并便利资源跨时空配置：①搜寻信息与配置资源；②监督经营者并实现公司治理；③促进交易、套期保值并分散风险；④动员储蓄；⑤通过降低交易成本促进分工、创新与经济增长。金融体系的五大功能从微观视角阐述了金融发展对经济增长可能的作用机制。

二、金融发展与经济增长：数量与质量传导渠道

尽管金融发展对经济增长的显著促进作用在已有文献中已基本得到肯定，但金融发展具体通过何种渠道与途径对经济增长产生作用，其有效性、影响因素与制约机制等方面问题仍存在一定争议。从宏观视角考察，

---

① Hung，F. S. Explaining the Nonlinear Effects of Financial Development on Economic Growth［J］. *Journal of Economics*，2009（97）：41 - 65.

② Levine，R. Financial Development and Economic Growth：Views and Agenda［J］. *Journal of Economic Literature*，1997（2），688 - 726.

经济增长中的金融发展作用机制与渠道，主要可以分为以下两方面：

第一，资本积累渠道（又称为要素积累渠道或数量型渠道）强调金融体系的发展通过更快速的资本积累而推动经济增长。这一观点由 Goldsmith（1969），McKinnon（1973）和 Shaw（1973）提出。金融中介的发展降低了市场摩擦，从而促进了国内储蓄，并吸引外国资本与投资，在这一过程中资本积累增加进而推动了经济增长。

Goldsmith（1969）关注金融发展与投资效率的关系，而 McKinnon（1973）和 Shaw（1973）则侧重说明金融自由化对促进国内储蓄与投资的影响。①根据 Goldsmith（1969）的理论框架，国内金融市场的完善会导致资本积累规模与效率的提高，即金融发展提高了对资本存量的有效利用，从而推动了经济增长。②McKinnon（1973）和 Shaw（1973）延续了前人的研究，肯定了金融发展通过提高资本生产率而促进经济增长的同时，也扩展了已有研究，提出新的作用机制与渠道——储蓄（通过储蓄促进投资水平的提高）。根据 McKinnon - Shaw 模型，伴随着金融体系的发展，通过储蓄与投资推动的金融—增长关系会显著受到政府政策的影响。金融抑制政策（高准备金率、利率管制等）将会降低储蓄率，进而导致投资资金的短缺，从而阻碍经济增长。基于这样的逻辑框架，他们提出金融自由化的政策建议，因为金融自由化所带来的高利率会显著促进居民的储蓄动力。

第二，技术进步渠道（又称全要素渠道或质量型渠道）。Schumpeter（1911）强调金融中介对技术创新的推动作用，功能完善的金融体系通过从资金盈余部门筹集储蓄用于投资、评估盈利投资项目、监督管理人员及促进交易，能够并且可以有效地以较低的成本收集企业的详细信息。金融中介所提供的成本低廉的信息会推动资源配置与生产率的增长（Townsend，1979①；Greenwood 和 Jovanovic，1990；King 和 Levine，1993），金融中介有效地配置储蓄给生产性企业。熊彼特学派认为金融体系的发展对技术的变革与生产率的提高有着直接的影响，从而推动总体产

① Townsend，R. M. Optimal Contracts and Competitive Markets with Costly State Verification［J］. *Journal of Economic Theory*，1979（21）：265 - 293.

量的提高。此时，金融发展并不需要通过影响储蓄率而作用于经济增长，而是通过对储蓄的配置影响经济增长。

总体来看，数量型渠道侧重于通过吸引国内外资本，以增加储蓄，促进资本积累水平提高与经济增长；而质量型渠道则强调通过提高储蓄的配置效率、技术创新与进步带动经济增长。

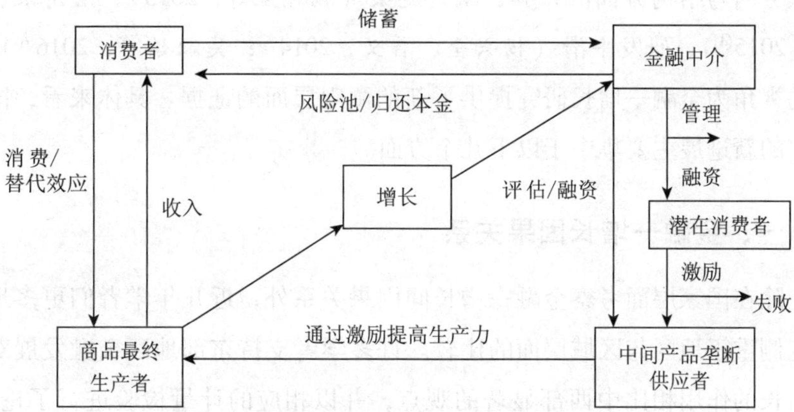

图 1-5　King 和 Levine（1993）的金融与发展模型

第五节　国内研究的新进展

中国学者关于金融发展与经济增长关系的研究从 20 世纪 80 年代以来较多集中于宏观层面与区域经济领域，近两年随着对金融—增长非线性关系的关注与具体作用机制的分析逐渐增多，结合经济结构战略性调整与发展模式转变的背景，其最新的进展除涉及比较优势变迁（曹珂、朱彤，2010）①、金融体制制度（姚先国、武鑫，2010②；刘德学、熊芳，

① 曹珂，朱彤．外部融资依赖、金融发展与比较优势变迁——基于中国制造业部门的行业分析［J］．世界经济研究，2010（4）：26-30.

② 姚先国，武鑫．中国的金融制度转型——基于经济危机中的观察［J］．经济学动态，2010（11）：51-59.

2011[①])、金融发展指标的构建（陈雄兵、吕勇斌，2012[②]）等领域外，新的文献统计研究方法、相对更全面与微观的统计数据的应用，拓展了已有研究对金融发展—经济增长效应的具体作用机制、微观基础等方面的认识。例如，在方法论方面，近年来在国外研究中被广泛使用的元分析技术，有学者（于成永，2016）将其用于比较文献中金融发展与经济增长关系在方向与结构方面的差异；融资约束（鞠晓生等，2013[③]；唐清泉、巫岑，2015[④]）、研发平滑（杨兴全、曾义，2014[⑤]；吴淑娥等，2016[⑥]）等新的视角为金融—增长研究提供了新的微观层面的证据。具体来看，国内研究的新进展主要集中于以下几个方面。

一、金融—增长因果关系

除在国家层面考察金融—增长间因果关系外，近几年学者们更多地将研究侧重于地区与区域层面的比较。许多学者支持东部地区金融发展对经济增长的作用相比中西部显著的观点，并以相应的计量检验进行了论证。例如，苏李等（2010）[⑦]以格兰杰检验测算了东部与中西部地区金融服务业与经济增长的关系，发现东部地区金融体系与GDP间存在双向因果关系，但在中西部则是金融体系单方面促进经济增长；而且地理集聚度指标测算显示中国整体金融服务业正在扩散而非集聚，区域间发展差距显著。

与地区和区域层面差异直接相关的，是近两年兴起的关于金融发展与

① 刘德学，熊芳．“金融抑制”对经济增长方式转变的影响［J］．现代经济探讨，2011（3）：5-9.

② 陈雄兵，吕勇斌．金融发展指数的构成要素及其国际比较［J］．改革，2012（8）：53-58.

③ 鞠晓生，卢荻，虞义华．融资约束、营运资本管理与企业创新可持续性［J］．经济研究，2013（1）：4-16.

④ 唐清泉，巫岑．银行业结构与企业创新活动的融资约束［J］．金融研究，2015（7）：116-134.

⑤ 杨兴全，曾义．现金持有能够平滑企业的研发投入吗？——基于融资约束与金融发展视角的实证研究［J］．科研管理，2014（7）：107-115.

⑥ 吴淑娥，仲伟周，卫剑波，黄振雷．融资来源、现金持有与研发平滑——来自我国生物医药制造业的经验证据［J］．经济学（季刊），2016（2）：745-766.

⑦ 苏李，臧日宏，闫逢柱．中国金融服务业与经济增长的Granger分析——基于地理集聚视角［J］．东北大学学报，2010（1）：23-28.

经济增长间非线性关系，或被称为“门槛效应”或“门限效应”的讨论（黄智淋、董志勇，2013①；杨友才，2014②；李成、张琦，2015③；刘金全、龙威，2016④）。学者们基本上都认可两变量间可能存在非线性关系，差异在于门槛值以何种指标来指代，以及门限效应存在的原因等。例如，黄智淋、董志勇（2013）以通货膨胀率为门限变量，指出金融发展仅在低通货膨胀水平下有利于促进经济增长；而杨友才（2014）与刘金全、龙威（2016）则倾向于关注收入变化或地区发展水平差异，认为当收入水平达到门限值以上时，金融发展才对经济增长存在显著正向影响；中西部地区金融发展对经济增长的促进作用远小于东部发达省份，但东部高收入地区金融发展对经济增长的促进作用呈现出边际效应递减的特征。李成、张琦（2015）探讨了这种边际效应递减可能的内在机理，指出这种非线性关系出现主要源于两方面因素：金融部门自身发展中的规模经济递减效应，以及金融部分发展中对实体经济资源的挤占效应。此外，非线性关系的讨论也使得学者们转而关注过快的金融发展可能带来的风险。周丽丽等（2014）⑤ 针对金融—增长关系区域层面差异，以 β 收敛模型比较了区域金融发展收敛速度与区域经济增长收敛速度，计量结果显示区域间经济增长差异每缩小 1%，相应的区域金融发展差异缩小 8.79%，即区域金融发展的收敛速度远高于区域经济增长收敛速度。周丽丽等（2014）的研究不仅从另一角度佐证了中国金融发展门槛效应的存在，而且证明了原有区域间金融发展水平的差异正在加速缩小。

在金融发展的内在决定方面，武志（2010）⑥ 以戈氏指标测算中国金

---

① 黄智淋，董志勇．我国金融发展与经济增长的非线性关系研究——来自动态面板数据门限模型的经验证据［J］．金融研究，2013（7）：74－86.

② 杨友才．金融发展与经济增长——基于我国金融发展门槛变量的分析［J］．金融研究，2014（2）：59－71.

③ 李成，张琦．金融发展对经济增长边际效应递减内在机理研究——基于“两部门划分法”的理论框架［J］．经济科学，2015（5）：5－16.

④ 刘金全，龙威．我国金融发展对经济增长的非线性影响机制研究［J］．当代经济研究，2016（3）：71－80.

⑤ 周丽丽，杨刚强，江洪．中国金融发展速度与经济增长可持续性——基于区域差异的视角［J］．中国软科学，2014（2）：58－69.

⑥ 武志．金融发展与经济增长：来自中国的经验分析［J］．金融研究，2010（5）：58－68.

融发展水平，以格兰杰检验分析金融发展与经济增长间关系，认为中国金融现在的发展是金融资源在原有金融体系与制度框架内的简单规模扩张；而金融发展引致经济增长只在体制改革之后出现，说明金融发展的内在本质决定仅能由经济增长所推动。

在金融体系宽化与可能面临的问题方面，从中国1993—2002年发展的历程来考察，虽然有研究结果显示股票类金融市场与银行类金融中介的发展间不存在相互排斥的关系（范德胜，2011）①；但由于中国通胀压力仍然存在，且国外金融危机对中国金融市场影响巨大（牟晓云等，2011）②，在推动金融体制进一步改革的同时还应注意防范相应风险。

随着研究的进一步深入，单纯从因果关系考察金融—增长关系的局限性越来越显著，计量方法的改进与衡量指标的细化推动了对金融发展与要素积累、技术进步及FDI等因素间关系的研究。

二、金融发展、要素积累与配置效率

一方面，中国的金融发展能够有效促进要素积累与固定资产形成。除了对人力资本积累具有积极的推动作用（王永中、高凌云，2007）③，金融体系还有效促进了固定资产形成，以系统广义矩（SYS-GMM）测度方法考察中国1978—2008年各省金融发展与资本形成的关系可以发现，当期与滞后一期的金融发展规模对当期固定资本形成的支持作用显著（钱良信，2011）④；资本积累、人力资本与制度改革是金融发展与经济增长的内生传导渠道，其中资本积累是最主要的传导渠道，且银行的作用大于金融市场，相对来看技术进步的重要性尚未完全显现（熊鹏、王飞，2008）⑤。

---

① 范德胜．金融发展与经济增长：中国的实证检验［J］．南京社会科学，2011（1）：29-35.

② 牟晓云，石柱鲜，石林松．金融变量对我国主要宏观经济指标的影响分析［J］．统计与决策，2011（1）：105-108.

③ 王永中，高凌云．金融发展与内生经济增长理论评述：人力资本积累视角［J］．首都经济贸易大学学报，2007（3）：98-103.

④ 钱良信．我国金融发展与资本形成的动态关系研究［J］．技术经济与管理研究，2011（2）：86-89.

⑤ 熊鹏，王飞．中国金融深化对经济增长内生传导渠道研究——基于内生增长理论的实证比较［J］．金融研究，2008（2）：51-60.

另一方面，无论在全国层面还是区域层面，虽然金融体制改革已取得了一定的成果，但金融抑制政策的影响依然广泛存在，在区域层面也表现出显著的差异，以资本配置效率为例，资本配置效率虽然在全国层面整体提升，但东、中部的资本配置效率仍相对高于西部地区（王永剑、刘春杰，2011）①，其中不可忽视西部地区金融抑制政策的作用。虽然当前中国金融发展对要素积累作用显著，金融体系仍是资本积累规模的决定因素之一，但当前的储蓄率已不利于金融体系的进一步改革与发展（赵振全等，2008）②；赵奇伟（2010）③ 认为由于中国金融发展水平较低，而转轨经济中金融发展对资本配置作用强度曲线呈草帽型，从而当前提高金融发展能够有效推动资本配置的效率提高。

从政策改革角度，有学者针对政府的干预程度与模式，借鉴 Berthelemy 和 Varoudakis（1996）建立模型，进而以金融部门规模是否达到临界值为标准应将其划分为两个阶段：在金融部门达到临界规模之前需要政府干预与扶植金融发展，当超过该临界值之后则应侧重于市场化改革（彭文平，2007）④。李延凯、韩廷春（2013）⑤ 则从金融环境演化的新视角，强调了由法制、政治与文化等子环境构成的良好的金融环境对资金资源分配与资本配置效率的关键性作用。

从作用机制角度，李科、徐龙炳（2011）⑥ 以短期融资券的推出为自然实验，为金融发展通过改善资本配置效率、降低企业融资约束以促进经济增长这一作用机制提供了中国的微观计量证据；李青原等（2013）⑦ 进

① 王永剑，刘春杰．金融发展对中国资本配置效率的影响及区域比较［J］．财贸经济，2011（3）：54－60．

② 赵振全，于震，刘森．中国金融发展、储蓄率与经济增长间的动态影响机制［A］．21 世纪数量经济学（第九卷）［C］．2008（12），第六届经济学年会论文．

③ 赵奇伟．金融发展、外商直接投资与资本配置效率［J］．财经问题研究，2010（9）：47－51．

④ 彭文平．金融发展阶段：一个包含金融部门的内生增长模型［J］．华南师范大学学报，2007（3）：14－22．

⑤ 李延凯，韩廷春．金融环境演化下的金融发展与经济增长：一个国际经验［J］．世界经济，2013（8）：145－160．

⑥ 李科，徐龙炳．融资约束、债务能力与公司业绩［J］．经济研究，2011（5）：61－73．

⑦ 李青原，李江冰，江春，Kevin X. D. Huang．金融发展与地区实体经济资本配置效率——来自省级工业行业数据的证据［J］．经济学（季刊），2013（2）：527－548．

一步以30个地区27个工业行业的系统广义矩面板估计，佐证了金融发展对实体经济资本配置效率的改善作用。

三、金融发展、技术进步与全要素生产率

金融发展一般通过鼓励技术创新与新技术应用推动技术进步（王永中，2007）①，一些学者认为当前中国的金融发展与经济增长呈现非线性关系，金融发展仍处在早期阶段且不利于技术进步（师文明、王毓槐，2010）②；但也有学者持不同意见，指出若能合理控制人力资本、专利保护水平等因素，金融中介对技术进步仍具有显著的促进作用（姚耀军，2010）③。

全要素生产率（TFP）是衡量技术进步的重要指标之一，许多学者从理论与实证角度考察了TFP与金融发展间的关系：

在理论框架构建方面，黎欢、龚六堂（2014）④，易信、刘凤良（2015）⑤ 先后拓展了经典熊彼特内生经济增长模型，并引入反映金融发展水平的变量，从理论角度论证了金融发展对技术进步、研发投入强度，进而对经济增长的促进作用。二者在研究视角方面略有差异：黎欢、龚六堂（2014）侧重研究区域金融发展水平对不同类型企业的影响差异，并论证了非国有企业的研发投入强度受到的影响相对更大；易信、刘凤良（2015）则将金融发展、技术进步与产业结构转型相联系，关注金融发展通过技术进步的“水平效应”和“结构效应”推动产业结构升级。

---

① 王永中．浅析金融发展、技术进步与内生增长［J］．中国社会科学院研究生院学报，2007（7）：59-65.

② 师文明，王毓槐．金融发展对技术进步影响的门槛效应检验——基于中国省际面板数据的实证研究［J］．山西财经大学学报，2010（9）：38-45.

③ 姚耀军．金融中介发展与技术进步——来自中国省级面板数据的证据［J］．财贸经济，2010（4）：26-31.

④ 黎欢，龚六堂．金融发展、创新研发与经济增长［J］．世界经济文汇，2014（2）：1-16.

⑤ 易信，刘凤良．金融发展、技术创新与产业结构转型——多部门内生增长理论分析框架［J］．管理世界，2015（10）：24-39.

在计量实证检验方面，一方面，于震等（2008）[①] 利用动态面板与 GMM 估计法，对金融发展与全要素生产率进行估计，计量结果表明金融主要通过推动技术进步而非效率改进促进全要素生产率的提高；另一方面，姚耀军（2010）以界限检验法等计量方法证明，在长期中金融发展与 FDI 均会导致 TFP 的变化，但短期内仅有经济自由度能够解释 TFP 的变化。钱水土、周永涛（2011）[②] 将研究进一步深入，通过 GMM 估计法对省级面板数据进行检验，指出在控制其他变量不变的前提下，金融发展不仅能够促进技术进步，还对产业升级具有显著的正面作用。祝佳（2015）[③] 基于 2003—2012 年中国 31 个省、市、自治区面板数据，利用四阶三角剖分权重矩阵的空间计量模型，论证了金融发展与技术创新间显著的空间互动效应，从研究内容与视角方面拓展了已有的相关研究。

近年来在金融发展、技术进步与全要素生产率领域，围绕“融资约束”形成了新的研究热点（沈红波等，2010；鞠晓生等，2013；杨兴全、曾义，2014；吴淑娥等，2016），学者们基本形成的共识是，金融发展水平的提高（包括金融资本的增加及融资制度的进一步完善等）是推动技术创新的根本要素之一。随着研究问题的深入，“融资约束”被进一步深入细化至“研发平滑”，学者们开始关注金融发展对平滑研发投入——进而推动技术创新与进步——对不同性质的企业的差异影响（杨兴全、曾义，2014）；以及何种形式的金融发展更有利于平滑企业的研发投入（吴淑娥等，2016）等。伴随着理论与实证研究的逐步深入，相对更有针对性的政策建议，如改进银行业竞争性的市场结构（唐清泉、巫岑，2015），以及伴随着自主创新比重的增加，金融发展模式应逐步从金融宽化向金融深化转变（邵宜航等，2015[④]）等应对方案被相继提出。

总之，将金融发展、技术创新与全要素生产率纳入同一分析框架是近

---

① 于震，杨苩，刘淼．中国金融发展与生产率增长［J］．社会科学战线．2008（5）：48－53.

② 钱水土，周永涛．金融发展、技术进步与产业升级［J］．统计研究．2011（1）：68－74.

③ 祝佳．创新驱动与金融支持的区域协同发展研究——基于产业结构差异视角［J］．中国软科学，2015（9）：106－116.

④ 邵宜航，刘仕保，张朝阳．创新差异下的金融发展模式与经济增长：理论与实证［J］．管理世界，2015（11）：29－39.

年来学术界关注的热点，姚耀军（2011）[①]、胡海峰和王爱萍（2016）[②] 对已有文献做出了相对较为全面的综述。

四、金融发展与 FDI

金融市场的不完善会扭曲企业投资的最优化选择，金融资本与经济的全球化背景下，FDI 拓展了缓解企业融资约束的方式（余官胜，2015[③]），也有可能影响 FDI 的溢出效应。李雪玉（2016）[④] 对国外文献中两变量间相互关系予以了翔实的综述，国内其他学者的相关研究主要涵盖两方面。

一方面，金融发展、FDI 及其他经济变量间关系。李青原等（2010）[⑤] 利用 1999—2006 年的统计数据，基于 Wurgler（2000）的资本配置效率估算模型，发现虽然金融发展与 FDI 均能显著改善资本配置效率，但二者之间存在一定的挤出与竞争效应。谭之博、赵岳（2014）[⑥] 以发展中国家为研究对象，指出金融发展水平高的国家，FDI 对国内投资更多地表现为挤出效应。冼国明、冷艳丽（2016）[⑦] 将研究范围进一步扩展到空间数据分析，探讨金融发展、地方政府债务与 FDI 在空间分布上的集聚特征，实证分析表明金融发展与地方政府债务存在交互作用，均对 FDI 存在显著的负向抑制效应，且相互间会强化对 FDI 的负面影响；金融发展对 FDI 的负面影响在西部地区尤为明显。

---

① 姚耀军．金融发展和全要素生产率：一个文献回顾［J］．浙江社会科学，2011（3）：144-149.

② 胡海峰，王爱萍．金融发展与经济增长关系研究新进展［J］．经济学动态，2016（5）：102-112.

③ 余官胜．东道国金融发展和我国企业对外直接投资——基于动机异质性视角的实证研究［J］．国际贸易问题，2015（3）：138-145.

④ 李雪玉．国外金融发展与跨国投资关系研究述评［J］．科学经济社会，2016（1）：55-59.

⑤ 李青原，赵奇伟，李江冰，江春．外商直接投资、金融发展与地区资本配置效率——来自省级工业行业数据的证据［J］．金融研究，2010（3）：80-97.

⑥ 谭之博，赵岳．外商直接投资的挤入挤出效应：金融发展的影响［J］．金融研究，2014（9）：69-83.

⑦ 冼国明，冷艳丽．地方政府债务、金融发展与 FDI——基于空间计量经济模型的实证分析［J］．南开经济研究，2016（3）：52-74.

另一方面，FDI的溢出效应。王琰、蒋先玲（2011）[①] 利用1985—2009年29个省市区面板数据考察FDI、金融发展与经济增长间关系，实证计量结果显示，FDI对经济增长的贡献度仅为金融发展的一半，金融发展直接制约FDI溢出效应的大小。值得注意的是，在技术模仿、吸收与学习的过程中，金融发展对吸收能力存在重要影响，因为根据后发优势假说，初始收入水平低的地区在追赶中潜力最大，但也需提高其吸收能力才能真正实现追赶（肖利平，2010）[②]。近年来学者的研究内容大多围绕“吸收能力”及与之相关的“门槛效应”是否存在等问题展开（苏楠、宋来胜，2012[③]；唐礼智、罗婧，2013[④]；冉光和等，2013[⑤]；李斌等，2016[⑥]；徐海霞，2016[⑦]；罗军，2016[⑧]；张林，2016[⑨]）；相关研究则多以金融发展水平为门槛变量（唐礼智、罗婧，2013；冉光和等，2013；李斌等，2016；罗军，2016）；研究结论不仅肯定了区域间金融发展对FDI技术溢出效应影响存在显著的差异性与阶段性特征（苏楠、宋来胜，2012；徐海霞，2016）；而且伴随统计计量方法的改进，对吸收能力指标刻画以及可能的门槛估计值也逐步精确化、细致化。

---

① 王琰，蒋先玲．金融发展制约FDI溢出效应的实证分析［J］．国际贸易问题，2011（5）：138－148.

② 肖利平．后发优势、吸收能力与追赶型增长的区域差异［J］．中国软科学，2010（1）：60－66.

③ 苏楠，宋来胜．金融发展对FDI技术溢出效应的影响［J］．中南财经政法大学学报，2012（4）：54－61.

④ 唐礼智，罗婧．金融发展与FDI技术溢出效应：线性还是非线性？［J］．吉林大学社会科学学报，2013（3）：49－57.

⑤ 冉光和，徐鲲，鲁钊阳．金融发展、FDI对区域创新能力的影响［J］．科研管理，2013（7）：45－52.

⑥ 李斌，李倩，祁源．FDI技术溢出对高技术产业技术进步的门槛效应研究——基于吸收能力与金融发展视角的门限模型检验［J］．国际商务（对外经济贸易大学学报），2016（3）：74－84.

⑦ 徐海霞．外商直接投资、金融市场与东道国经济增长：理论与实证［J］．金融理论与实践，2016（3）：12－18.

⑧ 罗军．金融发展门槛、FDI与区域经济增长方式［J］．世界经济研究，2016（4）：107－118.

⑨ 张林．中国双向FDI、金融发展与产业结构优化［J］．世界经济研究，2016（10）：111－124.

本章小结

本章在界定金融发展的内涵与测度方法，分析并比较金融抑制与金融约束理论的基础上，分别从显著性联系、因果性与非线性等方面梳理金融发展与经济增长的关系；随后从微观（功能观视角）与宏观（数量与质量传导渠道）角度综述金融发展对经济增长的作用机制；最后对国内研究的新进展予以分析，涉及金融—增长间因果关系、要素积累与配置效率、技术进步与全要素生产率、FDI与产业结构等。根据已有的文献研究，金融发展对经济增长及结构调整具有显著的推动作用，但对于具体的作用机制尚有争论，这也给本书的研究提出了问题和研究的方向。

第二章　经济增长与金融发展内在关系的理论解释与经验分析

第一节　经济增长与金融发展内在关系的理论解释

对经济增长与金融发展内在关系的理论认识经历了曲折的演变历程。在早期货币金融理论中，学者们将金融体系狭义地理解为货币，研究的重点主要集中于货币的功能，特别是金融体系与实体经济间关系“二分法”（货币中性与非中性）问题的争论上；到20世纪60年代后期，Goldsmith（1969）以金融结构理论奠定了传统金融发展理论的基础，McKinnon（1973）和Shaw（1973）则通过金融深化理论进一步补充并系统化金融发展理论体系；进入20世纪90年代后，内生增长理论的复兴推动了金融内

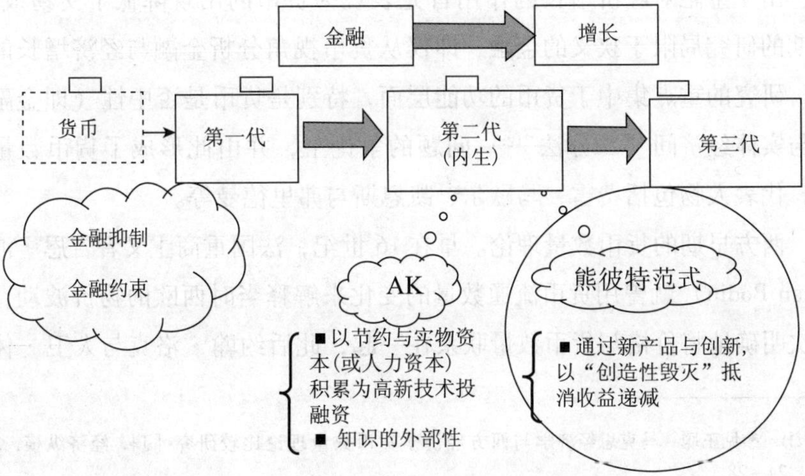

图2－1　金融发展—经济增长理论演进历程

生化模型的发展，学者们将金融因素（金融中介与金融市场）作为增长模型的内生变量，探讨金融在经济增长中的效用与作用机制。理论的演进深化了对金融发展与经济增长间关系的认识，同时构成了本书分析的基础与逻辑的起点。

一、早期理论渊源

（一）货币金融理论①

金融发展与经济增长的关系在理论界一直存在争论，除了对金融发展内涵的界定与衡量等层面的争论外，在早期的理论发展中更多地体现为对金融因素的忽视。以微观经济学为例，在 Arrow—Debreu 的一般均衡框架下，消费者与厂商以效用和利润最大化为目标，基于完全竞争市场、信息充分与理性人的假定，市场的均衡是有效率的，经济资源能够得到有效配置，从而金融对经济的作用几乎可以忽略；以宏观经济学为例，要素禀赋、劳动力、资本与技术函数等因素决定了一国的经济增长水平，储蓄率被假定不变或是外生变量，从而金融因素没有成为研究的主要内容。货币金融理论散落于传统经济理论之中，并没有形成完整而独立的理论体系。

由于金融对经济增长的作用首先表现为货币的出现降低了交易成本，早期的研究局限于狭义的金融，即仅从货币视角分析金融与经济增长的关系，研究的重点集中于货币的功能层面，特别是货币是否中性（即金融体系与实体经济间“二分法”②）问题的争论上，并由此形成了货币数量理论，代表人物包括费雪、马歇尔、凯恩斯与弗里德曼等。

西方早期的货币数量理论。早在16世纪，法国重商主义者吉恩·波丹（Jean Bodin）就曾用货币流通数量的变化来解释当时西欧的物价波动，第一次明确地将价格与货币数量联系在一起，此后约翰·洛克与大卫·休谟

① 参见王聪．马克思经济学与西方经济学货币数量理论比较研究［J］．经济纵横，2010(9)：24－28.

② 所谓货币中性是指，货币是笼罩在实体经济的一层“面纱”，其数量的变化仅会导致物价水平的成比例上下波动，对生产供给与实际产出没有实质影响，即货币只能在短期内对经济波动产生影响，对长期经济增长不产生实质作用，其理论基础是萨伊定理与瓦尔拉斯一般均衡理论。

进一步发展了这一理论，但最有影响的理论概括被认为是费雪的现金交易理论。美国耶鲁大学经济学教授费雪于1911年在《货币的购买力》（*The Purchasing Power of Money*）① 一书中提出了以“交易方程式”表述的货币数量论，即 $MV = PT$，其中，M 为货币数量，V 为货币流通速度，P 为社会平均物价，T 为社会总交易量。费雪指出，由于货币流通速度 V 是由社会制度和信用交易习惯等因素决定的，在长期内相当稳定，而社会总交易量 T 在充分就业水平的假设下通常具有相当稳定的增长率，因此交易方程式可以简化为 $M - P$ 的关系。费雪以统计资料证明，货币数量 M 居于主动地位，而物价水平 P 则随之变动，在货币流通速度与社会商品和劳务量不变的条件下，市场上的货币流通量决定物价总水平，即“货币数量增加的正常影响之一，是一般物价水平确切地按照比例增长”。该理论第一次明确用数学公式形式将货币现象与物价水平联系起来，强调货币作为交易媒介在流通中的作用，侧重于货币的交易功能。

马歇尔与庇古的货币数量理论。20世纪20年代，新古典学派代表人马歇尔利用局部均衡法从人们手中持有货币数量角度研究货币与物价水平关系，强调货币作为储藏手段的作用和职能，改造了最初的货币数量论，将分析的重点由货币的供给转移到货币的需求方面。他认为人们除了需要货币用来购买商品和劳务外，还希望持有一定数量的现金余额，提出了“现金余额数量说”（Cash Balance）。1917年，马歇尔的弟子庇古在《货币的价值》② 一文中根据这一思想提出了剑桥方程式：$M_d = kPY$，其中 M_d 表示人们手中持有的货币数量（货币需求量），PY 表示以货币计算的国内生产总值，k 表示人们手中持有的货币数量与以货币计算的国内生产总值的比率。剑桥方程式指出，长期中充分自由竞争市场经济一定会实现充分就业，从而实际国民收入水平不变，货币量与国内生产总值比值 k 为常数，因此物价水平就取决于货币的数量，并且两者同比例变动。与费雪的“交易方程式”理论比较，“剑桥方程式”也假定货币的流通速度在货币需求函数中是不变的常数，反映相同的思想内容，即物价水平与货币数量成正

---

① 费雪（Fisher，Irving）. 货币的购买力［M］. 北京：商务印书馆，1934.

② Pigou，A. C. The Value of Money［J］. *Quarterly Journal of Economics*，1917（32）：38－65.

比例变化，二者都认为“货币只是一层面纱”，只是二者强调的重点不同：交易方程式从宏观角度强调货币量与一般物价水平的关系，而剑桥方程式从微观角度更强调货币需求量的决定。

凯恩斯的货币数量理论。凯恩斯在《货币改革论》（1923）中对货币数量论极为推崇，在《货币论》（1930）与《就业、利息与货币通论》（1936）中对传统货币数量论进行了较为系统的修正与扩展，抛弃了从货币总量出发的传统分析方法，转而以货币收入流量为出发点。凯恩斯指出，货币的流通速度不是稳定不变的常数，货币量的变化会对货币流通速度产生影响。基于剑桥方程式，凯恩斯提出了自己的货币需求函数，即 $M=M1+M2=L_1(y)+L_2(r)$，式中$M1$代表为满足交易动机和谨慎动机所持有的货币量，$M2$代表为满足投机动机所持有的货币量，L_1与L_2分别代表$M1$与$M2$的灵活偏好函数，L_1决定于收入水平 y，L_2决定于现行利息率和对将来预期利息率的关系。“灵活偏好”的存在使利率高低影响货币流通速度，从而使有效需求变化并不与货币数量变动成同一比例。在对古典货币数量论进行改造之后，凯恩斯提出了半通货膨胀的价格理论：在充分就业没有实现之前，货币数量增加会一部分促进产量与就业量增加，另一部分引起物价上涨；只有在实现充分就业后，货币数量增加才会引起物价同比例地上涨。凯恩斯论证了古典货币数量论仅适于充分就业时情况，且通过产量与就业的决定及其变化彻底破除了“二分法”。

弗里德曼的货币数量理论。弗里德曼认为剑桥方程式强调了货币储存购买力及作为资产的功能，相较于其他已有货币数量论更可取，因而他在《货币数量论——一个重新表述》(1956) 中，基于对“剑桥方程式”的修正提出了货币需求函数。他指出“数量理论首先是一种货币需求理论。这不是一种产出理论、货币收入理论或价格水平理论”①。弗里德曼在 1970 年的《货币分析的理论结构》一文中将货币需求函数的形式最终简化为：$\frac{M}{P}=f(y,\omega;r_m,r_b,r_e,\frac{1}{P}\frac{dP}{dt};u)$ ②，其中，M 表示财富持有者所持有的货币

① 弗里德曼．货币数量论研究［M］．北京：中国社会科学出版社，2001：2.

② 弗里德曼，等．弗里德曼的货币理论结构［M］．北京：中国财政经济出版社，1989：32.

量，P 表示一般物价水平；y 代表 Y/P，即实际收入；ω 表示非人力物质资本与人力资本的比率；r_m、r_b、r_e、$\frac{1}{P}\frac{\mathrm{d}P}{\mathrm{d}t}$ 分别表示货币、定期债券、股票与商品价格的预期变动率；u 表示影响货币需求的非收入方面的因素，即财富所有者的兴趣与偏好。由于强调财富形式的多样性，弗里德曼指出人们对货币的需求不仅受利息率的影响，还受到其他资产与物品价格变化的影响，从而利息率对货币需求的影响微不足道，即货币的流通速度 V 不会经常变动，在较长时期内相当稳定。影响货币需求的主要因素是持久性收入增加的速度，进而影响价格变化的不是货币需求，而是货币供给。其重要推论是：在短期内货币数量的波动不仅会引起物价水平的波动，而且会引起就业与总产出的同方向波动，而在长期内货币供给的变动只引起物价水平变动；依据持久性收入假说，弗里德曼在长期分析中复活了"二分法"。

综上，从货币数量理论的发展过程来看，传统的"二分法"忽视了金融因素对实体经济的影响，将金融体系假定为中性而不产生实质作用；凯恩斯虽然破除了"二分法"，分析了货币的供求变动如何通过利率影响投资与产出的传导过程，但他将金融体系狭义理解为资本，并假定金融市场完全有效率，忽视了金融体系通过提高储蓄向投资转化、提高资源配置效率等方面的作用，这一缺陷被后来的金融发展理论所弥补。

（二）金融发展理论

受到二战之后发展经济学兴起的影响，学者们开始关注金融发展与经济增长关系的相关研究，在 20 世纪 60 年代末至 70 年代初，以 Goldsmith，Gurley，McKinnon 与 Shaw 等为代表的经济学家创立了金融发展理论。在金融发展理论萌芽阶段，Gurley 与 Shaw（1955）等虽然强调了货币、金融体系在资本积累、代际收入与经济增长中的作用，但其视角主要集中于发达工业化国家；之后，Goldsmith（1969）在《金融结构与金融发展》一书中通过对 35 个国家近 100 年统计资料的实证研究，证明了金融相关率与经济发展水平的正相关关系，并创造性地提出金融结构变化体现了金融发展，他的实证研究成为 20 世纪 70 年代之后金融发展理论得以形成的分析基础与方法论来源。1973 年，McKinnon（1973）的《经济发展中的货币与资本》与 Shaw（1973）的《经济发展中的金融深化》将研究视角转向发展中国家，并以金融抑制（Financial Repression）与金融深化（Financial Deepening）理论真正开创并建立了金融发展理论的研究体系。

新古典理论与凯恩斯理论均假定金融市场功能完善，忽略了发展中国家经济分割性的重要特征，McKinnon（1973）基于 Fisher（1930）的无耐性及跨期选择理论，以生产机会、财富与外部融资的模型简略描述欠发达经济中资本市场的分割状态，进而提出了货币与资本互补性假说，即对欠发达经济来讲，实际现金余额需求与实物资本需求在私人的资产组合中是互补的，促使人们更愿意持有 M/P 的原因，会促使而不是阻碍私人积累实物资本。

基于货币与资本互补性假说，McKinnon（1973）建立了区别于新古典与凯恩斯主义的货币—需求函数，更好地解释了发展中国家货币流通与资本积累的过程。若 d 代表各类存款（包括通货）的名义利率的加权平均值，$\dot{P}^*$ 为预期的未来通货膨胀率，则 $d-\dot{P}^*$ 表示持有货币的实际回报。实际货币需求 $(M/P)^D$ 取决于当期收入 Y、投资/收入比率 I/Y 与持有货币的实际收益 $d-\dot{P}^*$，即

$$(M/P)^D = L(Y, I/Y, d-\dot{P}^*)$$

L 所有的偏导数均为正，特别是 $\partial L/\partial(I/Y) > 0$，反映出在分割的经济中，货币与实物资本之间存在着基本互补性。

由于收益率提高与投资/收入比率的提高相关，实物资本平均收益率 $\bar{r}$ 的提高增加了人们期望持有的实际货币余额。对于由外生因素决定的 $\bar{r}$ 的变动，在附有明确约束的说明后，可以推导出更一般的货币需求函数：

$$(M/P)^D = L(Y, \bar{r}, d-\dot{P}^*); \partial L/\partial Y > 0, \partial L/r > 0, \partial L/\partial(d-\dot{P}^*) > 0$$

且

$$I/Y = F(\bar{r}, d-\dot{P}^*); \partial F/\partial P > 0, \partial F/\partial(d-\dot{P}^*) \geq 0$$ ①

① 麦金农. 经济发展中的货币与资本［M］//麦金农经济学文集：第一卷. 北京：中国金融出版社，2006：44.

传统资产组合方法中由于将货币与实物资本静态地视为所持有财富的替代形式，从本质上忽略了资本积累过程；相反，McKinnon（1973）将货币视为资本积累的渠道，而非竞争性的资产，从而货币需求与实物资本的生产率将以同样速度增长，即 $\partial L/r > 0$。这种互补性关系通过两种方式发生作用：一是货币供给对储蓄与投资具有决定性影响，“如果持有货币的实际收益增加，则在面对大量投资机会时，自我融资性的投资也将会增加”①；二是在经济发展初级阶段（或初步发展的经济中），可以通过增设储蓄银行网点、降低通货膨胀率与价格波动幅度、提高名义储蓄利率等方式增加对实际货币余额的需求，这些方式均可增加货币的实际收益，进而显著提高投资—储蓄倾向，即资本积累的货币“渠道”效应。

基于债务中介（Debt－intermediation）观点，Shaw（1973）指出高利率对吸引储蓄十分重要，可贷资金数量的增加使得金融中介得以通过借贷活动促进投资与提高总产出水平。货币需求函数表示如下：

$$(M/P)^D = f(Y, R_{OPP}, R_{MONEY}, T); f_Y > 0, fR_{OPP} < 0, fR_{MONEY} > 0, f_T > 0$$

其中，Y 是实际收入，R_{OPP} 代表持有货币的机会成本，R_{MONEY} 代表实际存款利率，T 表示金融体系的技术进步，并假设技术创新对货币需求具有正向作用。

值得注意的是，虽然 McKinnon 与 Shaw 均主张消除“金融抑制”，实行各种以促进金融深化为目标的金融自由化改革和政策调整，但他们的分析视角存在差异。

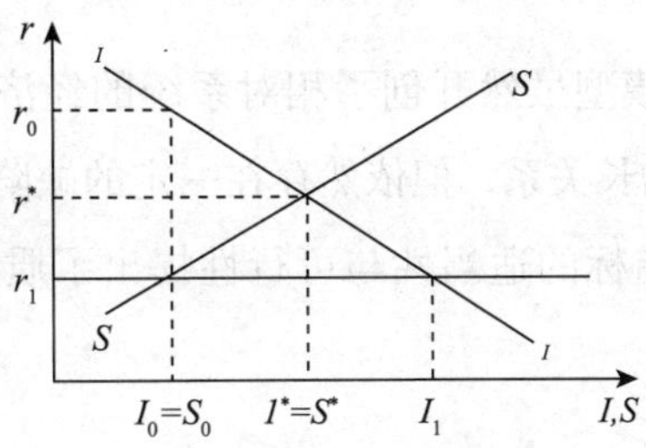

图 2－2　McKinnon－Shaw 模型

① 麦金农．经济发展中的货币与资本［M］．北京：中国金融出版社，2006：43.

两个人均通过理论模型阐述了高利率对发展中国家的重要性：McKinnon（1973）基于互补性假说，强调存款利率的上升有利于诱发新的净储蓄与提高内源性融资的总量，从而刺激对资本的需求；Shaw（1973）则基于债务中介假说，证明存款利率的上升有助于资金流向金融中介，金融机构可贷资金量的增长推动了通过外部融资的投资。

但是，McKinnon（1973）强调存款利率—投资间关系，而Shaw（1973）则更关注借贷行为的分析。分析视角的差异源于假设条件的不同：McKinnon（1973）的模型基于所有经济体限于内源性融资、投资具有不可分性的假设，但没有区分储蓄者（居民）与投资者（企业）。投资者在投资之前必须通过积累储蓄或其他金融资产，因而储蓄货币与物质资本之间存在跨期的互补性（Intertemporal Complementarity）。在Shaw（1973）的模型中互补性假说则没有存在的必要，因为企业并不局限于内源性融资，还可以通过金融中介进行外源性融资。金融中介的存在，一方面通过提高储蓄者的投资回报增加其出借资金的倾向，进而有利于规模稳定的储蓄存款的形成；另一方面通过分散风险、提高经营效率，从降低借贷双方的信息成本、满足流动性需求及规模经济效应等方面降低了投资者借款的成本。由于大多数投资项目是内源性融资与外源性融资相结合，这两个模型被认为是互补的（Molho，1986）①。McKinnon的模型准确描述了发展中国家经济发展的初级阶段由经济分割性导致的金融—增长关系，而Shaw的模型则阐述了随着经济发展水平提高，相对更复杂与完善的金融体系与经济增长间的关系。

McKinnon－Shaw模型虽然开创了相对系统的经济发展理论体系，阐述了发展中国家金融—增长关系，但依然存在一定的缺陷。一些学者对于以利率作为金融发展重要指标的适当性与可行性提出了质疑，如De Gregorio与

① Molho，L. E. Interest Rates，Saving，and Investment in Developing Countries：a Reexamination of the McKinnon－Shaw Hypotheses［R］. International Monetary Fund Staff Papers，1986（33）：90－116.

Guidotti（1995）[①] 指出高利率还可能反映人们对银行与政府经济政策缺乏信心，或会导致风险性投资行为等，并不一定代表一国金融发展水平的提高。

二、理论模型新进展

20 世纪 90 年代初，以 King 与 Levine 为代表的经济学家放弃了传统金融发展理论仅以发展中国家为研究对象的研究方法，转而从金融功能入手，试图建立一种包含发展中国家、发达国家在内的一般金融发展理论，从而推动了现代金融发展理论的复兴。在这一过程中，内生增长理论的演变与完善进一步推动了对金融发展与经济增长间作用机制的认识与理解，其中 AK 范式、熊彼特范式的内生增长理论模型相对最具有代表性[②]。

（一）AK 范式

20 世纪 80 年代，Romer（1986）和 Lucas（1988）开创了内生增长理论研究的“第一次浪潮”。内生增长理论的最早版本是 AK 范式。在 AK 模型中，持续的生产率增长来自不同时间维度上知识（技术）的同期或跨期正的外部性。企业之间的知识（技术）外部性抵消了由单个企业进行资本积累所导致的收益递减效应，因此产出增长率等于资本增长率；而资本增长率与金融体系的储蓄总量、投资补贴率等正相关，所以金融发展能够通过鼓励资本积累促进增长。以 AK 范式研究金融发展与经济增长间关系最具代表性的研究是 Pagano（1993）。

Pagano（1993）[③] 从资本积累角度，将金融部门引入 AK 内生增长理论

① De Gregorio，J.，Guidotti，P. Financial Development and Economic Growth［J］. *World Development*，1995（23）：433－448.

② 除了 AK 范式、熊彼特范式外，以 La Porta，Lopez－de－Silanes，Shleifer 和 Vishny（简称 LLSV，1998）为代表的学者，从法律、政治、非正式制度等角度研究影响金融体系发展的因素，其观点被称为“第三代金融发展理论”，因本书以经济增长中的金融发展作用机制为研究对象，对决定金融发展的因素虽有涉及但视角不同，故没有针对这一脉络具体展开分析，相关综述可参考：黄姗姗，李伟平．第三代金融发展理论研究综述［J］．政治经济学评论，2008（1）：168－184.

③ 有学者指出，Pagano（1993）所考虑的金融作用于经济增长的途径仅仅体现了 Patrick 的“供给领先”型关系，而忽视了 Patrick“需求追随”型关系存在的可能，见：朱波．金融发展与内生增长：理论及基于中国的实证研究［M］．成都：西南财经大学出版社，2007：32 页脚注．

模型，为研究理解金融发展对经济增长的作用机制提供了基本的分析框架。根据 AK 内生增长理论模型，总产出 Y_t 是总资本存量 K_t 的线性函数：

$$Y_t = AK_t \tag{2-1}$$

假定人口规模不变，经济体仅生产一种商品用于消费或投资（折旧率为 δ），则总投资

$$I_t = K_{t+1} - (1-\delta)K_t \tag{2-2}$$

在没有政府参与的封闭经济中，总储蓄与总投资相等时经济达到均衡，即 $S_t = I_t$。为了将金融因素纳入增长模型，Pagano（1993）假设金融体系运行存在一定成本，从而金融活动会导致储蓄中的一部分（表示为 $1-\phi$）损失掉。

其原因主要包括两个方面：一是金融体系维持自身运转所需耗费的资源，如存贷款利差、证券经纪人佣金等，类似于金融体系向实体经济部门提供服务所获得的报酬；二是金融体系的 X 非效率，如金融抑制政策、高交易税率及其他因素导致的金融体系效率低下等，从而有

$$\phi S_t = I_t \tag{2-3}$$

根据公式（2-1），$t+1$ 时的经济增长率为

$$g_{t+1} = Y_{t+1}/Y_t - 1 = K_{t+1}/K_t - 1 = \frac{I_t + (1-\delta)K_t}{K_t} - 1 = \frac{\varphi S_t}{K_t} - \delta \tag{2-4}$$

从而稳定状态下的人均增长率

$$g = AI/Y - \delta = A\phi s - \delta \tag{2-5}$$

根据公式（2-5），Pagano（1993）认为，金融发展在以下三个方面对经济增长产生影响：第一，金融发展可以提高私人储蓄率 s；第二，它可以提高资本存量的边际生产率 A——资本的边际生产率；第三，金融体系发展会导致用于投资的储蓄部分提高（ϕ 提高）——储蓄转化为投资的比例，该效应被 McKinnon（1973）称为“渠道效应”或“导管效应”（指实际利率上升会导致投资的增加），强调使用现金与银行储蓄作为受信贷约束企业的资本积累渠道。以下分别针对这三个方面展开分析：

第一，对储蓄率 s 的影响。

储蓄被认为是促进长期经济增长的重要因素（Aghion 和 Howitt，2006）[①]。伴随着金融发展，金融机构与金融工具不断增加，出现了新型市场交易者（如股票经济人），保险公司、养老基金与共同基金等机构投资者数量增长，金融资产多样化的程度不断提高（称为“金融宽化”），储蓄者与投资者都有更多的选择机会，从而暂时闲置的金融资源被金融体系吸收为储蓄，金融体系能够更为有效地用不同来源的资金满足不同的需求，加快了社会资金积累的速度。金融发展从以下四个方面[②]对储蓄率产生影响：异质型风险、收益率风险、利率与流动性约束。通过减少类似要素禀赋冲击与流动性风险，金融体系降低了居民谨慎储蓄动机，从而促进了储蓄率的提高与经济增长（Kimball，1990[③]；Caballero，1991[④]）。

值得注意的是，对于金融发展与私人储蓄率的关系，学术界存在两种不同的观点。早期研究认为金融发展能直接提高私人储蓄率 s，例如，McKinnon（1973）与 Shaw（1973）通过金融深化理论间接证明了二者之间的正相关关系，金融抑制政策导致实际利率低于市场均衡利率，从而会降低储蓄率；Saint－Paul（1992）[⑤] 则认为金融市场发展通过促进风险性较高的创新投资，直接提高了均衡储蓄率。但随着研究的深入，许多学者开始对二者间的稳定关系持质疑态度。一方面，伴随着金融发展，信贷约束得以缓解，会相应降低储蓄率。金融发展为家庭与企业提供了多种投资组合，使投资多元化并增加了其借贷的机会，从而改变受流动性约束的经济当事人的比例，并进一步降低储蓄率（Jappelli 和 Panago，1994）[⑥]，表

---

① Aghion，P.，Howitt，P. Appropriate Growth Policy：a Unifying Framework［J］. *Journal of the European Economic Association*，2006（4）：269－314.

② 朱波. 金融发展与内生增长：理论及基于中国的实证研究［M］. 成都：西南财经大学出版社，2007：34.

③ Kimball，M.，S. Precautionary Saving in the Small and in the Large［J］. *Econometrica*，1990（58）：53－73.

④ Caballero R.，J. On the Sign of the Investment－Uncertainty Relationship［J］. *The American Economic Review*，1991（1）：279－288.

⑤ Saint－Paul G. Teleological Choice，Financial Markets and Economic Development［J］. *European Economic review*，1992（3）：763－781.

⑥ Jappelli，T. and Panago，M. Saving，Growth，and Liquidity Constraints［J］. *Quarterly Journal of Economics*，1994（1）：83－109.

现在世代交叠模型中，没有流动性约束的年轻一代将减少储蓄。另一方面，金融发展会对利率变动产生影响，从而影响储蓄率，但这一过程受到一些条件的限制。一般认为金融发展会降低利率总水平、改变利率结构，并降低借贷利差，但这些利率变动能否推动储蓄率的实际增长，还取决于银行与投资组合持有人对风险的态度。McKinnon（1993）指出，较高的实际利率对经济增长的作用来自于投资效率的改善而不是更高的储蓄率；Fry（1995）[①]，Polak（1989）[②] 也持相似观点。由于金融发展资本的生产力与投资效率都有推动作用（Bencivenga 与 Smith，1991）[③]，即使其可能带来储蓄率的下降，金融发展对经济增长的净效应依然可以为正。

第二，对资本边际生产率 A 的影响。

金融发展能够通过以下两种渠道促进资本边际生产率 A 的提高：一方面，通过搜集、加工与评估投资项目的相关信息，引导企业对技术的选择，从而推动资本边际生产率的提高；同时，通过对企业的有效的外部监督，促进企业改善经营进而提高效率。另一方面，通过风险分担功能，推动企业家投资于风险相对高但也更有生产力的技术。Pagano（1993）指出，金融中介允许“投资者分担无法保险的风险（如来自流动性冲击的风险），也能分担来自于其他资产回报率变化的可分散风险”。在没有银行的情况下，企业与家庭只能投资于流动性好的生产性资产以规避流动性风险，这样极有可能放弃流动性相对较差但潜在生产率高的技术，金融中介（将存款者的流动性风险合并在一起）通过整合统筹存款人的流动性风险，推动了向流动性差但更有生产力的项目或技术的投资（为高收益项目提供更多的融资），进而推动经济增长。

第三，对储蓄向投资转化率 ϕ 的影响。

以金融工具多样化、资本市场发展及金融抑制水平降低等为形式的金融发展均能够有效地降低交易费用与金融体系运行的成本，从而提高储蓄

---

① Fry，M. *Money，Interest，and Banking in Economic Development*［M］. London：John Hopkins University Press，1995.

② Polak，J. J. *Financial Policies and Development*［M］. Paris：OECD，1989.

③ Bencivenga，V. R.，Smith，B. D. Financial Intermediation and Endogenous Growth［J］. *Review of Economics Studies*，1991（58）：195－209.

向投资的转化率。以金融抑制为例，由于政府可以通过对金融体系的压制来征收通货膨胀税，金融抑制也被看做是一种财政现象。取消金融抑制政策能够降低金融体系将非流动性资产转化为流动性资产的交易成本，进而缩小通货膨胀税的税基（Roubini 与 Sali－i－Martin，1995）[①]，表现为储蓄转化投资过程中的漏损 $1-\phi$ 降低，即 ϕ 增加，提高储蓄向投资转化的效率。

（二）熊彼特范式[②]

AK 模型没有区分技术进步与资本积累之间的本质差别，将技术知识作为智力资本与实物资本等一起融入单一总量资本 K 中；此外，它假设技术进步对所有的人的影响是一样的，忽略了增长过程的社会影响和对不同国家的不同影响。Aghion 与 Howitt（1998）[③] 对其进行了改进，基于发端于产业组织理论的基本熊彼特增长模型，将投资因素置于增长的核心，推导出金融发展通过技术进步促进经济增长。它之所以被称为“熊彼特式的增长模型”，原因在于包含了熊彼特的“创造性毁灭”内核，承认新知识对旧知识的负的外部性。熊彼特主义认为，创新产生了新的技术性知识，同时淘汰旧知识，创新的这个特征被称为“创造性毁灭”。King 和 Levine（1993），Morales（2003）[④]，Aghion 等（2005），Ilyina 和 Samaniego（2009）[⑤]，Laeven 等（2013）[⑥] 进一步拓展了“创造性毁灭”增长模型。

熊彼特范式增长理论模型假定经济中存在三个部门：最终消费部门、中间产品部门与研究开发部门；中间产品生产部门具有垄断性，而其他部

① Roubini，N.，Sala－i－Martin，X. A Growth Model of Inflation，Tax Evasion，and Financial Repression［J］. *Journal of Monetary Economics*，1995（35）：275－301.

② 此部分理论模型参考了 Aghion 等（2005），Aghion 与 Howitt（2006），Aghion 与 Durlauf（2007）。

③ Aghion，P. and Howitt P. *Endogenous Growth Theory*［M］. Cambridge，Massachusetts：MIT Press，1998.

④ Morales，María F. Financial Intermediation in a Model of Growth through Creative Destruction［J］. *Macroeconomic Dynamics*，2003（3）：363－393.

⑤ Ilyina，A. O.，Samaniego，R. M. A Multi－sector Model of Growth with Financing Constraints［R］. Mimeo：International Monetary Fund Working Paper 09/119，2009.

⑥ Laeven L，Levine R，Michalopoulos S. Financial Innovation and Endogenous Growth［J］. *Journal of Financial Intermediation*，2013，24（1）：1－24.

门的市场具有完全竞争的性质。各个行业的生产函数为

$$Y_{it} = A_{it}^{1-\alpha} K_{it}^{\alpha}, 0 < \alpha < 1$$

其中，A_{it} 代表该行业 i 在 t 时间所使用的最新技术，反映了生产率水平；K_{it} 是该行业中唯一的中间产品的流量，每一单位的中间产品以一单位的资本生产出来，各个产业产出 Y_{it} 之和即为总产出。

每一种中间产品只能由其最近的创新者（Most Recent Innovator）生产与销售，成功的创新者改进了技术系数 A，可以取代先前的创新者获得永久性专利，从而获得中间产品生产部门的垄断地位，直到他被下一名创新者所取代，即存在“创造性毁灭”。

假定各个行业事前（Ex Ante）均相同，则柯布—道格拉斯生产函数为

$$Y_t = A_t^{1-\alpha} K_t^{\alpha}$$

其中，A_t 是不加权的各个行业 A_{it} 之和，代表劳动扩张型（Labor - augmenting）技术进步；K_t 为总资本存量。

创新需要两种主要投入：一是未来的创新者的私人研发支出；二是过去的创新者已创造的创新存量，它构成了可公开获取的知识存量，当前的创新者希望通过技术创新增加这一知识存量。

假定：情形①，创新借鉴了在创新发生之前可获取的最好技术，从而针对正在创新的部门 i 得到一个新的技术系数 A_{it}，其值相当于其先前值的 γ 倍。在这种情形下，一国进行领先于技术前沿的创新，该创新基于行业中已有的前沿技术，并对其加以改进，前沿创新（Leading - edge Innovations）以频率 μ_n 发生。情形②，创新活动所追赶的世界技术前沿为 $\bar{A}_t$，代表在所有国家的所有部门可供创新者使用的全球技术知识存量。在这种情形下，创新行为主要利用在其他领域已发展的技术，或称为模仿（拿来型创新），以频率 μ_m 发生。经济中的总生产率系数 A_t 的变动可表示为以下函数关系：

$$A_{t+1} - A_t = \mu_n(\gamma - 1)A_t + \mu_m(\bar{A}_t - A_t)$$

从而经济增长率为

$$g = \frac{A_{t+1} - A_t}{A_t} = \mu_n(\gamma - 1) + \mu_m(a_t^{-1} - 1)$$

其中，$a_t = A_t / \bar{A}_t$，代表“与世界技术前沿差距”（Distance to The Frontier）这一指标的倒数；$\mu_m(a_t^{-1} - 1)$ 则描述了国家间知识外溢效应。

根据 a_t 的含义可以看出，一国 a_t 越小，则该国离前沿技术越远（相对越落后）；给定模仿创新的频率 μ_m，通过引进学习并模仿前沿技术，该国所获得的质量改进越大，从而与技术前沿的差距越能影响一国的经济增长，类似于 Gerschenkron（1962）[①]“后发优势理论”（Advantage of Backwardness）对趋同的解释。

可以看出，通过将创新活动可能会在不同国家以不同形式展开这一因素纳入分析，熊彼特范式增长理论模型建立了背景相关（Context - dependent）的增长效应分析框架。“该分析框架特别适用于分析一国的增长如何随着其趋近于技术前沿而变化，以及分析当该国接近技术前沿时，政策需要如何调整才能够维持趋同。”[②]

在熊彼特范式中，创新频率 μ_n 与 μ_m 作为决定一国增长路径的关键变量，是由未来创新者所面临的利润最大化问题内生决定的。[③] 这一最大化问题及其解通常取决于经济中的制度或政策，其中金融发展程度与金融体系政策等是十分重要的因素。

Aghion 等（2005），Aghion 与 Howitt（2006）进一步推进了已有的研究，利用熊彼特范式经济增长理论模型，具体分析了金融发展与经济增长的关系。在简单经济收敛模型中，假定每一种中间产品 i 在 $t-1$ 时期仅有一人能通过创新为下一期（t 时期）生产与销售服务，该人被称为第 $t-1$ 时期的 i 的创新者，而且若其创新成功，则可以拥有 t 时期的垄断租[④]。若 $\mu_t(i)$ 代表其成功创新的概率，则

① Gerschenkron, A. Economic Backwardness in Historical Perspective [M]. Cambridge: Harvard University Press, 1962.

② Aghion, P., Durlauf, S. From Growth Theory to Policy Design [R]. Harvard University, 2007.

③ 类似于拉姆齐模型（Ramsey model）中从居民的效用最大化内生地得出储蓄率 s。

④ Pretto（1996）指出，不完全市场与垄断是诱使利润最大化企业从事昂贵的研究与开发活动的必要条件。资料来源：Pretto, P. F. Technological Change and Population Growth [R]. Duke University Working Papers No. 96 - 28, 1996.

$$A_t(i) = \begin{cases} \bar{A}_t, 以概率 \mu_t(i) \\ A_{t-1}(i), 以概率 1 - \mu_t(i) \end{cases}$$

其中，$\bar{A}_t$ 代表世界技术前沿，并以固定增长率 g（$g > 0$）增长。假定一国平均生产率（Average Productivity）为 A_t，表示为

$$A_t = \int_0^1 A_t(i)\,\mathrm{d}i$$

在均衡状态，对所有中间产品 i，其创新的概率在所有部门都一样：$\mu_t(i) = \mu_t$；从而平均生产率可表示为

$$A_t = \mu_t \bar{A}_t + (1 - \mu_t) A_{t-1}$$

用 $a_t = A_t / \bar{A}_t$ 衡量一国离技术前沿的距离（即技术差距 Technology Gap），则可以推导出 a_t 的变化过程如下：

$$a_t = \mu + \frac{1 - \mu_t}{1 + g} a_{t-1}$$

在完全信贷市场中，一国与技术先进国的相对缺口 a_t 在长期中收敛于稳态值

$$a^* = \frac{(1 + g)\mu^*}{g + \mu^*} \in (0,1)$$

利用上述收敛模型分析存在信贷约束时的情形，即一国金融发展程度对经济增长的影响。假设企业所有的研发成本均需要从资金所有者那里贷款，若企业家在 t 时期工资收入为 w_t，为进行创新（R&D）活动需要投资 N_t，则追赶前沿技术的过程中企业家需要借款 $N_t - w_t$；在企业创新成功时，企业付出成本 cN_t 向资金所有者隐瞒创新的收益（$0 < c < 1$），从而避免偿还贷款。发展较高水平的金融体系能够有效防止贷方被欺骗；相反，不完善的金融体系降低了企业欺骗资金所有者的成本，当欺骗成本低于创新收益时，企业就有动力向贷方隐瞒创新收益，而理性的资金所有者预见到这一点，就不会愿意出借资金；资金约束的提高反过来进一步限制了创新的投资，增加了一国追赶技术前沿的难度。表现为函数关系如下：

$$a_{t+1} = \tilde{\mu}(\omega \cdot a_t) + \frac{1 - \tilde{\mu}(\omega \cdot a_t)}{1 + g} a_t$$

因此，①给定一国的技术水平 a_t，若金融发展水平 ω 较低，则本国企业较容易受到信贷约束（Credit - constrained）；②给定一国金融发展水平 ω，本国技术水平越落后于前沿技术（即 a_t 越小），企业越容易陷入信贷约束的困境。这种情况被 Aghion 与 Howitt 称为“后发劣势”（Disadvantage of Backwardness）。显然，金融发展水平的提高能够降低后发劣势，使得企业更易于从外部获得资金用于研发活动，相应提高了信贷乘数①（Credit Multiplier）。

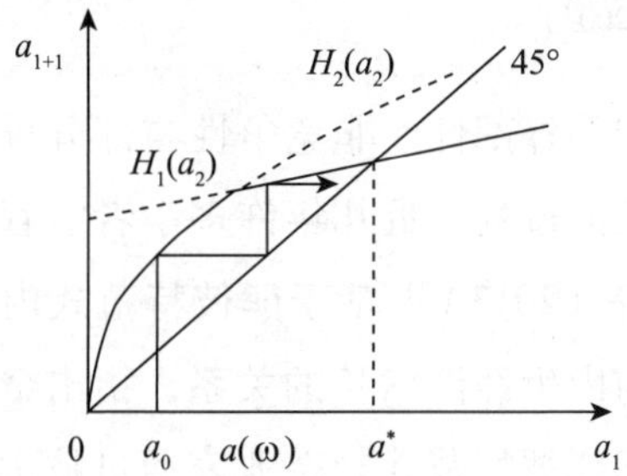

图 2-3 金融发展水平较高国家的经济增长路径

资料来源：Aghion 等（2004）②

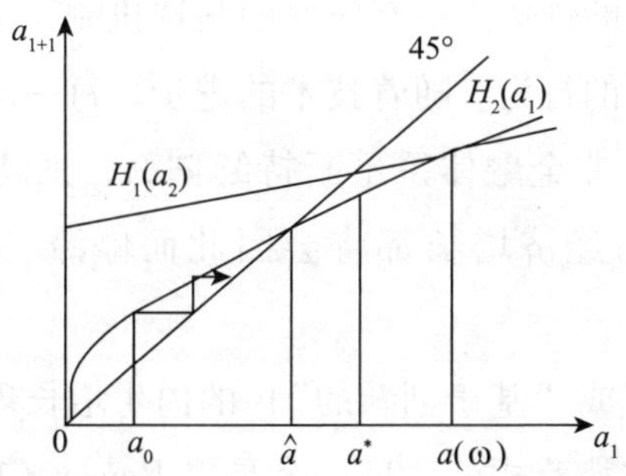

图 2-4 金融发展水平中等国家的经济增长路径

资料来源：Aghion 等（2004）

① Aghion 等（2005）在附录中对信贷乘数的内生化用数理模型进行了详细证明。

② Aghion, Howitt, and Mayer - Foulkes. The Effect of Financial Development on Convergence: Theory and Evidence [R]. National Bureau of Economic Research Working Paper No. 10358, March 2004.

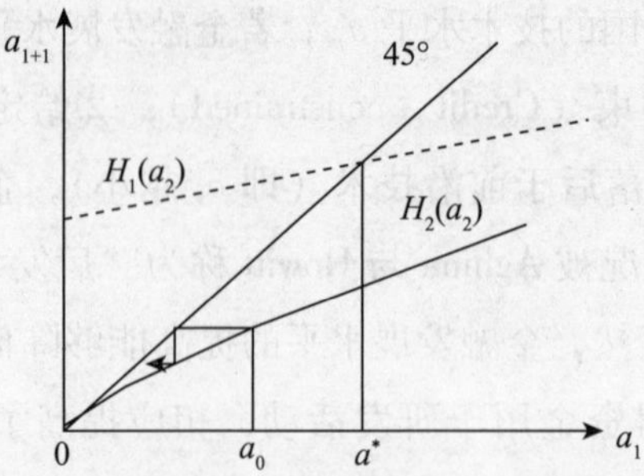

图2-5　金融发展水平较低国家的经济增长路径

资料来源：Aghion 等（2004）

熊彼特范式将知识的外部性、非竞争性与部分排他性等特性融入模型中，更有利于分析增长的过程，近几年许多学者沿着这一分析框架进行了扩展。例如，Laeven 等（2013）① 基于熊彼特范式内生增长理论，以理论模型分析了金融创新与内生经济增长的关系，指出金融创新是持续性技术创新的动力源泉。根据熊彼特范式，企业家通过技术创新获得垄断租，而金融体系通过筛选企业家推动技术进步。区别于已有研究，Laeven 等（2013）还假设金融体系也同样积极地参与高成本、高风险且具有盈利性的创新过程，并可不断创造出更有效率的筛选机制，金融创新与技术创新均反映了利润最大化的行为。随着技术的进步，每一个现有的筛选机制将变得不再具有效率，非金融体系不断持续创新，推动筛选机制效率的提高，否则技术创新与经济增长都将会因此而停滞。整个过程可以表现为图2-6。

以知识为基础（或"基于创新的"）的内生增长理论本身包含两个平行的分支，除了熊彼特范式外，另一个是以 Romer（1990）② 为代表的理论模型。Romer（1990）认为总生产率是产品多样化程度的函数，知识的外部性主要表现为对新知识生产的正的外部性，没有考虑对原有知识的负的外部性。从这个意义上，以 Romer（1990）为代表的模型被称为水平创

① Laeven, L., Levine, R., Michalopoulos S. Financial Innovation and Endogenous Growth [J]. *Journal of Financial Intermediation*, 2013, 24 (1): 1-24.

② Romer, P. M. Endogenous Technological Change [J]. *Journal of Political Economy*, 1990 (98): 71-102.

新模型（中间产品或最终产品扩张型增长模型），而熊彼特范式则被称为垂直创新增长模型（或产品质量升级增长模型）。Trew（2006）① 对十篇重要文献中的金融内生化理论模型进行了比较，将内生增长来源分为生产外部性、纵向创新、横向创新及资本积累，并区分了各个模型中所探讨的逆向选择、道德风险或外部流动性冲击问题，从而以金融发展解决信息不对称问题视角探讨了金融发展的作用机制。

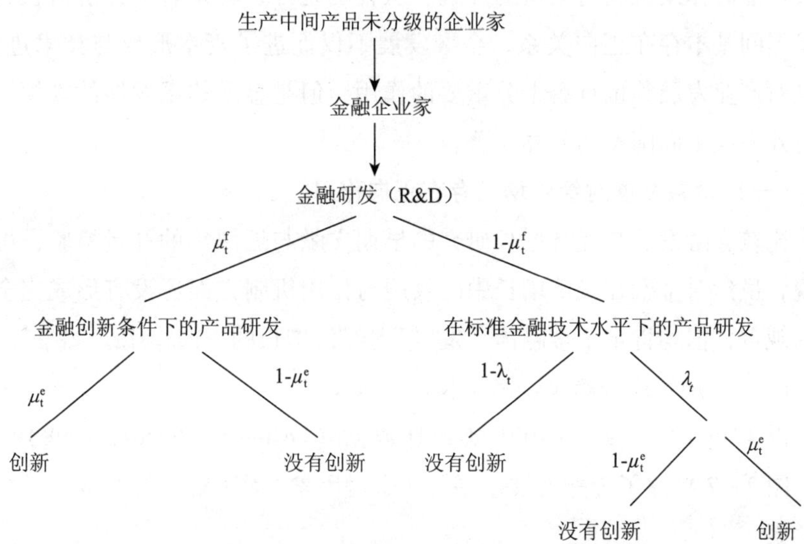

图 2-6　金融创新与内生经济增长流程图

资料来源：Laeven 等（2013）

总之，熊彼特范式增长理论模型区分了技术进步与资本积累，并将技术进步过程视为一个不同于储蓄的独立过程，启发了本书对经济增长中的金融发展作用机制的思考，是第三章假说提出的基础，以及第四章计量检验的理论依据。

① Trew，A. W. Finance and Growth：A Critical Survey［J］. *The Economic Record*，2006（82）：481-490.

第二节　经济增长与金融发展关系的跨国经验分析

一、经济增长与金融发展经验

理论的演进深化了对金融发展与经济增长关系的认识，而统计数据与计量检验则进一步充实并修正了已有的研究，推动了对金融发展促进经济增长可能的作用机制与渠道的理解。从各国统计资料来看，经济增长与金融发展间基本存在正向关系，金融发展不仅促进了资本形成与技术进步，而且对产业发展等也具有十分重要的作用，但是金融体系发展的规模、结构与效率在不同国家间差异显著。

（一）金融发展对经济增长存在正向作用

比较金融发展与经济增长研究的早期文献与近两年的计量检验，可以发现，虽然对金融在经济增长中的效用与作用机制方面还没有形成完全统一的观点，但均肯定了金融体系发展①对经济增长的正向作用。

（1）金融发展与跨国经济增长。

以47个国家1976—1991年统计数据（Levine和Zervos，1998）② 为例，图2-7描述了金融发展水平与非金融因素③无法解释的经济增长之间的关系。

从图2-7中可以看出，一国金融发展水平越高（表现在图中沿横轴向右），非金融因素无法解释经济增长的部分越高（表现在图中沿纵轴向上），间接证明了伴随着金融发展，其对经济增长的解释力度的增强。

---

① 金融发展与金融自由化是不同的概念。金融自由化能够带来金融发展，但并不是金融发展的全部内涵，后者还包括金融规模、结构与效率的提升与金融可得性的增长等，主要体现为金融功能的完善引致的金融资源交易成本、信息成本的下降。近年来许多学者在研究中严格区分了金融自由化与金融发展对经济增长的不同作用，例如，Ang（2011）通过对比金融发展与金融自由化对知识积累（Knowledge Accumulation）的作用，发现金融发展有助于新知识的积累，而不当的金融自由化政策则容易引致金融波动与经济危机，且将创新型人才从研发部门吸引至金融部门从而进一步阻碍了技术深化（Technological Deepening）。

② Levine，R.，Zervos，S. Stock Markets，Banks，and Economic Growth［J］. *American Economic Review*，1998（88）：537-558.

③ 非金融因素包括：初始人均GDP、中学入学率、政治稳定性、政府支出占GDP的比重、通货膨胀率、非官方汇率溢价等。

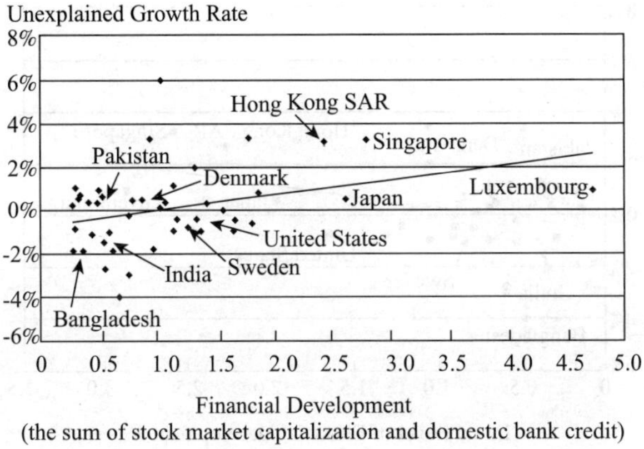

图 2-7 1976—1991 年金融发展与经济增长跨国比较

资料来源：Khan（2000）①

注：横轴为以（金融市场资本化/GDP + 金融中介信贷量/GDP）作为指标衡量的金融发展水平（给定一国经济规模，该值越高则该国金融市场越大、信贷数量越高，从而外部融资水平越高），纵轴为年人均 GDP 中以非金融变量无法解释的部分

（2）金融发展能够预测经济增长。

若不考虑经济增长对金融发展的影响，金融发展程度的初始水平有助于预测未来的经济增长。图 2-8 考察了 1976 年各国初始金融发展水平与非金融因素无法解释的经济增长之间的线性关系；根据回归结果，初始金融发展水平与随后的经济增长间存在正相关关系。根据 Khan（2000）的研究，金融发展的回归系数为 1.86，即一国金融发展水平每提高 1% 会导致每年人均 GDP 约 2 倍的增长。以孟加拉国为例，该国在 1976 年初始金融发展水平为 0.07，若假定其初始金融发展水平与美国相等（1.34），则根据回归模型，孟加拉国在随后的 17 年间人均 GDP 的增长率会比实际值高约 2%。“虽然该时间段与经济发展的历史相比较短，但已足以让贫穷国家提高其人均收入 43% 以上。”

① Khan，A. The Finance and Growth Nexus [J]. *Business Review*，2000（1）：3-14.

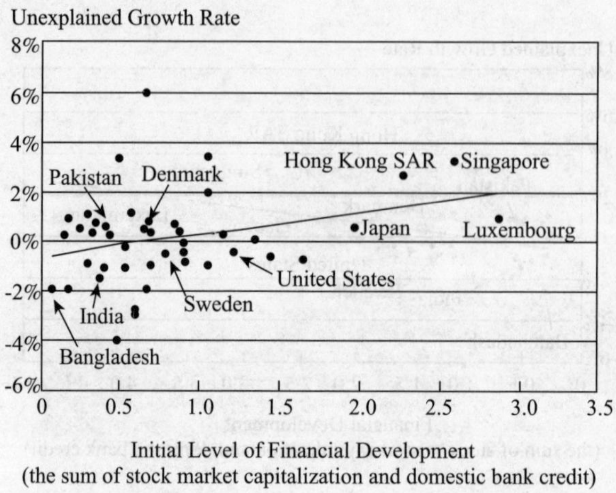

图 2-8　1976 年初始金融发展水平与经济增长的跨国比较

资料来源：Khan（2000）①

2010 年世界经济论坛金融发展报告②利用截至 2010 年 4 月 IMF 与世界银行的统计数据，以金融发展指标（FDI，Financial Development Index）与人均 GDP 进行统计检验，回归系数为 0.63，再次验证了已有文献中金融发展与经济增长间正相关的关系。

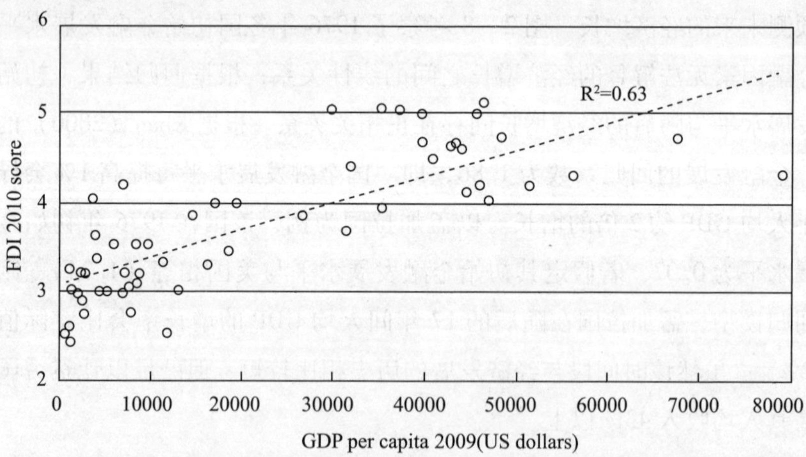

图 2-9　跨国金融发展指标与人均 GDP 关系

资料来源：世界经济论坛《金融发展报告（2010）》

① Khan，A. The Finance and Growth Nexus［J］. *Business Review*，2000（1）：3-14.

② World Economic Forum. The Financial Development Report 2010［R］. World Economic Forum，2010：15.

金融发展不仅能够推动经济增长，对产业发展与结构升级也具有重要作用。Rajan 和 Zingales（1998）① 与 Beck 和 Levine（2002）② 均指出，不同产业要素密集程度不同，与劳动密集型产业相比，资本密集型产业因其所蕴含的技术含量高，对外部融资成本与效率要求也更严格，因而对外部金融的需求与依赖也较大，金融发展能够促进这些产业发展（见图 2－10）。

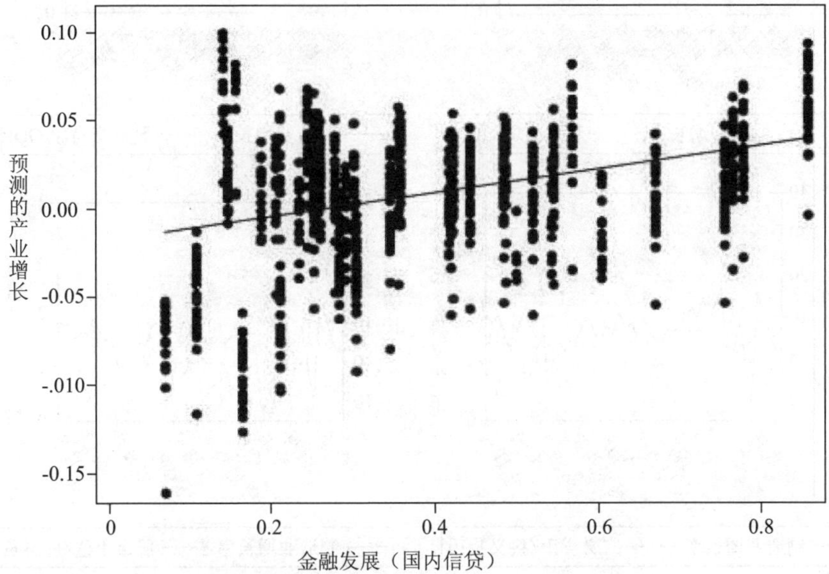

图 2－10　金融发展（国内信贷）与产业发展

资料来源：Rajan 和 Zingales（1998）

赵勇、雷达（2009）③ 利用 10 个制造业增加值最大的发展中国家与新兴市场国家 2002—2006 年的数据，对金融发展与制造业增加值增长率之间的关系进行了考察，结果显示在大部分年份，大部分国家金融发展水平与

① Rajan, R. G., Zingales, L. Financial Dependence and Growth [J]. *American Economic Review*, 1998 (3): 559－586.

② Beck, T., Levine, R. Industry Growth and Capital Allocation: Does Having a Market－or Bank－Based System Matter? [J]. *Journal of Financial Economics*, 2002 (64): 147－180.

③ 赵勇，雷达．中美经济失衡的性质及调整：基于金融发展的视角［J］．世界经济，2009（1）：62－71.

制造业年度增长率之间呈现同向运动的趋势，说明金融发展水平的提高的确有利于一国制造业比较优势的形成，促使其更快发展。

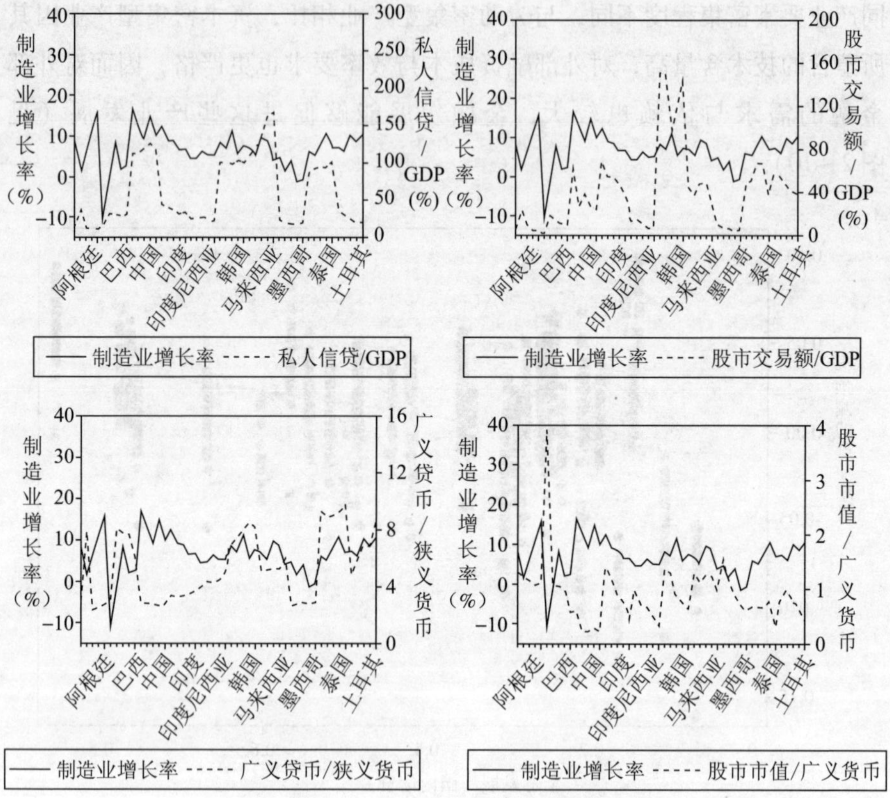

图 2－11　金融发展与制造业增长率

资料来源：赵勇、雷达（2009）

（二）各国经济体金融体系在总量规模与内部结构等方面存在差异

比较 1996 年与 2008 年各国私人部门融资来源的变化，可以发现各经济体金融发展的方式存在差异。以中国香港为例，相比于 1996 年，其私人部门融资来源在 2008 年由金融中介更多地转向了金融市场；而中国、印度与韩国等国家，私人部门通过金融中介与金融市场融资的比率整体有所提高（见表 2－1）。

表 2-1　各经济体私人部门融资来源

国家或地区	商业银行提供私人信贷/GDP		股票市场市值/GDP		私募债券市场市值/GDP		总值	
	1996	2008	1996	2008	1996	2008	1996	2008
中国	77.2	101.6	8.7	104.2	2.7	15.5	88.7	221.4
中国香港	146.7	138.7	236.9	378.7	11.9	14.4	395.5	531.8
印度	21.7	46.7	32.1	100.1	1.1	3.3	54.8	150.1
新加坡	90.0	97.3	161.1	146.4	10.6	14.5	262.5	258.2
韩国	49.2	100.6	28.7	85.4	38.0	60.0	115.9	246.1

数据来源：CEIC 全球经济数据库，http：//www. ceicdata. com/

除金融发展的方式不同之外，不同收入国家的金融发展规模、效率与结构等方面也存在较大差异。Beck 和 Demiruç - Kunt（2009）① 在融合并改进 World Bank 的 1999 年数据库中原有指标的基础上，更新了数据库，并多角度比较了各国间金融发展的差异（见图 2-12）。通过对各国 1983—2007 年金融发展的规模、结构、效率、稳定性及金融全球化的程度等维度的比较，Beck 和 Demirgüç - Kunt（2009）发现：金融市场与金融机构的深化在高收入水平国家总体显著，其中金融市场深化的程度高于金融中介。

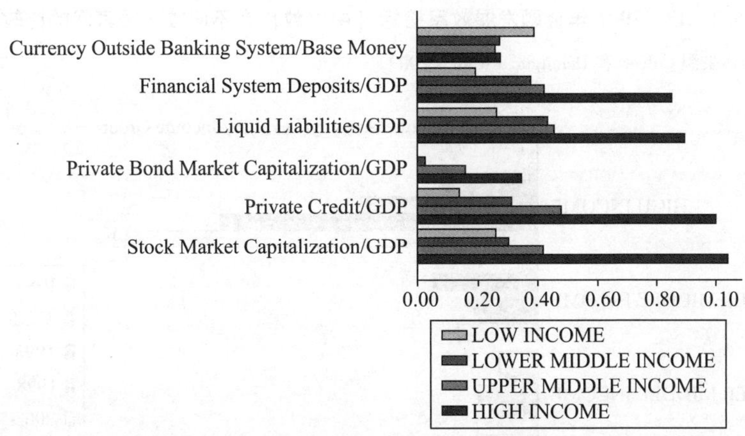

图 2-12　2007 年金融发展规模指标（中位数）在不同收入国家间的比较

资料来源：Beck 和 Demirgüç - Kunt（2009）

① Beck，T. H. L.，Demirgüc - Kunt，A.，and Levine，R. Financial Institutions and Markets across Countries and Over Time：The Updated Financial Development and Structure Database [R]. World Bank Policy Research Working Paper Series No. 4943，2009.

从金融发展规模指标来看，以银行体系外货币占基础货币的比率（Currency Outside Banking System/Base Money）衡量，发展低收入国家的中位数（39%）远高于中高收入国家（26%）；而金融体系存款/GDP、流动性负债/GDP、私募债券市场市值、私人信贷比率、股票市场资本化程度等指标，特别是最后两个指标，高收入国家均高于低收入国家。

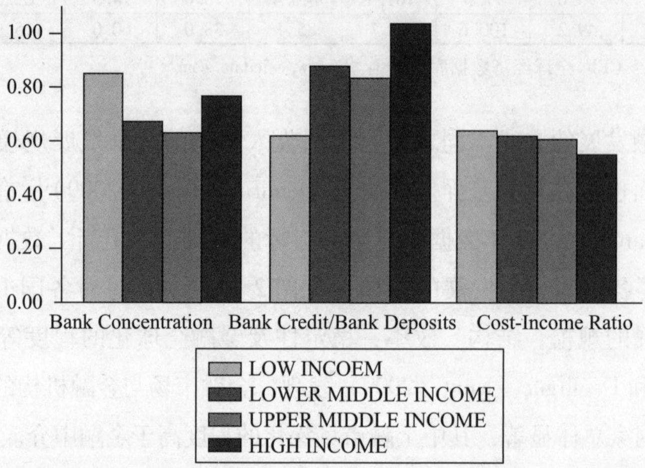

图 2-13　2007 年金融发展效率指标（中位数）在不同收入国家间的比较

资料来源：Beck 和 Demirgüç-Kunt（2009）

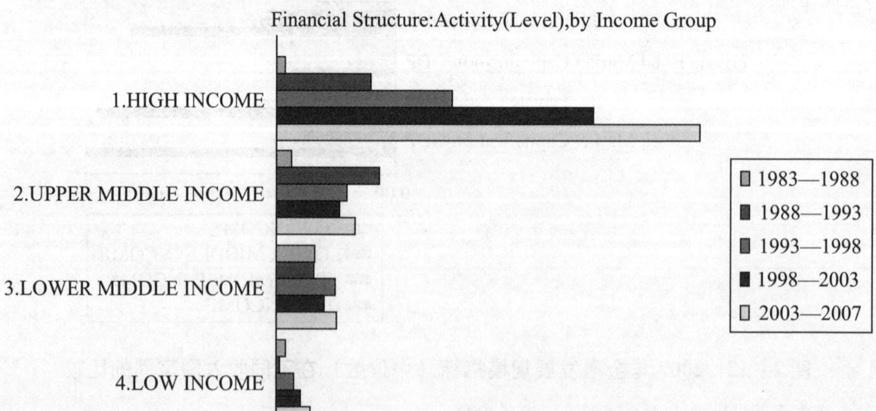

图 2-14　1983—2007 年金融发展结构指标（中位数）在不同收入国家间的比较

资料来源：Beck 和 Demirgüç-Kunt（2009）

以银行贷款占存款比重这一指标为例，该指标反映了金融中介将储蓄转化为私人部门贷款的效率，在各国之间存在显著的差异，如2007年该指标在刚果为21%，而丹麦则高达307%（Beck和Demirgüç－Kunt，2009），金融发展相对落后的国家不仅动员储蓄的规模偏小，其将储蓄转化为投资的效率也偏低。

二、金融发展指数跨国比较

为准确衡量金融发展程度，需要尽可能全面地考虑影响金融服务深度与效率的因素，虽然许多学者曾尝试建立统一的分析框架比较各国金融发展水平及其变化，但目前由世界银行与世界经济论坛（World Economic Forum）① 所提出的金融发展指数较为完整且成体系。金融发展指数（Financial Development Index）根据世界银行与世界经济论坛所搜集的120项金融资料与数据，从三大类七个方面评估各国金融发展水平：制度环境（Institutional Environment）、商业环境（Business Environment）、金融稳定性（Financial Stability）、银行机构（Banks Financial Services）、非银行机构（Non－banks Financial Services）、金融市场（Financial Markets）与金融体系的可得性（Financial Access），其具体分类如图2－15所示。

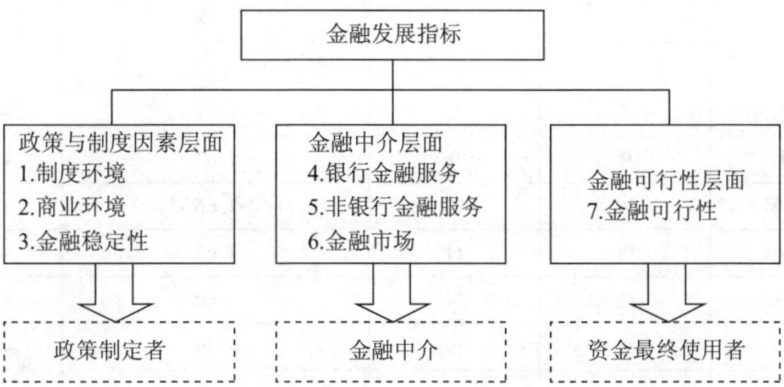

图2－15　World Economic Forum金融发展指标

① 世界经济论坛是以研究与探讨世界经济领域存在的问题、促进国际经济合作与交流为宗旨的非官方国际性机构，总部设在瑞士日内瓦；其前身是1971年的“欧洲管理论坛”，于1987年改名为“世界经济论坛”；从2008年起多次发布全球60个主要经济体的《金融发展报告》，最新的一期报告于2012年发布。

政策与制度因素是金融中介、市场、机构与服务得以发展的基本典型性特征；金融中介衡量了金融中介与金融市场与工具的多样性、规模、深度与效率等方面；金融可得性反映了居民与企业通过多种渠道获得金融服务与资本的难易程度。

表2－2是根据以上三大类七个指标所衡量的2010年排名前十名经济体的金融发展指数，并与其2009年排名相比较，根据《世界金融发展指数报告（2010）》的评估结果，2010年美国在金融发展的上述各个指标均领先，因而名列世界第一，英国第二，中国香港第三，其他前10名的经济体分别是新加坡、澳大利亚、加拿大、荷兰、瑞士、日本与比利时，中国名列第22，印度第37。

表2－2　2010年与2009年金融发展指数比较

经济体	2010排名	2009排名	2010年得分（满分7分）	得分变化
美国	1	3	5.12	－0.01
英国	2	1	5.06	－0.22
中国香港	3	5	5.04	+0.06
新加坡	4	4	5.03	+0.01
澳大利亚	5	2	5.01	－0.12
加拿大	6	6	4.98	+0.02
荷兰	7	8	4.73	－0.12
瑞士	8	7	4.71	－0.21
日本	9	9	4.67	+0.03
比利时	10	13	4.65	+0.15
法国	11	11	4.63	+0.06
瑞典	12	14	4.60	+0.11
德国	13	12	4.49	－0.05
西班牙	14	15	4.42	+0.02
挪威	15	17	4.31	－0.06
丹麦	16	10	4.30	－0.34
马来西亚	17	22	4.20	+0.23
爱尔兰	18	16	4.20	－0.19
奥地利	19	18	4.20	－0.09

续表

经济体	2010 排名	2009 排名	2010 年得分（满分 7 分）	得分变化
芬兰	20	19	4.12	-0.12
阿联酋	21	20	4.03	-0.18
中国	22	26	4.03	+0.16
巴林	23	27	4.00	+0.15
韩国	24	23	4.00	+0.09
意大利	25	21	3.95	-0.03
沙特阿拉伯	26	24	3.87	-0.02
以色列	27	28	3.85	+0.16
科威特	28	30	3.69	+0.07
约旦	29	25	3.65	-0.24
智利	30	31	3.53	-0.06

数据来源：《世界金融发展指数报告（2010）》，第 11 页

各国金融发展指数的具体层面也普遍存在差异。例如，排名第一、第二的美国与英国，虽然金融发展总水平最高，但其金融稳定性则小于排名第三的中国香港；位居第八的瑞士在体制环境、商业环境与金融稳定性方面均超过日本（第九名），日本在非银行金融服务方面则具有比较优势。横向比较有利于更准确地理解金融发展差距，因此基于《世界金融发展指数报告（2010）》提供的基础数据，本书用雷达图的形式表示（见图 2-16）。

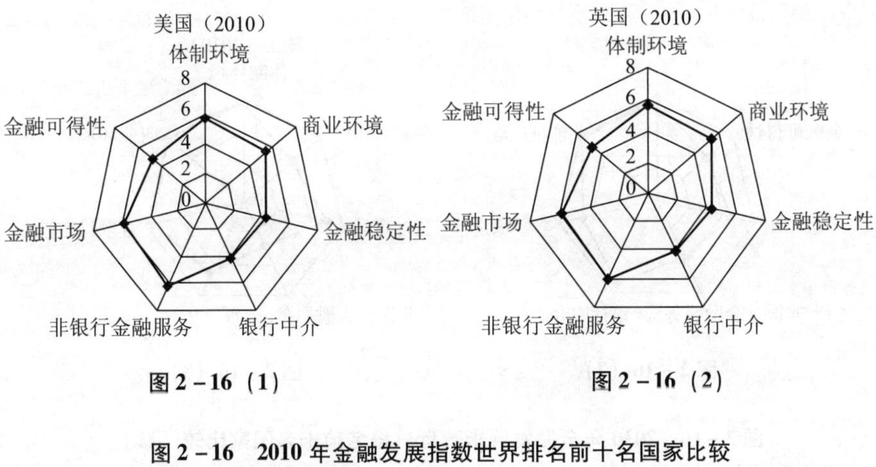

图 2-16（1）　　　　图 2-16（2）

图 2-16　2010 年金融发展指数世界排名前十名国家比较

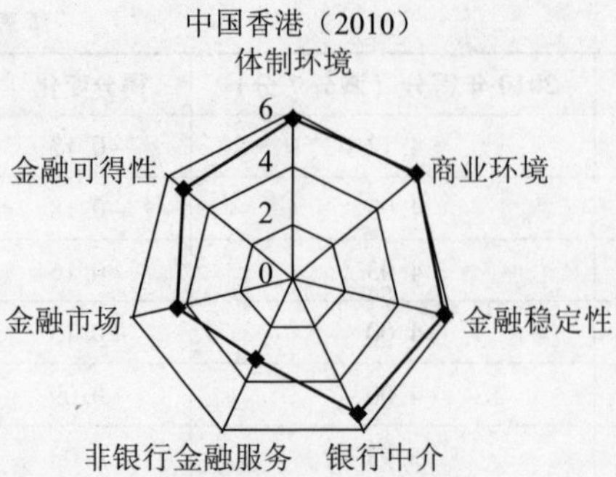

图 2－16（3）

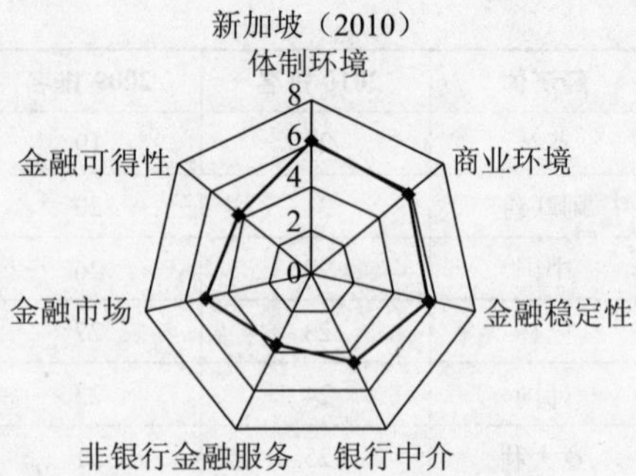

图 2－16（4）

图 2－16　2010 年金融发展指数世界排名前十名国家比较（续）

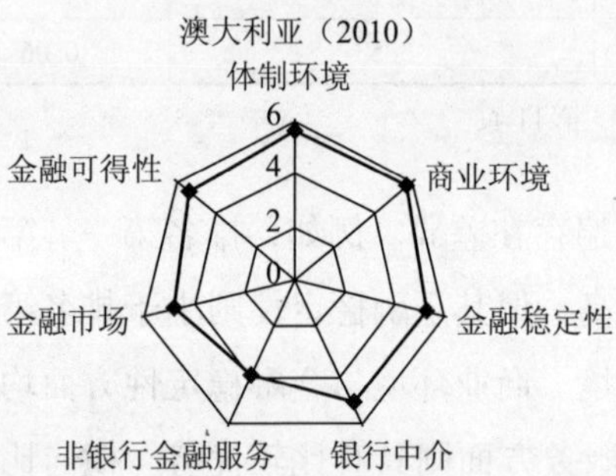

图 2－16（5）

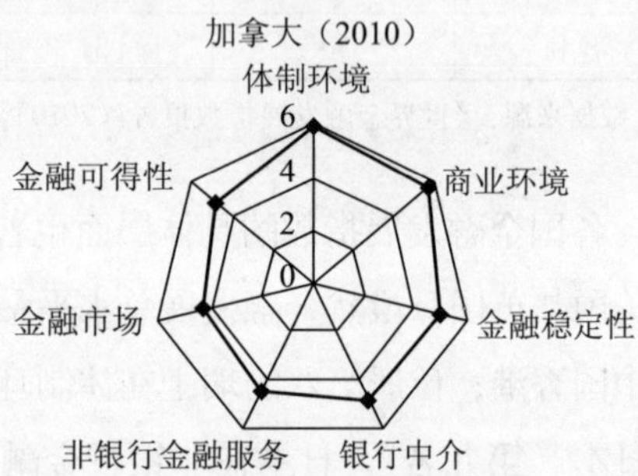

图 2－16（6）

图 2－16　2010 年金融发展指数世界排名前十名国家比较（续）

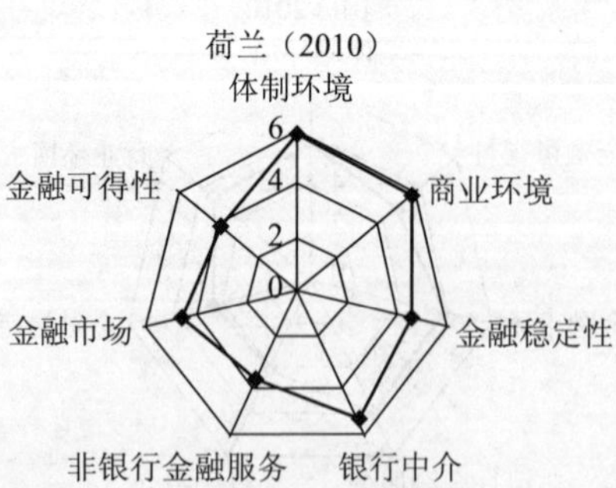

图 2－16（7）

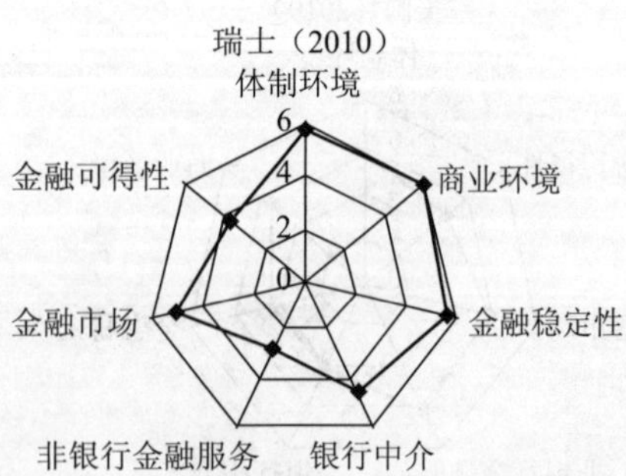

图 2－16（8）

图 2－16　2010 年金融发展指数世界排名前十名国家比较（续）

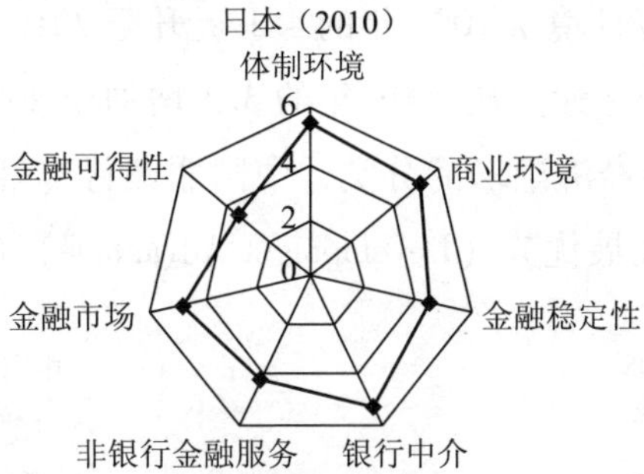

图 2－16（9）

图 2－16　2010 年金融发展指数世界排名前十名国家比较（续）

数据来源：《世界金融发展指数报告（2010）》，图形由本书绘制

中国的金融发展水平虽然在逐年提高，2012 年中国在全球 67 个经济体中排名第 23，比前几年略有下降。

表 2－3　2012 年与 2011 年金融发展指数比较

经济体	2012 排名	2011 排名	2012 年得分（满分 7 分）	2012 年得分相比于 2011 年
中国香港	1	1	5.31	+0.15
美国	2	2	5.27	+0.12
英国	3	3	5.21	+0.21
新加坡	4	4	5.10	+0.14
澳大利亚	5	5	5.01	+0.08
加拿大	6	6	5.00	+0.14
日本	7	8	4.90	+0.19
瑞士	8	9	4.78	+0.15
荷兰	9	1	4.73	+0.02
瑞典	10	11	4.71	+0.20

数据来源：《世界金融发展指数报告（2012）》

具体地，根据 World Economic Forum（见图 2－17）与世界银行（见表 2－4）提供的统计数据，比较中国 2008—2013 年金融发展指数的变化，可以看出中国的金融发展既有优势也有不足：金融发展指数在体制环境、商业环境等方面均有较大改善（体制环境指标从 2008 年的 3.3 提升至

2010年的4.1；商业环境从2008年的4.1提升至2010年的4.3）；非银行金融服务①水平提升迅速，从2008年的3.3增加至2010年的4.5和2012年的6.9；根据世界经济论坛的分类，中国非银行金融服务IPO指数与其他国家相比已具有发展优势（Development Advantage）（见图2－17）。

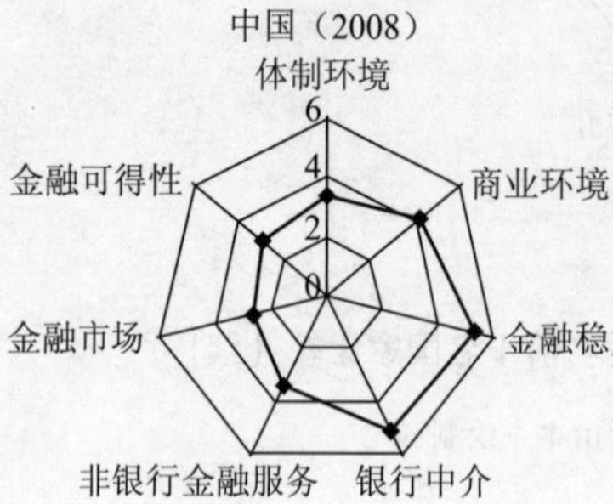

图2－17（1）

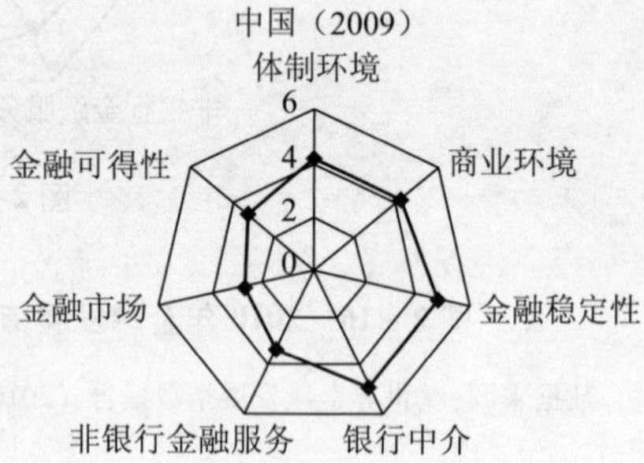

图2－17（2）

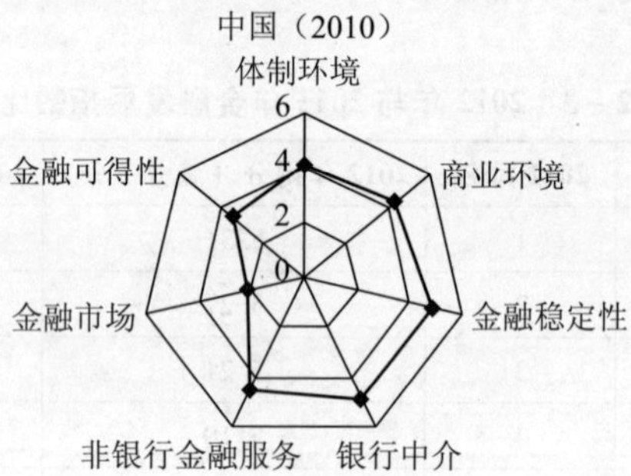

图2－17（3）

图2－17　中国金融发展指数2008—2009—2010年度比较

数据来源：根据《世界金融发展指数报告》2008—2010年绘制

在七大指标中，中国相对薄弱的金融市场发展指数从2008年的2.7下降至2010年的2.1，在2012年回升至3.0，其中许多二级指标②被世界经济论坛归类为发展劣势（Development Disadvantage），是中国在未来金融体

① 包括首次公开发行（IPO）、兼并收购（M&A）、保险与证券化（Securitization）四个二级指标。

② 被认为是发展劣势的二级指标包括：即期外汇交易成交额、远期外汇交易成交额、期权交易成交额、股票市场成交额、股票市场总交易值占GDP比值、公司债券发行量占GDP比值等。

制改革与发展过程中需要特别予以关注的部分。

表 2－4　中国 2003—2013 年主要金融发展指数对比

国内生产总值（10 亿美元）9240. 3	人口（百万）1357. 4		
	2003	2008	2013
深度——金融机构			
存款银行提供的私人信贷占 GDP 比值（%）	117. 1	97. 2	128. 5
存款银行资产占 GDP 比值（%）	127. 8	106. 6	138. 7
非银行金融机构资产占 GDP 比值（%）	—	—	—
深度——金融市场			
股票市场市值占 GDP 比值（%）	35. 3	107. 1	44. 1
股票市场总交易值占 GDP 比值（%）	25	155. 8	84. 3
未偿付的国内私人债务证券占 GDP 比值（%）	10. 4	29. 3	27. 5
未偿付的国内公共债务证券占 GDP 比值（%）	13. 9	15. 6	15. 1
未偿付的国际债务证券占 GDP 比值（%）	1. 1	1	2. 4
银团贷款发放量占 GDP 比值（%）	0. 6	1. 6	1
公司债券发行量占 GDP 比值（%）	0. 2	1. 2	4. 1
银团贷款平均到期年限（年）	6. 9	9. 9	5. 4
公司债券平均到期年限（年）	13. 1	6. 1	4. 7
可得性——金融机构			
每千名成年人拥有银行账户数（15 岁以上）	—	8	15
每十万名成年人拥有银行网点数（15 岁以上）	—	—	7. 8
正式金融机构的账户（%，15 岁以上）	—	—	63. 8
前一年在金融机构存款（%，15 岁以上）	—	—	32. 1
前一年在金融机构贷款（%，15 岁以上）	—	—	7. 3
有贷款/授信额度的公司（%）	—	—	25. 3
通过银行为投资进行融资的公司（%）	—	—	14. 7
通过银行进行营运资金融资的公司（%）	—	—	22. 1
有贷款/授信额度的小企业（%）	—	—	13. 9
可得性——金融市场			
除去前 10 大交易公司后的交易量占总交易量比值（%）	82. 7	85	89. 7
除去前 10 大公司后的市值占总市值比值（%）	78. 5	65. 9	78. 6
非金融企业债券与全部待偿还债券及票据的比值（%）	2. 5	8. 8	20

续表

国内生产总值（10 亿美元）9240.3	人口（百万）1357.4		
	2003	2008	2013
效率——金融机构			
银行净息差（%）	1.9	3.1	2.5
银行存贷利差	3.3	3.1	3
银行期间费用占总资产比值（%）	1.4	1.5	1.1
银行资产收益率（%，税后）	0.3	1	1
银行净资产收益率（%，税后）	8.2	14.6	15.7
效率——金融市场			
证券市场交易额指数（%）	82.3	113	160.7
稳定性——金融机构			
银行 Z 值	9.3	20.6	20.3
银行不良贷款率（%）	20.4	2.4	1
银行监管资本与风险加权资产的比值（%）	2.5	12	12.2
稳定性——金融市场			
股票价格波动	22.3	38.9	18.2
其他指标——金融机构			
银行集中度（%）	57.8	29	38.7
Boone 指标	-0.01	-0.04	-0.03
其他指标——金融市场			
每百万人口拥有上市公司数	1	1.2	1.8
股票市场收益（%，年同比）	-6.3	-28.5	-1.2

资料来源：世界银行

本章小结

在理论层面，对于金融发展与经济增长内在关系的认识经历了几个阶段：早期相关理论研究集中于金融体系与实体经济关系的“二分法”争论；随后，以 Goldsmith，McKinnon 与 Shaw 为代表，以发展中国家金融抑制（金融深化）、金融自由化为主要内容的金融发展理论，系统研究并建立了对金融—增长问题研究的基本分析框架；20 世纪 90 年代，内生增长理论的发展推动了将发展中国家与发达国家均纳入研究范畴的金融因素内生化理论模型（Greenwood 和 Jovanovic，1990；Bencivenga 和 Smith，1991），其中 AK 范式、熊彼特范式相对最具有代表性。熊彼特范式描述了经济发展过程中的达尔文式的生存斗争，区分了资本积累与技术进步，并将技术进步过程视为一个不同于储蓄的独立的过程。这一理论模型在解释技术前沿、与技术前沿的距离及经济增长趋同方面具有优势。在实证与统计分析层面，经济增长与金融发展的跨国经验与国家间金融发展差距的比较，进一步推动了对金融发展促进经济增长作用机制的认识。理论与实践的演进深化了人们对金融发展与经济增长间关系的理解，同时也构成了本书分析的基础与逻辑的起点。

第三章 金融发展对经济增长作用机制的分析框架

金融体系主要通过资本积累渠道与技术进步（生产率）渠道促进经济增长，其中，资本积累渠道主要基于 Gurley 和 Shaw（1955）的债务积累假说（“Debt－accumulation” Hypothesis），金融体系通过动员储蓄解决投资项目不可分问题，将储蓄配置给生产性部门，从而促进资本积累与经济增长；技术进步渠道主要基于内生增长理论（Greenwood 和 Jovanovic，1990；King 和 Levine，1993），强调金融体系在推动研发与技术进步方面的作用。

在经济增长的不同阶段，金融发展的作用机制有可能存在差异，具体采用投资推动型还是创新引导型经济增长，取决于一国经济体离世界技术前沿的相对距离（Acemoglu 等，2006）、资本存量与资源禀赋等多种因素。

本章主要围绕经济增长中金融发展的具体作用机制展开论述，在比较分析资本积累与技术进步两大作用机制的基础上，提出经济增长中金融发展作用机制的阶段性假说。

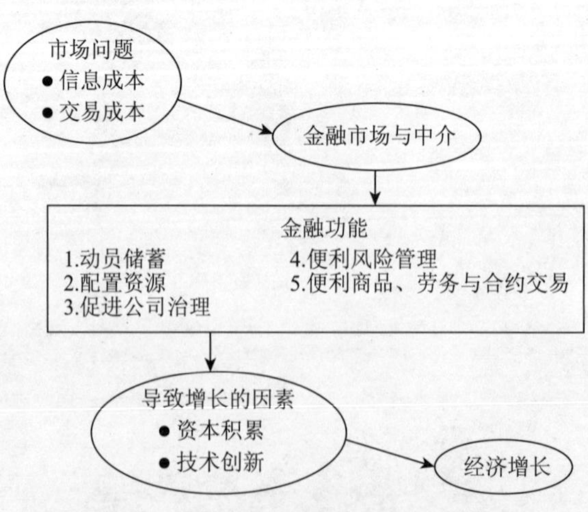

图 3－1 金融发展影响经济增长的机制

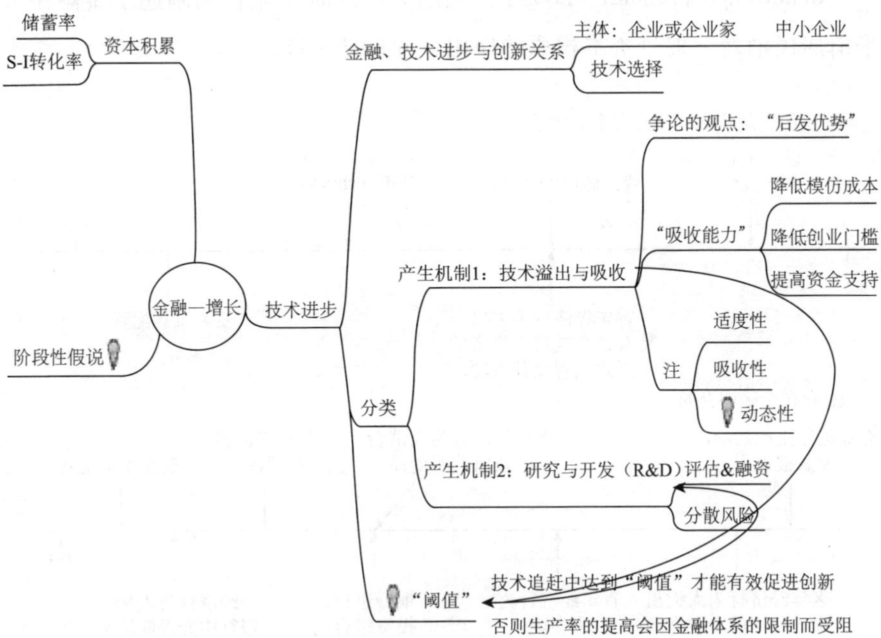

图 3－2　金融发展对经济增长作用机制的分析框架

第一节　金融发展、资本积累与经济增长

金融体系的发展对资本积累总量、速度与效率均有重要影响，通过对储蓄率及储蓄—投资转化效率的作用推动长期经济增长。

第一，通过经济货币化与金融化推动资本积累与经济增长。金融发展最基本的内容与表现形式是国民经济的货币化与金融化，包括"质"与"量"两个层次。在"量"的层面，表现为国民经济中货币使用范围、金融体系（包括以货币为代表的金融工具、金融机构与金融市场等）数量与规模的扩张与发展，多以 Goldsmith 提出的金融相关比（FIR）等指标来衡量；在"质"的层面，表现为货币职能强化、金融体系功能完善及金融体系在国民经济短期波动与长期均衡中的作用与地位的提升。通过货币化与金融化，金融体系推动商品与市场经济发展，在总量层面提升资本积累水平。

Bencivenga 和 Smith（2003）[①] 利用简单的时间流程图阐述了金融中介平滑居民消费、促进资本积累的作用（见图 3-3）。

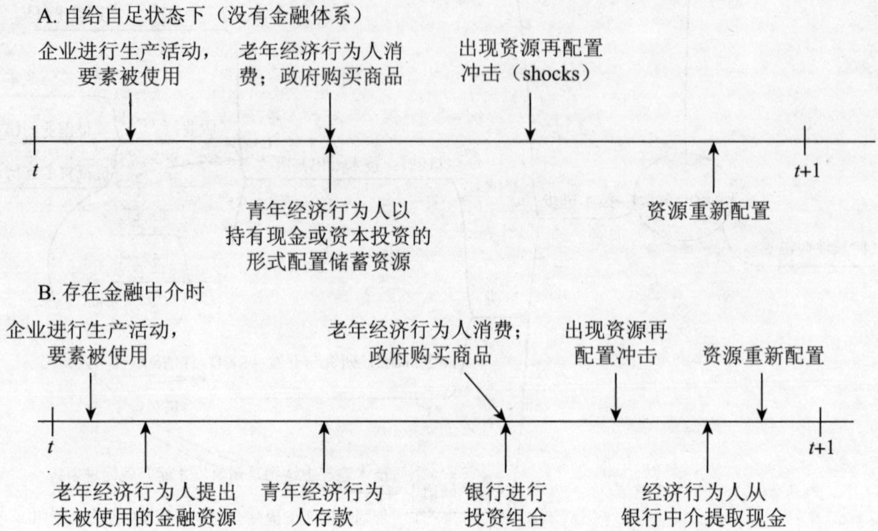

图 3-3　金融体系对经济活动的影响

资料来源：转引自 Bencivenga 和 Smith（2003）

第二，通过动员储蓄促进资本积累与经济增长。所谓动员储蓄，是指将资本从分散的储蓄者手中筹集的过程。一方面，从企业的角度，由于资本往往分散在不同储蓄者手中，在没有金融体系的情况下，企业的生产规模由此受到限制。金融体系利用其规模经济优势（降低交易成本）与声誉优势（克服信息不对称）低成本汇集分散的资本，促进了资本积累总量的提高；另一方面，从居民的角度，随着金融体系的发展，居民可以以保险的形式更好地应对禀赋冲击（Endowment Shocks），分散收益率的风险，并更易于获得消费信贷。高效率的金融体系对国内储蓄具有强大的动员能力。

第三，通过分散流动性风险，促进资本积累与经济增长。分散流动性风险，对居民消费与投资行为会产生以下影响：①居民消费行为方面，金融体系的发展使得财富在各种金融资产之间转换的便利性与速率提升（Le-

① Bencivenga, V., Smith, B. D. Monetary Policy and Financial Market Evolution [J]. *Federal Reseve Bank of St. Louis*, 2003 (4): 7-27.

vine，1997)，当消费边际效用变化时，消费者能够更快地改变当前的消费策略，即消费替代弹性提高，从而促进经济最优增长；②居民投资行为方面，如果没有金融体系，出于预防流动性冲击的谨慎考虑，居民厌恶高收益但流动性差的投资项目，转而投向流动性资产投资。金融体系的发展可以合并与整合存款者流动性风险（Bencivenga 和 Smith，1991）①，为高收益项目提供更多融资，从而促进非流动性资产与生产性资产的积累。

此外，金融体系还可以通过避免生产性投资提前变现，促进资本积累与经济增长。金融体系通过分散经济主体的流动性风险，增加了生产性投资在储蓄中的比例，Greenwood 与 Smith（1997）在 Bencivenga 和 Smith（1991）模型的基础上，假设中间产品生产技术是线性的，研究了银行中介、股票市场与经济增长之间的关系，发现金融体系能够有效降低生产性投资提前变现的可能性，从而提高了储蓄转化为投资的效率。

第四，通过有效价格（利率）体系的建立推动资本积累与经济增长。金融体系中不同金融工具存在流动性、期限及持有所面临风险性等方面的差异，例如，商业性贷款、短期国库券等交易期短而频繁，风险低而流动性高；而股票、长期债券与投资基金则由于交易期限的延长，风险相对提高。金融发展所推动的有效价格体系的建立，较好地反映了上述金融工具的差异，形成了合理配置资源的利率体系，可以解决高收益投资项目的不可分性、投资机会与能力分布的不平均性所带来的金融资源配置问题，促使资本由收益率较低的项目转移至收益率较高的项目，从而提高了储蓄—投资转化率。

第二节 金融发展、技术进步与经济增长

技术进步在经济学上表现为生产可能性曲线向上方的移动，包括狭义与广义两个方面：狭义的技术进步主要是指生产工艺、中间投入品以及制造技能等方面的改进与革新；广义的技术进步则涵盖了各种形式的知识积

① Bencivenga，V. R.，Smith，B. D. Financial Intermediation and Endogenous Growth [J]. *Review of Economics Studies*，1991 (58)：195－209.

累与技术改进。按技术来源分类，技术进步主要分为引进吸收型技术进步与研发型技术进步。所谓引进吸收型技术进步，是指企业通过引进技术、设备或管理模式，并在引进基础上消化改进，实现对产品或服务的创新；而研发型技术进步，是指企业利用自主的创新思想，主要依靠自身的技术力量实现技术创新。企业为实现利润最大化，可以通过两种方式实现技术进步与创新：一是生产工艺、方法与过程的创新，降低产品生产成本，提高生产经营效率，但不会改变经济结构；二是以开拓新产品与新市场为主的产业创新，会导致新兴产业的形成，影响并推动产业与经济结构的升级。

关于金融发展、技术进步与创新的关系，早在 20 世纪初 Schumpeter（1912）就做了深入阐述。一方面，暂时的垄断利润是企业家创新动力的来源，企业或企业家作为创新行为的主体，其职能就是引进新组合，实现技术创新。这是 Schumpeter 理论思想中最重要的观点，现已成为技术创新内生增长理论的理论基础之一。另一方面，经济增长的核心问题是满足新企业的信贷需求，金融体系通过筛选具有生产力的投资项目并向企业家提供信贷的方式，显著影响企业对新技术的选择，从而推动技术进步与创新。Schumpeter 的这一观点成为之后学者研究金融发展与技术进步关系的重要论据。

随着内生增长理论的兴起，对金融发展与技术进步关系的研究也相应深化。在理论层面，具有代表性的研究有 King 和 Levine（1993）、De la Fuente 和 Martin（1996）①、Blackburn 和 Hung（1998）② 等；在计量实证层面，Beck 等（2000）③、Nourzad（2002）④、Tadesse（2007）⑤、Inklarr 和

① De la Fuente, A., Martin, J. M. Innovation Bank Monitoring and Endogenous Financial Development [J]. *Journal of Monetary Economics*, 1996 (1): 269 - 301.

② Blackburn, K., Hung, V. T. A Theory of Growth, Financial Development and Trade [J]. *Economica*, 1998 (1): 107 - 124.

③ Beck, T. Levine, R. and Loayza, N. V. Finance and the Sources of Growth [J]. *Journal of Financial Economics*, 2000 (58): 261 - 310.

④ Nourzad, F. Financial Development and Productive Efficiency: A Panel Study of Developed and Developing Countries [J]. *Journal of Economics and Finance*, 2002 (26): 138 - 149.

⑤ Tadesse, S. Innovation, Information and Financial Architecture [R]. William Davidson Institute Working Papers Series, wp877, 2007.

Koetter (2008)[①] 等都进行了积极的探讨。学者们认为，资本积累对一国经济增长虽然很重要，但其仅有水平效应（Romer，1990)[②]，经济增长的核心要素是技术进步，从而一国经济长期稳定的关键是金融体系如何有效推动与支持技术的进步与创新。

本节根据技术进步两种不同的发生机制及技术创新主体形成，分析金融发展、技术进步与经济增长的关系。

一、技术进步产生机制1：技术溢出与吸收

技术进步包括两种发生机制：研发型技术进步与引进学习型技术进步。与研发型技术进步的发生机制不同，引进学习型技术进步主要指通过引进、消化并吸收发达国家的先进技术，提高本国的科学技术实力，促进技术进步并实现跨越式发展，这一机制主要被发展中国家广泛采用。

引进学习型技术进步可以通过多种方式实现，最常见的是外商直接投资（Foreign Direct Investment，FDI）途径。Mcdougall（1960)[③] 最早提出FDI可以通过技术溢出效应（spillover）推动东道国经济的增长。技术溢出效应被描述为FDI的进入使得东道国本土企业与行业获取的劳动生产率或产出水平提高。FDI的技术溢出效应主要通过以下四种途径起作用：第一，示范效应（Findlay，1974)[④]。东道国企业通过学习、借鉴、模仿FDI生产部门的先进技术与管理经验，促进生产技术水平的提升。第二，行业内竞争效应。跨国公司的进入导致竞争加剧（Blomstrom，1986)[⑤]，或打破东道

---

① Inklaar，R.，Koetter，M. Financial Dependence and Industry Growth in Europe：Better Banks and Higher Productivity［R］. GGDC Research Memorandum GD－100，2008.

② Romer，P. Endogenous Technological Change［J］. *Journal of Political Economy*，1990（98）：71－102.

③ Mcdougall，G. The Benefits and Costs of Private Investment from Abroad：a Theoretical Approach［J］. *Economic Record*，1960（36）：13－35.

④ Findlay，R. Relative Backwardness，Direct Foreign Investment and the Transfer of Technology：a Simple Dynamic Model［J］. *Quarterly Journal of Economics*，1978（1）：1－16.

⑤ Blomstrom，M. Foreign Investment and Productive Efficiency：the Case of Mexico［J］. *Journal of Industrial Economics*，1986（15）：97－110.

国垄断市场均衡（Caves，1974）[①]，促使本土企业增加研发投入与创新，以生产技术与设备更新换代提升效率。第三，人员培训与流动效应。跨国公司对东道国投资的重要动力来自对廉价劳动力的使用，在聘用、培训本土劳动力的同时，还提升了东道国人力资本存量，并将相关技术、理念与管理方法传播给东道国。第四，产业间链接效应。跨国企业通过收购东道国供应商或将产业链上、下游企业设立在东道国内，以生产设施援助、技术协作、管理组织培训等方式促进产业间企业技术水平的提高。Lall（1980）[②] 以印度大型卡车制造商与供应商链接效应的案例分析证实了这一机制的有效性。

传统经济学理论认为 FDI 的技术溢出效应可以直接产生作用，但近年来的研究表明，金融体系作为必要的一环，对技术溢出效应有十分重要的作用。发展中国家的“后发优势”与对技术溢出效应的“吸收能力”都与金融体系发展程度有着重要的相关关系。

（一）发展中国家的“后发优势”

美国经济史学家 Gerchenkron（1962）在总结德国、意大利等国经济追赶成功经验的基础上创立了后发优势理论，Levy（1966）[③] 从现代化视角将后发优势理论具体化，指出在现代化进程中，后发国家在认识、技术借鉴与预测等方面具有后发优势；之后 Abramoitz（1989）[④] 以“追赶假说”进一步发展了该理论，并指出了影响追赶效应的因素。根据后发优势理论与追赶假说，落后于技术领先国的发展中国家可以通过引进技术等方式从发达国家知识外溢中受益，从而缩小技术差距，甚至有超越先发国家的可能，即存在“后发优势”；追赶的关键在于将“潜在”与“现实”相结合（Abramoitz，1989），技术水平差距是经济追赶的外在因素，它使得“后发

---

① Caves，R. E. Multinational Firms，Competition and Productivity in Host - country Markets［J］. *Economical*，1974（41）：176 - 193.

② Lall，S. Vertical Inter - firm Linkage in LDCs：an Empirical Study［J］. *Oxford Bulletin of Economics and Statistics*，1980（42）：203 - 226.

③ Levy，M. *Modernization and the Structure of Societies：a Setting for International Relations*［M］. New Jersey：Princeton University Press，1966.

④ Abramovitz，M. Catching Up，Forging Ahead and Falling Behind［J］. *Journal of Economic History*，1986（46）：385 - 406.

优势”发挥作用从而使经济追赶成为可能；而教育、政治、金融等制度是经济追赶的内在因素，内外因素的结合使得一国经济体具有高速增长的动力与能力。

20 世纪 90 年代后，后发优势理论得到了进一步的发展。在理论层面，Brezis，Krugman 和 Tsiddon（1993）① 在原后发优势理论的基础上进一步提出“蛙跳”（Leap - flogging）模型，指出发展中国家由于劳动力成本相对较低，在技术发展到一定程度时，可以直接采用某些处于技术生命周期成熟前阶段的新技术，从而具有技术性后发优势；在实证层面，Barro 和 Sala - i - Martin（1995）② 指出技术外溢效果与发展中国家的初始技术间存在正相关关系；Van Elkan（1996）③ 在开放经济条件下建立了技术模仿与创新一般均衡理论模型，进一步验证了技术落后国可以通过技术引进、模仿与吸收实现技术的追赶与收敛。

关于后发优势大小与技术差距的关系，从研究的演进与脉络看存在两大类相反的观点。

一些学者认为技术差距越大，后发优势与技术溢出效应越明显。Findlay（1974）指出跨国公司与东道国之间技术差距越大，技术的扩散率越高，而且 FDI 在当地资本份额越大，技术扩散的速度越快；Barro 和Sala - i - Martin（1995）认为由于技术模仿的成本低于本土研发的成本，而且模仿成本与可供模仿的技术选择集成反比，基于这两个假设前提可以推论，技术差距越大则可供选择的技术越多，从而较低的模仿成本可以实现较高的回报率，技术溢出效应因而越大。值得注意的是，这一结论的得出基于内生增长理论对知识非竞争性（Romer，1986）④ 的假定，即新知识被复制

① Brezis，E. S.，Krugman，P. and Tsiddon，D. Leapfrogging in International Competition：A Theory of Cycles in National Technological Leadership ［J］. *American Economic Review*，1993（5）：1211 - 1219.

② Barro，R. J，Sala - i - Martin，X. Technological Diffusion，Convergence and Growth ［R］. NBER Working Paper 5151，1995.

③ Van Elkan，R. Catching Up and Slowing Down：Learning and Growth Patterns in an Open Economy ［J］. *Journal of International Economics*，1996（41）：95 - 112.

④ Romer，P. M. Increasing Returns and Long - Run Growth ［J］. *Journal of Political Economy*，1986（5）：443 - 472.

与再生产的成本很低。

另一些学者认为技术差距与技术溢出效应间存在负相关关系。例如，Kokko 和 Zejan（1996）① 以乌拉圭为研究对象进行实证分析，发现技术差距大时，溢出效应不明显；Keller（1996）② 以 1983—1995 年七国集团之间 FDI 与对发展中国家的 FDI 进行对比，发现前者 FDI 技术外溢效应远大于后者。

以上两类相反的观点，从本质上反映了技术溢出效应与吸收问题的复杂性与系统性。随着相关研究的进一步深入，学者们发现，东道国经济发展水平、要素禀赋、金融发展水平与人力资本存量等方面因素的差异可能会影响技术溢出效应“吸收能力”的大小，从而导致不同的 FDI 溢出效应。

（二）技术溢出效应的“吸收能力”

在后发优势大小与技术差距关系的争论中，一些学者发现 FDI 技术溢出效应在不同区域与地区存在显著的差异性，由此引发关于技术溢出效应“吸收能力”的研究。

“吸收能力”（Absorptive Capability）的概念最早由 Cohen 和 Levinthal（1990）③ 在分析企业研发作用时提出，他们将吸收能力定义为一种评价（Value）、同化（Assimilate）并运用（Apply）外部新的资讯，最终商业化的能力。吸收能力被认为是影响技术溢出效应的关键因素。Escribano 等（2009）④ 利用企业层面数据证实了吸收能力对知识溢出与技术进步的正向调节效应（Moderating Effect）。

吸收能力之所以能对技术溢出效应有显著的正向调节效应，很大程度上源于知识产生的路径依赖特征。新知识的产生离不开对已有知识的深化与创新，从而知识的产生具有显著的自我积累与路径依赖特征；已有知识

① Kokko，Zejan. Local Technological Capability and Productivity Spillovers from FDI in the Uruguayan Manufacturing Sector [J]. *Journal of Development Studies*，1996（4）：602 - 611.

② Keller，W. Absorptive Capacity：on the Creation and Acquisition of Technology in Development [J]. *Journal of Development Economics*，1996（49）：199 - 227.

③ Cohen，W.，Levinthal，D. Absorptive Capacity：a New Perspective on Learning and Innovation [J]. *Administrative Science Quarterly*，1990（35）：128 - 152.

④ Escribano A.，Fosfuri，A and Tribó，J. A. Managing External Knowledge Flows：the Moderating Role of Absorptive Capacity [J]. *Research Policy*，2009（1）：96 - 105.

的存量越大，研发能力就会越强。知识的这一特征带来两种效应：第一，R&D 会促进新知识的产生与技术创新。第二，R&D 会提高企业对新技术的模仿、学习与吸收能力，从而较高的吸收能力与技术溢出效应间存在相互促进的良性循环；相反，如果一国经济体吸收能力较低，即使其面临的可供模仿的技术选择集很大，也依然没有能力有效地模仿并吸收先进的技术。

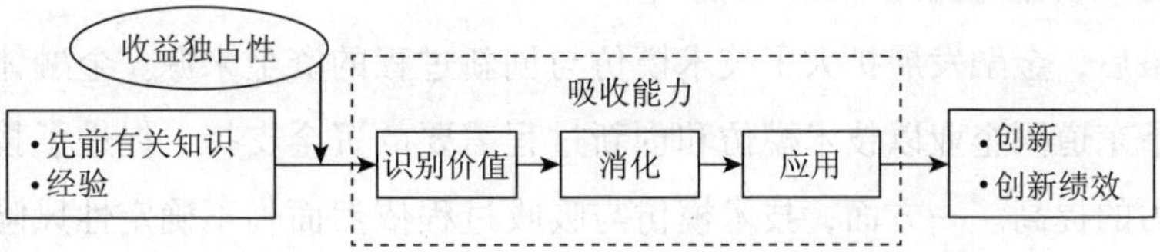

图 3-4　Cohen 和 Levinthal（1990）吸收能力模型

近年来，越来越多的研究表明，在影响"吸收能力"的众多因素中，金融体系的作用非常关键。Bailliu（2000）[①] 较早关注了金融体系对私人资本流动（包括 FDI）的重要作用，Alfaro 等（2003）[②]、Hermes 和 Lensink（2003）[③]、Omran 和 Bolbol（2003）[④] 等学者均论证了技术溢出效应的吸收能力与金融发展水平之间存在非常显著的正相关关系，其原因主要有以下几个方面：

首先，金融发展降低了模仿先进技术的初始固定成本。为学习、模仿并吸收先进的技术，东道国企业需要购入新的机器设备，购买关键技术，整合企业结构，聘请管理人员与高技能的劳动力以改善其日常经营，此外还有一些其他相关的谈判成本与学习费用。金融发展水平与效率的提高可以显著降低为利用先进技术所需的初始固定成本，从而推动吸收能力的提高。

其次，金融发展降低了东道国居民自主创业的门槛。在学习、模仿先

① Bailliu, J. N. Private Capital Flows, Financial Development, and Economic Growth in Developing Countries [R]. Bank of Canada Working Papers 00-15, 2000.

② Alfaro, L., Chanda, A., Kalemli-Ozcan, S., and Sayek, S. FDI Spillovers, Financial Markets and Economic Development [R]. IMF Working Papers 03/186, 2003.

③ Hermes, N., Lensink, R. Foreign Direct Investment, Financial Development and Economic Growth [J]. *The Journal of Development Studies*, 2003 (1): 142-163.

④ Omran, M., Bolbol, A. Foreign Direct Investment, Financial Development and Economic Growth: Evidence from the Arab Countries [J]. *Review of Middle East Economics and Finance*, 2003 (1): 231-249.

进技术的过程中，东道国居民除了成为外资企业员工，通过人员培训与流动效应获得先进技术与管理经验之外，还可以自主创业，通过 FDI 生产部门的示范效应、竞争效应提高技术水平。在这个过程中，健康、有效的金融体系能够有效降低居民自主创业的门槛（Alfaro 等，2004①；阳小晓、赖明勇，2006②；李金昌、曾慧，2009③），加强技术进步的吸收能力，推动技术溢出收益与提高本国产出水平。

最后，金融发展扩大了技术模仿与创新过程的资金来源。金融体系通过给予东道国企业以技术模仿和创新过程需要的资金支持，促进了技术吸收能力的提高。一方面，技术模仿与吸收过程依然面临不确定性风险，且投资项目的不可分性意味着对资金需求的规模也较大，金融体系发展通过改善资源配置与提高投资效率，为国内企业模仿与创新提供必要的资金支持，降低投资风险（Hermes 和 Lensink，2003④）；另一方面，金融市场的发展通过提供资金支持，推动了东道国企业与外资企业产业间的链接效应（Alfaro 等，2010）⑤，间接促进了技术吸收能力的提高。

总之，吸引外资并不一定会直接导致东道国企业因模仿、学习国外技术与管理经验而获利，更关键的是东道国居民与企业消化、吸收先进技术的能力与效率。发展中国家在采用引进学习型技术进步时，需要注意以下几个问题：第一，适度技术问题。发展中国家在引进吸收新技术的时候需要选择与本国经济结构和资源禀赋、与已有技术水平等相适应的新技术。第二，吸收能力问题。新技术的引进与模仿需要相应的金融发展等因素的配合，从而能够实现对新技术的有效学习、消化与吸收。第三，动态性问

① Alfaro, L., Chanda A., Kalemli - Ozean S., and Sayek S. FDI and Economic Growth: the Role of Local Financial Market [J]. *Journal of International Economics*, 2004 (64): 89 - 112.

② 阳小晓，赖明勇. FDI 与技术外溢——基于金融发展的理论视角及实证研究 [J]. 数量经济技术经济研究，2006 (6): 72 - 81.

③ 李金昌，曾慧. 基于金融市场发展的 FDI 溢出效应与经济增长关系：省际面板数据研究 [J]. 统计研究，2009 (3).

④ Hermes, N., Lensink, R. Foreign Direct Investment, Financial Development and Economic Growth [J]. *The Journal of Development Studies*, 2003 (1): 142 - 163.

⑤ Alfaro, L., Chanda, A., Kalemli - Ozcan, S., and Sayek, S. Does Foreign Direct Investment Promote Growth? Exploring the Role of Financial Markets on Linkages [J]. *Journal of Development Economics*, 2010 (2): 242 - 256.

题。随着新技术的不断引进与吸收，需要注意到由于后发国家与先发国家之间的技术差距在逐渐缩小，可以简单模仿、直接引进的技术数量会随之显著减少，同时模仿的难度与成本却会不断上升（陆德明，2008）[①]，从而在某一阶段之后，一国经济的持续、健康增长有可能将会更多地依赖于研究与开发（R&D）。

二、技术进步产生机制 2：研究与开发（R&D）

技术进步的第二种发生机制，也是最根本与重要的机制，是研发型技术进步，又称为 R&D 的内源式技术进步。因为从本质意义上讲，技术创新与进步涉及的探索、发现、实验、开发、模仿以及采用新产品、新工艺和新的组织结构，都需要以研究与开发作为基础。

（一）研究与开发（R&D）的特征

区别于一般意义上的投资，研发（R&D）投资具有以下两方面特征：

第一，与研发活动相关的知识资本易流失，而创新成果的实现周期长。超过一半的研发费用主要是高科技人才与研究者的工资，他们的研发活动创造的不可触控的资产，是企业知识的基础，其盈利往往在多年之后才能实现。这些知识固化于作为企业员工的人力资本中，从而会随着人员流动而流失。R&D 的这一特征成为金融体系有效促进技术进步的基础之一：由于知识资本作为企业资源的一部分会随人员离职而流失，而创新活动的成果从设计理念到真正应用并商业化过程具有长期性，创新企业倾向于在相对长的时期内平滑其 R&D 支出，从而避免因为资金不足问题解雇拥有知识资本的研发人员。

第二，研发行为与过程的不确定性。不确定性是技术进步与创新的基本要素，它不仅指缺乏与已知事件发生有关的信息，更根本的是还包括存在着尚不知道如何解决的技术经济问题（Nelson 和 Winter，1977[②]；Dosi，

① 陆德明．现代世界体系中的中国发展［M］．上海：上海人民出版社，2008.

② Nelson，R.，Winter，S. In Search of a Useful Theory of Innovations［J］. *Research Policy*，1977（6）：453 –470.

1982①）以及准确追踪行动结果的不可能性。按照研发行为活动的过程划分，技术创新活动存在三种不确定性：事前不确定性，即技术筛选与选择的不确定性；事中不确定性，即研究项目合同履行的不确定性；事后不确定性，即科研投资回报的不确定性。不确定性是不可知的概率并会导致风险的产生，金融体系降低、分散风险的功能是其促进技术创新的另一个基础。

基于以上两方面特征，研发（R&D）的内源式技术进步需要大量资金、设备与人力资本等方面的支持，从而工业发达国与跨国企业在内源式技术进步中具有比较优势。以美国为例，其 2009 年研发经费总额约为 3836 亿美元，占国内生产总值的 2.7%，超出七国集团其他国家（英、法、德、日、意、加）研发经费的总和②；同年中国的研发经费总额仅有 5802.1 亿元人民币③，占国内生产总值的 1.7%。

（二）金融发展和研究与开发（R&D）

新熊彼特内生增长理论模型表明，金融发展能够有效促进技术创新与进步（Aghion 和 Howitt，1998）。首先，金融体系通过评估企业家的风险性创新行为并给予其融资，推动技术创新（King 和 Levine，1993）；其次，以金融工具分散创新性活动的风险从而促进企业技术创新。由于规模经济的存在，伴随着金融的发展，用于评估企业家创新性活动所耗费的代理成本也随之下降，而风险的分散又促进企业尝试并开发相对更有生产力的技术，从而推动了技术的不断创新。

研究与开发包括的范围较广，一般可分为基础研究和应用研究与开发；其中基础研究又可分为基础研究过程前期（资金筹集）与基础研究过程后期（获得大量资金）。从研究与开发的过程、模式与发展中国家的特征角度，金融发展通过以下几个方面促进 R&D 与技术创新。

第一，在基础研究方面，金融发展有效促进对 R&D 的前期筛选与后期监督。基础研究过程按照时序发展可以分为前期与后期，筛选有更高生

① Dosi，G. Technological Paradigms and Technological Trajectories：a Suggested Interpretation of the Determinants and Directions of Technical Change [J]. *Research Policy*，1982（2）：147－162.

② 数据来源：美国国家科学基金会（NSF）。

③ 数据来源：《中国科技统计数据》（2010）。

产潜力的技术、避免逆向选择问题在前期较为重要；而有效监督研发活动、降低道德风险问题在后期则更为突出。

一方面，在信息不完全的情况下，评估技术创新项目及其发展前景不但难度大且成本高。投资者既缺乏可靠信息以判断企业家的创新能力，又没有相关能力与时间搜集并整理相关信息，由此产生逆向选择问题。金融体系（包括金融中介与金融市场）的优势使得这一问题得以解决：由于规模经济效应，金融中介具有搜集、整理并筛选信息的优势，并能显示企业预期的利润信息；而高效率的金融市场则能直接以资金价格信号筛选技术创新项目。

另一方面，在基础研究的后期，突出的问题是如何对企业家技术创新的努力程度予以监督，以防止道德风险。金融体系可以有效规避重复监督问题，降低委托成本，从而推动技术进步。如果没有有效的金融体系，为防止企业家的欺骗行为，单个投资者需要分别对企业家技术创新的努力程度进行监督，由此带来高成本重复监督问题，造成资源浪费。Blackburn 和 Hung（1998）①指出当重复监督成本达到一定临界值时，企业的 R&D 活动无利可图，经济将会陷入"零增长"状态。此外，有效率的金融体系的缺失，使得投资者仅能持有较少种类的金融工具（银行存款、证券、债券等），不能有效分散风险；反之，相对完善的金融体系则能利用规模经济效应多样化投资以分散风险，从而保障 R&D 活动的平稳进行。

第二，在新技术应用方面，金融发展能有效解决流动性与不确定风险问题。在流动性方面，金融体系可以给企业提供股权性或债权性资本融资，并以多种融资渠道解决企业资金来源问题；反之，由于金融资本市场不完善而引发的融资约束会比其他投资对 R&D 的影响更大。

在不确定性风险方面，金融体系能够通过两种途径分散技术创新风险：首先，以金融资产投资组合的方式优化技术创新资金的来源与配置，将多种有不同产权特征、融资成本、期限结构与流动性的金融工具组合起来分散创新性风险；其次，基于金融交易信号，按照价格机制合理配置风

① Blackburn, K., Hung, V. A Theory of Growth, Financial Development and Trade [J]. *Economica*, 1998 (65): 107-124.

险的同时，稳定投资者对风险与收益的预期，优化长期投资行为。沈能(2008) 形象地描述了金融体系促进技术创新的机理（见图3-5)。

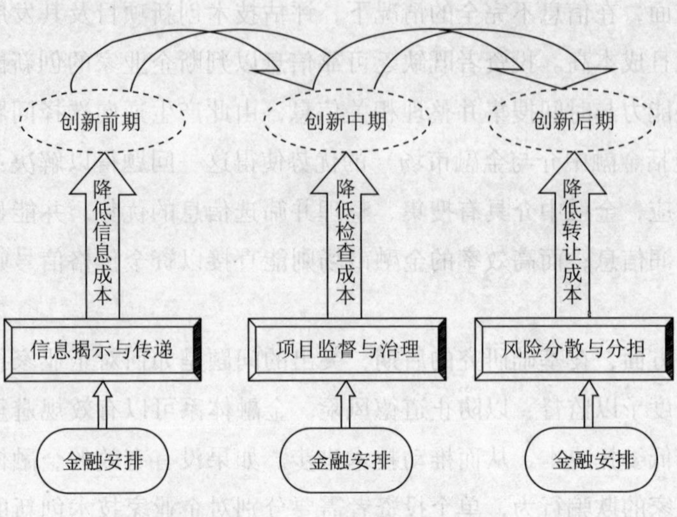

图3-5　金融体系促进技术创新的机理

资料来源：转引自沈能（2008）①

第三，金融发展能够熨平经济周期带来的冲击，降低了信贷约束带来的技术创新投资波动。Fazzari 等（1988）指出在融资约束下投资是顺周期(Pro-cyclical)，如果没有融资方面的约束，投资则更多表现为逆周期(Countercyclical)。Aghion 等（2004）② 在其研究的基础上，将企业投资区分为长期投资与短期投资，其中前者能够有效促进技术创新与生产率提高。金融体系较发达，则企业所面临的信贷约束较弱，作为创新主体的企业家就能够有效利用长期投资推动技术创新；反之，信贷约束使企业家所获得的信贷规模取决于其当期的现金余额，企业会相应增加短期投资，降低长期投资比例，从而导致技术创新投资的波动。Aghion 等（2012）③ 将

① 沈能．技术创新的金融安排研究［D］. 大连：大连理工大学，2008：42.

② Aghion，P.，Angeletos G.，Banerjee A.，and Manova K. Volatility and Growth：Credit Constraints and Productivity－Enhancing Investment［R］. NBER Working Paper No. 11349，2004.

③ Aghion，P.，P. Askenazy，N. Berman，G. Cette，and L. Eymard. Credit Constraints and the Cyclicality of R&D Investment：Evidence from France［J］. *Journal of the European Economic Association*，2012，10（5）：1001－1024.

研究进一步推进，发现面临信贷约束企业的 R&D 的投资份额在经济衰退时下降得更为显著，但当经济状况好转、投资环境改善时，企业用于技术创新的 R&D 投资却不能同比例增长。因此，有必要通过金融体系的发展缩小创新投资波动的幅度，推动持续、稳定的技术创新。

第四，后发优势与后发劣势的比较，使金融发展对发展中国家的研发与技术创新具有更为重要的意义。创新是一个昂贵的过程，因为需要付出足够的资源来启动、指引与维持。内生增长理论引导学者们思考在多大程度上金融系统可能影响创新行为及经济增长的速度与进程。Aghion 等（2005）基于熊彼特内生增长理论模型证明，技术相对落后的国家在技术追赶过程中，金融发展水平需要达到一个“阈值”（Threshold）才能有效促进创新，否则生产率的提高会因金融体系的限制而受阻。Gatti 和 Love（2008）[①] 以保加利亚为例估算了融资约束对企业生产率提高的影响，发现二者之间存在显著关系；而 Ayyagari 等（2007）[②] 也验证了金融的可得性能够显著促进创新。

对于发展中国家，金融体系还有更深层次的重要意义，高效率的金融系统提高了信贷乘数，使得发展中国家的后发优势大于后发劣势，从而能够推动研发与技术创新。Aghion 和 Howitt（2006）以理论模型论证这一观点。

根据熊彼特内生增长理论模型，假定 A_t 为某国在 t 时间的生产力技术参数，$\bar{A}_t$ 为全球生产力技术前沿且以速度 g 增长，μ 为一国创新的泊松抵达率（创新率），而 α 为该国与技术前沿接近程度，根据第三章的分析，一国与技术前沿接近程度在 $\mu>0$ 时的唯一固定点为 $\alpha^* = \frac{\mu^*(1-g)}{\mu^*+g}$。

技术水平相对落后的发展中国家，在向全球生产力技术前沿收敛的过程中既有后发优势，也有后发劣势，金融发展水平决定了占主导力量的一方。国际间新技术的传播与扩散，推动了技术落后国的创新活动，创新规

① Gatti，R.，Love，I. Does Access to Credit Improve Productivity? Evidence from Bulgarian Firms [R]. CEPR Discussion Papers 6676，2008.

② Ayyagari，M，Demirguc－Kunt，A. and Maksimovic，V. Firm Innovation in Emerging Markets: the Roles of Governance and Finance [R]. Policy Research Working Paper Series 4157，2007.

模的提高推动了其经济的增长（即“后发优势”）；同时，由 R&D 投资的特性所决定，研发人员的报酬占总投资较大比重，技术水平的落后使企业的融资成本较高（即“后发劣势”），从而在创新活动中需要通过金融体系获得创新所需资金。在金融体系不完善的情况下，企业可以以低成本隐瞒创新的收益以避免偿还贷款，降低了理性投资者的投资欲望，间接导致企业融资约束的提高，促使μ下降，不利于追赶技术前沿的创新行为；相反，金融体系越发达，欺骗成本越高，企业越容易通过金融体系获得资本用于 R&D 活动，从而信贷乘数也越大。

总之，金融体系发展通过为研发（R&D）活动提供长效的激励机制、风险分散与共享机制，推动了技术创新行为的长期化、稳定化与持续化（Tadesse，2002）[①]。

对于发展中国家来说，采用研发型技术进步需要注意两个方面：一方面，研发型技术进步由于投入高、成功率低，难以迅速建立起一整套完善的体系；另一方面，由于通过 R&D 掌握新技术易于被其他国家通过成套设备进口的国际贸易与“绿地投资”的国际投资模仿与学习，先发国家需要不断进行创新与研发以保持技术前沿的地位（陆德明，2008）[②]，从而更需要金融体制等相应的体制与制度支持。

三、技术创新主体的培育

影响创新活动的三个关键是创新主体、创新激励，以及创新资源条件（小宫隆太郎，1999）。自熊彼特（1912）在《经济发展理论》一书中首次提出“创新理论”（Innovation Theory）以来，关于技术创新主体的研究已取得了一定的进展。

虽然技术创新包括产品创新、过程创新与组织创新等，涉及新产品的设计、生产、营销与市场化等一系列活动，政府、高校与科研机构、中介组织与企业等都是这个过程中重要的组成部分。但学者们关于技术创新主

---

① Tadesse，S. Financial Architecture and Economic Performance：International Evidence [J]. *Journal of Financial Intermediation*，2002 (4)：429－454.

② 陆德明．现代世界体系中的中国发展 [M]. 上海：上海人民出版社，2008.

体的争论表明，在市场经济环境下，企业才是技术创新的核心主体。

首先，企业具有成为技术创新核心主体的动力。在市场经济条件下，企业的生存取决于其创新能力，企业会在市场竞争机制的激励下主动并持续地从事技术创新活动，关注市场需求，并迅速将其创新收益转化为商业成果。

其次，企业具有成为技术创新核心主体的能力。虽然高校、科研机构等组织具有强大的研发能力，但技术创新活动涉及研发（R&D）、生产制造、营销推广等多个环节，且各个部门需要保持相对稳定与协调，企业由于具备了实现技术创新活动所需的组织体制，从而成为技术创新的核心主体。例如，为强化企业作为技术创新核心主体的地位，1996 年 9 月 30 日著名的 AT&T 贝尔实验室（Bell Labs）分离并改制为朗讯科技（Lucent Technologies）公司，以贝尔实验室为后盾，借助其移动、光、数据与语音技术发展下一代网络；而我国近年来的科研院所转制也是为了利用企业的创新主体地位，加速创新成果的商业转化，推动技术创新与进步。

最后，企业具有技术创新的适应性。面对激烈的市场竞争，企业通过整合不确定市场因素与技术因素，将生产要素重新组合，在与消费者和供应商等的知识交流与合作创新中，根据市场状况进行相应调节，从而能够及时、有效地进行技术创新。根据 Hannan 和 Freeman（1989）[①] 提出的组织生态理论（Theory of Organizational Ecology），企业通过不断的学习、模仿与创新，以检验其是否具有“真东西”（Right Stuff）与适应性。

学者们对技术创新概念、实现条件等方面的探讨，推动了对于何种形式与规模的企业（企业家）是技术创新主体的认识。

（一）创新主体Ⅰ：从企业家到大企业

20 世纪的主要经济学家中，只有熊彼特真正试图将技术进步作为其理论体系的核心[②]，其创新理论体系已成为学者们对技术进步研究的出发点。熊彼特（1912）在其成名作《经济发展理论》（以德文出版）一书中从分

① Hannan，M. T. and Freeman，J. Organizations and Social Structure [A]. Organizational Ecology [C]. Cambridge：Harvard University Press，1989.

② 多西（Dosi，Giovanni），等．技术进步与经济理论 [M]. 北京：经济科学出版社，1992：6.

析经济资源配置开始，第一次系统地论述了创新理论体系；《资本主义、社会主义与民主》是熊彼特生前出版的最后一部著作，标志着熊彼特创新体系的完成。两部著作反映了熊彼特对技术创新主体认识的变化——从企业家向垄断型大企业的转变。

Philips（1971）[①] 指出存在“两个熊彼特”技术创新模型（或“熊彼特I”与“熊彼特Ⅱ”命题）。首先，在1912年德文版的《经济发展理论》一书中，熊彼特指出实现生产手段新组合的主体是企业家，他们是创新的承担者与组织者，是创新活动的主体与“灵魂”，企业家的作用体现为以“创造性破坏”促进新的生产函数出现。这被学者们称为熊彼特技术创新模型I，即在外生科学发明的背景下，企业家的创新活动推动了对新技术上的创新投资，由此带来新的生产模式，并带来市场结构的变动，最终以创新企业是否赢利激励企业家调整其创新活动。在此模型中，企业家是技术创新主体。

其次，熊彼特1942年在《资本主义、社会主义与民主》一书中概括出“大企业创新假说”，即熊彼特技术创新模型Ⅱ，强调大型垄断企业所具有的优势，并取代企业家成为技术创新主体。根据该理论，R&D与创新活动主要由企业内部研发机构承担，内生的科学技术吸引了创新性的投资管理，推动新生产模式的产生，并带来市场结构变化，创新项目的盈亏反过来促进大企业改进或调整创新活动。与熊彼特技术创新模型Ⅰ相比，“大企业创新假说”更突出企业内生的科研创新活动，即大企业对研发创造活动的控制性。

（二）创新主体Ⅱ：中小企业[②]

虽然对中小企业（Small and Medium Sized Enterprises，SMEs）没有统一的定义，但学者们基本接受美国小型企业管理局（United States Small Business Administration）的定义，即雇员在500人或500人以下的企业被称为小型企业（Small Business）。按研究的时间顺序针对中小企业作为创新主体的研究可分为两类：传统的静态研究、20世纪80年代后期到90年代

① Phillips，A. Technology and Markets Structure［M］. Lexington，Mass.，Lexington Books，1971.

② 此部分内容参考：Lazonick. The Handbook of Economics（经济学手册）［M］. 北京：人民邮电出版社，2006：119.

前期至今的动态研究框架。

首先，早期通过静态分析框架研究中小企业的研究多持负面观点，学者们认为，就生产规模（Scale of Production）而言，中小企业是一种次优选择（Sub - Optimal Select），一般来说，企业在这种情况下生产成本会比更有效率的大型企业高。Weiss（1979）① 认为“次优选择这个词汇充分描述了一些企业因为太小而不可能实现效率的情形”；就生产率与工资来说，这种选择是消极的；从政策意义上看，中小企业至少在经济效率方面（Economic Efficiency）不利于整体经济福利（Economic Welfare）的增长。其次，近十几年来，动态或进化分析框架的引入成为该领域最突出的特征。相关研究认为中小企业是创新的主体，是“变革的动因”（Agents of Change），大量的实证研究也证明了这一观点。

由于近两年来关于金融发展与中小企业创新行为、金融发展与企业性质、创新周期等关系的文献不断增多，在进一步阐述金融发展与创新主体关系之前，有必要对中小企业动态分析框架予以分析。

区别于 Coase（1937）认为新企业的进入仅通过提供更多商品推动市场均衡的观点，Audretsch（1995）指出，中小企业之所以存在，并不是对大型或垄断型企业的克隆，“而是通过创新活动，充当了变革的推动者”②。

Audretsch（1995）将研究的对象从传统企业理论中外生的企业转到掌握新知识的个体行为人。由于每个经济行为人会考虑如何最大化其所掌握的经济知识的价值，个体行为人通常会将他仍然留在现有企业所能得到的工资 w 与建立一家新企业所能得到的预期利润的贴现净值 π 进行比较。如果这两个值相对接近，那么他通过外部机制（如建立一家新企业）来获得知识的价值 $Pr(e)$ 的可能性就会相对较低；另一方面，随着 w 和 π 之间差距的增大，行为人通过建立一家新企业从外部获取知识价值的可能性就会增大，即企业家选择模型（The Model of Entrepreneurial Choice）为 $Pr(e) = f(\pi - w)$。在常规的技术治理模式（Technologic Regime）下，行

① Weiss, L. W. The Structure - performance Paradigm and Antitrust [J]. *University of Pennsylvania Law Review*, 1979 (127): 1104 - 1140.

② Audretsch, D. B. *Innovation and Industry Evolution* [M]. Cambridge, Massachusetts: MIT Press, 1995.

为人倾向于在现有企业内部获取其新点子的价值，因此建立新企业的倾向性相对较低，而在企业家治理模式（Entrepreneurial Regime）下，行为人更倾向于通过建立新企业的方式来实现其新点子的价值。

根据 Jovanovic（1982）① 的企业选择与产业进化理论，新建企业最初不仅面临着不确定性，而且其不确定的程度比行业中的现有企业更高，包括能否生产预期的产品并将其卖掉的不确定性，及企业在管理、组织与劳动力层面潜能的不确定性。新企业可能会从小的，甚至是次优的产出规模开始，如果接下来的效益很好，就进行规模扩张。统计显示，在美国的制造业领域，1.1 万多家新建企业的雇员平均不到 8 人（Audretsch，1995），大部分企业在次优产出规模上生产。

根据企业选择理论，中小企业为了在商业竞争中存活下来，学习与创新就非常关键。“许多类型的组织机构都在学习上投入大量资源；这些组织都寻求模仿它们最成功的竞争者”（Nelson 和 Winter，1982）②，那些没有能够创新的企业，不能扩张到获得产出的最小有效规模，将很有可能被迫退出该行业，由此可以看出中小企业是创新的主体与变革的推动者。

有些学者从另外的视角肯定了中小企业在创新活动中的主体地位。例如，一方面，Abernathy 和 Utterback（1978）③ 将企业的技术创新分为产品创新与渐进型工艺创新两种类型；其中，产品创新在产品生命周期早期出现的概率较大，而渐进型工艺创新则多出现于产品生命周期的后一阶段。Abernathy 和 Utterback（1978）认为产品创新多以产品雏形（即没有定型的产品）形式出现，主要由以技术为主导、有企业家精神的中小企业来完成，即中小企业是产品创新的主体；而渐进型工艺创新则由标准化生产与规范化运营管理的大企业来完成，即大型企业是渐进性工艺创新的主体。

另一方面，Acs 和 Audretsch（1988）④ 在研究中发现，虽然制造业中

① Jovanovic，B. Selection and Evolution of Industry［J］. *Econometrica*，1982（2）：649 - 670.

② Nelson，R. R.，Winter，S. G. *An Evolutionary Theory of Economic* Change［M］. Cambridge：Harvard University Press，1982.

③ Abernathy，W.，Utterback，J. Patterns of Industrial Innovation［J］. *Technology Review*，1978（7）：40 - 47.

④ Acs，Z. J.，Audretsch，D. B. Innovation in Large and Small Firms：An Empirical Analysis［J］. *American Economic Review*，1988（4）：678 - 690.

的大企业所推出的重要创新仅仅比中小企业稍微多一点，但中小企业所雇用的员工数量大约只有大企业的一半，这导致制造业中小企业的平均创新率是0.309，大企业的创新率是0.202。中小企业虽然在规模方面没有优势，但同样是技术创新活动的核心主体。

（三）金融发展与创新主体的培育

已有研究表明，金融发展促进经济增长最重要的渠道之一就是将金融资源配置给效益最好的企业从而推动技术创新与进步。金融发展可以通过促进企业家精神、缓解中小企业资金约束、优化资金配置与推动企业成长促进创新主体的培育与发展。Demirgüç – Kunt 和 Maksimovic （1998） 以私人信贷/GDP 衡量金融发展水平，发现金融发展与企业快速成长之间存在正相关关系（见图3 –6）。

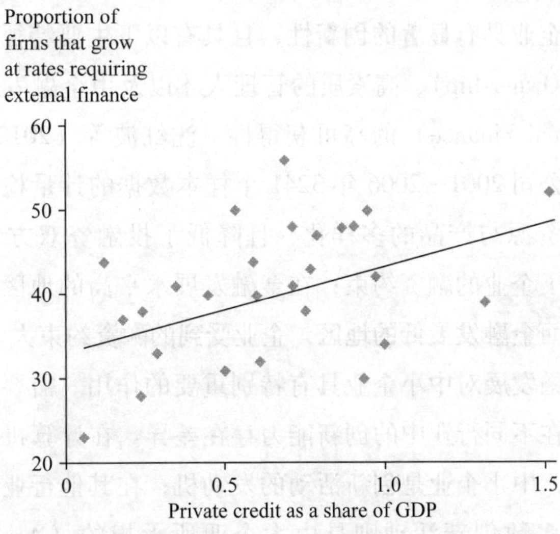

图3 –6　金融发展与企业快速成长正相关关系

资料来源：转引自 Demirgüç – Kunt 和 Maksimovic （1998）①

近两期的研究表明，金融环境的改善不仅有利于新企业的建立，还对中小企业的成长与创新具有非常关键的作用，从而金融体系的发展对行业

---

① Demirgüç – Kunt，A.，Maksimovic，V. Law，Finance，and Firm Growth ［J］. *Journal of Finance*，1998（6）：2107 –2137.

内企业的构成与竞争均具有重要影响。

首先，金融可获得性的提高可以促进新企业的建立与发展，直接培育了企业家精神。有研究显示，外部资金的可获得性与新企业的数量正相关，而后者一直被认为是企业家精神的重要指标之一，金融发展可以刺激企业的活力与创新精神。例如，Rajan 和 Zingales（1998）通过实证计量发现，金融发展更有利于企业数量的增长而非平均规模的扩大，从而促进了企业家精神；Brown，Fazzari 和 Petersen（2009）[①] 指出，金融发展通过影响企业的现金流与外部股权，显著促进了新企业而不是成熟企业（Mature Firms）的研发（R&D）活动。金融抑制或金融发展受阻，不仅阻碍了企业家精神的培养，也有可能会因此失去新领域比较优势形成的机会。

其次，金融发展会显著缓解企业的融资约束，间接促进了企业的创新活动。Hsu 等（2010）[②] 利用 47 个发展中国家的普查数据进行计量检验，发现大型出口企业具有显著的创新性，且具有以下主要特征：明晰的私人产权（Private Ownership）、高素质的管理人才以及由金融发展而带来的外部融资（External Finance）的高可获得性。沈红波等（2010）[③] 通过对我国制造业上市公司 2001—2006 年 3241 个样本数据的计量检验，发现金融发展促使金融资源与产品的多样化，且降低了投融资双方的信息交易成本，从而缓解了企业的融资约束；在金融发展水平高的地区，企业受到的融资约束小，而金融发展低的地区，企业受到的融资约束大。

再次，金融发展对中小企业具有特别重要的作用。需要注意的是，不同规模的企业在不同行业中的创新能力存在差异。在计算机和过程控制设备这类行业中，中小企业是创新活动的发动机；在其他行业，如制药业和航空业，绝大多数创新活动则是由大企业所承担的（Acs 和 Audretsch，1988）。金融发展减轻了中小企业的融资约束，促进了大量技术创新型中

① Brown, J. R., Fazzari, S. M. and Petersen, B. C. Financing Innovation and Growth: Cash Flow, External Equity, and the 1990s R&D Boom [J]. *Journal of Finance*, *American Finance Association*, 2009 (1): 151 - 185.

② Hsu, Po - Hsuan, Tian, X, Xu, F. Financial Development and Innovation: Cross Country Evidence [R]. University of Connecticut, Working Paper, 2010.

③ 沈红波，寇宏，张川．金融发展、融资约束与企业投资的实证研究 [J]．中国工业经济，2010 (6): 55 - 64.

小企业的发展（Beck 等，2004）。

最后，金融发展还有助于企业通过获得更多融资与发展的机会而有能力达到均衡生产规模。金融体系通过提供种类丰富的资产组合，分散创新风险，推动创新。Ayyagari，Demirgüç－Kunt 和 Maksimovic（2007）以 47 个国家的 1．7 万个企业为研究对象，发现金融发展带来的外部融资机会增多与企业创新行为正相关。金融体系通过促使企业采用更有效率的组织管理模式，推动企业以产品创新、管理创新与过程创新提高生产效率，从而最终实现规模的扩张。

总之，金融体系通过以下三大方面促进了技术进步：提高技术吸收能力以促进技术外溢效应与后发优势；推动 R&D 项目筛选、融资、过程监督等以促进研发与技术创新；通过促进企业家精神与企业成长影响技术进步主体的培育与形成。

第三节　经济增长中金融发展作用的阶段性假说

一、经济增长的阶段性

经济增长与发展具有阶段性。李斯特在亚当·斯密提出的人类经济生活的狩猎、游牧与农耕三阶段的基础上，加入了农工、农工商阶段，从生产方式与产业视角较早论述了相关思想。其后许多学者探讨并发展了经济增长阶段性假说，其中较有影响力的理论是罗斯托的经济阶段论与波特的竞争发展阶段论。

W. W. 罗斯托（1960）在《经济增长阶段：非共产党宣言》一书中提出人类社会发展需要经历五个阶段：传统社会（Traditional Society）、起飞准备阶段（Preconditions for Take－off）、起飞阶段（Take－off）、向成熟推进阶段（Drive to Maturity，后又称为自我持续增长阶段）与大众高消费阶段（Age of High Mass Consumption）。随后，在 1971 年出版的《政治与增长阶段》一书中，罗斯托又增加了“追求生活质量”阶段，从产业结构演变的视角分析了经济增长的阶段性。不同于罗斯托，波特（1990）在《各国的竞争优势》一书中从要素特征的角度将一国发展分为以下四个阶段：要素（劳动力、土地与其他初级资源）推动阶段、投资推动阶段、创新推动阶段与财富推动阶段（又称衰落阶段）。

经济增长阶段性理论的演变与发展，对我们认识金融发展与经济增长间的作用机制具有重要的启发，具体表现在以下两个方面：

第一，经济增长具有阶段性，在不同阶段实现经济增长的方式不同。在初级阶段，由于资源稀缺性不明显，经济增长主要依靠要素投入的扩张，以规模扩张为主，关注经济增长的数量特征。随着数量的扩张，要素投入的增长速度将会减缓，边际收益递减规律将会发挥作用，资源的稀缺性日益显现，经济增长开始由依靠自然资源转变为依靠知识和技术①。

第二，经济增长的阶段性，源于增长动力的差异性。学者们通过研究发现，一国经济在不同的发展阶段，会经历从有形资本积累到无形资本积累、从资本积累推动到技术进步（生产率提高）推动的经济增长演变过程。

Abramovitz（1993）与速水佑次郎（2003）通过对美国与日本经济史的研究发现，两国的经济增长都经历了由早期阶段的有形资本积累推动向成熟阶段的全要素生产率推动的转变过程（文礼鹏、郭熙保，2010）②。在经济进入成熟阶段之前，全要素生产率的贡献相对较小；进入快速工业化时期，由于资本收入份额的增加，全要素生产率对劳均产出增长贡献率不增反降；当经济进入成熟阶段时，研发（R&D）与人力资本等无形资本取代有形资本积累，成为经济增长的主要动力来源，全要素生产率成为推动经济持续增长的首要因素。

表3－1　西方发达国家经济增长方式演变

时期	古典增长时期		现代增长时期	
阶段	原始积累的经济增长	大工业经济增长	管理与技术应用的增长	知识与创新增长
大致时间	1760—1870	1860—1920	1910—1980	1980年以后

① 任保平．以质量看待增长：对新中国经济增长质量的评价与反思［M］．北京：中国经济出版社，2010：43.

② 文礼鹏，郭熙保．借用技术与资本积累型经济增长——兼论全要素生产率与经济增长效率的异同［J］．当代财经，2010（8）：14－19.

续表

时期	古典增长时期		现代增长时期	
技术演进新变化	从工厂手工劳动（“流汗”）到水力、蒸汽驱动的机械运动和专业化生产	重型机械、大规模生产	流水线与大规模精益生产和销售	知识生产和信息传播导致的技术创新
创新产业和经济领涨部门	机械制造业、铁路及航运	钢铁、电气、重型机械、化工	石油、汽车工业、民品消费及服务业	现代服务业：教育、医疗、信息服务和娱乐、金融等；高科技（电子、新材料、新能源、生物工程和航空航天）
基础设施	运河、收费公路、铁路、蒸汽船	钢制铁轨、钢制船舶、电报	无线电、高速公路、机场和航线	信息高速公路（有线和无线）
管理和组织变革	工厂制（个体与合伙）	合股、股份公司；管理系统与泰勒制	福特制；管理层级	内部、地区和全球网络
经济增长的新驱动	劳动力：要素投入	资本积累：要素投入	组织和管理创新：生产效率提高	知识与创新：生产效率提高
总体特点	粗放		集约	创新

资料来源：转引自王宏淼（2006）①

二、经济增长中金融发展作用机制的阶段性假说

经济增长的阶段性不仅反映了增长动力源泉的变化、产业结构与要素特征的演变，同时也影响与以上因素紧密相关的金融系统，进而影响金融体系对经济增长的作用机制。

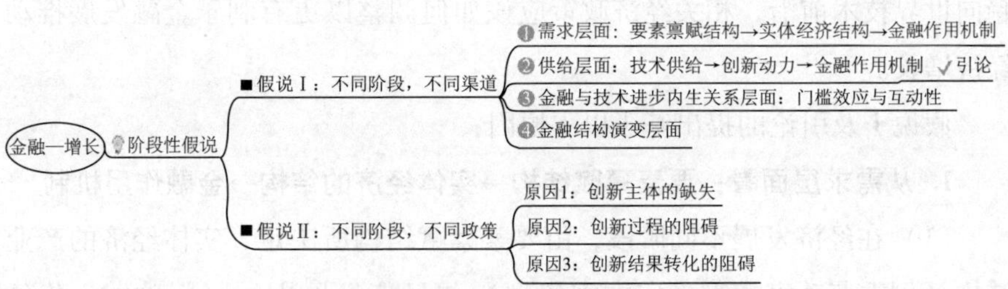

图 3－7　经济增长中金融发展作用机制的阶段性假说

① 王宏淼．西方国家经济增长方式的历史演变及对当今的启示［J］．现代经济探讨，2006（6）．

（一）假说Ⅰ：不同阶段，不同渠道（数量型作用机制与质量型作用机制）

金融发展对经济增长的作用机制不是一成不变的。虽然金融发展的结果可能均是促进经济增长，但实质、产生的原因以及表现方式上却存在显著的差异，其原因在于金融—增长关系中可能存在不同类型的作用机制：数量型作用机制与质量型作用机制。

金融发展的数量型作用机制，主要表现为通过资本积累渠道，动员储蓄、熨平禀赋冲击、提高资本利用效率会促进经济增长，包括侧重规模扩大的“外延型资本积累”与提高资本利用效率的“内涵型资本积累”。

金融发展的质量型作用机制则表现为通过促进技术进步与宏观效率的渠道推动经济增长：一是提高技术吸收能力以促进技术外溢效应与后发优势；二是推动 R&D 项目筛选、融资、过程监督等以促进本土研发；三是通过促进企业家精神与企业成长影响技术进步主体的培育与形成。

在已有相关研究的基础上，基于需求层面、供给层面、金融与技术进步的内生关系层面，以及金融结构的演变层面等四个方面原因，本书提出假说Ⅰ：在经济发展的不同阶段，金融发展对经济增长的作用机制不同，即“不同阶段，不同渠道”。在经济发展初期，人均收入水平、人力资本存量、技术发展水平较低，金融发展主要通过数量型作用机制（资本积累渠道）促进经济增长；随着经济发展水平的提高，金融发展通过质量型作用机制（促进技术进步与宏观效率提高渠道）推动经济增长变得越来越重要。进而，在假说Ⅰ的基础上推导出引论，分析并证明随着一国生产技术趋向世界技术前沿，相关经济政策应该如何调整以更有利于金融发展推动经济增长。

假说Ⅰ及引论的提出基于以下原因：

1. 从需求层面看：要素禀赋结构→实体经济的结构→金融作用机制

（1）在经济发展不同阶段，由要素禀赋结构所决定，实体经济的产业结构（侧重劳动密集型、资本密集型）与经济发展方式（粗放式、集约式）不同，从而金融发展对经济增长的作用机制不同。

要素禀赋指特定区域内一定时期各种赋存要素的状态，具有两个方面的含义：其一是赋存量的多少；其二是赋存要素的品质。要素禀赋是区域经济活动主体的选择行为发生的直接原因，对分工与专业化具有决定作用。

在不同经济发展阶段，各个区域的要素禀赋是不同的，要素禀赋的差异会造成经济增长中资本与自然资源、劳动力之间的配合比例，从而会影响资源配置的要素结构，制约资本和其他要素间的合理配置。

在经济发展初级阶段，劳动力数量规模较大，资本相对稀缺，技术水平落后于前沿技术，此时为发挥比较优势，一般采用劳动密集型产业，"主要通过技术引进或模仿来实现技术进步与产业升级"①，以最大限度解决资金约束问题，并促进经济稳定增长。Aghion 等（2005），Rioja 和 Valev（2004）等学者研究表明，金融发展对经济增长的作用随一国收入水平与经济发展阶段而变化。虽然金融体系可通过五大功能促进资本积累与技术进步，推动经济持续增长；但在经济发展的初期阶段，数量型作用机制相对更重要。

首先，在经济发展初级阶段，以数量型作用机制促进经济增长有必要性。在理论层面，在经济发展初级阶段，资本形成对经济增长具有决定性作用。根据罗斯托的"起飞"假说，一个经济体要实现经济起飞（Take－off）至少需要具备三个条件：资本积累达到10%以上、存在能够带动整个国民经济发展的主导部门、制度与意识形态方面的变革，其中资本积累达到10%以上被认为是最基本的先决条件，是具有历史必然性的普遍规律；在实践层面，从中国改革开放以来经济发展速度较快地区的实践经验来看，资本因素的推动作用十分重要。金融发展水平相对高的区域，能够较好地动员本地区的金融储蓄资源，并吸引国外直接投资，通过数量型作用机制促进经济增长。

其次，在经济发展初级阶段，以数量型作用机制促进经济增长有可行性。技术创新的风险性（但生产率较高）投资项目会带来更高的投资回报率，但该类项目具有不可分性（Indivisible）与最低规模要求（Minimum

---

① 林毅夫，孙希芳，姜烨．经济发展中的最优金融结构理论初探［J］．经济研究，2009（8）：4－17.

Size Requirements）的特性。在经济发展初级阶段的国家往往面临资金约束，及由此带来的有限的风险分散机会（Limited Diversification Opportunities），因而通过数量型作用机制以资本积累（而非技术进步）推动经济增长更具现实意义。

最后，在经济发展初级阶段，远离世界生产技术前沿的经济体中，资本积累储蓄具有非常重要的作用；随着经济的发展，技术水平渐渐接近世界生产技术的前沿，此时储蓄的作用退居后位。Aghion 与 Howitt（2005）在《国内储蓄对经济增长是否重要》一文中，通过建立开放经济中模型，证明了国内储蓄的重要性随着经济发展水平变化而下降的趋势。在相对贫穷的国家，其追赶（Catch Up）技术前沿的过程中，需要国外投资者（熟悉前沿技术）与本地企业家（了解当地适宜引进与吸收的技术水平）的共同参与。此时本国储蓄对经济增长具有十分重要的作用，因为本国储蓄作为抵押品（Collateral）能够有效吸引国外投资，一方面，给定本地企业家的努力程度，本国储蓄可以充当吸引国外投资的抵押品，也有利于支付通过学习、模仿并吸收国外先进技术所需的初始固定成本；另一方面，国内储蓄可作为促使东道国企业家努力的内在激励，投资项目的绩效与其所有的资本相联系将调动企业家的积极性与创造力，从而有利于引进技术的吸收与经济增长。

但是储蓄规模对经济增长的促进作用仅适用于那些远离技术前沿的国家，即其作用的重要性随经济发展水平的提高而下降。其原因在于，随着经济发展到较高阶段，东道国企业家在很大程度上已较熟悉前沿的生产技术，并不需要以国内储蓄作为抵押品吸引外国投资。在这种情况下，任何具有事前盈利性（Ex Ante Profitable）的创新项目都会以研发（R&D）的形式开展，而不论国内储蓄的规模如何，因为此时创新活动项目的参与方仅有本国企业家一方。

随着经济进入较高发展阶段，存在比较优势的产业从原先的劳动密集型转向资本、技术密集型，金融发展促进经济增长质量型作用机制的重要性日益凸显。首先，劳动力素质（即劳动力智力、知识与技能等方面的总和）随着经济发展水平的变化而提高，劳动者学习并掌握新工艺、新操作方法的能力增强，可以更好地适应新技术、新设备，将引进的新技术与生产迅速结合并转化为现实生产力。从而劳动力素质提高使得发展技术密集型产业在理论上成为可能。

其次，技术进步及相应的产业结构优化成为新阶段推动经济增长的根本动力，此时金融体系的推动作用主要表现在对技术创新与进步的培育与促进上，质量型作用机制相对更重要。一方面，一国的技术水平决定了劳动、资本与自然资源等生产要素在经济活动中结合的比例与具体的结合方式，技术的进步决定了生产要素在经济活动中的有机构成。在技术进步过程中，经济主体通过持续的风险性创新（研发）活动以获取市场份额，金融体系在向其提供外部资金的同时，使之能够持有多样性的投资组合，通过风险多样化（Risk Diversification）加速技术变革以推动经济增长（King 和 Levine，1993）；另一方面，在产业结构变化方面，虽然要素禀赋、居民消费偏好与交易商品的结构变化等因素均可作为影响产业结构升级的因素，但其根本原因还在于技术进步。根据产业结构变化规律，生产要素会不断地从第一产业向第二、第三产业转移；在要素密集度层面，会由资源密集型、劳动密集型产业向资本密集型、技术密集型产业转移。在这一过程中，金融发展通过促进技术进步，以质量型作用机制推动经济增长。

计量实证层面的研究，部分佐证了本书提出的假说Ⅰ。在 20 世纪 80、90 年代，许多经济学者就已注意到经济增长的动力源泉会随着经济发展水平而变化。以发展中国家为例，Young（1994）[①] 发现，1966—1990 年东南亚国家的经济快速扩张不能以生产率的增长来解释，资本积累与劳动力供应的增加是其主要原因；类似地，Elias（1992）研究了拉丁美洲，发现在 1940—1980 年间，生产率的增长仅能够解释 1/4 的经济产出增长[②]；Agenor 和 Montiel（1999）发现，在 20 世纪 70 年代，非洲国家经济增长中仅有 4.4% 来自生产率的提高，而其中 64.4% 来自于资本积累[③]。与发展

① Young，A. The Tyranny of Numbers：Confronting the Statistical Realities of the East Asian Growth Experience［J］. *Quarterly Journal of Economics*，1995（3）：641 – 80.

② Elias，V. *Sources of Growth*：*A Study of Seven Latin American Countries*［M］. San Fransisco：ICS Press，1992.

③ Agenor，P.，Montiel，P. *Development Macroeconomics*［M］. New Jersey：Princeton University Press，1999.

中国家相反，在1947—1973年间工业化程度高的国家中，生产率增长的贡献约占经济增长的50%（Christensen，Cummings和Jorgenson，1980）[①]。

在金融作用机制方面，Acemoglu，Aghion和Zilibotti（2002）[②]，Acemoglu等（2006）[③]指出不同经济发展阶段的国家所采取的增长方式不同。远离于技术前沿的经济体往往采用资本积累式经济增长模式（"Investment-Based Growth"，投资推动型增长）；而发达工业国则有更强的动力以技术创新推动经济增长，从而金融体系通过资助与创新相关的研发活动而带动生产率的提高（"Innovation-based Growth"，创新推动型经济增长）。金融发展对经济增长的作用，随着一国收入水平的变化而变化（Aghion等，2005；Rioja和Valev，2004）。

需要注意的是，由于除储蓄率之外，国民收入水平也能显著影响储蓄总量，因此，在经济发展的不同阶段，数量型作用机制的表现形式也随之发生变化。在经济发展初期，资本严重短缺，金融体系主要通过提高储蓄率、投资转化率与资本形成率、熨平禀赋冲击来促进经济增长，主要体现为外延型资本积累促进经济增长；随着收入水平的提高，吸收新技术的能力增强，当经济发展进入较高阶段后，金融体系则更多地通过提高资本利用效率即内涵型资本积累促进经济增长。

（2）劳动密集型或资本密集型实体经济融资需求存在差异，从而金融对经济增长影响具体作用机制与渠道不同。

不同经济发展阶段的实体经济对金融体系的需求存在系统性差异。在经济发展的初级阶段，要素禀赋水平决定产业与技术结构（Hechshire和Ohlin，1991；Ohlin，1967），使得劳动密集型产品（或产业）更具比较优势。此时，企业所面临的技术多为较成熟的技术，主要通过技术引进与吸收方式提高本国（地区）的技术水平，技术创新风险、产品创新风险较

---

① Christensen, L., D. Cummings, and Jorgenson, D. Relative Productivity Levels, 1947-1973: An International Comparison [J]. *European Economic Review*, 1981 (1): 61-94.

② Acemoglu, D., Aghion, P., Zilibotti, F. Vertical Integration and Distance to Frontier [R]. NBER Working Paper 9191, 2002.

③ Acemoglu, D., Aghion, P., Zilibotti, F. Distance to Frontier, Selection, and Economic Growth [J]. *Journal of the European Economic Association*, 2006 (1): 37-74.

低，企业的融资需求也更多地趋向金融可获得性的提高与资本积累水平的增长，从而数量型作用机制相对更重要。

随着经济发展水平的提高（当经济发展至较高阶段），技术水平渐收敛于世界先进生产技术前沿，资本、技术密集型产品（或产业）将更具比较优势，相比劳动密集型产品（或产业），其所蕴含的技术含量较高，资金数量规模更大、创新科研（R&D）项目的不可分性更强，从而对资金数量、外部融资成本的大小与效率的要求更严格，继而对外部金融体系发展的需求与依赖也更大。此外，由于此时研发与技术创新成为经济增长的主要动力源泉，具有很高的研发（R&D）风险，产品创新、过程创新风险等，金融促进经济增长的质量型作用机制相对更重要。金融体系通过提供各种分散、转移与控制风险的工具与机制，有效地分散风险，并减少由信息不对称所产生的逆向选择与道德风险问题，通过促进技术创新与技术进步，提高宏观经济效率以推动经济的持续增长。

在不同经济发展阶段的实体经济对金融服务的需求存在系统性差异方面，笔者与林毅夫、孙希芳和姜烨（2009）持相同的观点，但不同于后者关注金融结构的最优规模，本书更侧重在不同经济发展阶段中金融具体的作用机制与渠道的分析。林毅夫、孙希芳和姜烨（2009）注重考察金融结构及其变迁的内生性，认为“实体经济结构特征随着发展阶段的变化是导致金融结构”呈现趋势性变化（随着人均收入水平的提高而呈现直接融资和大银行更重要的趋势）的根本原因，一国的政治、法律或“文化等因素会制约或促进金融结构随着实体经济发展而演变的具体过程，但不会根本改变这种趋势”；本书则更注重由经济体要素禀赋结构所决定，由技术发展演变及金融与技术内生关系所决定的（见下文的详细论述），不同经济发展阶段中金融体系对经济增长促进作用发生的机制与途径的差异研究。

在早期金融发展与经济增长关系的文献中，已有学者涉及阶段性问题。Patrick（1966）在《欠发达国家的金融与经济增长》一文中提出在不同经济发展阶段（Stages of Development）分别存在“供给引导”（Supply - Leading）与“需求跟随”（Demand - Following）型金融发展。根据该假说，在经济发展初期“供给引导型”金融发展有利于实际资本形成，通过动员储蓄推动了经济发展。随着经济发展水平的提高，供给引导型金融发展让位于需求跟随型金融发展。Patrick（1966）的阶段性理论为本书提供了研究的起点与基础，但其对金融促进经济增长的具体作用机制与途径方面论述尚不充分。

Meon 与 Weill（2010）[①] 利用 Battese 与 Coelli（1995）的方法，以1980—1995 年间 47 个国家和地区为研究对象，分析了金融发展对宏观经济效率的影响。他们发现金融发展可以显著影响一国或地区的宏观经济效率，但这一关系与经济发展水平有关，经济发展水平越高，金融体系通过提高宏观经济效率（即本书所指的质量型作用机制）促进经济增长越明显；相反则越低，在最贫穷的国家，这一关系甚至为负。这一发现从实证研究方面佐证了本书提出的假说Ⅰ。

2. 从供给层面看：技术供给→创新动力→金融作用机制

（1）模仿成本的上升。

在经济发展的初级阶段，经济体的技术水平远离世界技术前沿，由要素禀赋特征所决定，技术模仿的成本低于研究与开发的成本，而又由于模仿成本与可供模仿的技术选择集成反比（Barro 和 Sala - i - Martin，1995），可以以较低的模仿成本实现较高的回报率，因而通过引进先进技术与生产设备推动技术水平的提高较为容易，金融发展主要通过数量型作用机制，提高引进技术所需资本积累规模与数量以促进经济增长。

在经济发展到较高阶段时，一国技术水平不断提高，发达工业国出于技术垄断与国家安全等因素考虑，会通过种种方式增加技术转移与扩散的障碍，从而推动了先进机器设备引进成本的上升，降低了后发国家通过技术吸收与模仿实现技术进步的规模与速度（魏枫，2009[②]）。为持续、有效地推动长期经济增长，需要以金融体系作为“催化剂”推动本国研发行为，加速其创新成果的市场化应用，此阶段金融体系通过促进技术创新与宏观经济效率的质量型作用机制相对更重要。

（2）随着向技术前沿的收敛，可供直接模仿的技术选择集减少，以研

---

① Méon, P. G., Weill, L. Does Financial Intermediation Matter for Macroeconomic Performance? [J]. *Economic Modelling*, 2010 (27): 296 - 303.

② 魏枫. 资本积累、技术进步与中国经济增长路径转换 [J]. 中国软科学, 2009 (3): 39 - 45.

发推动技术创新的内在动力增强。

随着一国的经济发展从初级阶段向较高阶段过渡，其技术水平不断提高并渐趋向收敛于生产技术的前沿。在此过程中存在三方面效应：一是已有技术进步的积累性使其研发人员更有生产力；二是由于其向技术前沿的收敛，可供直接模仿的技术选择集相对减少，为维持高增长率，该国必须转向鼓励研发以推动技术创新的增长方式，研发创新的内在动力不断增强。若不能完成转变增长方式会阻止该国趋向人均 GDP 的前沿水平（Acemoglu 等，2006），即掉进“非趋同陷阱”；而 Sapir 等（2003）指出自 20 世纪 70 年代中期以来欧洲一直落后于美国的主要原因就在于没有完成上述转变；三是存在“钓出效应”（Fishing Out Effect），即过去的研发投入对现在的技术进步具有的负面影响，研究人员发现或分析新技术会比其先行者遇到的困难更大（由于最容易发明的东西已经被发明出来了）。在这一阶段，更需要高效率的金融体系，通过提供多元化的金融工具与机制，促进研发（R&D）活动分散与规避风险，避免逆向选择与道德风险的发生，通过推动研发与技术进步（质量型作用机制）影响经济增长。

由此推导出假说 I 的引论如下：随着一国生产技术趋向世界技术前沿，研发及其所推动的技术创新成为保持较高经济增长速度的主要动力源泉；此时需要通过金融深化与宽化，以金融发展（规模与效率）的质量型作用机制更好地促进研发以推动经济增长。

3. 从金融与技术进步的内生关系层面看：门槛效应与互动性

（1）技术创新与技术转移过程的阶段性及其与金融发展的互动性。

技术创新与技术转移和吸收是互动的过程，共同推动了技术进步与发展。从微观角度来说，技术进步可以通过提高产品种类与质量，扩大企业生产规模，提高企业的生产能力与投入—产出效率；从宏观角度来说，技术进步可以通过促进人力资本积累与产业结构的优化，推动经济效益的提高。作为技术进步最重要的产生机制之一，技术创新是一个过程，由许多离散的决策和行为所构成（张炜，2004），与技术转移一样都存在阶段性演变的特征，例如，有学者以产品生命周期曲线比较了发达国家与发展中国家不同的技术转移模式，体现了技术转移的阶段性（见图 3－8）。

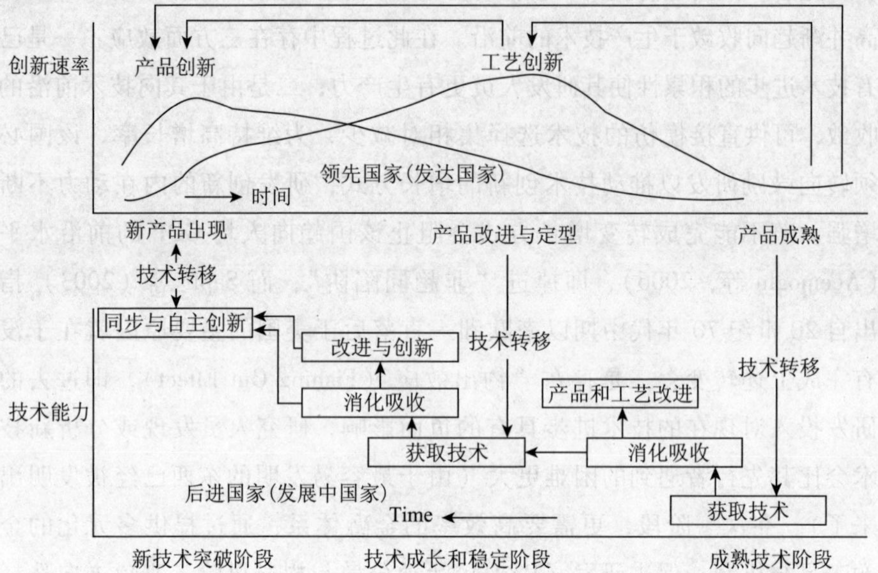

图 3－8　发达国家与发展中国家不同产品生命周期曲线与技术转移模式

资料来源：转引自 Kim （1997）①

技术创新模式也具有阶段性的特征。管理学范畴的技术创新的五代模式较好地总结了从传统技术创新过程模式到新经济时代以来的创新活动的特征，分别是技术推动模式、市场拉动模式、交互模式、一体化模式与第五代技术创新的系统集成与网络模式，后者包括企业在创新过程中提高开发效率、减少开发时间、降低开发成本与提高可持续竞争力等一组战略（张炜，2004）②。

表 3－2　传统技术创新模式小结

第一代	第二代	第三代	第四代
模式名称			
技术推动模式	市场拉动模式	交互模式	一体化及并行发展模式

①Kim，L. *Imitation to Innovation*：*The Dynamic of Korea's Technological Learning* ［M］. Boston：Harvard Business School Press，1997.

②张炜．技术创新过程模式的发展演变及战略集成 ［J］. 科学学研究，2004 （2）：94－98.

续表

第一代	第二代	第三代	第四代
		主导时期	
50至60年代	60年代中至70年代初	70年代初至80年代中	80年代初至90年代初
		过程特点	
线性过程：科学发现开始，经设计、工程和加工制造，到产品销售	线性过程：从市场需求开始，经过新产品开发和加工制造，最后销售产品	具有交流和反馈的序列过程：技术和市场双重因素为创新的出发点	在过程中联合供应商及公司内部各部门的横向合作；广泛的交流与沟通
		过程中的企业战略	
研发新产品；新产品导入和扩散；更多的研发活动导致开发更多的新产品	强调市场营销；企业发展和多样化；经济规模成为主要考虑因素，通过采购和兼并形成企业集团	企业合并；侧重控制生产成本；强调规模及经验效益；平衡研发部门和营销部门的投入	全球战略；联合供应商及用户；事例及协调不同部门在项目中的工作
		过程中的投资侧重点	
新产品及相关的扩张性技术变革	使技术变革带来经济效益	会计学和金融（成本）问题	核心业务和核心技术
		模式的缺陷	
对于技术转化和市场的作用重视不够；对于技术水平较低的企业创新门槛太高	忽视长期研发项目；局限于技术的自然变革；具有失去技术突变能力的风险	只涉及社会和市场需求，没有考虑其他重要环境因素	未注意信息系统的作用；基于大批量生产产品，不能用于复杂产品系统

资料来源：转引自张炜（2004）

金融与技术进步的互动性表现在两个方面，一是金融发展能够促进研发创新与技术吸收，从而推动技术的进步与发展，而技术发展水平的提高，也从硬件与软件方面便利并推动了金融发展（如ATM机的出现），导致资本租金价格下降，降低了金融中介监督成本，提高了金融系统效率，从而促进金融发展（Fuente和Martin，1996）；二是技术创新模式与金融需求方面存在互动性。在技术创新模式演变的不同阶段，企业作为创新的主体具有不同的规模特征、风险特征与融资需求，从而对金融体系的需求也存在差异。反过来，由于技术创新过程模式的采用与选择取决于企业的实力、所在的行业与企业外部的经济社会环境（张炜，2004），金融体系作为影响企业研发活动的重要外部环境，也必然会影响其技术创新模式的选择。例如，在第一代与第二代技术创新过程模式中，主要以线性过程为特点，此时对金融体系的需求更多偏向于其对科研创新活动的资本积累作用机制，金融发展通过动员储蓄，缓解融资压力以推动技术创新（即前文所提的侧重规模扩大的外延型资本积累）；随着技术创新过程模式的升级，创新系统中企业内部成员与外部网络伙伴间信息沟通与交流变得更为常见与重要，此时对金融体系的需求将不仅停留在数量型传导机制（资本积累渠道），更多地需要金融体系作为中介有效解决信息不对称问题，分散技术创新风险，并促进研发效率的提升，即质量型作用机制。

（2）金融发展促进技术进步的门槛效应。

虽然金融发展被认为可以通过资本积累与技术进步促进经济增长，但金融发展对技术进步的促进并非是完全线性的，学者们研究发现，金融发展促进技术进步很可能存在"门槛效应"，即金融发展水平必须达到某个临界值，才会对技术进步起到实质性的推动作用。

关于金融发展与技术进步关系的研究，在 Schumpeter（1911）与 King 和 Levine（1993）的创新性探索之后，Zilibotti（1994）① 最早论述了金融发展促进技术进步存在门槛效应。当金融体系规模超过某个临界值时，称为存在一个"密"金融市场；反之，若金融体系规模低于某一临界值时，则称为"薄"金融市场。相比于后者，"密"金融市场由于规模效应的存在，交易成本与金融体系运行的固定成本都较低，从而促进企业通过金融体系获得外部融资、推动研发（R&D）并实现经济持续增长；"薄"金融市场由于金融中介资源数量较少，利用金融市场融资的交易成本较高，阻碍了企业研发活动的进行，进而降低了技术创新与经济增长速度。随后，Deidda 和 Fattouh（2002）利用两阶段跨期叠代模型，建立了非线性模型，分析了金融发展与经济增长间可能的非线性关系。门限回归计量检验结果显示，在低收入国家，金融发展与经济增长之间没有显著关系；而在高收入国家这一关系十分显著。类似的，Rioja 和 Valev（2004）发现金融发展

① Zilibotti, F. Endogenous Growth and Intermediation in an "Archipelago" Economy [J]. *Economic Journal*, 1994 (423): 462 -473.

只有达到某一门槛之后，才对技术进步有正面作用，间接证明了金融发展促进技术进步门槛效应的存在。

4. 从金融结构的演变层面看

学术界对于银行与证券市场是否会分别影响资本积累与生产率这一问题目前还没有完全统一的定论，但这方面的研究近几年逐渐成为热点。例如，Rioja（2009）① 通过研究发现，银行主要推动了资本积累，而证券市场主要提高了生产率。实证检验结果显示，在高收入国家，银行与证券市场独立影响资本积累，而生产率提高仅来自证券市场的发展；相反，在低收入国家，银行信贷是资本积累与技术进步的主要来源，而证券市场对二者的作用不明显。

在这一研究背景下，可能的解释是：在经济发展初级阶段，银行作为金融体系最主要的主体，对经济增长的推动作用主要通过资本积累或体现为资本积累的技术进步渠道，主要作为交易中介等基本功能；随着市场化的推进与相关人力资本积累水平的提高，其他形式的金融体系逐渐发展起来，特别是金融市场，由其本质特征所决定，主要发挥分散投资风险的功能，从而对全要素生产率的提高起到了积极的推动作用。这一理由是否成立，还有待于进一步的理论与实证方面的检验。

（二）基于对假说Ⅰ的论证，提出假说Ⅱ：

假说Ⅱ：不同阶段，不同政策。在经济发展初期，政府干预的正面效应远大于负面效应，因为金融体系主要通过资本积累渠道（数量型作用机制）促进经济增长，政府的干预与指令性政策有利于资本的快速积聚与分配，促进金融发展通过促进资本积累推动经济增长（张磊，2006②；中国经济增长与宏观稳定课题组，2007③）；但随着经济水平的提高，技术进步逐渐成为推动经济发展的根本动力，此时政府的过度干预与金融抑制政策

① Rioja，F.，Valev，N. Stock Markets，Banks and the Sources of Economic Growth［R］. Georgia State University Working Paper，2009.

② 张磊. 中国高速经济增长过程中的货币、金融扭曲［R］. 中国社会科学院经济所博士后工作报告，2006.

③ 中国经济增长与宏观稳定课题组. 金融发展与经济增长：从动员性扩张向市场配置的转变［J］. 经济研究，2007（4）：4－17.

的负面效应会逐渐增加，其原因有三：

原因 1：创新主体的缺失。因为企业是技术创新的主体，政府越位的干预，不能很好地反映市场最大化的行为，导致“熵”的增加，从根本上阻碍了金融发展通过技术进步渠道促进经济增长。

原因 2：创新过程中的阻碍。技术进步有两种基本产生机制，即技术模仿与吸收、研究与开发（R&D）。政府的不当干预与金融抑制既不利于吸收能力的提高，也不利于研发能力的培育。以研究与开发（R&D）为例，由于其资本技术密集型的特征，对金融发展的需求与依赖更大，为了促进经济增长方式由模仿学习向研发创新的转变，有必要从金融体制改革方面予以支持。在经济发展初期，在国家隐形担保机制下，依靠行政性、财政式安排，通过金融抑制快速促进资本积累的政策具有一定的合理性与可行性；但随着工业化进程的加快，为了避免陷入“非趋同陷阱”（Acemoglu 等，2006），有必要逐步解除或取消金融抑制。

原因 3：创新结果转化的阻碍。技术创新的产出主要以知识产权形成存在。政府的不当干预与金融抑制政策，导致潜在有盈利性、高生产率的高新技术可能会因为金融体系的抑制而不能很好并快速地转化为现实生产力。

本章小结

金融发展对经济增长的作用机制不是一成不变的。虽然金融发展的结果可能均会促进经济增长，但实质、产生的原因以及表现方式上却存在显著的差异。金融发展对经济增长的数量型作用机制主要表现为通过资本积累渠道，动员储蓄、熨平禀赋冲击、提高资本利用效率促进经济增长，包括外延型资本积累与内涵型资本积累；而金融发展的质量型作用机制则表现为通过促进技术进步与宏观效率提高推动经济增长：一是提高技术吸收能力以促进技术外溢效应与增加后发优势；二是推动 R&D 项目筛选、融资、过程监督等以促进研究与开发；三是通过促进企业家精神与企业成长影响技术进步主体的培育与形成。数量型作用机制可以通过政府隐性信用担保达到促进资本短期内迅速积累进而促进经济增长的目的；而质量型作用机制则更需要减少政府过度干预与适度放宽金融抑制政策，否则会因为创新主体缺失、创新过程与创新结果转化阻碍等因素不利于金融发展通过技术进步渠道促进经济增长。

金融体系的发展需要充分考虑当地的制度背景与约束条件，其作用机制的有效性也不能脱离于现实的金融发展程度与经济发展水平。中国以往的政策方案着眼于政府对金融体系的有力控制，在某种程度上通过数量型传导机制实现了迅速的资本积累与经济增长；但随着经济发展进入较高阶段，在趋向世界生产技术前沿的过程中，需要调整相应政策，推动金融发展以质量型传导机制促进经济的持续、稳定增长。

第四章　金融发展对经济增长作用机制的国际经验

不同于 AK 范式中将技术进步看作是一种资本积累形式，进而增长是现有生产规模简单复制的过程，内生增长理论的熊彼特范式将技术进步与储蓄相独立，不仅为内生技术进步与经济增长提供了新的解释，同时也为金融发展与经济增长研究提供了更为一般性的分析框架。本章利用世界银行与国际货币基金组织的相关数据，基于内生增长理论熊彼特范式与经济增长中金融发展作用机制的阶段性假说，以高收入国家与低收入国家1985—2009 年面板数据为研究对象，对两变量间的关系予以实证检验。

第一节　研究假设与变量描述

一、研究假设

在经济发展初期，资本积累是经济增长的主要推动力；随着发展水平的提高，技术创新与进步的重要性不断提高。以美国为例，1950—2000年，美国经济增长中资本积累（包括物质资本积累与人力资本积累）对人均收入增长的促进作用从年均 1.4 个百分点下降至 0.6 个百分点（Ha 和 Howitt，2006）（见图 4－1）。相对应，金融发展对经济增长的推动也从数量型作用机制（资本积累渠道）转向质量型作用机制（促进技术进步与宏观效率提高）。

Aghion 等（2004、2005），Aghion 和 Howitt（2006）① 将金融因素引入熊彼特内生增长理论，并证明金融发展有利于一国向技术前沿的趋同。基

① Aghion，P.，Howitt，P. Appropriate Growth Policy：a Unifying Framework［J］. *Journal of the European Economic Association*，2006（4）：269－314.

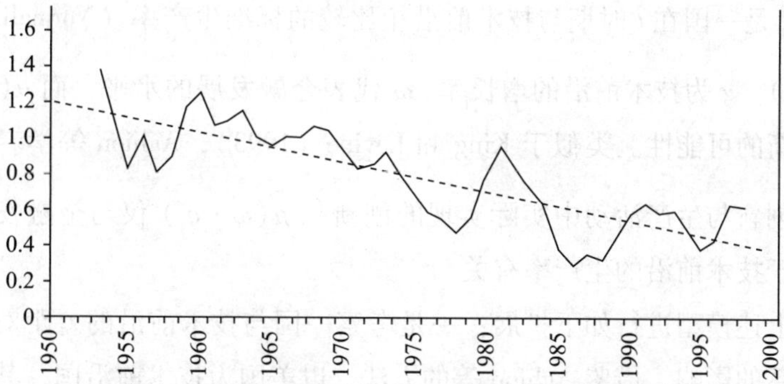

图 4－1　1950—2000 年美国要素积累率（U. S. Factor Accumulation Rate）

注：图中折线为 $\alpha\cdot$（K/L 的增长）+（$1-\alpha$）$\cdot$（h 的增长），转引自 Ha 和 Howitt（2006）[①]。纵轴代表物质与人力资料积累对人均收入增长的年均贡献率

于理论的推导，他们利用式（4－1）进行了统计计量分析并验证了提出的假说。

$$g_i - g_1 = \beta_0 + \beta_f F_i + \beta_y \cdot (y_i - y_1) + \beta_{fy} \cdot F_i \cdot (y_i - y_1) + \beta_x X_i + \varepsilon_i \tag{4-1}$$

其中，g 代表人均 GDP 的增长率，F 代表金融发展平均水平，y 是初期（1960 年）人均 GDP 的对数，X 代表其他向量，ε 代表均值为 0 的随机扰动项；美国为国家 1，是全球技术前沿的领导者。在计量检验中，他们假设：①一国趋同于前沿经济增长率的概率与其金融发展水平同向增长，即 $\beta_f y<0$；②在一国经济向前沿增长率趋同的过程中，金融发展会产生正向的推动作用，但该效应会最终消失，在其他条件不变的情况下，经济收敛于相对稳态人均 GDP 水平，即 $\beta_f=0$。

在存在信贷约束的情况下，资金约束限制了创新投资，增加了一国追赶技术前沿的难度，表现为函数关系如下[②]：

$$a_{t+1} = \tilde{\mu}(\omega \cdot a_t) + \frac{1-\tilde{\mu}(\omega \cdot a_t)}{1+g} a_t \tag{4-2}$$

① Ha, J., Howitt, P. Accounting for Trends in Productivity and R&D: a Schumpeterian Critique of Semi－Endogenous Growth Theory [J]. *Journal of Money, Credit, and Banking*, 2006 (39): 733－774.

② 详细推导见第二章第一节第二部分，或 Aghion 等（2005），Aghion 和 Howitt（2006）。

其中，a_t 是一国在 t 时期与技术前沿相比较的标准生产率（Normalized Productivity），g 为技术前沿的增长率，ω 代表金融发展的水平，而 $\tilde{\mu}(\omega \cdot a_t)$ 则是创新的可能性。类似于 King 和 Levine（1993），Aghion 等学者区分了潜在的创新与生产活动中实际实现的创新[①]，$\tilde{\mu}(\omega \cdot a_t)$ 仅与金融发展和一国相对于技术前沿的生产率有关。

将上述模型进行如下扩展：一是考察一国与技术前沿的差距对金融—增长关系的影响，借鉴 Aghion 等的方法，以美国为技术前沿国，其他国家与美国在 1960 年人均实际 GDP 的差值（$y_{i(t-1)} - y_{1(t-1)}$）体现了经济增长的趋同情况；二是考虑到技术进步两种发生机制，变量选择中区分本土研发与技术引进，分别以 *INNO* 与 *M* 代表；三是重点考察金融发展与本土研发、金融发展与技术引进的互动作用（交叉乘积项）；四是借鉴其他学者的方法，将人力资本水平 h（借鉴 Aghion 和 Howitt，1998）与政府消费规模 *Gov*[②]（借鉴 Aghion 和 Howitt，1992）加入相关控制变量，从而可以得到以下待检验的回归方程：

$$\Delta y_{it} = \alpha + \beta_1 Fin_{it} + \beta_2(y_{i(t-1)} - y_{1(t-1)}) + \beta_3 Fin_{it}(y_{i(t-1)} - y_{1(t-1)}) + \beta_4 INNO_{it} + \beta_5 Fin_{it} INNO_{it} + \beta_6 M_{it} + \beta_7 Fin_{it} M_{it} + \beta_8 h_{it} + \beta_9 Gov_{it} + \varepsilon_{it} \tag{4-3}$$

其中，根据 Aghion 等（2004、2005、2006）的研究，预期回归方程中的核心系数 $\beta_3 < 0$、$\beta_2 > 0$，反映了金融发展对经济增长的促进作用及其对前沿技术趋同的影响。

此外，已有的实证检验文献大多采用以下计量模型：

$$x_{i,t} = \alpha + \beta(Fin)_{i,t} + \lambda(Other)_{i,t} + \varepsilon_{i,t} \tag{4-4}$$

其中金融发展指标（*Fin*）与其他控制变量（*Other*）被假定会影响经济增长或全要素生产率增长（x）。正如 Levine 的综述中所分析的，关于金融—增长关系的计量文献，差异大致集中于以下几个方面：①统计数据使用的差异，包括跨国数据（King 和 Levine，1993）、跨区域数据（Guiso、Sapi-

① 已实现的创新会通过“创造性毁灭”使该企业在该技术上具有垄断地位。

② 因为政府消费规模的扩大增加了税收负担，降低了技术创新的动力与激励，从而 β_9 系数预期为负数。

enza 与 Zingale，2002）、跨行业数据（Rajan 和 Zingales，1998）和企业层面数据（Demirgüç－Kunt 和 Maksimovic，1998）；②衡量金融发展的指标不同；③计量方法的差异，如使用横截面数据还是面板数据、是否选择工具变量等。本书也拟结合上述回归方程进行计量检验。

虽然近年来利用熊彼特范式内生增长理论分析金融—增长关系的文献逐步增加（Howitt 和 Aghion，1998[①]；Aghion 等，2004；赵勇、雷达，2010[②]），但相关的理论与实证研究仍有很大的拓展空间，本书从以下两个方面补充了现有研究：首先，在统计样本层面进一步拓展了研究的时间跨度，以1985—2009年为时间区域，将国家按收入水平分类以考察金融发展的具体作用机制；其次，借鉴其他学者的分析方法，以较新的统计指标（世界知识产权组织公布的一国年人均申请 PCT[③] 数量等）探讨金融发展可能作用于经济增长的渠道与途径。

二、数据来源与变量定义

（一）数据来源

按照可比性与数据可得性等原则，根据世界银行的分类标准，将各个国家按照收入水平分为两大类（高收入国家与中低收入国家），剔除数据相对不全面的国家，高收入国家包括奥地利（Austria，AUT）、丹麦（Denmark，DNK）、芬兰（Finland，FIN）、法国（FRA）、日本（JPN）、韩国（ROK）、荷兰（NLD）、新西兰（NZL）、英国（GBR）与美国（USA）；中低收入国家包括阿尔及利亚（Algeria，DZA）、巴西（Brazil，BRA）、保加利亚（Bulgaria，BGR）、埃及（Egypt，EGY）、印度（India，IND）、伊朗（Iran，IRN）、马来西亚（Malaysia，MYS）、墨西哥（Mexico，MEX）、菲律宾（Philippines，PHL）、南非（South Africa，ZAF）、泰国（Thailand，THA）与土耳其（Turkey，TUR）。统计数据全部来自世界银行

① Howitt，P.，Aghion，P. Capital Accumulation and Innovation as Complementary Factors in Long－Run Growth［J］. *Journal of Economic Growth*，1998（3）：111－130.

② 赵勇，雷达. 金融发展与经济增长：生产率促进抑或资本形成［J］. 世界经济，2010（2）：37－50.

③ Patent Cooperation Treaty，专利合作协定。

（WB，更新于2011年4月）、世界知识产权组织（WIPO，更新于2011年9月）与货币基金组织（IMF，更新于2009年5月），其中从世界银行可以获得各个国家1960—2009年的数据；从世界知识产权组织获得的PCT这一关键指标虽然最早可追溯至1883年，但许多国家的数据不全，符合可比性原则的指标区间为1985—2010年，因而最终将研究区间确定为1985—2009年。

（二）变量定义

y_{it} 代表第 i 国在 t 时期的人均国内生产总值（2000年不变价美元）[①]，其中 y_1 代表技术前沿国美国，根据Aghion等（2004）的研究，$y_{i(t-1)} - y_{l(t-1)}$ 代表 i 国与技术前沿的差距，为表述简便，在本书计量分析中以 *GAP* 指代，数据来源于世界银行。

第 i 国在 t 时期的金融发展水平包括两个方面：①私营部门的国内信贷（Domestic Credit to Private Sector（% f GDP），占GDP比重）是指通过贷款、购买非股权证券、贸易信用以及其他应收账款等方式提供给私营部门并确立了偿还要求的金融资源（在某些国家，此类债权包括对国有企业的信贷），以 Fin_{it} 代表；②银行部门提供的国内信贷（Domestic Credit Provided by Banking Sector（% of GDP），占GDP比重），用 BK_{it} 表示。数据来源于国际货币基金组织的《国际金融统计》和数据文件，以及世界银行和经合组织（OECD）的GDP估算。

国际上对科学技术的衡量存在多种指标，包括每百万人拥有R&D研究人员、研发支出占GDP的比例、本国居民的专利申请量、科技期刊文章、直接提交的商标申请总数、高科技出口占制成品出口的百分比、版税与许可费的收入、支付额等（世界银行，2011），但需要注意的是，跨国面板分析中许多国家在以上数据指标的完备性与准确性等方面存在差异。对于技术进步的衡量，基本可归类为以下三种间接衡量方式（舒元、才国伟，2007）[②]：投入法（R&D投入等）、产出法（专利数量等）与全要素生

① 人均GDP是国内生产总值除以年中人口数。GDP是一个经济体内所有居民生产者创造的增加值的总和加上产品税并减去不包括在产品价值中的补贴。计算时未扣除资产折旧或自然资源损耗和退化。数据以不变价美元计。

② 舒元，才国伟．我国省际技术进步及其空间扩散分析［J］．经济研究，2007（6）．

产率（TFP）法。虽然 TFP 法逐渐成为主流，但由于不同国家之间统计数据的不完备，加之不同的 TFP 估计方法会导致 TFP 估算结果差异显著。因此，根据数据的可得性与完备性，借鉴已有研究，本书使用产出法（专利数量）衡量技术进步。

$INNO_{it}$ 代表第 i 国在 t 时期的本土研发，衡量一国技术创新水平与能力，以世界知识产权组织（WIPO）公布的一国每年人均申请 PCT① 数量来衡量，其中 PCT 数据来自世界知识产权组织数据库，一国居民总数来自世界银行。由于以 PCT 体系进行多国专利申请，获得专利授权时间较长且费用较高（见图 4－2），"40% 申请人的申请平均研发成本在 50 万元以上，而发明专利申请人中，只有约 20% 的申请平均研发成本在 50 万以上"②。

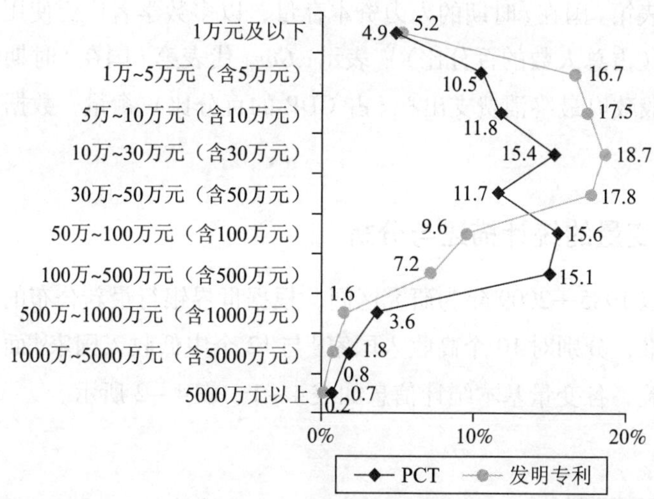

图 4－2　PCT 申请与发明专利申请研发成本比较

① PCT 为 Patent Cooperation Treaty（专利合作协定）的简写，是专利领域的一项国际合作条约，被认为是该领域进行国际合作最具有意义的进步标志，于 1970 年缔结，1979 年修正，并于 1984 年和 2001 年修订。通过该条约，申请人只要提交一件"国际"专利申请，即可在为数众多的国家同时要求对发明进行专利保护；但 PCT 不对国际专利授权，授予专利的任务和责任仍然只能寻求各个国家的专利局或行使其职权的机构（指定局），PCT 是巴黎公约的有益补充。以上资料来自：世界知识产权组织。

② 国家知识产权局规划发展司．我国专利国际申请调查报告［R］．专利统计简报，2010，92（16）．第 16 期（总第 92 期），2010－08－02．http：//www.sipo.gov.cn/ghfzs/zltjjb/201008/P020100804354945783145.pdf

若非技术生命周期长、具有前瞻性并希望在多国获得保护的重要技术，专利申请人不会选择 PCT 申请体系，从而 PCT 申请技术含量和质量均高于一般发明专利，体现了技术创新的水平与国际竞争力，PCT 申请量被认为是评估创新能力的重要参考指标之一。

M_{it} 代表第 i 国在 t 时期的技术引进与模仿，衡量一国在模仿吸收国外先进技术方面的水平，以本国居民年申请专利数量（本书中以 PAT 指代）与本国居民年申请 PCT 数量的比值来衡量，前者数据来自世界银行发展指数，指通过《专利合作条约》程序或向国家专利部门提交的专利申请，目的是对一项发明（即提供一种新的做事方法或对某个问题提供一种新的技术解决方案的产品或程序）拥有专有权；后者统计数据来自 WIPO 数据库。

h_{it} 代表第 i 国在 t 时期的人力资本存量，以多数学者广泛使用的高等院校入学率（占总人数的百分比）① 表示；Gov_{it} 代表第 i 国在 t 时期的政府规模，以一般政府最终消费支出②（占 GDP 的百分比）衡量，数据来源于世界银行。

三、变量的统计描述与分析

本书以 1985—2009 年为研究区间，根据世界银行最新公布的收入水平的划分标准，分别对 10 个高收入国家③与 12 个中低收入国家④面板数据进行计量检验，各变量基本统计信息如表 4－1、表 4－2 所示。

① 总入学率是指无论年龄大小，在官方规定教育水平年龄段的总入学率。高等教育，无论是否会取得高级研究资质，其最低的入学条件通常都要求学生圆满完成中学学业。

② 一般政府最终消费支出（以前称为一般政府消费）包括政府为购买货物和服务（包括雇员薪酬）而发生的所有经常性支出，还包括国防和国家安全方面的大部分支出，但不包括政府军费支出，该项支出属于政府资本形成。

③ 奥地利（Austria，AUT）、丹麦（Denmark，DNK）、芬兰（Finland，FIN）、法国（France，FRA）、日本（Japan，JPN）、韩国（Republic of Korea，ROK）、荷兰（Netherlands，NLD）、新西兰（New Zealand，NZL）、英国（United Kingdom，GBR）与美国（United States，USA）

④ 阿尔及利亚（Algeria，DZA）、巴西（Brazil，BRA）、保加利亚（Bulgaria，BGR）、埃及（Egypt，EGY）、印度（India，IND）、伊朗（Iran，IRN）、马来西亚（Malaysia，MYS）、墨西哥（Mexico，MEX）、菲律宾（Philippines，PHL）、南非（South Africa，ZAF）、泰国（Thailand，THA）与土耳其（Turkey，TUR）

表4-1 高收入国家1985—2009年各变量的统计分析

	人均GDP	金融发展	PCT	国内专利数量	人力资本	政府规模
Mean 均值	22435.60	108.5135	4742.921	54925.43	54.10936	19.63047
Median 中值	22114.50	95.43859	1098.000	2702.000	53.29613	19.64977
Maximum 最大值	40707.00	231.0819	54043.00	384201.0	98.09171	26.75033
Minimum 最小值	4572.113	26.69674	1.000000	802.0000	21.29264	10.71025
Std. Dev. 标准差	7963.468	47.12775	9908.914	102067.4	18.67503	4.113972
Skewness	0.136612	0.646956	3.284779	2.098072	0.360339	-0.309251
Kurtosis	2.615508	2.621230	13.61005	6.100113	2.287097	2.235190
Jarque - Bera	2.122882	17.34367	1485.945	259.7081	9.805096	9.231379
Probability	0.345957	0.000171	0.000000	0.000000	0.007428	0.009895
Sum 总和	5137751.	24849.59	1086129.	12577924	12391.04	4495.378
Sum Sq. Dev.	1.45E+10	506393.8	2.24E+10	2.38E+12	79516.55	3858.846
样本数量	229	229	229	229	229	229
国家数量	10	10	10	10	10	10

表4-2 中低收入国家1985—2009年各变量的统计分析

	人均GDP	金融发展	PCT	国内专利数量	人力资本	政府规模
Mean 均值	2869.241	53.80844	76.51049	1158.909	24.40277	13.66775
Median 中值	2493.661	35.39860	20.00000	455.0000	23.50741	12.34886
Maximum 最大值	6601.615	165.7191	833.0000	5970.000	51.02843	20.63843
Minimum 最小值	392.9177	0.000000	1.000000	8.000000	5.893700	9.077895
Std. Dev. 标准差	1577.900	41.50341	146.2875	1507.021	11.16169	3.428869
Skewness	0.484040	0.844156	3.262670	1.706255	0.409731	0.796631
Kurtosis	2.326723	2.447217	14.48257	4.864435	2.262057	2.197435
Jarque - Bera	8.284937	18.80431	1039.309	90.09800	7.245791	18.96297
Probability	0.015884	0.000083	0.000000	0.000000	0.026705	0.000076
Sum 总和	410301.5	7694.607	10941.00	165724.0	3489.597	1954.488
Sum Sq. Dev.	3.54E+08	244599.7	3038806.	3.22E+08	17690.84	1669.514
样本数量	143	143	143	143	143	143
国家数量	12	12	12	12	12	12

其中，根据世界知识产权2011年8月的报告，以英、美等国为代表的高收入国家2003—2011年PCT申请数量变化如图4-3、图4-4、图4-5所示。

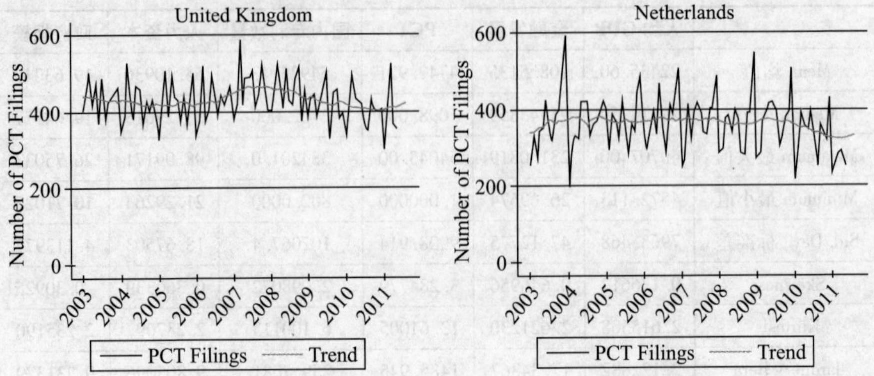

图 4-3　英国、荷兰 2003—2011 年 PCT 申请数量变化

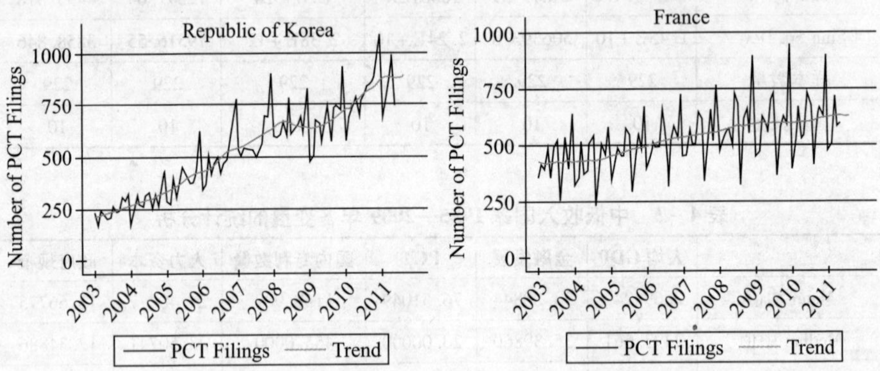

图 4-4　韩国、法国 2003—2011 年 PCT 申请数量变化

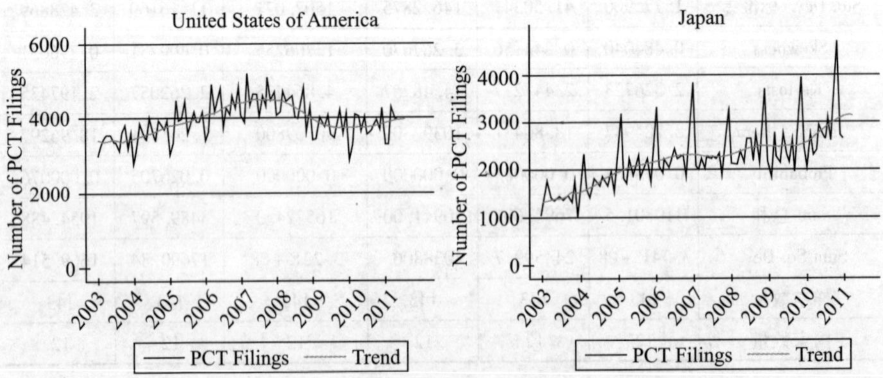

图 4-5　美国、日本 2003—2011 年 PCT 申请数量变化

数据来源：WIPO 统计数据库，2011 年 8 月；转引自世界知识产权组织 2011 年 8 月报告

不同收入国家之间的金融发展表现不同，以反映金融发展规模的“商业银行存款资产/GDP”与“存款货币/中央银行资产”指标为例，图4－6显示了不同国家间的差异。

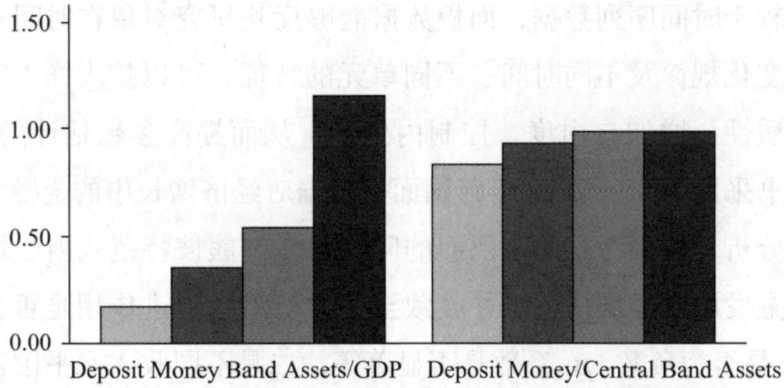

图4－6　不同收入国家金融规模指标比较

注：图中按颜色深浅从左至右分别为低收入国家、中低收入、中高收入国家与高收入国家，转引自Beck和Demirguc－Kunt（2009）

即使同样是高收入国家，金融发展水平也存在差异（见图4－7），以反映银行中介规模的“商业银行存款资产/存款货币与中央银行资产之和”指标为例，各国间金融发展水平不同，但差异呈逐渐缩小趋势。

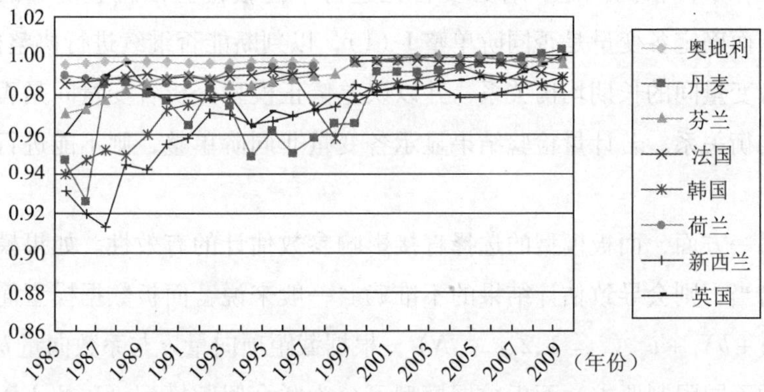

图4－7　部分高收入国家1985—2009年商业银行存款资产/（存款货币＋中央银行资产）①比较

数据来源：Beck和Demirguc－Kunt（2009）

① 某些年份数据缺失导致图中部分线条出现断点。

第二节　计量方法与实证结果

相比较于时间序列数据，面板数据能够反映研究对象在时间和截面两个维度的变化规律及不同时间、不同单元的特征，可以扩大样本容量、控制个体异质性、增加自由度、控制内生性，从而提高参数估计的有效性。因此，本书采用1985—2009年跨国面板数据对经济增长中的金融发展作用机制予以分析，特别考察两个层面的问题：一是熊彼特范式内生增长理论模型中金融发展对经济体追赶并收敛至技术前沿的促进作用是否存在，考察系数β_3是否为负数、β_1系数是否显著等；二是不同收入水平国家金融发展对经济增长的作用机制是否存在差异，考察系数β_5、β_7的显著性等。

$$\Delta y_{it} = \alpha + \beta_1 Fin_{it} + \beta_2(y_{i(t-1)} - y_{1(t-1)}) + \beta_3 Fin_{it}(y_{i(t-1)} - y_{1(t-1)}) + \beta_4 INNO_{it} + \beta_5 Fin_{it} INNO_{it} + \beta_6 M_{it} + \beta_7 Fin_{it} M_{it} + \beta_8 h_{it} + \beta_9 Gov_{it} + \varepsilon_{it} \quad (4-5)$$

$$x_{i,t} = \alpha + \beta(Fin)_{i,t} + \lambda(Other)_{i,t} + \varepsilon_{i,t} \quad (4-6)$$

一方面，由于许多经济统计变量都是不平稳的，直接建立模型分析容易产生伪回归的问题，面板数据反映了时间与截面二维上的信息，因此也同样存在单位根的问题，有必要首先进行单位根检验以检验变量的平稳性，从而确定各变量是否同阶单整I（1），以判断能否继续进行协整检验，研究各变量间的长期均衡关系；并以误差修正模型分析各变量间是否存在短期均衡关系。若计量检验结果显示各变量非同阶单整，则不能进行协整检验。

另一方面，面板模型的选择直接影响参数估计的有效性。如果模型设定不恰当，则会导致估计结果的不准确。一般来说，面板数据模型简化为$y_i = \alpha + bX_i + u_i, (i = 1, 2, \ldots, N)$，根据截距项向量$\alpha$与系数向量$b$中各分量的不同限制要求，面板数据模型可分为联合回归模型（Pooled Regression Model）、变截距模型（或称个体均值修正回归模型，Individual - mean Corrected Regression Model）与变系数模型（Unrestricted Model）。后两种模型又可根据个体影响的不同形式分为固定效应模型与随机效应模型。需要通过Hausman检验与F检验等来选择合适的模型以进行分析。

一、高收入国家

（一）单位根检验

本书首先针对高收入国家面板数据进行单位根检验，以考察变量的时间趋势，采用 Levin，Lin 和 Chu 检验（2002）、Im，Pesaran&Shin W – stat 检验（2003）、ADF – Fisher Chi – square 检验（1999）与 PP – Fisher Chi – square 检验（2001），对所有变量的原始序列、一阶差分分别进行单位根检验，滞后阶数通过 AIC 定阶准则来确定，具体实证检验结果如表 4 – 3 所示。结果显示，所有变量原始序列均存在单位根，一阶差分变量均通过了所有检验，拒绝单位根假说（即平稳），所有变量均为一阶单整 I（1）。

表 4 – 3　面板数据单位根检验结果

变量	Levin，Lin & Chu	Im，Pesaran and Shin W – stat	ADF – Fisher Chi – square	PP – Fisher Chi – square	判断结论
$\ln y_{it}$	1.52173	–2.28000	34.2744	25.5194	非平稳
$\Delta\ln y_{it}$	–6.23853***	–7.99390***	100.223***	326.140***	平稳
dy_{it}	2.30618	–2.35474	38.8069	31.9400	非平稳
Δdy_{it}	–4.34223***	–6.46059***	85.0158***	172.405***	平稳
Fin_{it}	–0.23469	1.24176	21.8327	28.1856	非平稳
ΔFin_{it}	–11.1235***	–10.8321***	133.971***	161.234***	平稳
BK_{it}	4.51958	5.36395	5.44753	8.29153	非平稳
ΔBK_{it}	–10.0298***	–9.84492***	123.447***	121.643***	平稳
Gap_{it}	–2.74997	–1.78213	28.3824	15.0204	非平稳
ΔGap_{it}	–6.04509***	–5.81784***	67.0858***	48.8460***	平稳
$INNO_{it}$	1.39254	1.15862	24.5876	10.2952	非平稳
$\Delta INNO_{it}$	–6.33802***	–8.40849***	100.611***	377.937***	平稳
M_{it}	–1.88759	0.29559	29.2047	18.7039	非平稳
ΔM_{it}	–11.8154***	–12.9658***	154.886***	521.100***	平稳
h_{it}	–2.80920	0.51297	14.8917	10.9830	非平稳
Δh_{it}	–4.29911***	–4.54619***	57.5028***	56.6660***	平稳
Gov_{it}	3.79382	3.14909	13.0082	6.57469	非平稳
ΔGov_{it}	–3.03145***	–4.95760***	60.9658***	52.0925***	平稳

注：*、**、***分别表示统计值在 10%、5% 和 1% 的水平上显著

（二）协整检验

由于变量为Ⅰ（1）一阶单整数序列，可以进一步检验其协整性。利用Johansen协整检验法对高收入国家1985—2009年经济增长与金融发展的协整关系进行检验，检验结果如表4-4所示。

表4-4　高收入国家经济增长（人均GDP的对数）与金融发展（私营部门的国内信贷）Johansen Fisher面板数据协整检验

Unrestricted Cointegration Rank Test (Trace and Maximum Eigenvalue)				
Hypothesized	Fisher Stat. *		Fisher Stat. *	
No. of CE (s)	(from trace test)	Prob.	(from max - eigen test)	Prob.
None	47.81	0.0005	40.85	0.0039
At most 1	38.18	0.0084	38.18	0.0084

从表4-4中可以看出，p值为0.0039<0.1，从而金融发展Fin_{it}与经济增长水平之间存在长期协整关系。

若以银行部门提供的国内信贷（BK_{it}）衡量金融发展，它与经济增长增量（dy_{it}）与本土研发（$INNO_{it}$）间也存在协整关系。根据表4-5中的Pedroni面板协整检验结果，除Group rho-NStatistic检验接受原假设外，其他检验均拒绝"不存在协整"的原假设，即变量间存在长期协整关系。同理可以证明Fin_{it}与技术创新也存在长期协整关系。

表4-5　高收入国家面板协整的检验结果

变量	检验方法			结论
金融发展、创新与经济增长	Pedroni面板协整检验			
原假设：不存在协整	Panel v - Statistic	2.065167	(0.0195 **)	拒绝
	Panel rho - Statistic	-2.977146	(0.0015 **)	拒绝
	Panel PP - Statistic	-4.926284	(0.0000 ***)	拒绝
	Panel ADF - Statistic	-5.250223	(0.0000 ***)	拒绝
	Group rho - Statistic	-0.586601	(0.2787)	接受
	Group PP - Statistic	-1.753926	(0.0397 **)	拒绝
	Group ADF - Statistic	-4.916932	(0.0000 ***)	拒绝

注：括号里是Prob. 值；*、**、***分别表示统计值在10%、5%和1%的水平上显著

（三）面板模型选择与回归

由于面板模型设定对模拟结果的影响很大，建立模型之前需要首先检验被解释变量 y_{it} 的参数 α_i 与 β_i 是否对所有个体样本点与时间都是常数，以避免模型设定的偏差，保证参数估计的有效性。一般主要使用协方差分析（F 检验）检验以下两个假设：

$$H_1:\beta_1 = \beta_2 = ... = \beta_N$$

$$H_2:\alpha_1 = \alpha_2 = ... = \alpha_N$$

$$\beta_1 = \beta_2 = ... = \beta_N$$

若接受 H_2 假设则选择联合回归模型，反之，若计算所得的统计量 F 的值不小于给定置信度下的相应临界值，则拒绝假设 H_2，继续检验假设 H_1；如果 F 统计量不小于给定置信度下的相应临界值，则拒绝假设 H_1，采用变系数模型拟合样本数据，反之则利用变截距模型拟合。

变截距模型与变系数模型根据反映个体影响（即模型中忽略的反映个体差异的变量的影响）系数变化的不同形式，又分为固定影响变截距（变系数）模型与随机影响变截距（变系数）模型，一般采用 LM 检验或 Hansman 检验来判断采用固定效应模型还是随机效应模型①。本书采用 Hansman 检验进行判断，原假设与备择假设分别为：

H_0：个体影响与解释变量不相关（采用随机影响模型）。

H_1：个体影响与解释变量相关（采用固定影响回归模型）。

根据 Hansman 检验的检验统计量与伴随概率，若伴随概率 $P>0.05$，则接受原假设，选择随机效应模型；反之，则拒绝固定效应与随机效应不存在系统差异的原假设，采用固定效应模型。

根据相关的 F 检验与 Hansman 检验，本书对各变量建立回归模型，实证检验结果如下。

1. 高收入国家中，金融发展、本土研发和技术引进与人均 GDP 增长显著正相关

以金融发展（*FIN*）、本土研发（*INNO*）与技术引进与模仿（*M*）为

① 固定效应与随机效应模型之间的关键区别在于未观测到的个体影响是否包含了与模型中的解释变量相关的元素。

解释变量，建立回归方程，F统计量和LR检验的伴随概率均为0.0000，而Hansman检验统计量为43.169659，伴随概率为0.0000，因此拒绝固定效应模型与随机效应模型不存在系统差异的原假设，建立固定效应模型①（见表4-6）。实证结果显示，高收入国家中金融发展、本土研发与技术引进均对经济增长作用为正且显著；在第二个回归模型（R2）中加入政府规模（*GOV*）变量，不影响原有结果。其中，本土研发对经济增长的推动作用（约0.17）大于技术引进对经济增长的作用（0.13），间接证明了本书提出的假说Ⅰ的引论，随着一国生产技术趋向世界技术前沿，本土研发成为保持较高经济增长速度的主要动力源泉。

表4-6　高收入国家F统计量和LR检验结果

Effects Test	**Statistic**	**d. f.**	**Prob**
Cross - section F	304.881245	（9，215）	0.0000
Cross - section Chi - square	600.425491	9	0.0000

表4-7　高收入国家Hansman检验结果

Test Summary	**Chi - Sq. Statistic**	**Chi - Sq. d. f.**	**Prob.**
Cross - section random	43.169659	4	0.0000

表4-8　高收入国家回归模型R1和R2实证结果

	R1	**R2**
Dependent Variable	lny	lny
FIN	0.049376	0.046791
	（0.0041 ***）	（0.0065 ***）
INNO	0.166049	0.16861
	（0.0000 ***）	（0.0000 ***）
M	0.132922	0.135565
	（0.0000 ***）	（0.0000 ***）
H	0.252834	0.26141
	（0.0000 ***）	（0.0000 ***）

① 根据F统计量、LR检验与Hansman检验，本书大部分回归模型适合采用固定效应模型。

续表

	R1	R2
GOV		-0.108547
		(-0.1376)
Observations	229	229
Cross - sections	10	10
Adjusted R - squared	0.975219	0.976872

注：括号里是 t 值对应的 p 值；*、**、***分别表示统计值在 10%、5%和 1%的水平上显著

2. 金融对本土研发影响显著

以金融发展为解释变量构建关于本土研发（*INNO*）的回归模型 R3，根据 F 检验、LR 检验及随后的 Hansman 检验结果，选择建立固定效应模型，实证计量结果如表 4-9 所示。人力资本与金融对本土研发作用为正且显著，政府规模虽然会影响创新活动，但其显著性不高。可见，在高收入国家中，金融发展能够有效通过质量型作用机制（促进技术进步与宏观效率提高）推动经济增长。

表 4-9　高收入国家回归模型 R3 实证结果

	R3
Dependent Variable	Inno
FIN	0.412283
	(0.0134 **)
H	3.228238
	(0.0000 ***)
GOV	0.664683
	(-0.3488)
Observations	230
Cross - sections	10
Adjusted R - squared	0.811055

注：括号里是 t 值对应的 p 值；*、**、***分别表示统计值在 10%、5%和 1%的水平上显著

3. 金融对技术引进的推动作用没有对本土研发影响显著

将金融发展与本土研发、金融发展与技术引进的交叉项作为解释变

量，分别建立随机效应模型 R4，固定效应模型 R5、R6 与 R7。从实证计量结果可知，高收入国家中金融发展均可通过促进本土研发渠道与技术引进渠道推动经济增长，作用为正且显著（即系数 β_5 、β_7 均为正且显著）；但相比起促进技术引进，高收入国家中金融对本土研发的推动作用更大，体现为金融发展与本土研发交叉乘积的参数估计值与显著性（伴随概率小）均大于金融发展与技术引进的交叉项（见表4－10），部分证明了本书提出的假说Ⅰ。

表4－10　高收入国家回归模型 R4～R7 实证结果

	R4	R5	R6	R7
Dependent Variable	lny	lny	lny	lny
FIN	0. 291294	0. 31497	0. 079765	0. 059358
	(0. 0000 ***)	(0. 0000 ***)	(0. 0000 ***)	(0. 0250 **)
INNO	0. 072345	0. 063336	0. 189078	
	(0. 0104 **)	(0. 0251 **)	(0. 0000 ***)	
INNO * Fin	0. 025876	0. 02895		
	(0. 0003 ***)	(0. 0001 ***)		
M	0. 147901	0. 157018	0. 275811	−0. 088392
	(0. 0000 ***)	(0. 0000 ***)	(0. 0000 ***)	(0. 0336 **)
M * Fin			−0. 027619	0. 014976
			(0. 0001 ***)	(−0. 1011)
H	0. 240227	0. 261754	0. 256168	0. 365301
	(0. 0000 ***)	(0. 0000 ***)	(0. 0000 ***)	(0. 0000 ***)
GOV	−0. 101987	−0. 173845	−0. 169642	0. 062719
	−0. 1446	(0. 0167 **)	(0. 0196 **)	−0. 5334
Observations	229	229	229	229
Cross－sections	10	10	10	10
Adjusted R－squared	0. 857164	0. 977065	0. 976938	0. 953014

注：括号里是 t 值对应的 p 值；*、**、*** 分别表示统计值在 10%、5% 和 1% 的水平上显著

4. 熊彼特范式内生增长理论对收敛的判断在高收入国家中成立

在熊彼特范式中，由创新者所面临的利润最大化问题内生得出的创新

频率μ_n与μ_m是决定一国增长路径的关键变量，它们又与金融发展程度与金融体系政策紧密相关。熊彼特内生增长理论为分析随着经济体趋近于技术前沿金融政策需要如何变化以维持趋同提供了分析框架。

为了验证 Aghion 等（2004、2005、2007）提出的金融在一国经济体向技术前沿趋近过程中的作用，建立回归模型 R8。实证检验结果显示，F 统计量和 LR 检验的伴随概率均为 0.0000，小于 0.1，而 Hansman 检验统计量为 47.574059，伴随概率为 0.0000（见表 4－11、表 4－12），因此拒绝固定效应模型与随机效应模型不存在系统差异的原假设，建立固定效应模型。实证检验结果显示，系数β_3为负数且显著（β_3=－0.241458，伴随概率为 0.0001），证明了金融的发展有利于一国向前沿经济增长水平的收敛，并以新的统计数据补充论证了 Aghion 等（2004、2005）的研究；系数β_1代表了金融发展对经济增长的作用，实证结果是正值（0.158738）且显著（见表 4－13）。

表 4－11　高收入国家 F 统计量和 LR 检验结果 2

Effects Test	Statistic	d. f.	Prob.
Cross－section F	5.348273	（9，224）	0.0000
Cross－section Chi－square	46.132103	9	0.0000

表 4－12　高收入国家 Hansman 检验结果 2

Test Summary	Chi－Sq. Statistic	Chi－Sq. d. f.	Prob.
Cross－section random	47.574059	3	0.0000

表 4－13　高收入国家回归模型 R8 实证结果

	R8
Dependent Variable	lny
FIN	0.158738
	（0.0000 ***）
GAP	1.923411
	（0.0000 ***）
*Gap * Fin*	－0.241458

续表

	R8
	(0.0001 ***)
Observations	237
Cross - sections	10
Adjusted R - squared	0.936337

注：括号里是 t 值对应的 p 值；*、**、*** 分别表示统计值在 10%、5% 和 1% 的水平上显著

加入其他控制变量，包括本土研发、金融发展与本土研发的乘积项，技术引进、金融发展与技术引进的乘积项，人力资本与政府规模等变量，重新建立回归模型，实证结果没有改变回归模型 R8 中各系数值的特征。金融发展系数为 0.777841 且显著（伴随概率为 0.0000），与前沿技术的差距 Gap 变量的系数为 1.267695 且显著（伴随概率为 0.0000），金融发展和与前沿技术差距乘积交叉项系数仍然为负数，等于 -0.093934。从而本书以更新至 2009 年的跨国统计数据验证了 Aghion 等的研究。

二、中低收入国家

利用相同的实证方法，以中低收入国家为研究对象，对金融发展与经济增长及其作用机制进行计量检验。

（一）单位根检验

本书首先针对中低收入国家面板数据进行单位根检验以考察变量的时间趋势，采用 Levin，Lin 和 Chu 检验（2002）、Im，Pesaran & Shin W - stat 检验（2003）、ADF - Fisher Chi - square 检验（1999）与 PP - Fisher Chi - square 检验（2001），对所有变量的原始序列、一阶差分分别进行单位根检验，滞后阶数通过 AIC 定阶准则来确定，具体实证检验结果如表 4 - 14 所示。结果显示，所有变量原始序列均存在单位根，但一阶差分变量均通过了所有检验，拒绝单位根假说（即是平稳），所有变量均为一阶单整 I（1）。

表 4-14 中低收入国家面板数据单位根检验结果

变量	Levin, Lin & Chu	Im, Pesaran and Shin W-stat	ADF-Fisher Chi-square	PP-Fisher Chi-square	判断结论
$\ln y_{it}$	3.94266	4.81751	11.4286	7.48982	非平稳
$\Delta \ln y_{it}$	-7.35906***	-8.28760***	111.704***	90.2217***	平稳
Fin_{it}	-0.90612	0.50100	22.9194	14.2697	非平稳
ΔFin_{it}	-7.77647***	-7.97687***	107.393***	120.078***	平稳
Gap_{it}	1.34015	0.98021	33.0981	35.9298	非平稳
ΔGap_{it}	-2.36328***	-3.28576***	60.8768***	73.5579***	平稳
$INNO_{it}$	-2.55892	-0.57362	33.8610	42.8437	非平稳
$\Delta INNO_{it}$	-9.59740***	-7.57200***	107.024***	172.362***	平稳
M_{it}	-3.78978	0.20466	22.1893	50.2831	非平稳
ΔM_{it}	-8.50238***	-2.92417***	68.9912***	131.220***	平稳
h_{it}	0.03659	4.29787	10.1478	8.55463	非平稳
Δh_{it}	-3.03434***	-2.17138***	51.6544**	58.8472***	平稳
Gov_{it}	-2.02523	-1.97336	37.5333	28.0758	非平稳
ΔGov_{it}	-5.69986***	-7.12282***	90.1716***	76.6382***	平稳

注：*、**、***分别表示统计值在10%、5%和1%的水平上显著

（二）协整检验

由于变量为 I（1）一阶单整数序列，可以进一步检验其协整性。利用 Johansen 协整检验法对中低收入国家 1985—2009 年经济增长与金融发展、本土研发与金融发展的协整关系进行检验，检验结果如表 4-15、表4-16所示，可知中低收入国家金融发展 Fin_{it}（私营部门的国内信贷）与经济增长（人均 GDP 的对数）、金融发展与本土研发之间存在长期协整关系。

表 4-15 中低收入国家经济增长（人均 GDP 的对数）与金融发展（私营部门的国内信贷）Johansen Fisher 面板数据协整检验

Hypothesized	Fisher Stat. *		Fisher Stat. *	
No. of CE (s)	(from trace test)	Prob.	(from max-eigen test)	Prob.
None	68.76	0.0000	58.55	0.0001
At most 1	51.91	0.0008	51.91	0.0008

表 4-16 中低收入国家本土研发（每年人均 PCT 申请量）与金融发展（私营部门的国内信贷）Johansen Fisher 面板数据协整检验

Hypothesized	Fisher Stat. *		Fisher Stat. *	
No. of CE (s)	(from trace test)	Prob.	(from max - eigen test)	Prob.
None	64.14	0.0000	58.73	0.0000
At most 1	33.97	0.0495	33.97	0.0495

（三）面板模型选择与回归

与高收入国家一样，对于中低收入国家，本书首先利用 F 统计量检验值判断以联合回归模型、变截距模型或变系数模型拟合样本数据；并采用 Hansman 检验来判断采用固定效应模型还是随机效应模型。根据相关检验对各变量建立回归模型。

1. 中低收入国家中，金融发展对经济增长有积极作用，但人力资本作用更大

根据 F 检验、Hansman 检验结果，选择建立随机效应模型 R1，实证计量结果如表 4-17 所示。中低收入国家金融发展对经济增长作用的系数为 0.117215 且具有显著性，人力资本积累对经济增长的推动相对更显著（0.224429）。

表 4-17 中低收入国家回归模型 R1 实证结果

Dependent Variable	R1 lny
FIN	0.117215
	(0.0000 ***)
INNO	0.074841
	(0.0013 ***)
M	0.042658
	(0.0341 **)
H	0.224429
	(0.0000 ***)
GOV	-0.139986
	(0.0693 *)

续表

	R1
FDI	0.038136
	(0.0000***)
Observations	139
Cross – sections	12
Adjusted R – squared	0.7354

注：括号里是 t 值对应的 p 值；*、**、***分别表示统计值在 10%、5% 和 1% 的水平上显著

2. 熊彼特范式内生增长理论对收敛的判断在中低收入国家也成立

F 统计量和 LR 检验的伴随概率均为 0.0000，小于 0.1，从而拒绝混合横截面模型相对于固定效应模型更有效的假设；而 Hansman 检验统计量为 63.409591，伴随概率为 0.0000，因此拒绝固定效应模型与随机效应模型不存在系统差异的原假设，建立固定效应模型 R2。实证检验结果显示，系数 β_3 为负数（β_3 = – 0.066287，伴随概率为 0.0144，在 5% 的水平上显著），证明金融的发展有利于一国向前沿经济增长水平的收敛，进一步验证了 Aghion 等（2004、2005）的研究；系数 β_1 代表了金融发展对经济增长的作用，不同于高收入国家，在中低收入国家该系数为负（–0.160822，在 5% 的水平上显著），金融发展还未能有效推动经济增长。

表 4 – 18 中低收入国家 F 统计量和 LR 检验结果

Effects Test	Statistic	d. f.	Prob.
Cross – section F	19.055280	(11, 188)	0.0000
Cross – section Chi – square	153.550094	11	0.0000

表 4 – 19 中低收入国家 Hansman 检验结果

Test Summary	Chi – Sq. Statistic	Chi – Sq. d. f.	Prob.
Cross – section random	63.409591	5	0.0000

表 4 – 20 中低收入国家回归模型 R2 实证结果

	R2
Dependent Variable	lny
FIN	– 0.160822

续表

	R2
	(0.0364 **)
GAP	1.011953
	(0.0000 ***)
*GAP * FIN*	-0.066287
	(0.0144 **)
H	0.32432
	(0.0000 ***)
GOV	-0.019476
	(0.6925)
Observations	205
Cross - sections	12
Adjusted R - squared	0.98618

注：括号里是 t 值对应的 p 值；*、**、***分别表示统计值在10%、5%和1%的水平上显著

3. 中低收入国家的金融发展与本土研发在长期存在协整关系，但对本土研发作用没有高收入国家显著

在中低收入国家，金融发展与本土研发存在长期协整关系。根据 F 统计量和 LR 检验结果与 Hansman 检验（见表4-21），以金融发展（*FIN*）为自变量、本土研发（*INNO*）为因变量建立固定效应模型 R3（见表4-23）。实证结果显示，中低收入国家金融发展能够推动本土研发（等数为0.213992）且显著，但比高收入国家（0.412283，见表4-9）低。

此外，将金融发展与本土研发交叉乘积项引入模型中，由于 F 统计量和 LR 检验的伴随概率均为0.0000，小于0.1，从而拒绝混合横截面模型相对于固定效应模型更有效的假设；而 Hansman 检验值为0.899778，伴随概率为0.9963（见表4-22），因而建立随机效应模型 R4。

表4-21 中低收入国家回归模型 R3 的 Hansman 检验结果

Test Summary	Chi - Sq. Statistic	Chi - Sq. d. f.	Prob.
Cross - section random	23.255242	5	0.0003

表4－22　中低收入国家回归模型R4的Hansman检验结果

Test Summary	Chi－Sq. Statistic	Chi－Sq. d. f.	Prob.
Cross－section random	0. 899778	7	0. 9963

表4－23　中低收入国家回归模型R3和R4实证结果

	R3	R4
Dependent Variable	lnno	lny
FIN	0. 213992	0. 319177
	(0. 0090 ***)	(0. 0043 ***)
INNO		0. 026094
		(0. 4476)
INNO＊FIN		0. 01386
		(0. 0636 *)
M	－0. 800281	0. 041776
	(0. 0000 ***)	(0. 0363 **)
FDI	0. 071336	0. 040526
	(0. 0394 **)	(0. 0000 ***)
H	1. 59145	0. 207467
	(0. 0000 ***)	(0. 0000 ***)
GOV	－0. 191431	－0. 143201
	(0. 5286)	(0. 0609 *)
Observations	139	139
Cross－sections	12	12
Adjusted R－squared	0. 957946	0. 742845

注：括号里是t值对应的p值；＊、＊＊、＊＊＊分别表示统计值在10％、5％和1％的水平上显著

随机效应模型R4验证了中低收入国家中金融发展能够通过促进本土研发推动经济增长，金融发展与本土研发交叉乘积项系数为0. 01386，且在10％的水平上显著（见表4－23）。

4. 金融发展对技术引进在中低收入国家有显著正向作用

根据F统计量和LR检验结果与Hansman检验，以金融发展（*FIN*）为自变量、技术引进（*M*）为因变量建立固定效应模型R5。实证结果显示，比起对本土研发的正面作用（0.213992，伴随概率0.0090，见表4-23），中低收入国家金融发展能够显著推动技术引进（0.353541，伴随概率0.0114，见表4-24）。

表4-24 中低收入国家回归模型R5和R6实证结果

	R5	**R6**
Dependent Variable	lnm	lny
FIN	0.353541	
	(0.0114**)	
M		-0.106330
		(0.0000***)
M×FIN		0.025381
		(0.0000***)
H	-1.553330	0.386828
	(0.0000***)	(0.0000***)
GOV	-1.74989	-0.160184
	(0.0025***)	(0.0739*)
Observations	141	141
Cross-sections	12	12
Adjusted R-squared	0.716696	0.975841

注：括号里是t值对应的p值；*、**、***分别表示统计值在10%、5%和1%的水平上显著

根据F统计量和LR检验结果与Hansman检验，以金融发展（*FIN*）、技术引进（*M*）等为自变量建立固定效应模型R6。模型R6验证了中低收入国家中金融发展通过促进技术引进推动经济增长（金融发展与技术引进交叉乘积项系数为0.025381，且在1%的水平上显著，见表4-24），比起促进本土研发（0.01386，且在10%的水平上显著，见表4-23），中低收入国家金融发展促进经济增长主要通过推动技术引进这一渠道，这进一步论证了本书提出的假说Ⅰ。

本章小结

内生增长理论的熊彼特范式将创新的破坏作用模型化，Aghion 等进一步将产品质量升级纳入分析框架，从而扩展了对持续技术进步的结构与制度决定因素的研究，为金融发展与经济增长问题的研究提供了一个更为一般性的分析框架。本章基于内生增长理论熊彼特范式与经济增长中金融发展作用的阶段性假说，利用世界银行、国际货币基金组织与世界知识产权组织的相关统计资料数据，以高收入国家与低收入国家1985—2009 年面板数据为研究对象，对两变量间的关系予以实证检验。实证检验结果表明：

第一，Aghion 等所提出的金融发展对经济体向前沿技术趋同过程中对经济增长的积极作用，在高收入国家与中低收入国家中均存在，但强度不同，高收入国家的金融发展对经济增长收敛于技术前沿水平的推动作用大于中低收入国家。

第二，随着一国生产技术趋向世界技术前沿，本土研发成为保持较高经济增长速度的主要动力源泉，高收入国家本土研发对经济增长的推动作用大于技术引进对经济增长的作用；而在中低收入国家该系数值与显著性则远低于前者。

第三，虽然金融发展均可推动本土研发与技术引进进而促进经济增长，但在高收入国家中，金融发展对本土研发的推动作用更显著，主要通过质量型作用机制（促进技术进步与宏观效率提高）推动经济增长；中低收入国家中，金融发展虽然能够推动本土研发，但比高收入国家程度低，金融发展主要通过推动技术引进对经济增长产生积极作用，相比起人力资本积累对经济增长的积极推动，金融发展尚未能有效促进经济增长。以上实证检验结果从不同角度验证了本书所提出的理论假说。

附 录

2007 年 8 月开始席卷美国、欧盟与日本等世界主要金融市场的次贷危机（Subprime Mortgage Crisis），随着 2008 年 9 月 20 日美国雷曼兄弟公司宣布破产，逐渐演变为对世界金融体系形成强大冲击的全球性金融危机，并对全球经济增长产成持续性的影响。Aghion 等所提出的金融发展在经济体向前沿技术趋同过程中对经济增长的积极作用，在高收入国家与中低收入国家中是否依然存在；在高收入国家、中低收入国家中，金融发展能否像 2007 年以前那样通过推动本土研发与技术引进以促进经济增长。附录部分拟对这些问题予以进一步的探索。

一、数据来源与变量的统计描述

数据来源与变量定义依然与前文保持一致，世界银行数据更新于 2016 年 11 月 17 日，WIPO 统计数据库更新于 2016 年 5 月，人均国内生产总值从原先的以 2000 年不变价美元转换为 2010 年不变价美元。更新统计数据之后，高收入国家人均 GDP 均值从 22435. 60 美元增长至 37350. 47 美元，中低收入国家人均 GDP 均值从 2869. 241 美元增长至 5103. 596 美元；标准差显示，中低收入国家的人均 GDP、PCT 与国内专利数量差异变得更为显著。

以 1985—2015 年为研究区间，根据世界银行最新公布的对一国收入水平划分的标准，分别对 10 个高收入国家①与 12 个中低收入②国家面板数据进行计量检验，各变量基本统计信息如表 4 – 25 所示。

① 奥地利（Austria，AUT）、丹麦（Denmark，DNK）、芬兰（Finland，FIN）、法国（France，FRA）、日本（Japan，JPN）、韩国（Republic of Korea.，ROK）、荷兰（Netherlands，NLD）、新西兰（New Zealand，NZL）、英国（United Kingdom，GBR）与美国（United States，USA）

② 阿尔及利亚（Algeria，DZA）、巴西（Brazil，BRA）、保加利亚（Bulgaria，BGR）、埃及（Egypt，EGY）、印度（India，IND）、伊朗（Iran，IRN）、马来西亚（Malaysia，MYS）、墨西哥（Mexico，MEX）、菲律宾（Philippines，PHL）、南非（South Africa，ZAF）、泰国（Thailand，THA）与土耳其（Turkey，TUR）

表 4-25　高收入国家 1985—2015 年各变量的统计分析

	人均 GDP	金融发展	PCT	国内专利数量	人力资本	政府规模
Mean 均值	37350. 47	112. 4879	6504. 211	60331. 35	58. 2094	19. 31726
Median 中值	38321	100. 2706	1587	2643. 5	56. 87401	19. 5105
Maximum 最大值	61149. 53	227. 7525	61492	384201	99. 66034	28. 06423
Minimum 最小值	5628. 618	23. 5056	1. 0000	802	20. 99779	9. 931294
Std. Dev. 标准差	10934. 02	48. 30201	12417. 68	105901. 2	19. 77779	3. 988686
Skewness	-0. 5168439	0. 4412479	2. 701395	1. 822926	0. 1936754	-0. 2780843
Kurtosis	3. 420736	2. 257952	9. 445316	4. 911796	2. 117547	2. 48757
Sum 总和	1. 16e+07.	33071. 44	2003297	1. 81e+07	16938. 94	5969. 034
样本数量	310	294	308	300	291	309
国家数量	10	10	10	10	10	10

表 4-26　中低收入国家 1985—2015 年各变量的统计分析

	人均 GDP	金融发展	PCT	国内专利数量	人力资本	政府规模
Mean 均值	5103. 596	53. 89397	152. 8057	1370. 443	26. 35352	13. 78442
Median 中值	4617. 511	38. 82168	31. 00000	485. 0000	24. 7486	12. 70029
Maximum 最大值	11797. 45	166. 5041	1430	15403	78. 98195	20. 67803
Minimum 最小值	465. 803	3. 907417	1. 000000	1. 000000	5. 54462	7. 515493
Std. Dev. 标准差	2880. 273	41. 24653	269. 3014	2380. 831	14. 04666	3. 458145
Skewness	0. 2545417	1. 013206	2. 729801	3. 155005	0. 8934174	0. 4822795
Kurtosis	2. 079545	2. 87783	11. 09805	13. 93387	3. 77276	2. 022437
Sum 总和	1893434	19509. 62	43244	482396	7141. 805	5072. 667
样本数量	371	362	283	352	271	368
国家数量	12	12	12	12	12	12

附录部分延续前文的理论框架与分析方法，采用 1985—2015 年跨国面板数据对经济增长中的金融发展作用机制予以分析，继续关注：①熊彼特范式内生增长理论模型中金融发展对经济体追赶技术前沿过程中的趋同是否存在，考察系数 $\beta_3<0$、$\beta_2>0$ 是否成立，β_1 系数是否显著等；②不同收入水平国家金融发展对经济增长的作用机制是否存在差异，考察系数 β_5、β_7 的显著性等。

$$\Delta y_{it} = \alpha + \beta_1 Fin_{it} + \beta_2(y_{i(t-1)} - y_{1(t-1)}) + \beta_3 Fin_{it}(y_{i(t-1)} - y_{1(t-1)}) + \beta_4 INNO_{it} +$$

$$\beta_5 Fin_{it} INNO_{it} + \beta_6 M_{it} + \beta_7 Fin_{it} M_{it} + \beta_8 h_{it} + \beta_9 Gov_{it} + \varepsilon_{it} \tag{4-5}$$

$$x_{i,t} = \alpha + \beta[fin]_{it} + [Other]_{i,t} + \varepsilon_{i,t} \tag{4-6}$$

对面板进行估计时，首先根据 Hausman 结果来确定是固定效应还是随机效应更为合适，各检验结果支持采取固定效应模型。

二、估计结果及解释

用 Stata 13.0 对上述模型进行计量分析，模型回归的结果如表 4－27 至表 4－31 所示。

1. 高收入国家

表 4－27 与表 4－28 报告的是高收入国家 1985—2015 年面板数据固定效应模型估计结果。

第一，除了变量 FDI，方程（1）其他系数全部通过了显著性检验，$R^2=0.871$，再次验证了系数 $\beta_3<0$、$\beta_2>0$，β_1 系数显著，即金融发展、本土研发和技术引进与人均 GDP 增长显著正相关，金融对经济增长的促进作用及其对前沿技术趋同存在正向影响；熊彼特范式内生增长理论对收敛的判断在高收入国家依然成立。

第二，将面板数据扩展至包含 2008 年 9 月金融危机爆发 7 年数据后，出现了与前文中预期不太一致的新变化：方程（3）与方程（4）虽然证明金融发展对本土研发具有显著的正向作用，也能够通过研发渠道促进经济增长（但系数相较于 2009 年前面板数据变小），但当加入其他变量，特别是将金融发展与本土研发交叉项、金融发展与技术引进交叉项都引入时，方程（2）、方程（5）分别显示金融发展通过本土研发、金融发展通过技术引进对经济增长存在负面影响（虽然系数值本身不是很大），这在一定程度反映了金融危机给高收入国家带来的破坏作用。

表 4－27　高收入国家 1985—2015 年面板数据固定效应模型估计结果（1）

	(1) lny	(2) lny	(3) inno
FIN	0.0007754 ***	0.0034645 ***	42.27185 **
	(4.142)	(10.137)	(2.311)

续表

	(1)	(2)	(3)
GAP	0.3238788 ***		
	(8.324)		
GAP × FIN	−0.0041937 ***		
	(−9.372)		
INNO	2.96e−06 ***	0.0000222 ***	
	(4.741)	(4.520)	
M	0.0831839 ***	0.5738967 ***	
	(3.699)	(8.319)	
H	0.0067506 ***	0.0057719 ***	71.15278 *
	(13.402)	(9.881)	(1.774)
GOV	−0.0120392 ***	0.0049864	1119.593 ***
	(−3.057)	(1.198)	(2.960)
FDI	0.0011566	0.0023865 ***	4.779631
	(1.480)	(2.962)	(0.071)
INNO × FIN		−1.03e−07 ***	
		(−4.119)	
M × FIN		−0.0052842 ***	
		(−9.122)	
_cons	10.14371 ***	9.598487 ***	−24026.47 ***
	(146.015)	(125.602)	(−3.780)
N	273	274	274
R^2	0.871	0.860	0.196
F	214.303	196.497	15.839

注：括号中为t值，*、**，***分别表示显著性水平为10%、5%和1%

表4－28　高收入国家1985—2015年面板数据固定效应模型估计结果（2）

	(4)	(5)
	lny	lny
FIN	0.0006715 ***	0.0011208 ***
	(2.939)	(4.569)
INNO × FIN	1.15e−08 ***	
	(2.961)	

续表

	(4)	(5)
H	0.0091766 ***	0.0096408 ***
	(18.623)	(19.061)
GOV	-0.0030421	0.0005933
	(-0.646)	(0.128)
FDI	0.002182 ***	0.0035892 ***
	(2.644)	(3.842)
M × FIN		-0.0006697 ***
		(-3.215)
_ cons	9.88457 ***	9.769971 ***
	(123.717)	(121.817)
N	274	274
R^2	0.803	0.804
F	211.616	213.160

注：括号中为 t 值，*、**，***分别表示显著性水平为 10%、5% 和 1%

2. 中低收入国家

表 4-29 报告的是中低收入国家 1985—2015 年面板数据固定效应模型估计结果。

第一，方程（1）所有系数在统计上显著，$R^2=0.688$，再次验证了系数 $\beta_3<0$、$\beta_2>0$，即金融发展依然有助于一国趋同于前沿经济增长率，熊彼特范式内生增长理论对收敛的判断在中低收入国家中依然成立。金融危机之后变化的是，虽然金融发展对经济体追赶技术前沿的趋同作用依然显著，但若不考虑其他变量，金融发展对经济增长仍存在一定程度的负面影响。

第二，方程（2）、方程（4）显示，当引入本土研发与技术引进等变量后，金融发展对经济增长存在显著的正向作用；方程（4）显示金融发展能够通过本土研发推动经济增长（但系数相较于 2009 年前的面板数据实证检验变小）；方程（3）显示，在中低收入国家，金融发展、技术引进与人力资本都能够有利于本土研发，系数通过了显著性检验，技术引进对本土研发的正向作用相对最大，这些结论与前文基本一致。

第三，将面板数据扩展至包含2008年9月金融危机爆发7年数据后，出现了与前文中预期不太一致的新变化：方程（2）虽然证明金融发展能够通过研发渠道促进经济增长，但系数在统计方面不显著；金融发展通过技术引进对经济增长存在一定的负面影响，系数也在统计上不显著，这在一定程度上反映了金融危机对中低收入国家带来的影响。

表4-29　中低收入国家1985—2015年面板数据固定效应模型估计结果（1）

	(1)	(2)	(3)	(4)
	lny	lny	inno	lny
FIN	-0.0059532***	0.0016148**	1.810423***	0.0011223*
	(-2.709)	(2.578)	(2.913)	(1.890)
GAP	0.2826488***			
	(4.847)			
GAP×FIN	-0.0038437***			
	(-4.076)			
INNO		0.0000674		
		(0.310)		
M		0.6673608**	609.3522***	
		(2.403)	(4.418)	
H	0.015741***	0.0118033***	5.677496***	0.0124246***
	(15.739)	(11.114)	(5.306)	(11.784)
GOV	-0.0150367***	-0.0106813*	-0.9352678	-0.0129985**
	(-2.938)	(-1.960)	(-0.157)	(-2.366)
FDI	0.014536***	0.0120952***	0.7052964	0.0128424***
	(4.313)	(4.032)	(0.214)	(4.295)
INNO×FIN		2.34e-06		4.04e-06***
		(0.619)		(4.094)
M×FIN		-0.0035439		
		(-0.998)		
_cons	8.569765***	8.003383***	-177.9992**	8.082882***
	(53.917)	(97.285)	(-2.108)	(101.780)
N	260	203	203	205
R^2	0.688	0.683	0.369	0.663
F	89.020	49.277	21.760	73.858

注：括号中为t值，*、**、***分别表示显著性水平为10%、5%和1%

三、稳健性检验

在前文中已有论述，第 i 国在 t 时期的金融发展水平包括两个方面：第一，私营部门的国内信贷（Domestic Credit to Private Sector, % of GDP）是指通过贷款、购买非股权证券、贸易信用以及其他应收账款等方式提供给私营部门并确立了偿还要求的金融资源（对于某些国家，此类债权包括对国有企业的信贷），以 Fin_{it} 代表；第二，银行部门提供的国内信贷（Domestic Credit Provided by Banking Sector, % of GDP），以 BK_{it} 表示。为了考察模型的稳健性，以 BK_{it} 代替 Fin_{it} 考察金融发展通过本土研发与技术引进对经济增长的作用渠道。

1. 高收入国家

表 4－30 报告的是以 BK_{it} 代替 Fin_{it} 之后，高收入国家 1985—2015 年面板数据固定效应模型估计结果。方程（6）、方程（7）核心解释变量系数均在统计上显著，与前文一致；一方面，以 BK_{it} 衡量的金融发展能够有效通过推动本土研发促进经济增长，但系数依然小于 2009 年前面板数据的实证检验结果；另一方面，金融发展、技术引进均能分别正向促进经济增长，但二者的交叉项则由金融危机前的正向转为负向，即在推动经济增长时存在着相互替代关系。

表 4－30　高收入国家 1985—2015 年面板数据固定效应模型估计结果（3）

	(6)	(7)
	lny	lny
BK	0.0007438 ***	0.0025519 ***
	(3.588)	(8.925)
INNO×*BK*	5.84e－08 ***	6.73e－08 ***
	(5.204)	(6.658)
M		0.4895727 ***
		(7.605)
M×*BK*		－0.0044601 ***
		(－8.276)

续表

	(6)	(7)
H	0.0088714 ***	0.0069074 ***
	(18.114)	(12.579)
GOV	-0.0095452 *	0.0012693
	(-1.921)	(0.275)
FDI	0.0020601 **	0.0022841 ***
	(2.542)	(2.745)
_cons	10.01327 ***	9.733415 ***
	(117.473)	(116.404)
N	274	274
R^2	0.810	0.850
F	221.258	208.600

注：括号中为 t 值，*、**、***分别表示显著性水平为 10%、5%和 1%

2. 中低收入国家

表 4-31 报告的是以 BK_{it} 代替 Fin_{it} 之后，中低收入国家 1985—2015 年面板数据固定效应模型估计结果。方程（5）、方程（6）核心解释变量系数在统计上显著，与前文一致；一方面，以 BK_{it} 衡量的金融发展能够有效通过推动本土研发、技术引进促进经济增长，（虽然系数依然小于 2009 年前面板数据的实证检验结果）；另一方面，技术引进仍然是中低收入国家金融发展推动经济增长的主要渠道。

表 4-31　中低收入国家 1985—2015 年面板数据固定效应模型估计结果（2）

	(5)	(6)
	lny	lny
BK	0.0008885	0.0015073 **
	(1.433)	(2.418)
INNO × BK	4.74e-06 ***	
	(4.508)	
M × BK		0.0073367 **
		(2.084)
H	0.0124425 ***	0.0126411 ***

续表

	(5)	(6)
	(11.837)	(12.582)
GOV	-0.0119449 **	-0.0109682 **
	(-2.166)	(-1.987)
FDI	0.0128713 ***	0.0128315 ***
	(4.307)	(4.229)
M		0.1712895
		(0.727)
_cons	8.080711 ***	8.015921 ***
	(98.505)	(94.634)
N	205	203
R^2	0.663	0.673
F	73.937	63.518

注：括号中为 t 值，*、**、***分别表示显著性水平为 10%、5% 和 1%

以上实证检验结果说明，当替换变量后，高收入国家与中低收入国家的评价方法与指标仍对评价结果保持较一致与稳定的解释，证明了原模型的稳健性。

综上所述，1985—2015 年跨国面板数据的实证检验结果显示：①无论在高收入国家还是中低收入国家，熊彼特范式内生增长理论模型中金融发展对经济体追赶技术前沿的过程中始终存在趋同作用；②金融发展依然对技术创新有显著的正向作用；相比于中低收入国家，金融发展在高收入国家相对作用更强；③中低收入国家依然更多地通过技术模仿与人力资本累积实现经济增长；④新的统计数据的加入，形成了区别于 1985—2009 年计量实证检验的新发现，从侧面在一定程度上反映了金融危机对宏观经济的破坏作用：一方面，虽然金融发展依然能够通过推动技术创新渠道促进经济增长（高收入国家与中低收入国家），通过激励技术模仿推动经济增长（中低收入国家），交叉项系数依然显著为正，但系数值本身相比于金融危机发生前的统计数据实证检验变小了许多；另一方面，金融危机发生之前，高收入、中低收入国家金融发展均能够通过推动技术引进促进经济增长；但新的实证检验表明，在高收入国家中此交叉项虽然系数非常小，但已经由原先的正向作用转变为负向作用，且 p 值显著，这从某种程度上反映了金融危机对各经济体的显著负面影响。

第五章　金融发展对经济增长作用机制的中国经验

在借鉴西方成熟理论时，需要考虑本国的资源禀赋、技术发展水平及经济发展阶段等因素对模型中各变量的影响，金融体系的改革也是如此。一方面，中国改革开放以来取得了举世瞩目的成就，1978—2015 年国内生产总值一直保持着 7% 的年均增长率，不但避开了 2008—2009 年全球金融危机，而且在 2010 年成为世界第二大经济体，但以标准的经济增长理论却无法完全解释这一现象；另一方面，一些学者将中国作为传统金融—增长关系的反例或特例，认为金融体系虽然功能不健全，却并未妨碍经济的增长（Allen 等，2005）①。那么，中国金融的发展是否存在"中国特性"，中国经济增长过程中金融发展的作用机制又是什么，对这些问题的探讨既是金融—增长关系理论与中国实际发展的需要，也是提出政策建议的基础。

本章从发展历程的纵向维度与区域比较的横向维度两个层面分析金融发展与经济增长的中国经验事实，在此基础上，从增长效应与结构效应入手进一步探讨中国经济增长中金融发展的作用机制。

第一节　金融发展与经济增长的中国经验事实

经过多年的改革，中国虽然已有了一个多样化金融体制的制度基础，但金融体系并未发挥突出作用，仍以银行特别是国有银行为主导；股票市场由于缺乏透明度波动幅度大，加之规模有限，故仍处于欠发达状态；中国金融体制整体呈现出"深化但较窄"的特征。随着中国经济发展水平的

---

① Allen, F., Qian, J., and Qian, M. Law, Finance and Economic Growth in China [J]. *Journal of Financial Economics*, 2005 (77): 57 - 116.

提高，向世界前沿技术逐渐趋近，经济增长与市场经济的发展对这种金融体制提出了新的要求；金融体制已滞后于转型过程中其他经济体制的发展，并可能成为经济脆弱的根源。

一、中国金融体系发展历程与特征

在计划经济体制下，政府开办的银行基本上构成了中国整个金融体系。改革包括银行商业化、资本市场建立与发展、中国人民银行机构职能及公开市场操作、准备金、再贷款等市场化调控方面的改革，使中国金融体系初步形成了市场化的框架。有学者根据中国金融改革的历程，将其分为三大阶段（见图 5－1）。

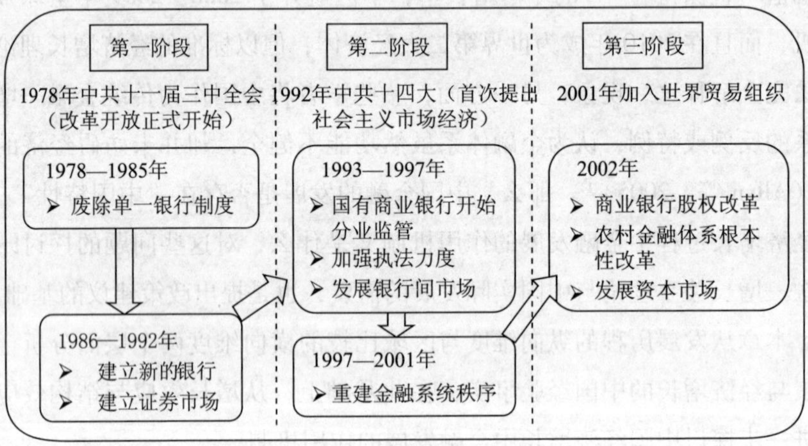

图 5－1 中国金融体制改革阶段

资料来源：转引自 Okazaki（2007）[①]

总体来看，中国金融体系经过 30 多年的改革，仍以“深化但较窄”（Naughton，2010）[②] 为特征：从纵向上看，货币化程度不断提高，金融体系已经变得更为深化；从横向上看，与其他国家相比，银行体系对金融体

① Okazaki，K. Banking System Reform in China：the Challenges of Moving toward a Market－Oriented Economy［R］. Rand Corporation Occasional Paper 194，2007.

② Naughton，B. 中国经济：转型与增长［M］. 上海：上海人民出版社，2010：403.

系依然发挥着主导作用，金融宽化①不够；金融抑制虽有所缓解，却依然与发达国家有很大的差距，特别是体现在运行效率、金融可得性等方面。

（一）经济货币化与金融深化

金融体制的改革促进了金融深化，中国的金融深化指数（M2/GDP，又称货币化）在20世纪90年代中后期迅速提高，已从1978年的32%持续增加至2010年的181%（见图5-2）；截至2016年10月中国的广义货币余额（M2）达到1519485.40亿元（见图5-3），这一数字远高于其他经济体。M2与经济增长的同向趋势体现了货币对产出的推动与激励。

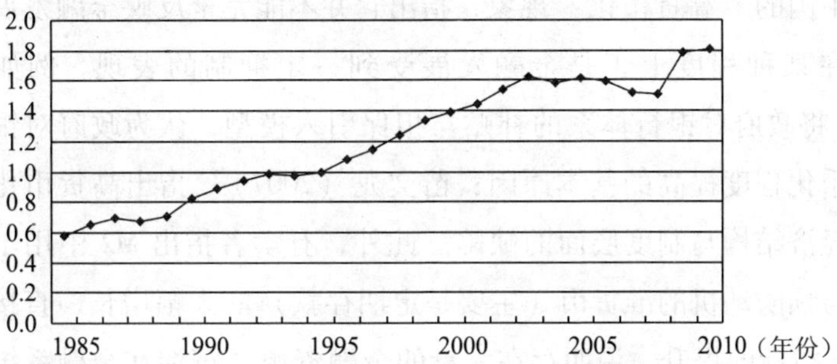

图5-2　中国货币化（M2/GDP）趋势

数据来源：M2数据来自中国人民银行，GDP数据来自国家统计局

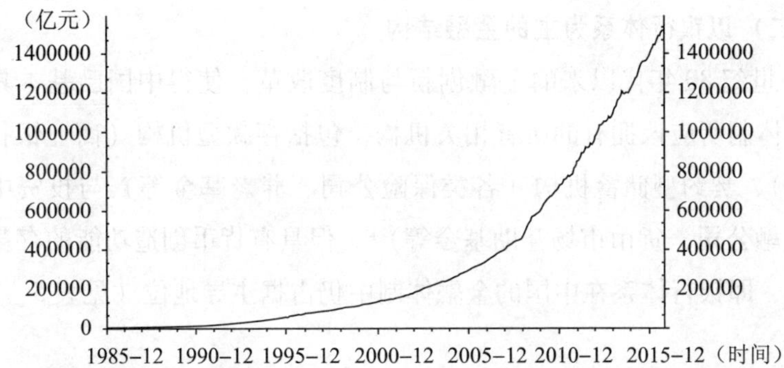

图5-3　中国1985年12月—2016年10月广义货币（M2）供应量

数据来源：Wind经济数据库

① 所谓“金融宽化”是指大量金融机构与金融工具的增加，与资本市场发展、新型市场交易者与机构投资人增加等因素正相关，反映了储蓄者与投资者在通过金融体系利用不同来源的金融资源满足不同需求方面的选择的增加。

不同于其他转型经济体，中国通过较为审慎的转型，避免了金融体系市场化转型可能带来的金融混乱。通过对居民储蓄存款按照 CPI 增长速度实施补贴利率，有效保护了存款的价值，避免了类似俄罗斯 1990—1993 年因金融转型导致国民收入与储蓄大幅下降的问题（Naughton，2010①）。

但是，用货币化（金融深化）指标片面指代金融发展存在一定的误导性。金融的发展体现为金融功能的不断完善、金融抑制程度的缓解以及与金融服务相关的一系列因素（如世界经济论坛所提出的三大类七大指标），而这些方面仍是中国下一步金融体制改革的重点内容。近年来已有许多学者关注中国的“高货币化”现象，指出它并不能完全反映金融发展水平的提高，在某种程度上正是金融发展受到一定抑制的表现。例如，张杰（2006）将政府对银行体系的补贴与担保引入模型，认为政府对银行的控制是货币化程度提高的基本原因；苗文龙（2007）② 指出高货币化的背后隐藏着经济结构与制度层面的缺陷。此外，有学者指出 M2 中用于满足投资动机与预防动机的准货币（主要是定期存款）的大幅增长，直接推动了 M2/GDP 指标的提升，说明存在大量的金融资源“沉淀在金融系统无法进入实体经济”，金融体制转型滞后于实体经济的发展，这一现象的实质是金融体系转型没能有效解决金融抑制问题（姚先国、武鑫，2010）③。

（二）以银行体系为主的金融结构

20 世纪 80 年代以来的金融创新与制度改革，使得中国已基本具备现代金融体制所应该拥有的所有相关机构，包括存款型机构（商业银行、信用社等）、契约型储蓄机构（各类保险公司、养老基金等）与投资中介机构（金融公司、货币市场互助基金等）④；但具有货币创造功能的存款型金融机构，即银行体系在中国的金融体制中仍占据主导地位（见表 5－1）。

---

① Naughton，B. 中国经济：转型与增长［M］. 上海：上海人民出版社，2010：406.

② 苗文龙. 现代货币数量论与中国“高货币化”成因［J］. 数量经济技术经济研究，2007（12）：108－116.

③ 姚先国，武鑫. 中国的金融制度转型——基于经济危机中的观察［J］. 经济学动态，2010（11）：51－59.

④ Mishkin，F. S. 货币金融学［M］. 北京：中国人民大学出版社，1998：34－37.

表 5－1　中国金融市场资金来源增长　　(%)

年份	银行信贷	国库券	企业债券	股票
2000	72. 8	14. 4	0. 5	12. 3
2001	75. 9	15. 7	0. 9	7. 6
2002	80. 2	14. 4	1. 4	4. 0
2003	85. 2	10. 0	1. 0	3. 9
2004	82. 9	10. 8	1. 1	5. 2
2005	78. 1	9. 5	6. 4	6. 0

数据来源：中国人民银行（PBC，2002，30；2003，12；2004，18；2005，18），www. pbc. gov. cn 转引自：Naughton，B. 中国经济：转型与增长［M］. 上海：上海人民出版社，2010：406

此外，根据世界银行所公布的 1977—2015 年中国数据（见表 5－2），伴随着人均 GDP 的增长，银行所提供的国内信贷占 GDP 的百分比从早期的 65. 76% 提高到 155. 32%，且从某种程度上看它仍然具有增长的趋势。

表 5－2　1977—2015 年中国人均 GDP、私人部门国内信贷与银行信贷比率比较

年份	人均 GDP （2010 年不变价美元）	私人部门的国内信贷 占 GDP 的百分比	银行提供的私人部门 国内信贷占 GDP 的百分比
1977	276. 17	51. 95	
1978	304. 88	50. 68	
1979	323. 71	50. 14	
1980	344. 63	53. 04	
1981	357. 84	56. 44	
1982	384. 40	57. 23	
1983	419. 62	57. 42	
1984	477. 13	61. 16	
1985	534. 47	66. 62	65. 76
1986	573. 59	76. 47	75. 23
1987	630. 61	78. 50	76. 63
1988	690. 67	74. 37	72. 35
1989	708. 83	77. 54	75. 52

续表

年份	人均 GDP （2010 年不变价美元）	私人部门的国内信贷 占 GDP 的百分比	银行提供的私人部门 国内信贷占 GDP 的百分比
1990	725.98	86.65	84.49
1991	782.51	88.81	86.76
1992	883.33	86.78	84.80
1993	994.95	97.31	95.39
1994	1112.42	86.10	84.69
1995	1221.38	84.46	83.38
1996	1328.59	89.76	88.84
1997	1436.41	97.07	96.86
1998	1534.42	105.58	105.46
1999	1637.08	110.84	110.73
2000	1761.14	111.68	111.57
2001	1893.48	110.64	110.46
2002	2051.82	118.19	118.02
2003	2243.30	126.46	126.31
2004	2454.81	119.47	119.38
2005	2717.46	112.60	112.66
2006	3045.21	110.05	110.02
2007	3459.36	106.61	106.58
2008	3772.89	102.81	102.79
2009	4100.81	125.45	125.43
2010	4514.94	127.56	127.57
2011	4919.53	124.07	124.06
2012	5275.05	129.10	129.99
2013	5652.39	135.45	135.44
2014	6032.61	141.92	141.92
2015	6416.18	155.33	155.32

数据来源：世界银行

对银行体系的依赖导致银行体系现金的过分充盈，隐含着一定的金融风险。在 20 世纪 80 年代至 90 年代早中期，银行资金被用于资助亏损的国有企业，引致不良贷款大量积累，这一问题直到 20 世纪 90 年代末期政府强化银行体系实际成本管理时才真正得以改善。按照传统的货币数量理论与现代金融深化理论，过度的货币扩张会引起一定程度的通货膨胀。在开放经济中，中国利用蒙代尔三角定理，基于资本管制的固定汇率制度，通过国际收支有效抑制了通货膨胀；但随着改革的进一步推进，这种方式控制通货膨胀的有效性与难度也在不断增加（中国经济增长与宏观稳定课题组，2011）[①]。

（三）金融体系发展质与量的不均衡

中国金融体系发展存在质与量的不均衡。中国金融改革在金融规模总量上已取得了一定的成就。除上文分析的货币化程度的提高之外，还表现为：①微观主体多元化、金融资源分散化；②证券市场逐步发展；③对外开放程度提高；④金融监管体制的不断完善，建立了证监会、保监会、银监会的"一行三会"金融分业监管框架，金融法律法规体系也逐步完善。

从金融发展质的角度看，中国金融市场化机制正在形成，但金融体系的功能尚待改进。除国家与地区层面存在的金融市场分割问题（World Bank，2003[②]；Boyreau－Debray 和 Wei，2004[③]）与依然存在的金融抑制问题之外，在经济结构层面，更突出地表现为金融服务与实体经济发展需求不匹配，即资源配置效率功能的欠缺。

一方面，金融抑制虽有所改善，但依然普遍存在。金融抑制主要体现在政府对金融资源的实质性控制和制度性歧视（姚先国、武鑫，2010[④]）方面，表现为央行的利率管制政策、银行与金融市场准入与发行机制管制等方面。这不仅不利于有效利率传导机制的建立，而且迫使经济体从体制外民间金融渠道解决借贷需求问题。Huang 和 Wang（2010）通过建立总体

① 中国经济增长与宏观稳定课题组．金融发展与经济增长：从动员性扩张向市场配置的转变［J］．经济研究，2007（4）：4－17.

② World Bank Poverty Reduction and Economic Management Unit. China：Promoting Growth with Equity（Country Economic Memorandum）［R］. Washington D. C.：World Bank，Report No. 24169－CHA，2003.

③ Boyreau－Debray，G.，Wei，S. J. Can China Grow Faster? A Diagnosis of the Fragmentation of Its Domestic Capital Market ［R］. International Monetary Fund，IMF Working Paper 04/76，2004.

④ 姚先国，武鑫．中国的金融制度转型——基于经济危机中的观察［J］．经济学动态，2010（11）：51－59.

金融抑制指数（Aggregate Financial Fepression Index），利用时间序列与省级面板数据考察中国金融自由化程度；实证结果显示，金融抑制政策在1978年阻碍GDP增长率的3.0%～3.6%，在2008年影响约为1.7%～2.1%；金融抑制主要是通过限制金融发展从而阻碍经济增长，其中针对国有部门的银行贷款与资本项目管制对经济增长的影响最大①。

金融抑制会导致金融可得性相对较低，使金融服务与实体经济发展需求不匹配。从横向来看，按照《世界金融发展指数报告（2010）》的制度环境（Institutional Environment）、商业环境（Business Environment）、金融稳定性（Financial Stability）、银行机构（Banks Financial Services）、非银行机构（Non－banks Financial Services）、金融市场（Financial Markets）与金融体系的可得性（Financial Access）七大指标，中国在金融市场发展指数、金融可得性指数方面与其他亚洲经济体（日本除外）差距较大（见图5－4）。企业通过金融市场融资难度依然存在；而消费者获得消费信贷、抵押贷款等难度较大，不利于刺激国内需求。

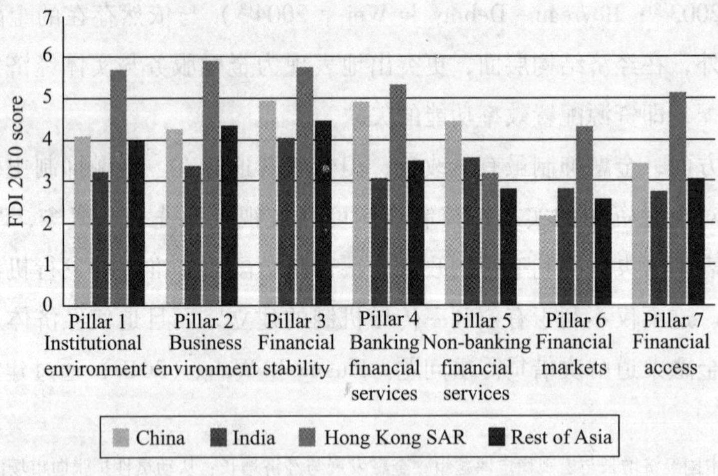

图5－4 亚洲各国金融发展指数比较

资料来源：转引自《世界金融发展报告（2010）》

① Huang, Y. P., Wang, X. Does Financial Repression Inhibit or Facilitate Economic Growth? A Case Study of Chinese Reform Experience [J]. *Oxford Bulletin of Economics and Statistics*, 2011 (6): 833－855.

另一方面，金融体系配置资源功能欠缺。金融体系通过动员储蓄、提供支付手段等资本积累渠道推动经济增长的作用较显著，但金融市场信息披露、信用评级等基本市场约束与激励机制尚未完全发挥作用，直接制约着金融通过技术进步渠道推动经济增长。

从金融发展指标来看，比较《金融发展指数报告（2010 年）》与《金融发展指数报告（2012 年）》[①] 发现，中国金融发展水平较为稳定，在银行效率与股票市场发展方面具有比较优势，但短板依然明显。①2010 年中国金融发展在 57 个国家中位列第 22 名，比 2009 年提高了 4 名，2012 年回落至第 23 名。金融自由化程度（2010 年排名第 43 名，2012 年第 44 名）是制度环境指数中的弱项，相对较落后的基础设施（2010 年第 47 名，2012 年第 45 名）显著阻碍了商业环境的改善。②虽然高稳定货币与低风险的主权债务使得中国总体金融稳定水平较高（第 17 名），但若排除政府的隐性担保，中国银行体系的稳定性（2010 年第 50 名，2012 年第 55 名）相对较差。③在非银行机构服务方面，虽然保险（2010 年第 5 名，2012 年第 15 名）、IPO（2010 与 2012 年均第 1 名）与 M&A（2010 年第 6 名，2012 年第 5 名）指标表现良好，但是金融资产证券化（Securitization）水平（2010 年第 45 名，2012 年第 32 名）与外汇市场仍是亟须改革与发展的领域。

从储蓄—投资转化率来看，金融体系配置资源功能欠缺体现在两个方面：①国有银行的行政性放贷造成国有企业的预算软约束，降低投资效率并挤占了其他经济主体的资源，造成资源配置低下；②银行中介在国民储蓄与储蓄投资转化中的主导地位在一定程度上过分集中了风险，当经济面临外部冲击或明显通胀时，易发生大规模银行挤兑，影响银行体系的稳定性。

从技术创新能力的角度来看，金融体系配置资源功能的欠缺与资本市场规模和效率有直接关系。银行中介与金融市场在处理不同信息方面比较优势的差异，导致其对技术创新作用不同。金融市场在收集与加总多样性信息方面具有比较优势，而银行中介与其他金融机构则能够更好地通过标准化信息实现规模效应，但“在处理不确定性、新的思想上获得成功的可

① World Economic Forum. The Financial Development Report 2012 [R]. World Economic Forum, 2012.

能性较小”[①]，从而偏好较成熟的技术与产业。中国当前的金融市场规模与效率不足，其功能更多体现在融资层面，而价格发现、风险管理与促进公司治理等层面的功能则没有得到体现；以换手率为例，2008 年 1 月沪市、深市 A 股换手率分别为 52.7% 与 65.23%[②]，投资周期相对较短，投机性的短期投资所占比重较高；而银行体系对中小企业的所有制与规模歧视，使得富有市场前景的创新项目无法有效得到资金支持，创新风险主要由创新主体承担，从而使生产效率提升受到影响，创新动力匮乏。

二、区域间经济与金融发展水平差距

随着理论研究与实践应用的深入，越来越多的学者认识到有必要对金融发展与区域经济增长之间的关系展开研究，其原因在于：首先，由于各地区资源禀赋、初始经济条件等方面的差异，将金融发展与经济增长关系的研究限定在全国层面已不能很好地反映中国经济的发展；其次，各地区经济非均衡增长在 20 世纪 90 年代后期日趋显著，从而对学者们有针对性地研究相关影响因素提出了现实需求。

我国许多学者已对中国各地区金融发展与经济增长关系展开了研究（周立，2004[③]；周好文、钟永红，2004[④]；沈坤荣、张成，2004[⑤]；郑长德，2007[⑥]；邓光亚、唐天伟，2010[⑦]；郑志刚、邓贺斐，2010[⑧] 与刘军，

① 富兰克林·艾伦，道格拉斯·盖尔. 比较金融系统［M］. 北京：中国人民大学出版社，2002.

② 数据来源：中国证监会。

③ 周立. 中国各地区金融发展与经济增长（1978—2000）［M］. 北京：清华大学出版社，2004.

④ 周好文，钟永红. 中国金融中介发展与地区经济增长：多变量 VAR 系统分析［J］. 金融研究，2004（6）.

⑤ 沈坤荣，张成. 金融发展与中国经济增长——基于跨地区动态数据的实证研究［J］. 管理世界，2004（7）：15－21.

⑥ 郑长德. 中国区域金融问题研究［M］. 北京：中国财政经济出版社，2007.

⑦ 邓光亚，唐天伟. 中部区域金融发展与产业结构调整互动研究——基于 VAR 模型的实证分析［J］. 经济经纬，2010（5）：17－21.

⑧ 郑志刚，邓贺斐. 法律环境差异和区域金融发展——金融发展决定因素基于我国省级面板数据的考察［J］. 管理世界，2010（6）：14－27.

2010[①])，从不同侧面肯定了金融发展与区域经济增长之间的密切关系。周立（2004）较为系统地对中国各地区1978—2000年金融发展与经济增长进行了统计分析与实证研究，揭示了中国金融发展与经济增长的关系，以及金融发展促进经济增长的路径。他利用翔实的统计数据，描述了中国各地区金融发展水平的地区差距状况，总结出“高增长、低效率”的金融发展总体特征。针对金融发展与区域经济增长的研究呈现出具体化的趋势。如李旭旦（2007）[②] 分析了金融聚集与区域经济发展的关系；邓光亚、唐天伟（2010）利用VAR模型研究了区域金融与产业结构调整间的互动；郑志刚、邓贺斐（2010）则基于La Porta，Lopez - de - silanes，Shleifer与Vishny（LLSV，1997、1998、2000、2002）“法与金融”文献考察了法律环境变量改善对区域资本市场与银行信贷规模进而对经济增长的影响。

中国各区域经济发展水平与资源禀赋存在较大差异，金融发展水平及其对经济增长的影响也不均衡。

首先，金融发展差异与区域经济增长存在稳健的相关性。已有研究表明，1978年以来中国区域间金融发展差异（以地区人均贷款基尼系数衡量）与区域经济总量差异（以人均GDP基尼系数衡量）的变动趋势基本呈正相关关系，且前者始终高于后者（见图5-5）。

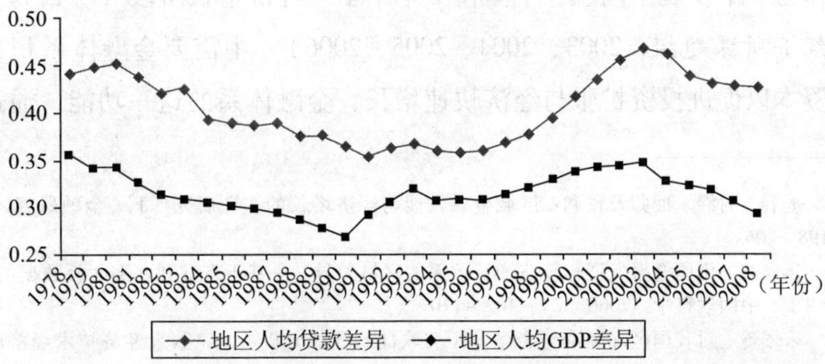

图5-5　1978—2008年中国地区人均贷款差异及人均GDP差距基尼系数变化趋势

资料来源：转引自刘军（2010），第56页

① 刘军．中国金融发展中的总量结构与地区差异［J］．中南财经大学学报，2010（6）：56-61.

② 李旭旦．金融聚集与区域经济发展［J］．经济学动态，2007（4）：69-72.

其次，金融发展对经济增长作用效应与渠道存在区域差异。金融发展对经济增长的正向作用被认为存在“门槛效应”与“时滞效应”（姜春，2008）[①]。从因果关系来看，西部地区存在由金融发展引导经济增长的单向长期因果关系，但没有短期因果关系，而东部地区则存在显著的双向长期因果关系与双向短期因果关系（冉光和，2006）[②]。从金融内生与外生性来看，东部地区金融成长偏重内生，而中西部地区则更倾向于外生（宋翠玲，2007）[③]。从作用的渠道与机制来看，区域金融发展有利于抑制资本的“粗放式”积累（张璟、沈坤荣，2008）[④] 与全要素生产率的提高（踪家峰等，2009）[⑤]，但前者与财政分权背景下地方政府干预程度负相关，后者与银行体制融资所占比重成反比。

第二节　中国经济增长中金融发展的作用机制

一、增长效应：资本积累与技术进步

金融发展通过资本积累与技术进步两大途径促进经济增长（Levine，1997），但一国经济发展阶段对金融发展通过技术进步渠道促进经济增长有重要的影响（Acemoglu 等，2006）。

作为一个发展中国家，中国在“干中学”经济增长阶段（中国社会科学院经济所课题组，2003、2004、2005、2006）[⑥] 中需要金融体系积累足够的资本以促进投资扩张与经济快速增长，金融体系的这一功能，通过国

---

① 姜春．时滞、回归及预调：区域金融发展与经济增长的实证研究［J］．金融研究，2008（2）：198－206.

② 冉光和．中国金融发展与经济增长关系的区域差异——基于东部和西部面板数据的检验和分析［J］．中国软科学，2006（2）：102－110.

③ 宋翠玲．对我国区际经济与金融差距关联性的实证分析［J］．数量经济技术经济研究，2007（10）：120－130.

④ 张璟，沈坤荣．地方政府干预、区域金融发展与中国经济增长方式转型——基于财政分权背景的实证研究［J］．南开经济研究，2008（6）：122－141.

⑤ 踪家峰，熊行，周聪．区域金融结构与经济增长［J］．财经科学，2009（9）：11－17.

⑥ 中国经济增长与宏观稳定课题组．经济增长、结构调整的累积效应与资本形成［J］．经济研究，2003（8）：3－12；开放中的经济增长与政策选择［J］．经济研究，2004（4）：4－15；高投资、宏观成本与经济增长的持续性［J］．经济研究，2005（10）：12－23；干中学、低成本竞争和增长路径转变［J］．经济研究，2006（4）：4－14.

家对银行不破产的隐性担保及金融体制的渐进式改革得以实现。金融体制改革通过中央银行—国有商业银行二级银行体系的建立、外汇管理体制与资本项目开放的渐进式改革与资本市场的不均衡发展，在经济转轨与改革初期以较低的成本动员储蓄，利用资本积累渠道（数量型作用机制）有效推动了经济增长。20 世纪 90 年代之前中国经济增长的主要驱动力是资本投资（安立仁，2002）①，而储蓄是投资的主要来源；技术进步在 1952—2002 年之间没能成为经济增长的动力源泉（舒元、徐现祥，2003）②。

随着经济发展水平的提高，中国的技术创新水平与国际竞争力相应增强，以评估创新能力的重要参考指标之一的 PCT 申请量③为例，从 2000 年的 780 个增长至 2010 年的 12296 个，在一定程度上反映了经济增长潜在动力源泉的转变。

表 5-3　1993—2010 年中国 PCT 申请数量变化

年份	1993	1994	1995	1996	1997	1998	1999	2000	2001
PCT 数量	2	103	103	123	166	348	277	780	1729
年份	2002	2003	2004	2005	2006	2007	2008	2009	2010
PCT 数量	1016	1299	1707	2503	3942	5455	6120	7900	12296

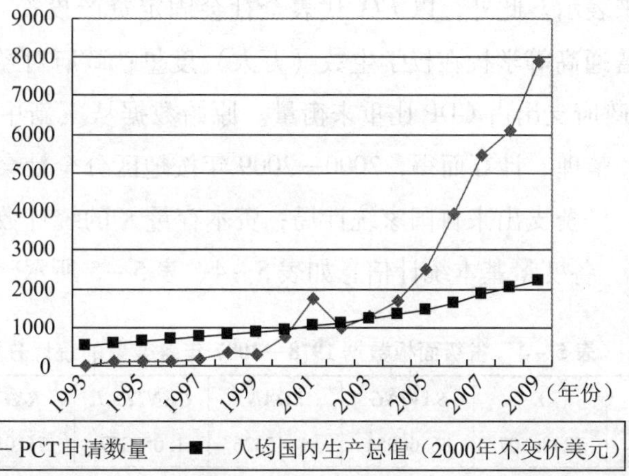

图 5-6　1993—2010 年中国 PCT 申请数量与人均国内生产总值

数据来源：世界知识产权组织、世界银行统计数据库

① 安立仁．资本驱动的中国经济增长：1952—2002［J］．人文杂志，2003（6）：44-54.

② 舒元，徐现祥．中国经济增长模型的设定：1952—1998［J］．经济研究，2002（11）：3-11.

③ 关于 PCT 的介绍详见第四章。

为了检验在经济结构调整与经济发展方式转型的背景下，金融发展对经济增长的作用机制是否发生了转变，本书分别利用 1978—2007 年、2000—2007 年中国 28 个省市[①]的数据，对前述的理论模型与假说进行实证分析。研究区间的选择基于以下两方面原因：①虽然某些数据的年限可以扩展至 2010 年，但核心变量资本存量变量的测算（利用永续盘存法 $K_t = K_{t-1}(1-\delta)+I_t$ 估算）转引自钞小静（2011）[②] 的数据区间为 1978—2007 年，基于可比性原则选择了上述区间；②对自主研发的估算方面，按地区分全社会研究与试验发展（R&D）经费支出的统计数据最早可追溯至 2000 年，虽然在第一个样本 1978—2007 年区间以政府财政支出中科学事业费为替代指标，但该替代指标用来衡量自主研发的准确性差，为了不大幅度损失样本空间，故而在第二个样本 2000—2007 年中单独考察金融发展与 R&D 的关系。

在变量的选取与数据来源方面，经济增长率用地区生产总值度量；金融发展水平分别以 *SAVING*（金融机构存款/GDP）、*LOAN*（金融机构贷款/GDP）和 CENTRAL（各项贷款合计/各项存款合计）来衡量；*FDI* 为实际利用外商直接投资额/GDP 的比值；经济开放度（*OPEN*）用进出口总额与 GDP 之比来表示。此外，以 *FIX* 代表全社会固定资产投资（亿元）；人力资本 *H* 以普通高等学校在校学生数（万人）度量；政府对经济的干预程度（*GOV*）以政府支出占 GDP 比重来衡量。原始数据从《新中国六十年统计资料汇编》整理、计算而得，2000—2009 年按地区分全社会研究与试验发展（*R&D*）经费支出来自国家统计局；资本存量 *K* 的统计数据转引自钞小静（2011）。各变量基本统计信息如表 5-4、表 5-5 所示。

表 5-4　省级面板数据 1978—2007 年各变量的统计分析

	Y	*SAVING*	*LOAN*	*CENTRAL*	*R&D*[③]	FDI
Mean	7248.507	86.66054	81.45326	1.058357	76.0157	34.02186

① 北京、天津、河北、山西、内蒙古、辽宁、吉林、黑龙江、上海、江苏、浙江、安徽、福建、江西、山东、河南、湖北、湖南、广东、广西、四川、贵州、云南、陕西、甘肃、青海、宁夏、新疆。

② 钞小静，任保平．中国经济增长质量的时序变化与地区差异分析［J］．经济研究，2011（4）：26-40.

③ 此处以政府财政支出中科学事业费为 R&D 替代指标，但该指标用来衡量自主研发的准确性差。

续表

	Y	*SAVING*	*LOAN*	*CENTRAL*	*R&D*①	FDI
Median	4425. 556	78. 3914	82. 5649	0. 99557	39. 2902	19. 63915
Maximum	66367	398. 3413	225. 2235	2. 28562	575. 9	257. 3551
Minimum	300	0. 0032	0. 0054	0. 47852	2. 22	0. 028854
Std. Dev.	8804. 824	57. 69954	39. 23298	0. 33655	91. 03103	40. 29026
Skewness	2. 808631	1. 470323	-0. 33497	0. 748937	2. 290034	2. 12787
Kurtosis	13. 33664	8. 433748	3. 865205	3. 007639	9. 365334	8. 216986
Jarque - Bera	3754. 093	1035. 443	32. 47946	60. 85999	1668. 038	1229. 529
Probability	0	0	0	0	0	0
Sum	4718778	56416. 01	53026. 07	688. 9902	49486. 22	22148. 23
Sum Sq. Dev.	5. 04E + 10	2164004	1000497	73. 62288	5386322	1055148
Observations	651	651	651	651	651	651
Cross sections	28	28	28	28	28	28

表 5 - 4 省级面板数据 1978—2007 年各变量的统计分析（续）

	OPEN	*FIX*	*K*	*H*	*GOV*
Mean	378. 1275	1131. 636	1593. 574	20. 23672	0. 136697
Median	157. 1038	446. 81	794. 1553	11. 0873	0. 132676
Maximum	8171. 059	12537. 02	17623. 67	147. 23	0. 379892
Minimum	0. 146593	13. 6346	64. 49777	0. 6425	0. 039988
Std. Dev.	676. 0958	1726. 162	2137. 798	24. 23315	0. 048033
Skewness	6. 357351	3. 141012	3. 000502	2. 280713	1. 431313
Kurtosis	59. 04812	15. 38371	14. 70442	8. 565482	7. 267596
Jarque - Bera	89595. 37	5230. 247	4692. 776	1404. 565	716. 2898
Probability	0	0	0	0	0
Sum	246161	736695. 4	1037417	13174. 1	88. 98944
Sum Sq. Dev.	2. 97E + 08	1. 94E + 09	2. 97E + 09	381709. 6	1. 499641
Observations	651	651	651	651	651
Cross sections	28	28	28	28	28

① 此处以政府财政支出中科学事业费为 R&D 替代指标，但该指标用来衡量自主研发的准确性差。

表 5 - 5 省级面板数据 2000—2007 年各变量的统计分析

	Y	*SAVING*	*LOAN*	*CENTRAL*	*R&D*	*FDI*
Mean	14389. 6	117. 4034	88. 69027	0. 780341	70. 19267	179. 6585
Median	10769. 5	117. 5609	90. 74895	0. 78008	37. 25	29. 72602
Maximum	66367	398. 3413	225. 2235	1. 24414	505. 387	31847
Minimum	2759	0. 0086	0. 008	0. 49923	1. 2	1. 056888
Std. Dev.	11026. 65	70. 76803	46. 66307	0. 121919	89. 54898	2125. 598
Skewness	2. 043051	0. 986466	-0. 244323	0. 573308	2. 307853	14. 861
Kurtosis	7. 603522	6. 657898	3. 498194	4. 214462	8. 665634	221. 9014
Jarque - Bera	353. 6273	161. 2116	4. 545072	26. 03672	498. 4388	455477. 9
Probability	0	0	0. 103051	0. 000002	0	0
Sum	3223269	26298. 37	19866. 62	174. 7964	15723. 16	40243. 5
Sum Sq. Dev.	2. 71E + 10	1116809	485569. 6	3. 314728	1788241	1. 01E + 09
Observations	224	224	224	224	224	224
Cross sections	28	28	28	28	28	28

表 5 - 5 省级面板数据 2000—2007 年各变量的统计分析（续）

	OPEN	*FIX*	*K*	*H*	*GOV*
Mean	363. 285	2498. 412	3151. 55	42. 50566	0. 155061
Median	138. 8326	1807. 055	1996. 748	35. 8002	0. 145038
Maximum	2321. 573	12537. 02	17623. 67	147. 23	0. 301486
Minimum	0. 146593	154. 83	200. 5768	1. 3307	0. 086415
Std. Dev.	484. 0394	2306. 038	2900. 614	30. 03738	0. 039095
Skewness	2. 090391	1. 954708	1. 802493	1. 029545	1. 276417
Kurtosis	6. 74017	7. 180209	6. 893837	3. 842751	4. 730285
Jarque - Bera	293. 6996	305. 7384	262. 807	46. 20076	88. 76789
Probability	0	0	0	0	0
Sum	81375. 83	559644. 3	705947. 2	9521. 267	34. 73364
Sum Sq. Dev.	52247587	1. 19E + 09	1. 88E + 09	201200. 4	0. 34083
Observations	224	224	224	224	224
Cross sections	28	28	28	28	28

首先，利用 1978—2007 年中国 28 个省市样本数据进行实证检验。根

据 F 检验、LR 检验及 Hansman 检验结果，选择建立固定效应模型 R1、R2（实证计量结果见表 5 - 6）。①R1 模型以省级地区生产总值为因变量，分别以金融发展（*SAVING*）、FDI、人力资本、政府干预经济程度及金融发展与 FDI 的交叉乘积项为自变量拟合样本数据。结果显示，金融发展（*SAVING*）对经济增长具有正向且显著的作用（1. 12266），能够通过促进 FDI 推动区域经济增长（金融发展与 FDI 的交叉乘积项系数为 0. 011144 且显著）。②以资本存量为因变量，金融发展（*SAVING*）、FDI、人力资本与政府干预水平为自变量建立模型 R2，结果显示，金融发展能够有效通过促进资本积累的数量型作用机制促进经济增长（系数为 0. 814692 且显著）。通过 Levin，Lin & Chu 检验（2002）、Im，Pesaran & Shin W - stat 检验（2003）、ADF - Fisher Chi - square 检验（1999）与 PP - Fisher Chi - square 检验（2001）对所有变量的原始序列、一阶差分分别进行单位根检验，滞后阶数通过 AIC 定阶准则来确定。结果显示，所有变量原始序列均存在单位根，但一阶差分变量均通过了检验，即所有变量均为一阶单整 I（1），补充证明了固定效应模型 R1、R2 的有效性。

上述实证检验结果表明，基于省级面板 1978—2007 年的数据，中国金融发展与经济增长存在长期协整关系（见表 5 - 7），对资本积累的促进作用显著（0. 814692），金融发展通过数量型作用机制推动经济增长。

表 5 - 6 R1 和 R2 实证计量结果

	R1	R2
Dependent Variable	*Y*	*K*
SAVING	1. 12266	0. 814692
	(0. 0000 ***)	(0. 0000 ***)
FDI	0. 064537	0. 064537
	(0. 0000 ***)	(0. 0000 ***)
SAVING × *FDI*	0. 011144	
	(0. 0049 **)	
H	0. 615561	0. 609834
	(0. 0000 ***)	(0. 0000 ***)
GOV	- 0. 042339	- 0. 055228

续表

	R1	R2
	-0.4214	-0.1846
Observations	673	673
Cross - sections	28	28
Adjusted R - squared	0.936489	0.956132

注：括号里是 t 值对应的 p 值；*、**、***分别表示统计值在 10%、5% 和 1% 的水平上显著

表 5-7　面板协整的检验结果

变量 金融发展（*SAVING*）、经济增长	检验方法 **Pedroni 面板协整检验**			结论
原假设：不存在协整	Panel v - Statistic	6.491583	(0.0000***)	拒绝
	Panel rho - Statistic	-3.499775	(0.0002***)	拒绝
	Panel PP - Statistic	-3.021274	(0.0013**)	拒绝
	Panel ADF - Statistic	-3.322266	(0.0004***)	拒绝
	Group rho - Statistic	-1.531733	(0.0628*)	拒绝
	Group PP - Statistic	-2.469240	(0.0068**)	拒绝
	Group ADF - Statistic	-3.320577	(0.0004***)	拒绝

注：括号里是 Prob. 值；*、**、***分别表示统计值在 10%、5% 和 1% 的水平上显著

其次，利用 2000—2007 年省级面板样本数据考察金融发展对自主研发（R&D）的作用。各地区全社会研究与试验发展（R&D）经费支出如表 5-8所示。

表 5-8　按地区分全社会研究与试验发展（R&D）经费支出　单位：亿元

指标	2000	2001	2002	2003	2004	2005	2006	2007	2008	2009
全国	895.7	1042.5	1287.6	1539.6	1966.3	2450	3003.1	3710.2	4616.0	5791.9
北京	155.7	171.2	219.5	256.3	317.3	382.1	433	505.4	550.3	668.2
天津	24.7	25.2	31.2	40.4	53.8	72.6	95.2	114.7	155.7	178.0
河北	26.3	25.8	33.6	38.1	43.8	58.9	76.7	90.0	109.1	134.7
山西	9.9	10.8	14.4	15.8	23.4	26.3	36.3	49.3	62.6	80.9
内蒙古	3.3	3.9	4.8	6.4	7.8	11.7	16.5	24.2	33.9	52.0
辽宁	41.7	53.9	71.6	83	106.9	124.7	135.8	165.4	190.1	232.1
吉林	13.4	16.5	26.4	27.8	35.5	39.3	40.9	50.9	52.8	81.3

续表

指标	2000	2001	2002	2003	2004	2005	2006	2007	2008	2009
黑龙江	14.9	20.1	23.3	32.7	35.4	48.9	57	66.0	86.7	108.3
上海	73.8	88.1	110.3	128.9	171.1	208.4	258.8	307.5	355.4	422.5
江苏	73.1	92.3	117.3	150.5	214	269.8	346.1	430.2	580.9	700.0
浙江	33.4	41.4	54.3	75.2	115.5	163.3	224	281.6	344.6	401.5
安徽	20	21.1	25.7	32.4	37.9	45.9	59.3	71.8	98.3	133.7
福建	21.2	22.6	24.4	37.5	45.9	53.6	67.4	82.2	101.9	135.4
江西	8.2	7.8	11.7	17	21.5	28.5	37.8	48.8	63.1	75.9
山东	52	60.9	88.2	103.8	142.1	195.1	234.1	312.3	433.7	518.8
河南	24.8	28.3	29.3	34.2	42.4	55.6	79.8	101.1	122.3	173.8
湖北	34.8	36.8	47.9	54.8	56.6	75	94.4	111.3	149.0	212.9
湖南	19.2	24	26.2	30.1	37	44.5	53.6	73.6	112.7	152.8
广东	107.1	137.4	156.4	179.8	211.2	243.8	313	404.3	502.6	652.5
广西	8.4	8	9	11.2	11.9	14.6	18.2	22.0	32.8	47.1
海南	0.8	0.8	1.2	1.2	2.1	1.6	2.1	2.6	3.3	5.7
重庆	10.1	10	12.6	17.4	23.7	32	36.9	47.0	60.2	79.4
四川	44.9	57.5	61.9	79.4	78	96.6	107.8	139.1	160.3	214.3
贵州	4.2	5.3	6.1	7.9	8.7	11	14.5	13.7	18.9	26.4
云南	6.8	7.7	9.8	11	12.5	21.3	20.9	25.9	31.0	37.2
西藏	0.2	0.2	0.5	0.3	0.4	0.3	0.5	0.7	1.2	1.3
陕西	49.5	51.7	60.7	68	83.5	92.4	101.4	121.7	143.3	188.4
甘肃	7.3	8.4	11	12.8	14.4	19.6	24	25.7	31.8	37.3
青海	1.3	1.2	2.1	2.4	3	3	3.3	3.8	3.9	7.4
宁夏	1.7	1.5	2	2.4	3.1	3.2	5	7.5	7.5	10.4
新疆	3.2	3.2	3.5	3.8	6	6.4	8.5	10.0	16.0	21.8

注：2009 年研究与试验发展（*R&D*）情况为第二次全国 R&D 资源清查初步汇总数据

数据来源：国家统计局

基于 F 检验、LR 检验及 Hansman 检验结果，选择建立固定效应模型 R3、R4 与 R5，分别采用三种指标 *SAVING*（金融机构存款/GDP）、*LOAN*（金融机构贷款/GDP）和 *CENTRAL*（各项贷款合计/各项存款合计）来衡量金融发展水平。计量结果显示，虽然并不比对资本积累的促进作用大，但金融发展能够促进自主研发（*R&D*），以 *LOAN*（金融机构贷款/GDP）

和 *CENTRAL*（各项贷款合计/各项存款合计）来衡量的金融发展对 R&D 的推动作用相对更显著（0.259125 与 0.288975）。

表 5-9　R3、R4 和 R5 回归模型实证结果

	R3		R4		R5
Dependent Variable	R&D	Dependent Variable	R&D	Dependent Variable	R&D
SAVING	0.161194	LOAN	0.259125	CENTRAL	0.288975
	(-0.263)		(0.0088 **)		(0.0205 **)
FDI	0.017908	FDI	0.016933	FDI	0.016286
	(-0.2571)		(-0.2767)		(-0.2976)
H	0.244839	H	0.2362	H	0.295562
	(0.0017 ***)		(0.0010 ***)		(0.0000 ***)
GOV	0.254331	GOV	0.276703	GOV	0.30779
	(0.0154 **)		(0.007 **)		(0.0032 **)
OPEN	0.344668	OPEN	0.333281	OPEN	0.336656
	(0.0000 ***)		(0.0000 ***)		(0.0000 ***)
FIX	0.61236	FIX	0.653649	FIX	0.628867
	(0.0000 ***)		(0.0000 ***)		(0.0000 ***)
Observations	224	Observations	224	Observations	224
Cross-sections	28	Cross-sections	28	Cross-sections	28
Adjusted R-squared	0.990306	Adjusted R-squared	0.990381	Adjusted R-squared	0.990306

注：括号里是 t 值对应的 p 值；*、**、*** 分别表示统计值在 10%、5% 和 1% 的水平上显著

二、结构效应：二元经济结构与区域经济增长

上述实证检验结果虽然证明了金融发展对经济增长的促进作用，但中国作为一个发展中国家，正如 McKinnon（1973）所描述的那样，金融市场具有显著的分割性，“具备潜在生产机会的企业家，缺乏自由资金与外部融通资金；而那些持有大量资金的企业家，往往没有‘内部’生产机会（除非政府人为干预制造这类机会），从而也不会按充分反映资本稀缺性的收

益率进行‘外部’投资”[①]。同时存在的两个分割的金融市场，阻碍了资金的有效流通，并由此产生二元经济结构问题[②]。

在金融市场与劳动力市场分割的背景下，中国金融改革与发展的不平衡导致部分地区金融资源匮乏、金融机构多元化程度低，加之非正式金融与政府干预的存在，金融体系的性质及其在宏观经济方面发挥的作用不同于发达国家。例如，普遍存在的城乡金融二元结构问题，表现为城市金融与农村金融在总量、结构、制度方面均存在巨大差距，两个金融市场相对独立，资金不能自由地双向流动。[③] 农村金融层面，一方面，在以小农经济为主要特征的农村经济中，以农村信用合作社、中国农业银行、中国农业发展银行以及非正规金融组织等为代表的金融组织虽然存在，但金融市场化程度低，缺乏有效结构分层与竞争，金融产品仅限于基本存贷业务，不能满足城乡双向商贸流通多元化的金融需求；另一方面，信息不对称导致信贷市场的逆向选择与道德风险问题，制约了农村金融的内生发展，农村资金向收益相对高的城镇或非农产业部门流动，加之金融抑制政策导致金融中介弱化，民间金融成为城乡双向商贸流通中主要的融资渠道。

金融体系的发展或金融抑制的缓解均能够导致有利于区域经济发展的结构效应，特别对中国来说，其积极作用表现为以下三个方面：

1. 通过推动技术吸收能力提高与自主研发（R&D），推动产业结构升级

中国改革开放以来实现了高速增长，但劳动力成本提高、人口红利缩减与全球金融危机等因素导致外部需求与全球增长的不稳定，从长期角度看，中国有必要通过结构调整与发展方式转变实现可持续发展。根据熊彼特范式内生增长理论，经济体可以通过外部融资以支持研发活动（R&D），使其能够趋向并收敛于世界技术前沿（Aghion 等，2005），但由于产业的异质性，融资约束对不同产业的影响不同。Rajan 和 Zingales（1998）指出

---

① 麦金农．经济发展中的货币与资本［M］．北京：中国金融出版社，2006：8.

② 刘易斯（1954）在《劳动力无限供给条件下的经济增长》一文中第一次提出了发展中国家二元经济结构理论模型，之后费景汉—拉尼斯模型（1961）、乔根森模型（1967）与哈里斯—托达模型（1970）对其进行了发展，主要从剩余劳动力流动视角分析。

③ 韩正清，王燕，王千六．城乡经济金融二元结构：理论关系与实证分析［J］．财经问题研究，2010（2）：118－123.

更依赖于外部资金供给的产业在金融发展水平高的国家或地区能够获得较好的发展；Wurgler（2000）[①]，Fisman 和 Love（2007）[②] 进一步验证并拓展了这一观点。

一国产业生产率的提高可分为两个方面，一是生产率（技术）前沿的增长；二是生产率向前沿的趋同，因而金融发展受到限制（或金融抑制）不仅会减缓经济体向前沿的收敛，而且更重要的是会影响研发（R&D）密集型产业的发展，从而限制了技术前沿的发展（Ilyina 和 Samaniego，2012[③]）。反之，金融发展通过规模扩大，将更多资源用于生产率和技术水平提高的生产中（提高 R&D）；更快地将资源配置给生产率增长迅速的行业，则能够有效地推动产业结构的优化。后者对于正在经历结构战略性调整的中国尤为重要。

2. 通过促进实体经济发展，对二元经济结构的转换有显著的影响

虽然费景汉—拉尼斯模型（1961）、乔根森模型（1967）与哈里斯—托达模型（1970）等模型指出解决二元经济结构问题的核心是农村剩余劳动力的转移，但金融发展对改善二元经济结构问题也很重要：①金融发展有利于劳动密集型传统部门向现代部门转变中的资金供应与新技术选择。传统劳动密集型低效率生产的传统部门在向高效率的现代部门转变过程中，需要大量资金，以支付固定成本与采用新技术的成本等，金融体系通过提供外部融资推动传统部门向现代部门转变。②金融抑制政策强化了二元经济结构（王少国，2005[④]）。虽然金融抑制并不是二元经济结构产生的直接原因，但由于金融抑制会导致少部分人获得相对稀缺的金融资源以采用新技术，另一部分人面对融资约束只能继续使用传统技术，从而强化了已有的二元经济结构，导致经济结构失调与经济不均衡发展。研究表明，

---

① Wurgler，J. Financial Markets and the Allocation of Capital［J］. *Journal of Financial Economics*，2000（58）：187－214.

② Fisman，R.，Love，I. Financial Dependence and Growth Revisited［J］. *Journal of the European Economic Association*，2007（5）：470－479.

③ Ilyina，A.，Samaniego，R. Structural Change and Financing Constraints［J］. *Journal of Monetary Economics*，2012，59（2）：166－179.

④ 王少国．金融发展在二元经济结构转换中的金融贡献［M］．北京：中国经济出版社，2005：12－86.

二元经济结构特征与贷款相关比率正相关，与非国家金融机构（如地方中小金融机构）负相关（彭建刚、李关政，2006[①]）。促进金融的发展，不仅有利于一国向前沿技术趋同，而且有助于二元经济问题的解决。

3. 通过推动资源配置与技术结构升级，促进区域经济结构优化

一方面，金融发展通过提高技术吸收能力增加了技术引进成功的概率，不仅在资金供给上为技术创新提供支持，而且推动了高科技成果的传播与普及，从而能够有效促进生产率的提高，优化经济结构；另一方面，金融发展通过降低交易费用与信息成本，促进了技术合作与资源的优化配置，进而有利于区域经济增长。

本章小结

本章在总结概括中国金融体系发展历程与特征的基础上，分别利用1978—2007年与2000—2007年省级面板数据，对金融发展的增长效应予以分析，探讨中国金融发展对经济增长的可能影响渠道与作用机制。中国金融发展呈现出经济货币化、以银行体系为主的金融结构，以及金融体系发展质与量的不均衡等特征。

实证计量结果表明，金融发展与经济增长存在长期协整关系，且金融发展对资本积累作用显著（系数估计值为0.814692），可以通过促进FDI对经济增长产生影响，主要通过数量型作用机制推动经济增长；对自主研发虽具有正向且显著的作用，但影响系数相对不大（约0.26或0.29）。这一实证结果与第四章内容从不同视角验证了本书在第三章所提出的假说Ⅰ。金融发展除增长效应之外，还通过结构效应推动了区域经济增长，具体表现为：①通过推动技术吸收能力提高与自主研发（R&D），推动产业结构升级；②通过促进实体经济发展，对二元经济结构的转换有显著的影响；③通过推动资源配置与技术结构升级，促进区域经济结构的优化。以上研究构成了下一章以金融发展促进经济增长路径选择的理论与实践基础。

---

① 彭建刚，李关政．我国金融发展与二元经济结构内在关系实证分析［J］．金融研究，2006（4）：90－100.

附 录

全球化背景下，金融危机不可避免也对中国经济产生了一定的影响，附录部分将统计数据从2007年扩展至2014年，考察金融发展对中国经济增长的作用机制，补充并佐证已有分析。

一、数据来源与变量的统计描述

附录中数据来源与变量定义依然与前文保持一致：1978—2007年统计数据来自《新中国60年统计资料汇编》、中华人民共和国国家统计局；2008—2014年数据来自各年《中国统计年鉴》《中国金融年鉴》、中华人民共和国国家统计局、中国人民银行以及所选28个省、市财政厅（北京市、上海市与天津市数据来自市财政局）、国研网统计数据库。

在变量的选取与数据来源方面，经济增长率用地区生产总值度量；金融发展水平分别以*SAVING*（金融机构存款/GDP）、*LOAN*（金融机构贷款/GDP）和*CENTRAL*（各项贷款合计/各项存款合计）来衡量；*FDI*为实际利用外商直接投资额；经济开放度（*OPEN*）为经营单位所在地货物进出口总额。此外，以*FIX*代表全社会固定资产投资完成额；人力资本*H*以高等学校普通本、专科学校在校学生数度量；政府对经济的干预程度（*GOV*）以政府消费支出占GDP比重来衡量。由于数据可得性的原因，1978—2014年时间跨度相对较大，规模以上工业企业R&D经费这一指标仅有2008—2014年的数据，若采用会严重损失面板数据的时间维度，所以依然借鉴苏基溶、廖进中（2009）[①] 等学者的常用做法，国内研发R&D选取政府财政支出中的科学事业费作为替代指标。国内资本存量*K*方面，借鉴近两年来多数学者（谢朝华、刘衡沙，2014[②]；余泳泽，2015[③]；梁泳

---

① 苏基溶，廖进中. 动员性扩张还是市场配置：中国金融体系功能的检验［J］. 财经论丛，2009（5）：41－47.

② 谢朝华，刘衡沙. 中国金融发展与TFP关联关系实证研究——基于技术创新和制度创新的中介效应分析［J］. 财经理论与实践，2014（1）：33－38.

③ 余泳泽. 中国省际全要素生产率动态空间收敛性研究［J］. 世界经济，2015（10）：30－55.

梅、董敏杰，2015①）的普遍做法，采用单豪杰（2008）②的方法估算资本存量 K。中国28个省市面板数据1978—2014年各变量的基本统计信息如表5-10所示。

表5-10 省级面板1978—2014年各变量的统计分析

	Y	*SAVING*	*LOAN*	*CENTRAL*	*R&D*
Mean	5189.45	5493.621	80.8446	1.129857	222.6392
Median	1421.42	82.29632	79.38345	1.06	43.99
Maximum	67809.85	970612.4	258.4716	2.76	3029.01
Minimum	13	0.0024046	0.0041635	0.39	0.76
Std. Dev.	9068.532	66001.47	42.9451	0.4062145	408.2765
Skewness	3.276253	12.301	0.2180455	0.8629482	2.910273
Kurtosis	16.44394	154.3926	4.320163	3.587916	13.023
Sum	5376270	5691392	83755	949.08	224642.9
Observations	1036	1036	1036	840	1009
Cross sections	28	28	28	28	28

表5-10 省级面板1978—2014年各变量的统计分析（续）

	FDI	*OPEN*	*FIX*	*K*	*H*	*GOV*
Mean	26.30867	344.8177	2841.091	2768.025	28.13308	0.1287162
Median	4.6945	26.8107	459.885	716.265	10.49	0.13
Maximum	357.5956	10915.81	42495.55	36560.5	179.67	0.3
Minimum	0.0003	0.0731	3.69	22.36	0.29	0.039
Std. Dev.	49.90764	1059.766	5538.561	4949.965	37.26868	0.0448593
Skewness	3.154504	5.567842	3.178877	3.263568	1.941707	0.6381229
Kurtosis	14.68832	41.27601	15.17968	15.74775	6.334938	3.817805
Sum	22993.78	352748.5	2943370	2867674	28780.14	133.35
Observations	874	1023	1036	1036	1023	1036
Cross sections	28	28	28	28	28	28

① 梁泳梅，董敏杰．中国经济增长来源：基于非参数核算方法的分析［J］．世界经济，2015（11）：29-52.

② 单豪杰．中国资本存量K的再估算：1952—2006年［J］．数量经济技术经济研究，2008（10）：17-31.

延续前文的理论框架与分析方法，对面板进行估计时，首先根据 Hausman 结果来确定是固定效应还是随机效应更为合适，各检验结果支持采取固定效应模型。

二、估计结果及解释

用 Stata 13.0 对上述模型进行计量分析，模型回归的结果如表 5－11 所示。

表 5－11　中国 1978—2014 年省级面板数据固定效应模型估计结果

	(1)	(2)	(3)	(4)
	lngdp	*lngdp*	*R&D*	*K*
Saving	0.0037844 ***		0.000298 ***	
	(2.907)		(5.894)	
Loan	0.013515 ***	0.0136064 ***	1.061656 ***	8.409496 ***
	(7.636)	(11.819)	(7.393)	(3.066)
Central	−2.097129 ***			
	(−20.517)			
K	−0.0000274	0.0000991 ***		
	(−1.072)	(6.180)		
R&D	0.0043037 ***	0.0013058 ***		
	(6.967)	(4.906)		
FDI	0.0058907 ***	0.0098531 ***	−1.698854 ***	20.85859 ***
	(3.670)	(7.574)	(−10.745)	(7.658)
FIX	0.0000609	−0.0001372 ***	0.0640363 ***	0.4576798 ***
	(1.344)	(−6.459)	(46.749)	(16.658)
GOV	−0.555008	6.505736 ***	482.2262 ***	
	(−0.816)	(7.089)	(4.087)	
OPEN	−0.0003552 ***	−0.0007888 ***	0.1319364 ***	
	(−4.563)	(−12.503)	(23.048)	
H	−0.0072989 ***	0.02379 ***	0.0046748	26.64384 ***
	(−3.444)	(15.008)	(0.023)	(6.486)
_cons	7.80666 ***	4.679225 ***	−126.8688 ***	−443.5404 *

续表

	(1)	(2)	(3)	(4)
	(47.757)	(34.120)	(-7.292)	(-1.916)
N	653	837	837	862
R^2	0.881	0.743	0.952	0.830
F	455.188	288.962	2281.394	1016.241

注：括号中为t值，*、**、***分别表示显著性水平为10%、5%和1%

方程（1）、（2）系数基本全部通过了显著性检验（除了方程（1）中的*FIX*与*GOV*变量），再次验证了金融发展（以Saving和Loan来衡量）对国民生产总值增长显著的促进作用。比较方程（1）与方程（2）可以发现：一方面，*CENTRAL*（各项贷款合计/各项存款合计）衡量了金融系统将储蓄转化为贷款的效率，常被学者们用来衡量发达国家金融发展水平，在方程（1）中该指标不能有效促进经济增长，在一定程度上反映了中国金融发展在效率层面有待进一步改进；另一方面，以*Loan*（金融机构贷款/GDP）来衡量金融发展，该指标显著并稳定地推动了经济增长。

方程（3）、方程（4）考察了各变量分别对资本积累与创新的影响。28个省市面板数据的实证检验系数在统计上均显著（除了方程（3）中的*H*），实证检验结果显示：一方面，与前文结论一致，相比较于对创新的推动作用，金融发展对资本积累的贡献更大。比较方程（3）、方程（4），*Loan*变量的系数对资本存量*K*的正向推动（系数为8.409496）远大于对R&D研发创新的驱动（系数为1.061656）；另一方面，FDI更多地促进了资本积累（系数为20.85859），而不是R&D研发创新（系数为-1.698854），已有研究表明在技术模仿、吸收与学习的过程中金融发展对吸收能力大小的重要影响，所以有必要进一步深化各区域的金融发展以提高FDI的技术溢出效应。

综上所述，将中国28个省市面板数据扩展至1978—2014年后进行实证检验，依然验证了金融发展对经济增长的促进作用，同时，中国金融发展仍更主要地通过数量型作用机制推动经济增长，下一步发展中应重点通过多样性的改革，以金融发展提高技术“吸收能力”、平滑研发，进而促进技术模仿与自主创新。

第六章　以金融发展促进经济增长的路径选择

制度设计要与经济增长阶段相适应，同样的制度在不同发展阶段的国家中会产生不同的政策效果，金融体制也是如此。随着经济增长水平的提高，为了实现经济持续、较快增长，金融发展推动经济增长需要从动员储蓄与资本积累为主的数量型作用机制转向推动技术进步与生产效率提高的质量型作用机制。中国金融体系"深化但较窄"(Naughton，2010)①，金融抑制依然广泛存在、区域间金融市场与劳动力市场存在双重分割以及创新主体缺失等方面因素，阻碍了金融—增长的作用渠道与途径。本章基于前文的理论假说与实证分析，从动力层面、能力层面与协调层面提出以金融发展促进经济增长的路径选择。

第一节　动力层面：动员型金融向资源配置型金融的转变

中国经济的快速增长来自于生产要素特别是资本的高投入及资源消耗，但这种低效率的粗放式增长不具备持续的动态改进的力量（张军，2002)②。虽然20世纪90年代以来中国经济增长已经走出了成本驱动的规模扩张阶段，进入了内生规模报酬递增与规模经济驱动的经济增长阶段，但相关体制机制改革仍未完善，特别是金融制度层面，需要由动员型金融向资源配置型金融转变。

① Naughton，B. 中国经济：转型与增长［M］. 上海：上海人民出版社，2010：403.

② 张军．资本形成、工业化与经济增长：中国的转轨特征［J］. 经济研究，2002（6）：3－13.

动员型金融这一表述在许多文献中出现过，刘霞辉、张磊、张平等（2007）[①] 较为系统地对其进行了界定。所谓动员型金融，是指利用宽松的货币政策及国家对银行不破产的隐性担保动员全民储蓄，以最大限度地集中全社会的金融资源，并利用金融机构信用扩张手段将金融资源大量输入企业，从而实现投资规模与效率扩张和经济快速增长。本书认为动员型金融在一定程度上反映了政府对金融资源的实质性控制与制度性歧视，是金融抑制的一种体现。这一概念对应于本书中所提到的数量型作用机制，即金融体系侧重于通过动员储蓄与促进资本积累推动经济增长；而资源配置型金融则更侧重于通过推动技术进步与效率提升促进经济增长。动员型金融的优点是具有快速激励国内产出规模、推动经济高速增长以摆脱“贫困陷阱”约束的优势；但同时也会恶化金融环境，带来逆向选择与道德风险问题，积累大量不良债务，从而形成宏观经济潜在的不稳定成本，在开放经济条件下还会放大外部冲击。

金融体制转轨需要充分考虑具体的制度背景与约束条件。动员型金融以金融抑制政策为特征，突出国家隐性担保与利率管制等制度性安排，激励了银行信用扩张并导致高储蓄—高投资的经济增长模式，具有一定的历史意义与阶段合理性。首先，新中国成立时，从要素禀赋来看，资本稀缺而劳动力相对充裕，国民收入较低，且离世界技术前沿较远，以金融抑制政策为表现的动员型金融有效地通过资本积累的数量型作用机制推动了经济增长；其次，该政策扶持了国家重点建设的行业，并维持了国有企业的稳定（吕冰洋，2007[②]），在开放条件下以投资推动 FDI 技术引进的方式推动了技术进步。

但随着经济发展水平的提高，动员型金融向资源配置型金融转化，不仅有必要性而且具有一定的可行性，其原因如下：

1. 向世界技术前沿的趋同

根据熊彼特范式内生增长理论与本书所提出的金融阶段性作用机制假

① 中国经济增长与宏观稳定课题组．金融发展与经济增长：从动员性扩张向市场配置的转变［J］．经济研究，2007（4）：4－17.

② 吕冰洋．中国资本积累：路径、效率和制度供给［M］．北京：中国人民大学出版社，2007：376.

说，随着一国经济体向世界技术前沿的趋近，金融体制改革的内生需求不断增加，需要进行转变。

中国在某些行业与领域已实现了向世界技术前沿的趋同，若没有相应的金融体制改革支持，人均 GDP 接近前沿水平会受到阻碍，陷入“非趋同陷阱”（Acemoglu，Aghion 和 Zilibotti，2006）。根据 Aghion 等（2007）的研究，二战之后欧洲经济在技术上虽然已经快追赶上美国，但在不断接近技术前沿的过程中却陷入了增长率放缓并无法趋同的困境，即趋同的逆转（reversal），原因在于欧洲在相关制度设计层面没有由鼓励技术模仿型制度转向鼓励创新型制度。假定前沿创新（Leading - edge Innovations）以频率 μ_n 发生；模仿创新（拿来型创新）以频率 μ_m 发生，全球先进国家以外生速率 g 增长，则根据熊彼特范式内生增长理论，一国“与世界技术前沿差距”（Distance to The Frontier）a_t 将收敛于稳态值 $\frac{\mu_m}{g+\mu_m-\mu_n(\gamma-1)}$，欧洲由于没有及时调整政策，并以金融发展等制度推动增长最大化的政策创新，从而阻碍了增长率向美国的趋同。

中国动员型金融政策在一定历史阶段曾发挥了积极作用，通过政府对金融的干预，有效地通过数量型作用机制推动了经济增长；但随着市场经济的发展与收入水平的提高，根据“诺斯悖论”，政府行为的错位又会进一步阻碍经济改革的深化，从而制约经济增长。金融体系转向质量型作用机制是避免“非趋同陷阱”的必要条件，也是中国由粗放型经济增长转向集约型经济增长的重要途径。

2. 动员型金融有效性前提条件的变化

改革与经济增长的初期，中国处于“干中学”阶段，政府采取金融抑制政策，以政府隐性担保刺激银行信用扩张，有效地动员了储蓄并以相对低廉的成本实现了资本的快速积累。这一政策的有效性基于两个前提条件（刘霞辉等，2007）：第一，“干中学”经济增长阶段，即高投资能够带来高增长；第二，资本管制制度。在这两个前提条件下，政府通过银行信用扩张加速企业投资，又以资本管制下的固定汇率制度消除可能的通货膨胀，从而推动经济增长并控制通胀，其代价是坏账与金融体系风险的积累。

20 世纪 90 年代以后中国经济特征发生了变化，表现在：一方面，

2005年汇率改革取消了原有的固定汇率制度，控制通货膨胀的机制因此失效；而增长源泉由单纯的资本积累转向技术进步，使得社会总投资规模的增加并不直接导致经济增长；另一方面，金融抑制的负面作用显著增长，坏账风险与外部冲击影响提高，行政性干预虽然可以暂时减缓相关问题的发展，但却恶化了收入分配关系（姚先国、武鑫，2010[①]），累积了系统性风险，从而增大了经济发展的成本。

基于以上分析，随着经济水平的发展，有必要通过金融体制改革推动金融发展从数量型作用机制（动员型金融）向质量型作用机制（资源配置型金融）转变（见表6-1）。

表6-1　“干中学”效应推动与技术进步推动经济增长比较

	“干中学”效应推动的经济增长	技术进步推动的经济增长
1. 实质	距离前沿技术远	趋近前沿技术
2. 技术进步的主要来源	与投资相关的FDI、技术引进与模仿	研发（R&D）活动
3. 影响经济增长速度的因素	社会总投资规模	以蓝图或设计等为表现形式的知识生产数量，以及在此基础上的差异化资本品种类增多或质量提高
4. 金融体制	国有银行信贷所主导的企业投融资体制	更加市场化的金融体制，以实现信贷分离均衡与投资项目融资成本差别化定价
5. 金融发展作用机制	数量型（资本积累渠道）	质量型（技术进步与宏观效率提升渠道）
6. 经济发展方式	粗放型	集约型

注：表格中第3、4行启发自刘霞辉、张平、张晓晶．改革年代的经济增长与结构变迁思想［M］．上海：上海人民出版社，2008的表述，其余部分由笔者整理

第一，适当放宽利率管制，减少金融抑制，以保证金融深化的渐进性、层次性与持续性。在经济发展初期，金融抑制有助于政府解决市场失灵与金融风险问题，从而促进经济增长；但随着经济发展，外部条件的改变使得这一政策的负面作用日趋显著，例如，中央银行对存贷款利率上限

① 姚先国，武鑫．中国的金融制度转型——基于经济危机中的考察［J］．经济学动态，2010(11)：54-59.

与下限的管制，虽然有利于维持银行盈利空间，但却因此破坏了利率传导机制，不利于银行中介效率提高与自律机制的形成，并使得体制外民间金融成为满足部分经济实体借贷需求的重要来源。

第二，降低并有层次地取消制度性歧视，包括准入管制、发行制度等方面，以提高金融的可获得性。中国的中小企业作为潜在的技术创新主体，由于所有制歧视的广泛存在，转向体制外民间金融或内源性融资，限制了研发（R&D）活动的开展，从而不利于技术进步；同时，民营资本的市场准入机制尚未完善且缺乏操作性。金融市场的制度性歧视使得许多企业因资金约束而无法通过技术创新提高市场竞争力。20 世纪 90 年代以来 FDI 的大量流入，在某种程度上替代了银行信贷，缓解了企业融资约束且促进了出口，许多学者认为 FDI 的规模扩张并不是中国国际竞争力提高的表现，相反是国内金融抑制政策广泛存在、投融资机制扭曲的结果（Huang，2005）①。

第三，从关注规模扩张转向重视结构与效率的优化。根据 Aghion 和 Howitt（2006）②，一国在追赶前沿技术的过程中需要从经济发达国家或地区吸引拥有专有技术（Know - how）或技术溢出的前沿企业，主要通过本地厂商与前沿买家的 FDI 与合资引进专有技术。前沿企业在不发达国家的投资需要良好的投资环境，包括宏观经济稳定、基础设施及私人与政府的储蓄，此时储蓄率对经济增长十分重要；随着一国向技术前沿的接近，技术模仿不再是推动经济增长的核心动力，储蓄率的重要性也随之下降。因此，根据熊彼特范式经济增长理论，随着经济水平的发展，金融体制应从关注规模扩张转向推动结构与效率的改善，实现从数量型作用机制向质量型作用机制的转变。

第四，有效利用银行中介与金融市场的比较优势。银行中介与金融市场在经营原则与技术偏好等方面存在差异，从而形成了不同的比较优势：银行以稳健经营为原则，偏好技术已知且前景明确的技术，在标准化信息

---

① Hung，Y. *Selling China*：*Foreign Direct Investment during the Reform Era*［M］. Cambridge：Cambridge University Press，2005.

② Aghion，P.，Howitt，P. Appropriate Growth Policy：A Unifying Framework［J］. *Journal of the European Economic Association*，2006（4）：269 - 314.

方面具有比较优势；而金融市场则在搜集加总多样性信息、处理不确定性方面更具优势。持续不断的金融创新更多来自于金融资本市场，而非银行中介体系（Naughton，2010）。为促进技术进步推动经济增长，在中国金融“深化但较窄”的现状下需要从金融宽化入手，推动金融市场的改革，以金融市场带动自主研发。

第五，以区域金融一体化降低金融的分割性。McKinnon（1973）曾指出发展中国家金融的分割性其根源在于内源性融资。由于各省金融资本的盈利率与资本回报差异巨大，中国的金融体系也存在显著的分割性，表现为各省之间年通货膨胀率进而实际利率的不同（Zhang 和 Wan，2002①）、资本边际产出的差异（Zhang 和 Tan，2004②）及省际资本流动性差（Boyreay－Debray 和 Wei，2004③）等方面。金融抑制政策（包括利率控制与资金配置等）被认为是导致金融分割性的主要原因（世界银行，2003④）。随着经济发展水平的提高，政府通过直接干预与金融抑制政策降低风险并动员储蓄的前提已消失，为通过推动技术进步与宏观效率实现经济可持续增长，需要以区域金融一体化与利率市场化降低省际交易成本，消除金融的分割性，通过质量型作用机制推动经济增长。

第二节　能力层面：本土研发与技术吸收、技术引进的结合

发展中国家除了可以通过引进先进设备以实现技术模仿之外，还可以通过本土研发推动技术进步。从长期来看，一国经济增长取决于技术创新

---

① Zhang，Yin，Wan，Guanghua. Household Consumption and Monetary Policy in China［J］. *China Economic Review*，2002（13）：27－52.

② Zhang，Xiaobo，Tan，Kong－Yam. Blunt to Sharpened Razor：Incremental Reform and Distortions in the Product and Capital Markets in China［R］. International Food Policy Research Institute，Development Strategy and Governance Division Discussion Paper No. 13，2004.

③ Boyreau－Debray，G.，Wei，S. J. Can China Grow Faster? A Diagnosis of the Fragmentation of Its Domestic Capital Market［R］. International Monetary Fund，IMF Working Paper 04/76，2004.

④ World Bank Poverty Reduction and Economic Management Unit. China：Promoting Growth with Equity（Country Economic Memorandum）［R］. Washington D. C.：World Bank，Report No. 24169－CHA，2003.

与获取、吸收与扩散新技术的能力。金融发展能够以多种方式推动技术进步，提升一国技术创新的能力，从而最终有利于经济的长期增长。

根据 Aghion 与 Howitt（2006）的研究，$a_t = A_t/\bar{A}_t$，代表“与世界技术前沿差距”（Distance to The Frontier）这一指标的倒数，其表现为下面的函数形式①：

$$a_{t+1} = \tilde{\mu}(\omega \cdot a_t) + \frac{1 - \mu(\omega \cdot a_t)}{1 + g} a_t \qquad (6-1)$$

根据式（6-1），给定初始 a 值，通过缓解企业融资约束，金融体系的发展可以提高创新率，从而图 6-1 中 $F_2(a)$ 曲线向上方移动。曲线向上方移动提高了稳态相对生产率 $\hat{a}$，从而通过放大对创新 $\mu(\omega \cdot a)$ 的影响，提高了稳态创新率 $\hat{\mu}$。Aghion 等（2005）以实证检验证明了一国经济体向技术前沿的趋同系数 λ_i 取决于该国平均金融发展水平 F_i ②，本书的计量实证研究从金融作用机制的角度进一步验证了该理论的有效性。

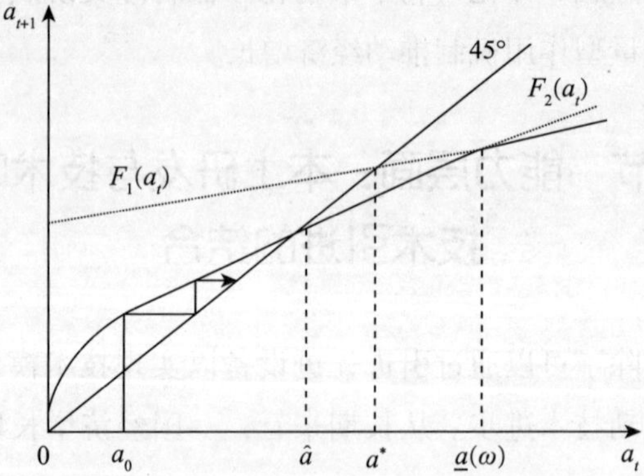

图 6-1 中等发展水平的金融体系国家

资料来源：转引自 Aghion（2006）

金融发展不仅可以通过影响吸收能力（模仿创新，内生于企业利润最

① 相关内容在第二章第一节第二部分中讨论过。

② $\lambda_1 = \beta_y + \beta_{fy} F_i$，见 Aghion，P. Interaction Effects in the Relationship between Growth and Finance [J]. *Capitalism and Society*，2006（1）.

大化，以频率μ_m发生）提高技术引进与吸收的效率，还能够通过解决信息不对称、流动性风险与不确定性问题推动本土研发活动（前沿创新，内生于企业利润最大化，以频率μ_n发生）；金融可得性的提高能够推动潜在创新主体中小企业的发展。

中国正经历着经济结构战略性调整与发展模式转变，金融发展推动经济增长需要将本土研发与技术吸收、模仿相结合：①在某些技术已达到或接近国际技术前沿的领域，应以本土研发为主，通过发展金融市场推动本土研发；②在相对落后的领域采取模仿与研发相结合的发展战略，减少创新成本，以加快向技术前沿的追赶。这一策略对于经济发展水平存在差异的不同区域也适用。其原因在于，资源（特别是研发投入资源）短缺约束是发展中国家普遍存在的问题，虽然中国在某些领域与行业已接近并收敛于世界技术前沿，但不同区域间金融发展与经济增长均存在显著差异，将本土研发与技术引进、模仿与吸收相结合，既可降低研发成本、避免资源浪费，又能培育本国独立研发能力与创新体系。

首先，当技术水平与前沿技术差距较大时，应侧重于金融发展的数量型作用机制，以提高资本积累水平，满足模仿技术所需最低固定成本，推动技术吸收能力的提高。由于创新的成本与创新所利用的前沿技术水平成比例（Ha 和 Howitt，2005），而企业的投资又与当地的生产率水平成比例，从而模仿创新频率μ_m对a是递增的，即在此情况下通过技术引进与吸收能够较快实现经济增长。由于中国金融抑制特征目前仍较显著，国内金融中介对企业模仿、吸收先进技术与相关人力投资项目贷款支持相对不足，且缺乏有效监督技术革新的机制，导致大量低水平盲目扩张与重复建设项目，这是下一步金融体制改革需要注意的重点之一。

其次，当技术水平趋近前沿技术时，应侧重于金融发展的质量型作用机制，从鼓励模仿转向鼓励创新，以免陷入“非趋同陷阱”。一国或一个行业越接近于技术前沿，那么影响未来创新者所面临的利润最大化问题的金融制度与政策对促进经济增长的作用就越重要（Aghion 和 Howitt，2006），因为决定一国增长路径的创新频率μ_m、μ_n内生于该利润最大化问题。借鉴发达国家的已有经验，具有高度不确定且未必能够获得担保的创新型项目融资的股票市场应成为发展的重点。

改革开放以来，中国的技术进步主要采用了“干中学”模式，即技术进步主要来自于引进与模仿。根据相关统计分析，从20世纪90年代中后期开始，中国出现了要素投入的技术进步贡献率逐年下降的趋势（总的技术进步曲线不变），说明技术模仿创新的作用已开始弱化（林勇、张宗益，2009①），伴随着与前沿技术差距的缩小及要素成本的提高，本土研发逐渐成为推动经济增长的主要动力，弱化金融抑制政策、推动金融宽化以促进创新是改革的方向。

再次，在引进模仿技术时，以集成化创新推动本土研发。技术创新是在研究开发的基础上将新的知识与技术引入经济活动中并实现其市场价值的过程，相关技术的系统集成创新所形成的竞争优势会远高于单一技术。利用银行中介与金融市场在信息搜集、风险分散等方面的比较优势，可以通过产学研合作机制、产业链上下游集成等方式，在有效吸收并消化国外先进技术的同时，提高本土研发的能力。

最后，发挥企业在技术进步中的主体作用。金融发展可以通过促进企业家精神、放松中小企业资金约束、优化资金配置与推动企业成长等方面促进创新主体的培育与发展。一方面，应通过健全与完善风险资本与证券市场，支持企业开展本土研发，实现企业科技与风险投资的良性结合；另一方面，应降低金融抑制程度，消除企业融资约束与所有制歧视，通过促使其采用更有效率的组织管理模式，推动企业以产品创新、管理创新与过程创新提高生产效率。

第三节　协调层面：配套性体制与制度改革的支持

一国金融发展对经济增长的积极推动作用是一个客观的过程，仅仅依赖银行中介与金融市场的发展是很困难的，金融发展对经济增长的作用离不开配套性体制与制度改革的支持，2008年世界金融危机也证明了体制与制度对金融稳定及实体经济的影响。借鉴世界银行、国际货币基金组织与

① 林勇，张宗益．中国经济转型期技术进步影响因素及其阶段性特征检验［J］．数量经济技术经济研究，2009（7）：73－85.

世界经济论坛等对于相关体制与制度方面的分类，中国需要从以下三个方面推动金融体制改革。

1. 制度环境层面

促进银行中介、金融市场发展与金融监管效率提升的法律法规与体制制度，如金融自由化政策、公司治理与法律规章等，有助于降低信息成本与交易成本，以利于金融发展通过相关作用机制促进经济增长。

一方面，金融自由化以利率汇率自由化、金融业务与机构准入自由化、资本账户自由化等为主要内容，虽然没有一致的看法，但一般被认为它能带来更有效率的资源配置，且发展中国家与转轨经济国家应该遵循金融发展的自然路径，推行渐进式的金融自由化（彭兴韵，2002①）：首先是与实体经济部门联系紧密的环节的自由化，需要以资本市场来解决金融脆弱性与降低代理成本——资本市场在金融自由化进程中应先导性发展。其次，企业与银行治理结构改革，降低单个银行破产对经济的金融冲击——这是利率与汇率自由化的微观基础。再次，利率与汇率自由化；其中，利率自由化首先应是“政府债券等无风险资产利率的市场化”，然后是其他风险资产的利率自由化。最后是汇率市场化、经常项目的自由化与资本项目开放，“以免在金融自由化过程中遭到金融危机的冲击”。

另一方面，金融发展对经济增长的积极作用需要以有效的所有权制度为保障。没有有效率的所有权制度，金融资产不能有效地转化为资本，而东部沿海地区正是因为其所有权理念层面的优势提高了金融体系对实体经济的影响（张杰，2011②）。

2. 商业环境层面

这里是指金融部门所拥有的人力资本、税收政策与基础设施建设等。相比其他国家，中国在基础设施建设方面最欠缺，根据《金融发展指数报告（2010）》，中国指标在全球57个国家中排名第47名。基础设施建设有助于提高投资的盈利性，从而增加私人资本积累与一国的金融深度。而金融体系之所以存在，主要基于其搜集信息、分散风险、降低交易成本等功

① 彭兴韵．金融发展的路径依赖与金融自由化［M］．上海：上海人民出版社，2002.

② 张杰．制度金融理论的新发展：文献述评［J］．经济研究，2011（3）：145－159.

能，基础设施建设对这些具有重要意义，是中国金融体制改革需要注意的层面。

3. 金融稳定性方面

这里指包括货币稳定、银行体系稳定与主权债务危机的风险性等因素。中国目前的金融稳定性从整体衡量较高，2010 年在全球 57 个国家中排名第 17 名；但银行体系稳定性则存在劣势，位列第 50 名。自经济转轨以来，中国实现了在国家隐性担保下的银行信用的快速扩张，并通过基于资本管制的固定汇率制度实现了对潜在通货膨胀的有效控制，即金融发展有效地通过数量型作用机制推动了经济增长；但面对中国 M2/GDP 远高于发达国家但金融产品与机构多样性欠缺的现状，在全球金融危机的背景下有必要调整货币政策的目标，并相应调整金融结构。从控制未来可能发生的资产价格泡沫入手，推动资本市场的发展与完善，降低坏账比率，以提高金融发展质量型作用机制的有效性。

总之，金融体系推动经济增长需要相应的配套性体制与制度支持，支持性政策形式较多样，Hsu 等（2010）[①] 曾证明，在对股东保护程度较高的国家或地区中，金融发展对创新的影响更显著。类似的保护金融市场股东权益的政策与制度的实行，有利于推动金融发展通过质量型作用机制渠道促进经济增长。

① Hsu，Po－Hsuan，Tian，X，Xu，F. Financial Development and Innovation：Cross Country Evidence［R］. University of Connecticut，Working Paper，2010..

第七章　转型期的金融发展与经济增长Ⅰ：“一带一路”建设

Rodrik（2016）① 在其著作中文版序言中写道，“经济改革需要的是一种战略性的、分轻重缓急和先后次序的方法，而不是开列无所不包的、细目清单式的方法”。理解金融发展对经济增长的作用机制亦是如此，需要在不断变化的经济背景下，联系现实，分析作用机制可能的约束条件与影响因素，对经济增长的“硬约束”做出判断并集中力量加以解决，才有可能相对较客观地深化对金融发展与经济增长关系的认识。

在经济新常态背景下，“一带一路”战略的推行形成了新的政策红利，不仅推动中国对外投资、促进金融业机构的结构性改革与发展，为人民币国际化注入新的增长动力，而且加快了经济区域结构调整、推动产业结构优化升级。2014 年 10 月，中国倡导成立亚洲基础设施投资银行，并于 2014 年 11 月出资 400 亿美元成立丝路基金，推进“一带一路”建设；而新《境外投资管理办法》的实施将对外投资“审批制”改为“备案制”，便利了企业投资，内推外引推动丝绸之路经济带产业合作、投资合作规模迅速扩大。“一带一路”是一个复杂体系，应根据不同国家与地区所处的经济发展阶段，以金融“五大功能”有针对性地有序推进“一带一路”纵深发展。

本章基于要素禀赋升级与价值链整合视角，分析转型时期金融发展如何通过资本积累渠道、技术进步与效率渠道推动丝绸之路经济带产业与投资合作，加速产业结构转型升级，进而带动经济增长。

---

① 罗德里克（Rodrik，D.）. 一种经济学，多种药方：全球化、制度建设和经济增长［M］. 北京：中信出版社，2016.

第一节 转型期的金融发展与经济增长：要素禀赋升级与价值链整合

改革开放以来，中国较好地利用了后发优势，以较低的 R&D 投入获得了技术水平的快速提升，进入效率驱动发展阶段（见表 7-1），2015—2016 年国际竞争力在 140 个经济体中位列第 28 名。

表 7-1 World Economic Forum 对经济发展阶段的划分

增长阶段	人均 GDP（2006 年现价美元）	典型国家
要素驱动阶段	<2000	尼泊尔、印度、塔吉克斯坦
要素驱动向效率驱动转换阶段	≥2000～≤2999	菲律宾、越南、尼日利亚
效率驱动阶段	>2999～≤8999	中国、埃及、泰国
效率驱动向创新驱动转换阶段	>8999～≤17000	巴西、智利、俄罗斯
创新驱动阶段	>17000	美国、日本、德国

数据来源：World Economic Forum《2015—2016 全球竞争力报告》①

相比较于 OECD 国家与亚洲发展中国家的平均水平，中国在市场规模与宏观经济环境方面具有明显优势（见图 7-1），此外，中国在基础设施建设、国际工程承包、跨国项目建设方面具有技术优势，外汇储备充足，劳动密集型加工业面临产业国际转移的窗口机遇期，这些因素均构成了中国在经济新常态背景下提出"一带一路"建设倡议时的比较优势。

"一带一路"新的改革开放战略，使中国能够更好地利用国内、国际两个市场，以金融发展推动产业要素禀赋升级、价值链攀升，进而带动经济增长。

首先，"一带一路"推动金融体系结构性改革与发展。①金融抑制政策所导致的过量外汇储备有机会得到更为合理的利用。在经济改革早期阶段，汇率改革相对滞后，金融抑制政策带来高储蓄率等金融扭曲现象，积累了过量外汇储备。共建"一带一路"使得中国能够将过量外汇储备与储

① World Economic Forum. Global Competitiveness Report 2015［R］. World Economic Forum，2015：38.

蓄用于西部地区和沿线国家的相关生产性投资，或转化为相应的股权与债权，缓解金融抑制政策的不良影响。②"一带一路"建设将会推动劳务、先进装备、技术与管理等输出，加速系统化贸易产业链的形成，使中国能够完成从低端消费品向高新技术的出口转型，这一过程中由于周边发展中国家或地区具有不同的比较优势，必然形成多样化的金融服务需求，为金融体系结构性改革与发展创造了试错空间。

图7-1　2015—2016年中国"全球竞争力指标"（Global Competitive Index，GCI）[①]

注：指标数值从7到1排序，数字越大表示该项指标表现越好。市场规模指标最高的深色线代表中国GCI，再往里黑色线代表OECD国家GCI平均值，最内侧浅色线代表亚洲发展中国家GCI平均值

其次，"一带一路"推动金融发展通过产业升级促进经济增长。①通过构建融资平台，"一带一路"建设有利于金融体系以资本积累渠道推动长期投资，为产业升级提供持续资本供给。"一带一路"覆盖65个国家约44亿人口，建设的初级阶段涉及大量的基础设施投资，资金量需求大、使用周期长，面临收入流不确定等一系列风险。亚洲基础设施投资银行、金砖组织开放银行、上合组织开发银行和丝路基金的设立构成了新的支持性

① World Economic Forum. Global Competitiveness Report 2015 [R]. World Economic Forum, 2015: 28.

金融体系，为基础建设、产业合作等提供了长期融资支持，推动经济的可持续发展；②以金融发展推动产业调整升级，各国或地区都已有较为成熟的相关经验（见表7-2）。

表7-2　各国（地区）金融支持产业调整升级的典型经验

国家（地区）	产业结构	金融结构	金融支持方式	共同点
美国“锈带”地区	传统装备制造业→现代制造业和服务业	直接融资为主	➢通过发展并购市场，推动制造业重组和产业集群发展； ➢通过形成政府性与非政府性相结合的金融支持体系，推动制造业转型升级	1. 多元化和多层次的金融支持体系； 2. 根据产业转型的阶段与对象，发挥不同类型金融机构、金融工具的作用 3. 市场化为原则的前提下，政府积极引导与支持
德国鲁尔工业区	传统煤钢工业→服务、文化、旅游和现代工业	间接融资为主	➢利用政策性资金改造升级传统产业 ➢建立技术研究中心、技术服务公司和风险资本基金会，为企业研发与创新服务 ➢为中小企业提供财政补贴和咨询服务	
英国中南部地区	传统纺织业→高新技术产业和现代服务业	直接融资为主	➢建立二板市场 ➢推出小企业贷款担保计划 ➢通过税收激励，鼓励民间资本对初创科技企业投资 ➢鼓励大学创办科技园，支持大型投资机构进入	
法国洛林地区	煤、钢、纺织业→汽车、机械、物流、高新技术等多元产业	间接融资为主	➢为技术创新提供财政补贴 ➢成立“创新财务公司”和“风险资本联合基金”，促进对高科技产业和企业的投资 ➢政府出资成立矿区工业化基金和“矿区再工业化金融公司”，支持传统产业转型升级	
中国台湾地区	劳动密集型产业→高新技术产业	间接融资为主	➢设立发展基金 ➢成立发展银行、推动辛迪加贷款 ➢从税收优惠、资金支持和退出机制建设等方面引导和鼓励创业投资公司发展	

续表

国家（地区）	产业结构	金融结构	金融支持方式	共同点
日本	低层次的手工制作业→高附加值的第二、第三产业与高新技术产业	间接融资为主	➢利用利率杠杆效用激励储蓄与投资 ➢国有制银行（被称为"主银行"）金融体系，以降低代理与信息成本、分担隐性风险 ➢政府利用政策性金融政策引导商业性银行投资方向	4. 金融政策与产业政策的有效衔接

资料来源：根据陈雨露、马勇（2013）[①]，郝国胜等（2001）[②]，李振国（2013）[③]、赵丽芬（2015）[④] 等文献整理

产业转型与升级需要以要素禀赋升级与结构变迁为基础，在微观层面表现为价值链的攀升与重构。目前，全球产品空间结构布局表现为核心区域致密而边缘区域稀疏的异质性特征（邓向荣、曹红，2016[⑤]），机械装备、车船制造、金属制品等高附加值的资本密集型与技术密集型的产业构成了产品空间结构的核心区域，而农业、畜牧业等低附加值的劳动密集型产业构成了边缘区域。

以金融发展推动产业升级，既要考虑初始要素禀赋水平，又要结合全球价值链攀升的状况，因为经济增长中金融发展作用机制可能存在阶段性：①要素禀赋、适宜性创新模式选择与所处的经济发展阶段紧密相关，只有当经济发展水平、要素禀赋结构达到某一程度后，以自主研发为主的内源式创新模式才更有效（余泳泽、张先轸，2015[⑥]）。②从静态效应看，金融效率、金融结构与金融规模通过 FDI 技术溢出、研发与人力资本对产业升级均有促进作用；但从动态效应看，金融效率与金融规模随着时间的推移对产业

① 陈雨露，马勇．大金融论纲［M］．北京：中国人民大学出版社，2013：594.

② 郝国胜，曲昭光，徐明威，马宝．赶超型国家金融体制比较［M］．北京：中国金融出版社，2001：87.

③ 李振国．旅游产业结构优化调整的新视角：金融支持［M］．武汉：武汉理工大学出版社，2013：78.

④ 赵丽芬．美国和日本产业转型升级的经验与启示［J］．产业经济评论，2015（1）：100－104.

⑤ 邓向荣，曹红．产业升级路径选择：遵循抑或偏离比较优势——基于产品空间结构的实证分析［J］．中国工业经济，2016（2）：52－67.

⑥ 余泳泽，张先轸．要素禀赋、适宜性创新模式选择与全要素生产率提升［J］．管理世界，2015（9）：13－31.

升级的促进效应不断增加，而金融结构的推动作用则相应下降（李强，2016①）。金融体系发展推动产业转型与升级，需要充分考虑具体的制度背景与约束条件，制订基于本地实际、明确政策优先次序的解决方案。

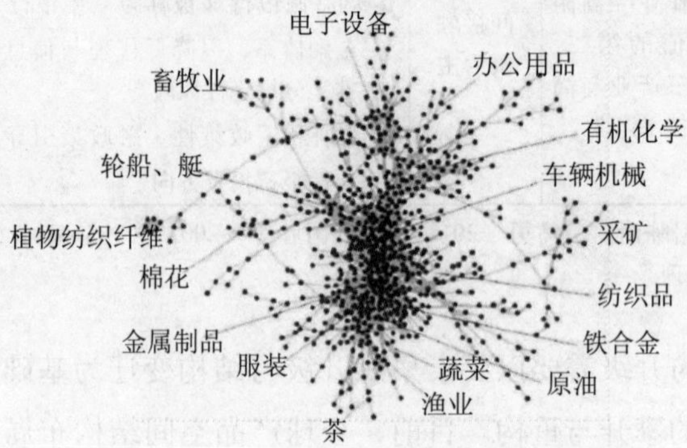

图7-2　全球产品空间结构布局

资料来源：转引自邓向荣、曹红（2016）

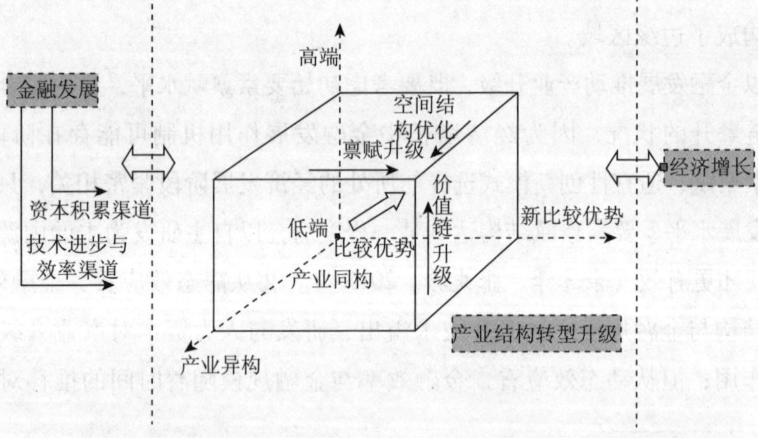

图7-3　转型期的金融发展与经济增长：要素禀赋升级与价值链整合②

① 李强．金融发展与我国产业升级：全球价值链攀升的视角［J］．商业经济与管理，2015（6）：86-96.

② 图形由本书画出，图形中间“产业结构转型升级”部分受下述研究启发：芮明杰，杨锐．产业发展与结构转型研究（第四卷）大公司主导变革：我国产业结构战略性调整的新思路、新政策：基于产业链重构视角［M］．上海：上海财经大学出版社，2015：203.“建立新型产业体系与结构的战略思路”。

总之，丝绸之路经济带是在亚欧各国合作日益深入、中国经济整体转型升级、对外开放与对内改革协调背景下提出的亚欧大陆带状经济合作战略。一方面，丝绸之路经济带建设为商业银行创造了大量的与基础设施建设、贸易融资等有关的新业务机会，加快推动人民币成为投资货币与储备货币，从而带动金融机构的结构性改革与发展；另一方面，金融发展通过资本积累渠道、技术进步与效率渠道，推动要素禀赋与价值链升级、空间结构优化、产业转型与合作，从而以结构优化实现经济增长（见图7-3）。以下将分别从丝绸之路经济带核心区产业转型与合作、丝绸之路经济带投资合作入手，深化金融发展对经济增长作用机制的认识。

第二节　丝绸之路经济带核心区产业转型与合作：新结构经济学的视角①

一、问题提出

2013年9月，习近平总书记在访问哈萨克斯坦时，提出了亚欧国家通过以点带面、从线到片的区域合作共同建设"丝绸之路经济带"的战略构想。作为中国"两横三纵"城市化战略的重要延伸，丝绸之路经济带是中国重要的地缘布局，包括核心区（中亚经济带）、重要区（环中亚经济带）以及拓展区（亚欧经济带）②。2014年11月APEC会议上，400亿美元丝路基金的设立标志着"一带一路"国家战略构建进入务实合作、全面推进的新阶段。

产业结构转型与合作是以互联互通推动丝绸之路经济带建设的重要部分。①丝绸之路经济带的构建与发展需要通畅的交通与贸易，以产业承接等模式，形成相对合理的国际分工协作③。②由于历史、地理等多方面原

① 参见王聪．丝绸之路经济带核心区产业转型与合作：新结构经济学的视角［J］．人文杂志，2015（3）：35-42.

② 胡鞍钢，马伟，鄢一龙．"丝绸之路经济带"：战略内涵、定位和实现路径［J］．新疆师范大学学报（哲学社会科学版），2014（2）：1-10.

③ 孙壮志．"丝绸之路经济带"：打造区域合作新模式［J］．新疆师范大学学报（哲学社会科学版），2014（3）：36-41.

因，丝绸之路经济带沿线地区对资源型产业依赖大，在市场竞争中很容易被锁定在价值链的低端，单纯以交通走廊的形式对沿线区域经济增长与发展的推动力有限且不可持续，其发展需要要素禀赋结构升级、产业结构升级与空间结构优化。③若将与丝绸之路经济带沿线发展中国家的产业贸易与合作局限于获取能源、资源，推销产能过剩产品，则“中心—外围”效应会将自然资源丰富而工业基础薄弱的经济体锁定在国际分工外围，加剧中亚等国对中国发展的顾虑，从根本上不利于丝绸之路经济带产业转型与合作机制的构建与持续。中国与丝绸之路经济带其他经济体作为发展中国家，产业升级与技术进步源于对全球技术前沿的追赶；需要通过科学技术与工业合作实现共同利益，最终依靠技术进步与创新，实现从要素驱动、投资驱动转向创新驱动。

本节基于新结构经济学的理论框架，结合金融发展阶段性假说，从丝绸之路经济带核心区与关键纽带——中亚各国产业结构演变与现状入手，探究丝绸之路经济带核心区产业转型与合作的可行路径：在动力方面，要素禀赋升级与比较优势培育是基础，硬性与软性基础设施改善是突破口，科学技术与工业合作是关键；在方向方面，需要侧重政府在信息提供与外部性补偿的作用，通过提升企业自生能力，将金融发展、技术创新与产业结构调整相结合。

二、新结构经济学的理论框架

林毅夫所提出的新结构经济学（New Structure Economics）是关于经济发展的本质、结构转型与升级驱动要素的理论框架，为丝绸之路经济带产业转型与合作机制的构建提供了可能的新的阐释基础。

第一，从要素禀赋与结构到产业结构再到收入水平。新结构经济学认为经济发展的本质是结构不断变迁的过程；发展中国家在追赶发达经济体的过程中，只有通过要素禀赋及其结构赶上发达国家，推动产业结构转型与升级，才能最终实现收入水平赶上发达国家；相反，“中等收入陷阱”的出现源于经济结构缺乏有效的调整与升级（林毅夫，2013①）。

① 林毅夫．新结构经济学的理论框架研究［J］．现代产业经济，2013（3）：18－23.

第二，产业结构转型与升级是一个连续谱，在结构变化过程中需要硬性基础设施（交通、电力、港口等）与软性基础设施（金融、法制等）的逐步完善。经济发展的每一阶段均是从低收入农业经济到高收入产业经济的连续谱上的一点；持续性的技术创新、产业结构升级是经济增长的实质及其普遍特征事实，需要如高速公路、港口、机场、电信系统、电网等硬件基础设施，以及制度、条例、社会资本、价值体系等软性基础设施的支持（林毅夫，2012b[①]）。

第三，要素禀赋、比较优势、市场与政府是结构变迁的四大驱动力。①一个经济体的要素禀赋及其结构会随着发展阶段的变化而升级，按照比较优势发展，会推动要素禀赋结构的提升并形成新的产业，进而推动产业结构的转型升级。②按照比较优势发展，需要以价格反映要素稀缺性为前提条件，因而市场与政府作用存在边界：市场机制在资源配置中应发挥基础性作用，而政府在产业转型与升级中应侧重于提供新产品信息、协调同一产业中不同企业的关联投资、为先驱企业补偿信息外部性，以及通过孵化与鼓励外商直接投资来培育新产业。在产业结构升级过程中，政府的协调作用主要包括两个方面：其一，通过完善各种基础设施（电力、港口等硬基础设施；金融、法律等软基础设施）降低交易成本，使比较优势转化为竞争优势；其二，通过对创新者的"外部性补偿"降低并分散其风险（林毅夫，2011[②]、2012a[③]、2012b）。此外，新结构经济学将结构变化这一逻辑延伸到经济发展的其他方面，指出金融的结构也应当与经济发展的阶段相匹配，以更好地支持结构升级与经济增长（林毅夫，2012b）。

第四，自生能力（Lin 等，1999[④]）。按照比较优势发展经济，就是要选择符合要素禀赋条件的产业，并形成与之相适应的产业结构；如此形成的产业才能够具有自生能力，不需要政府以补贴等其他扭曲要素配置的方

---

① 林毅夫．新结构经济学——反思经济发展与政策的理论框架［M］．北京：北京大学出版社，2012b：17.

② 林毅夫．新结构经济学——重构发展经济学的框架［J］．经济学（季刊），2011（1）：1－32.

③ 林毅夫．繁荣的求索——发展中经济如何崛起［M］．北京：北京大学出版社，2012a.

④ Lin，J. Y.，Tan，G. Policy Burdens，Accountability and the Soft Budget Constraint［J］. *American Economic Review*，1999，89（2）：426－431.

式维持其存在与发展。在产业结构升级过程中，政府应做到“增长识别与因势利导”（Growth Identification and Facilitation），以促进要素禀赋升级。没有比较优势的企业没有自生能力，仅能依靠扭曲资源配置的政策或补贴存活。

总之，新结构经济学框架中，经济发展是以动态效率为基础的结构升级转型过程；产业结构内生决定于要素禀赋结构，产业结构转型与升级是一个连续发展的过程，其根本动力来自人口、资本与技术要求的相对充裕度和结构转变。

三、产业结构转型与合作的必要选择

丝绸之路经济带的构建与发展以各地区共同经济利益提升为基础，产业结构的转型升级与合作能够推动经济结构优化与经济发展，是强化和稳固丝绸之路经济带建设的重要内容与核心环节。丝绸之路经济带核心区各国的经济发展水平相似且具有一定梯度性，产业合作既有必要性也有可行性。

1. 必要性：中亚各国产业结构现状

丝绸之路经济带在发展初期主要涉及中国与中亚各国的合作。作为丝绸之路经济带核心区，中亚地区连接欧洲经济圈与亚洲经济圈，扼守亚欧大陆陆路通道，其战略意义显著；同时也是丝绸之路经济带的凹陷地带，虽然自然资源充裕，但基础设施落后，在国际分工体系中处于价值链的低端，对产业合作与转型升级存在显著需求。

从贸易产品与模式看，中亚各国产业结构单一，亟待升级。开放经济条件下，国际贸易是从外部影响产业结构变动的主要因素之一，中亚五国、中国、俄罗斯与世界2012年出口商品结构统计数据显示，中亚五国出口商品最终品（资本品与消费品）比例均较低，高科技产品出口相对较少（土库曼斯坦仅0.1%），而初级品和中间品所占比重最大；与之相反，中国在中间品、资本品与消费品的出口比重则较大，高科技产品出口比重也达到14.5%（见表7－3）。

表 7-3　2012 年度中亚五国、中国、俄罗斯与世界出口商品结构

单位：千美元

国家	出口总额	高科技产品出口比重（%）	初级品所占比重（%）（A）	中间品所占比重（%）（B）	资本品（设备）所占比重（%）（C）	消费品所占比重（%）（D）
哈萨克斯坦	92281635	3.5	72.4	26.3	0.9	0.3
吉尔吉斯斯坦	1683181	1.4	18.4	63.1	3.7	11.8
塔吉克斯坦*	941895	0.2	29.5	69.2	0.5	0.8
土库曼斯坦*	10122944	0.1	88.5	10.5	0.3	0.7
乌兹别克斯坦*	4305703	7.9	37.1	55.1	1.8	6.0
中国	2048782969	14.5	1.6	31.5	41.0	25.8
俄罗斯	524564173	1.1	51.3	39.2	1.9	0.9
世界	18360127085	9.1	16.7	44.6	23.2	11.6

注：A+B+C+D = 100%，带＊国家的所有指标都来自镜像数据（伙伴国家贸易数据）

数据来源：ITC（UNCTAD/WTO）Database

根据钱纳里—塞尔奎因就业结构转换滞后理论，就业结构变动相比产值指标更能真实地反映产业结构的实际变动状况①。中亚各国同处于向市场经济与后工业演进的转型阶段，虽然各国经济规模存在显著差异，但产业结构中农业比例均较高。哈萨克斯坦在 2012 年农业从业人口所占比率达 25.5%，而其他中亚各国农业从业人口比重则仍在 30% 以上，特别是塔吉克斯坦，2004 年达到 55.5%；服务业在中亚各国发展较为迅速，以塔吉克斯坦与吉尔吉斯斯坦最为显著（见表 7-4）。

表 7-4　中亚四国就业规模与结构演变

国家	年份	总就业人数（千人）	农业（千人）	农业（%）	工业（千人）	工业（%）	服务业（千人）	服务业（%）
哈萨克斯坦（Kazakhstan）	1999	4179.1	1115.6	26.7	836.7	20.0	2224.5	53.2
	2002	6708.9	2380.2	35.5	1092.4	16.3	3236.3	48.2
	2004	7181.8	2406.	33.5	1250.3	17.4	3525.5	49.1
	2006	7404	2334.7	31.5	1365.3	18.4	3703.5	50.0
	2008	7857	2369.8	30.2	1486.9	18.9	4000.7	50.9
	2010	8114.2	2294.9	28.3	1518.6	18.7	4300.7	53.0
	2012	8507.1	2172.7	25.5	1648.87	19.4	4685.56	55.1

① 涉及就业结构与产业结构关系的理论还有配第—克拉克定理、库兹涅茨定理、刘易斯与拉尼斯—费的农村剩余劳动力流动模型等，理论表明，就业结构与产业结构具有高度关联性。

续表

国家	年份	总就业人数（千人）	农业（千人）	农业（%）	工业（千人）	工业（%）	服务业（千人）	服务业（%）
吉尔吉斯斯坦（Kyrgyzstan）	1986	1651.1	539.2	32.7	414.3	25.1	597.1	36.2
	1988	1716.1	577.2	33.6	418.7	24.4	612	35.7
	1990	1747.9	572	32.7	487.2	27.9	688.7	39.4
	1992	1835.9	700.6	38.2	413.8	22.5	721.5	39.3
	1994	1645.4	690.8	42.0	318.2	19.3	636.4	38.7
	1996	1651.5	778.6	47.1	240.7	14.6	632.2	38.3
	1998	1704.9	835.4	49.0	222.5	13.1	647	37.9
	2000	1768.4	938.5	53.1	185.3	10.5	644.6	36.5
	2002	1850.1	908.2	49.1	221.8	12.0	719.8	38.9
	2004	1991.2	774.6	38.9	350	17.6	866.4	43.5
	2006	2096.1	760.2	36.3	406.7	19.4	929.1	44.3
	2008	2184.3	743	34.0	451	20.6	990.4	45.3
塔吉克斯坦（Tajikistan）	2004	2452.6	1361	55.5	439.5	17.9	642.6	26.2
乌兹别克斯坦（Uzbekistan）	1995	8449	3484	41.2	1615	19.1	2945	34.9
	1997	8680	3504	40.4	1659	19.1	3033	34.9
	1999	8885	3421	38.5	1725	19.4	3124	35.2

数据来源：LABORSTA Database（2014）

注：由于数据可得性，部分国家数据存在缺失，塔吉克斯坦仅有2004年数据

开放经济条件下，国际贸易是从外部影响产业结构变动的主要因素之一，中亚各国贸易模式与结构也从另一侧面反映了其产业结构现状。中亚五国中，哈萨克斯坦与中国贸易规模相对最大，占总额60%以上①。从主要贸易产品看，以原油、铜、钢、铁等自然资源为主（见表7-5）。

表7-5　2013年哈萨克斯坦主要贸易产品与贸易伙伴现状

主要出口商品		主要进口商品		主要出口伙伴		主要进口伙伴	
名称	贸易值（百万美元）	名称	贸易值（百万美元）	国家	贸易值（百万美元）	国家	贸易值（百万美元）
矿物燃料、矿物油及其蒸馏产品；沥青物质；矿物蜡	62572	核反应堆、锅炉、机械和机械器具及其零件	7258	意大利	15223	俄罗斯	17686

① 参见胡鞍钢，马伟，鄢一龙．“丝绸之路经济带”：战略内涵、定位和实现路径［J］．新疆师范大学学报（哲学社会科学版），2014（2）：1-10.

续表

主要出口商品		主要进口商品		主要出口伙伴		主要进口伙伴	
名称	贸易值（百万美元）	名称	贸易值（百万美元）	国家	贸易值（百万美元）	国家	贸易值（百万美元）
钢铁制品	3238	矿物燃料、矿物油及其蒸馏产品；沥青物质；矿物蜡	5436	中国	14334	中国	8193
无机化学品、贵金属、稀土金属、放射性元素及其同位素的有机及无机化合物	3136	车辆及其零件、附件，但铁道及电车道车辆除外	4425	荷兰	9729	德国	2806
铜及其制品	2887	钢铁制品	4256	俄罗斯	5807	美国	2392
矿砂、矿渣及矿灰	2725	电机、电气设备及其零件；录音机及放声机、电视图像、声音的录制和重放设备及其零件、附件	3911	法国	5262	乌克兰	2248
其他商品	7952	其他商品	23586	其他伙伴	32155	其他伙伴	15547

数据来源：联合国 UNCOMTRADE Database

吉尔吉斯斯坦则相对多样化一些，产业基础除采矿外，还有机械制造、轻工、食品与燃料等（见表 7－6）。

表 7－6 2012 年吉尔吉斯斯坦主要贸易产品与贸易伙伴现状

主要出口商品		主要进口商品		主要出口伙伴		主要进口伙伴	
名称	贸易值（百万美元）	名称	贸易值（百万美元）	国家	贸易值（百万美元）	国家	贸易值（百万美元）
天然或养殖珍珠、宝石或半宝石、贵金属、包贵金属及其制品；仿首饰；硬币	569	矿物燃料、矿物油及其蒸馏产品；沥青物质；矿物蜡	1167	瑞士	548	俄罗斯	1785

续表

主要出口商品		主要进口商品		主要出口伙伴		主要进口伙伴	
名称	贸易值（百万美元）	名称	贸易值（百万美元）	国家	贸易值（百万美元）	国家	贸易值（百万美元）
矿物燃料、矿物油及其蒸馏产品；沥青物质；矿物蜡	177	车辆及其零件、附件，但铁道及电车道车辆除外	675	哈萨克斯坦	405	中国	1210
车辆及其零件、附件，但铁道及电车道车辆除外	122	核反应堆、锅炉、机械和机械器具及其零件	375	俄罗斯	219	哈萨克斯坦	519
非针织或非钩编的服装及衣着附件	115	电机、电气设备及其零件；录音机及放声机、电视图像、声音的录制和重放设备及其零件、附件	261	乌兹别克斯坦	190	美国	253
食用蔬菜、根及块茎	89	医药产品	187	中国	61	日本	216
其他商品	612	其他商品	2709	其他伙伴	260	其他伙伴	1391

数据来源：联合国 UNCOMTRADE Database

2. 可行性：从产业互补性看

国际间劳动分工导致了产业的互补性，主要包括两种类型：产业间垂直分工推动“你有我无型”产业互补（产业供给与需求间的互补），形成了产业间单向贸易；而产业内垂直分工造成“此生彼涨型”产业互补（某产业发展导致一个产业的发展），表现为垂直性产业贸易①。丝绸之路经济带核心区各成员相似的资源禀赋与良好的技术适用性，使其在基础设施领域、能源资源领域与轻工领域的互补性都较为显著（王海燕，2006②；王

① 张丽平．中美产业互补性研究［M］．北京：商务印书馆，2011.

② 王海燕．在上海合作组织框架内中国新疆与中亚国家的产业合作［J］．俄罗斯中亚东欧市场，2006（8）：21－32.

海燕，2008[①]；杨殿中，2012[②]；毛汉英，2013[③]；张建伦，2014[④]）。

第一，基础设施领域。相较中亚各国，中国在国际工程承包、跨国项目建设方面具有相对技术优势，产业国际竞争力较强，2012 年度美国《工程新闻纪录》国际承包商 225 强中，中国有 41 家企业[⑤]入围。

表 7－7　2013 年度 ENR 国际承包商 225 强中的中国企业

年度排名		公司名称	2012 年营业额（百万美元）	
2013	2012		国际市场营业额	总营业额
10	10	中国交通建设集团有限公司	11187.2	47327.3
20	23	中国水电建设集团有限公司	5473.1	20120.1
24	22	中国建筑工程总公司	4987.8	81366.8
25	24	中国机械工业集团公司	4947.7	5533.2
34	39	中国铁路工程总公司	3799.6	81805.7
43	46	中信建设有限公司	2635.8	2964.0
51	42	中国冶金科工集团公司	2295.7	31522.6
92	83	四川东方电气股份有限公司	926.3	6836.8

数据来源：美国《工程新闻纪录》（Engineering News Record，ENR），2013 年 8 月

中国与中亚各国间在基础设施领域开展合作的优势在于：其一，中国在公路桥梁、地铁项目建设上已经达到世界先进水平，具有较强的竞争力。其二，西部地区国际承包商的国际竞争力也在逐渐增强，地缘优势将有助于双方技术合作。四川东方电气股份有限公司位列 2013 年度 ENR 国际承包商（International Contractors）百强；而在 ENR 全球国际承包商 225 强（Global Contractors）中，新疆乌鲁木齐生产建设兵团建设工程集团有限公司 2012 年度 2734.5 百万美元的总营业额中，有 458.1 百万美元来自国

① 王海燕．中国参与中亚区域能源合作的策略［J］．新疆金融，2008（2）：27－31．

② 杨殿中．中国企业对中亚五国直接投资的产业分布及产业选择建议［J］．中央财经大学学报，2012（9）：66－71．

③ 毛汉英．中国与俄罗斯及中亚五国能源合作前景展望［J］．地理科学进展，2013（10）：1433－1443．

④ 张建伦．加强丝绸之路经济带产业合作［J］．中国发展观察，2014（5）：24－26．

⑤ 数据来源：中国建筑业协会"行业要闻"，http：//www.zgjzy.org/NewsShow.aspx？id＝3798，访问日期：2014 年 6 月。

际市场①。

与中亚各国的相关产业合作不仅能够帮助我国发展基础设施，也有助于我国消化并缓解水泥、钢材等要素产能过剩的问题②。以2012年为例，我国粗钢、电解铝、水泥、平板玻璃、船舶的产能利用率仅分别为72%、72%、73%、68%与75%；光伏、多晶硅等新兴行业的产能利用率只有30%~50%③。参与中亚各国基础设施建设，有助于扩大我国高铁、民用飞机、移动通信等高科技产品的市场规模，推动进一步的技术创新；还可促进中亚各国交通、电信等方面基础设施的建设，有利于丝绸之路经济带沿线经济体产业承接能力的提高。

第二，太阳能、风能、水资源及其他能源资源领域。中亚各国与中国西北部自然条件、自然资源较为相似，同一技术具有良好的适用性。新疆等地的风机、光伏电池技术可以直接为中亚各国所借鉴，推动可再生能源发展；同时，中亚地区可以为中国提供丰富的原料，例如哈萨克斯坦孜勒奥尔达州拥有约5000万吨石英砂储量，石英砂是生产光伏电池所必需的原材料④。

第三，轻工业领域。中国具有比较优势的纺织、服装、食品等轻工业产品的出口或"绿地投资"，可通过产品多样性提高中亚各国消费者的福利，避免资源与最终产品消费市场的分割问题，并带动当地就业与经济增长。

总之，丝绸之路成员方产业结构转型升级与合作具有必要性与可行性。各国各地区经济发展与产业转型合作关系的拓展，需要以本地区要素资源禀赋为基础，利用相互间已有的产业互补性，在开放的竞争性市场中形成比较优势，并转化为竞争优势，才能以最小成本推动并加速产业结构的转型。

四、丝绸之路经济带核心区产业协同合作转型机制的构建

一个经济体的要素禀赋由土地、自然资源、人口与资本构成，给定时

① 参见美国《工程新闻纪录》(Engineering News Record，ENR)，2013年8月。

② 张建伦．加强丝绸之路经济带产业合作［J］．中国发展观察，2014（5）：24-26.

③ 参见工业和信息化部.《工业转型升级规划（2011—2015年）》中期评估报告［R］．2014-02-10.

④ 徐海燕．中国与中亚的能源"双轨"合作［J］．国际问题研究，2013（6）：90-99.

间点虽然是既定的，但随着经济发展会逐渐变化，并进而构成产业结构转型与升级的基础。根据新结构经济学理论框架，丝绸之路经济带产业协同合作转型机制的构建需要遵循经济发展不同阶段的特征规律，从禀赋结构升级入手，通过建设硬性与软性基础设施，促进科学技术与工业合作，进而推动产业承接与转型升级。

（一）产业转型与合作的动力：要素禀赋与比较优势是基础

要素禀赋升级是产业转型与合作的动力与根基。对一国或地区要素禀赋的判断一般从自然资源丰裕度、劳动力丰裕度、资本丰裕度及技术研发能力等层面考察，多以自然资源租金比、劳动力总数与受高等教育状况、人均 GDP① 及居民专利申请数量等指标来衡量。根据世界银行的数据，中亚诸国在自然资源方面具有比较优势；在人力资本丰裕度方面，哈萨克斯坦、吉尔吉斯斯坦的高等院校入学率超过了中国，但在劳动力总人数与科研潜力方面中国具有相对优势；哈萨克斯坦与土库曼斯坦的人均 GDP 较高，从侧面反映出其资本丰裕度相较于其他中亚三国具有比较优势。世界经济论坛 2015—2016 年全球竞争力指数（GCI）② 统计显示，中国目前处于效率驱动阶段；中亚各国两极差异显著，塔吉克斯坦尚处于最初始的要素驱动阶段，而哈萨克斯坦已由效率驱动转向创新驱动阶段。

表 7－8 中国与中亚五国要素禀赋与比较优势

指标	中国	哈萨克斯坦	乌兹别克斯坦	吉尔吉斯斯坦	塔吉克斯坦	土库曼斯坦
GDP*（亿美元）2013 年	92403	2244	568	72.26	85.08	418.5
GDP 增长（%）2013 年	7.37	6	8	10.5	7.4	10.2
人口（百万）2013 年	1357	17.04	30.24	5.720	8.208	5.240
劳动力总数 2012 年	787632272	9037123	12998643	2625871	3483609	2258871

① 人均资本存量被认为较好地反映了资本丰裕度，而实证结果显示人均资本存量与人均 GDP 间统计关系显著，故而该指标被用来衡量资本禀赋；资本形成总额虽然是流量概念，但也从侧面反映了总投资与资本状况，故而也一同列示于此。

② 全球竞争力指数由基础条件、效率推进、创新与成熟性三大因素决定，三大因素又被具化为 12 项一级指标，包括制度、基础设施、宏观经济环境、医疗卫生和基础教育、高等教育与培训、商品市场效率、劳动力市场效率、金融市场发展水平、技术就绪度、市场规模、商业成熟度及创新。

续表

指标	中国	哈萨克斯坦	乌兹别克斯坦	吉尔吉斯斯坦	塔吉克斯坦	土库曼斯坦
人均 GDP * 2013 年	6807	13171.8	1878	1263	1036.58	7987
资本形成总额 *（亿美元）	(c) 45540.8	(c) 587.6	(b) 116.8	(b) 20.96	(c) 16.25	(b) 165.98
自然资源租金总额（占 GDP 的百分比）	(a) 8.197 (b) 5.79	(a) 36.95 (b) 32.15	(a) 28.58 (b) 20.83	(a) 12.90 (b) 14.73	(a) 2.25 (b) 1.78	(a) 44.95 (b) 34.39
高等院校入学率（占总人数的%）	(a) 24.3 (b) 26.7	(a) 42.2 (b) 44.5	(a) 8.87	(a) 41.3	(a) 22.01 (b) 22.5	N. A.
居民专利申请量	(a) 415829 (b) 535313	(a) 1415	(a) 282 (b) 257	(b) 110	(a) 4 (b) 3	N. A.

数据来源：世界银行（World Bank）数据库

注：①＊表示数据按现价美元计；由于数据的不完整性，以（a）（2011 年）、（b）（2012 年）、（c）（2013 年）表示不同年份数据；②自然资源租金总额是石油租金、天然气租金、煤炭（硬煤和软煤）租金、矿产租金和森林租金之和；③资本形成总额由新增固定资产支出加上库存的净变动值构成。固定资产包括土地改良（围栏、水渠、排水沟等），厂房、机器和设备的购置，建设公路、铁路，以及学校、办公室、医院、私人住宅和工商业建筑等。库存是企业为应付生产或销售的临时需要或意外波动而贮存的货物以及在制品。依照 1993 年 SNA，贵重物品的净收入也被视为资本形成

当前中国与中亚各国产业互补性较强，合作主要集中于能源、资源与农产品等低附加值领域，虽然合作产业较为单一，但具有要素禀赋决定的比较优势。伴随着资源开发与合作，相关区域水电、道路、通信以及教育等配套设施的建设，不仅有利于贸易规模的扩大，而且能够吸收当地劳动力就业。2013 年中国石油在中亚地区的油气投资项目为该区域提供了超过 3.4 万个就业岗位；其中，在哈萨克斯坦，员工本地化达到 98%①。劳动就业等技能培训能够提高劳动力素质，有利于劳动密集型产业的转型与升级。随着合作的深入与要素禀赋结构的提升，通过差异化产业发展、全产业链投资、强化产业链延伸以及潜在比较优势培育，区域内可实现多层次、多角度的开放与合作。

总之，只有发展到与发达国家类似的要素禀赋结构，才能够拥有相应

① 数据来自中国石油官方网站，http://news.cnpc.com.cn/system/2013/09/11/001447061.shtml

的资本技术相对密集的产业结构，实现产业的转型与升级；丝绸之路沿线区域产业协同转型与发展需要考虑初始状态的比较优势；政府在这个过程中的主要作用是通过信息提供与外部性补偿，与企业一起甄别潜在比较优势产业。

（二）产业转型与合作的动力：硬性与软性基础设施是突破口

基础设施能够影响交易费用与投资边际回报率，对企业生存能力至关重要，其主要供给方为政府，因而政府制定相关法规政策及其监管执行的能力、提供基础设施成本与效率，是丝绸之路经济带产业转型与合作的突破口。

1. 硬性基础设施

丝绸之路经济带建设中以铁路为主体，包括公路、航空、管道、通信与口岸等的硬性基础设施已基本建成。截至2013年年底，新疆铁路营运里程达到4915公里，西出中西亚，北通蒙古、俄罗斯的国际铁路网初具规模①；在能源合作方面，已经投产的中亚天然气管道、中哈原油进口管道、吉木乃口岸液化天然气项目，在建或规划中的巴基斯坦石油管线、中国—土库曼斯坦原油管线、俄罗斯油气输送及中亚天然气管线四线②，推动了中亚各国能源出口的多元化，也为油气开采、管道输送合作拓展了空间。

硬性基础设施的建设推动了商品贸易的互联互通，也带动了沿线地区全要素生产率的提升。以2001—2010年为例，二级公路、铁路增量的空间外部偏效应使得二级公路每增加1%，TFP随之增长0.0852%；经济带各类交通基础设施存量的增加对TFP增长的贡献份额达到59.07%（刘育红、王新安，2012③）。

值得注意的是，相关硬性基础设施建设仍存在一定的问题。①虽然中国与中亚各国间交通网络已逐渐建立与完善，但我国国内东、中、西部地区交通基础设施投资规模差距仍较大，货物运输在空间分布上不平衡（李

① http：//www.ce.cn/xwzx/gnsz/gdxw/201406/23/t20140623_3023533.shtml，访问时间2014/6/27

② http：//news.xinhuanet.com/world/2014-06/21/c_1111252038.htm，访问时间2014/6/27

③ 刘育红，王新安．"新丝绸之路"交通基础设施与全要素生产率增长［J］．西安交通大学学报（社会科学版），2012（3）：54-59.

忠民、刘育红、张强，2011①）；②丝绸之路经济带内轨轨距不统一（中国与欧洲1435毫米、东亚1520毫米）② 的问题尚未得到解决，增加了火车过境时间与运输成本。

2. 软性基础设施

类似于硬性基础设施，金融、法律、社会网络等软性基础设施也能够影响企业从事生产活动的交易费用与市场范围，进而影响劳动分工程度。哈萨克斯坦之所以成为中国主要的能源合作伙伴，便在于相对较好的软性基础设施：没有最低资本限额，使得开办企业变得容易；提供加急办理程序等服务，使得财产登记更方便、容易。根据世界银行《2014年营商环境报告》，哈萨克斯坦的营商环境在189个被调查的经济体中列第50位（见表7－9）；相较其他中亚国家，中国在跨境贸易难易度与执行合同方面有一定的优势，但在开办企业、保护投资者等方面与哈萨克斯坦、吉尔吉斯斯坦还存在差距。

表7－9　中国与中亚四国营商环境比较（2014年）

国家	营商难易度排名	开办企业难易度	办理施工许可难易度	获得电力难易度	财产登记难易度	获得信贷难易度	保护投资者	交税难易度	跨境贸易难易度	执行合同难易度	解决破产难易度
中国	96	158	185	119	48	73	98	120	74	19	78
哈萨克斯坦	50	30	145	87	18	86	22	18	186	27	54
吉尔吉斯斯坦	68	12	66	180	9	13	22	127	182	70	132
塔吉克斯坦	143	87	184	186	78	159	22	178	188	39	81
乌兹别克斯坦	146	21	159	173	136	130	138	168	189	40	63

数据来源：世界银行《2014年营商环境报告》

注：此为排名（在所调查的189个经济体中），数值越小越容易

不同产业升级过程中均会面临X低效率（X－inefficiency）问题，产

① 李忠民，刘育红，张强．“新丝绸之路”交通经济带经济增长的实证研究——基于人力资本等6个因素的面板数据模型［J］．经济问题，2011（1）：77－80.

② 杨恕，王术森．丝绸之路经济带：战略构想及其挑战［J］．兰州大学学报（社会科学版），2014（1）：23－30.

业转型与升级的速率不仅取决于要素禀赋结构升级的速度，还取决于基础设施设置是否进行相应完善。因而丝绸之路经济带的产业转型与升级需要软性基础设置的相应提升，是下一步发展与合作的战略重点与突破口。

3. 丝绸之路经济带产业转型与金融发展

产业转型与结构升级过程中，企业规模、风险特征与市场范围均会随之变化，金融是软性基础设施中相对核心的构成：①对于制度体系尚不完善的发展中国家，金融发展是形成比较优势的关键要素（Ju 和 Wei，2011[①]）；金融发展通过方便贸易结算、扩大贸易规模、改善贸易方式及分散贸易风险，有利于出口复杂度的提升、实现出口品的技术进步。②金融发展有利于通过提高技术吸收能力，推动技术引进、模仿与吸收的效率，推动产业结构升级：金融体系发展通过改善资源配置与提高投资效率，为企业模仿与创新提供必要的资金支持，降低投资风险。此外，金融市场的发展通过提供资金支持，推动了东道国企业与外资企业产业间链接效应（Alfaro 等，2010[②]），间接促进了技术吸收能力提高。

虽然目前服务业在中亚各国发展较为迅速，但金融发展在中亚五国间差异显著。从规模与结构来看，哈萨克斯坦金融发展水平最高，世界银行2011 年统计数据显示，15 岁以上拥有银行账户的人数比例分别为哈萨克斯坦 42%、乌兹别克斯坦 23%、吉尔吉斯斯坦 4%、塔吉克斯坦 3% 及土库曼斯坦 0%[③]。金融发展水平影响与周边国家或区域经济与贸易一体化的程度，有效的金融体系能够显著促进贸易连通，推动潜在技术创新；而当前中亚各国金融体系的不完善一方面增加了投融资与外汇出入境的成本，使得企业以第三国转存外汇的方式参与贸易，提升了潜在资本风险；另一方面，信贷的缺少限制了中国西部中小企业的融资能力，导致边境贸易多为技术含量低的劳动密集型产品，被局限在产业链的低端（热依汗·吾甫

---

① Ju, J., Wei, S. J. When is Quality of Financial System a Source of Comparative Advantage? [J]. *Journal of International Economics*, 2011, 84 (2): 178 - 187.

② Alfaro, L., Chanda, A., Kalemli - Ozcan, S., Sayek, S. Does Foreign Direct Investment Promote Growth? Exploring the Role of Financial Markets on Linkages [J]. *Journal of Development Economics*, 2010, 91 (2): 242 - 256.

③ Demirgüç - Kunt, A., Klapper, L. F. Measuring Financial Inclusion: The Global Findex Database [J]. *Policy Research Working Paper*, 2012. 土库曼斯坦 0% 是四舍五入后的结果。

尔，2014[①]）。随着区域之间贸易壁垒及物流运输成本降低，相应的信息交流与技术外溢能够带动价值链结构的提升，而必要的金融支持会强化这一推动作用（姚博，2014[②]）。

总之，由政府提供的硬性基础设施建设有利于丝绸之路经济带沿线国家的互联互通，决定企业生产的交易费用与市场范围；产业转型与升级的速率不仅取决于要素禀赋结构升级的速度，还取决于软性基础设施设置是否相应完善。硬性与软性基础设施建设是丝绸之路经济带产业转型与合作的突破口。

（三）产业转型与合作动力：科学技术与工业合作是关键

产业结构转型升级的关键在于新产业的形成与发展，后者的关键来自核心技术的创新与突破。

约束条件决定技术发展与创新的方式。丝绸之路经济带核心区具有不同于发达经济体的约束条件。不同于发达经济体处于世界技术前沿，主要依靠创新人力资本与科研投入推动产业升级，处于技术链条低端的发展中国家面临技术差距并具有后发优势，主要通过对已有技术的模仿与吸收来实现技术进步。由于所模仿的技术及相关产业在全球其他发达国家基本成熟，中低收入发展中国家产业转型与升级的关键在于能否实现以较为低廉的成本获得国际竞争力。

核心技术的创新具有渐进性。新结构经济学认为技术结构内生于要素禀赋结构，技术变迁也应循序渐进；经济水平较低地区应按照自身要素禀赋所决定的比较优势选择研发并引进适宜本地区的技术，以相对较低的成本实现技术升级；伴随着要素禀赋结构的升级，产业结构与技术结构相应提升，自主研发相对技术引进的重要性逐渐增强。

因此，相对收入水平较低国家与区域间合作，应通过引进适宜性技术来发挥自身后发优势，并以此获得比发达国家更快的技术变迁速度，引导并形成新的产业（林毅夫、张鹏飞，2005[③]）。具体操作层面，可通过科技

① 热依汗·吾甫尔．中国西部地区面临的地缘经济挑战——以新疆为例［J］．人民论坛，2014（11）：235－237.

② 姚博．金融支持、区域市场整合与价值链提升［J］．产业经济研究，2014（2）：11－20.

③ 林毅夫，张鹏飞．后发优势、技术引进和落后国家的经济增长［J］．经济学（季刊），2005（4）：53－74.

合作、向科技领域投资、改造老工业项目（赵华胜，2014[①]）等方式推动丝绸之路经济带核心区产业转型与合作。以哈萨克斯坦为例，20 世纪 70 年代就被发现的肯基亚克盐下油田，由于岩丘钻井难题基本无法开发，通过与中国石油的科技合作，实现了 200 多万吨的产能[②]。在目前重点合作的能源领域，由于勘探与开采难度较大，需要资本密集型和技术密集型机器设备与技术，应利用各国在技术、资金与矿权开发等方面的优势，以多国合作的形式，在"干中学"中实现技术升级与联合开发。

在科学技术合作方面，中国与中亚国家已有很多成功案例。例如，新疆农垦科学院的"大田滴灌高效节水灌溉技术"与新疆天业有限公司的"大田膜下滴灌技术"最早引进自以色列，经过近 20 年的消化、再创新，形成了灌溉、农业机械、农艺栽培与田间管理一体化的生态农业技术，在哈萨克斯坦、乌兹别克斯坦等国得到推广，不仅适应于当地农作物，还有显著的节水、节肥、减轻病虫害威胁等作用，与常规灌溉相比，农作物产量普遍提高 1.0~1.5 倍，每公顷产值提高 1000 美元以上[③]。除了农牧业合作外，电力建材食品加工类、能源矿产类，以及水污染、土地盐渍化治理等生态环保类的合作也较为密切。但相关合作也存在问题：①项目合作具有阶段性，技术合作广度与深度有待加强；②合作整体规模仍相对偏小（如上述灌溉技术在哈萨克斯坦推广 5000 余亩，在乌兹别克斯坦推广约 1 万亩），技术含量高或效益好的大项目比率偏低；③产业结构转型升级，最终落脚点是有自生能力、能够实现持续技术改进与创新的企业，但有实力的企业还较为缺乏。

（四）深层次产业转型与合作方向：自生能力、政府作用与金融发展

政府在产业转型与合作中除了产业甄别外，更重要的是发挥"因势利导"的作用，遵循比较优势及其演变规律，和企业共同决定并推动潜在比较优势产业成为竞争优势产业。在深层次产业转型与合作中，需要结合企

① 赵华胜．"丝绸之路经济带"的关注点及切入点［J］．新疆师范大学学报（哲学社会科学版），2014（3）：27－35.

② 数据来源：http：//www. cpechina. com/system/2014/01/06/001465983. shtml

③ 和瑞，李富先，陈林，林萍，丁连军．哈萨克斯坦主要作物滴灌栽培效益分析［J］．内蒙古农业科技，2010（4）：57－58.

业的自发选择，更好地发挥政府协调并弥补信息不确定与外部性的作用。

首先，在新产业选择方面。政府应避免以行政命令等非市场方式扭曲价格体系，应按照比较优势发展经济，推动企业形成自生能力，从而创造最多的剩余与积累，进而实现国际竞争力的提升。丝绸之路经济带构建虽以互联互通经贸为导向，但更要以产业升级为基础，在与中亚各国的产业转型与技术合作中，培育出能够持续技术创新、有实力的企业，实现产业的梯度转移并带动区域发展。

其次，在信息方面。按照比较优势发展产业，政府应侧重信息搜集、整理与发布；推动行业协会发挥监督与辅助功能，鼓励学术研究机构提供信息挖掘与咨询服务；以产业展览会或行业政策等形式公布具有公共品特征的相关信息，使得有自生能力的企业能够以较低交易成本相对系统而全面地掌握相关信息，并能以低成本引进、模仿并吸收相关技术。应以信息的互联互通推动产业合作的广度与深度扩展，扩大合作的整体规模，提高合作的技术含量，以实现产业高技术化、高附加值化，产业链延长与优化。2014 年 10 月“中国—中亚国际农业产业博览会”的召开，就将农业综合展示与订单贸易洽谈相结合，为信息、商贸与技术的互联互通构造了有利条件。

再次，在协调企业投资与补偿外部性方面，政府应设立基本行业规范，协调各企业投资行为，避免由于较低风险与较高共识而出现的潮涌现象。资源丰富的国家与地区还应从资源商品收入中拿出合理的部分用于教育、人力资本、基础设施与社会资本的投资，以补偿外部性，并为要素禀赋升级带来的产业结构提升给予因势利导的支持。丝绸之路经济带核心区产业协同转型与合作在当前经济发展阶段应以基础设施投资为先导，辅以技术引进、研发与合作。

最后，不可忽视金融发展在深层次产业转型与合作中的作用。作为政府提供的软性基础设施中关键的部分，金融发展在资金支持、分散风险与推动技术创新方面有利于丝绸之路经济带的构建与发展。2014 年 11 月 400 亿美元的丝路基金的建立，为建设融资平台、解决互联互通的瓶颈限制夯实了基础。深层次的产业转型与合作需要以技术创新为“内核”，在这一过程中金融支持不仅能够带动技术引进与吸收，而且可以强化并推动价值链结构层次的提升。伴随着产业的转型与结构升级，企业生产的规模效应会随着与技术前沿差距的缩小而扩大，技术创新风险、市场成熟度风险与企业家管理才能风险也会随之变化，相应需要有效的金融体系，以提供资本积累、降低交易费用及分散风险。将技术创新、金融体系与产业结构调整相结合，是推动丝绸之路经济带产业合作与转型的现实路径。

构建丝绸之路经济带产业协同合作转型机制，有必要从转型国家或区域要素禀赋结构出发，以金融体系发展推动贸易与投融资便利化，提升技术与创新能力，选择适宜的技术与合作模式。第一，在合作目标方面，应适应发展中国家或地区要素禀赋结构，推动地区性中小银行对农业、工业与服务业中小企业的金融服务；第二，在合作内容方面，应推进人民币结算，以实现区域内贸易、投资的便利化，降低相关交易成本与技术改进创新风险；第三，在合作步骤方面，应依据循序渐进的原则，先协商建立区域性政策银行，承担区域内货币合作与金融监管等职能，积累相关经验后再适时推进人民币的国际化。

总而言之，丝绸之路经济带的发展需要以沿线各国、各地区产业转型与协同合作为基本内容，新结构经济学理论框架为理解并构建这一机制提供了新的视角。在当前经济向新常态过渡过程中，需要以丝绸之路经济核心区产业转型与合作进一步释放改革红利，培育可持续竞争力。

第三节　丝绸之路经济带的投资合作：价值链分工视角[①]

一、问题提出

投资合作是以互联互通推动丝绸之路经济带建设的重要部分，在基础设施建设、能源资源类产业领域已取得重大进展，商务部数据显示，截至2015年5月底，中国对“一带一路”64个国家/地区累计实现各类投资1612亿美元，约占中国对外直接投资总额的20%。但若将丝绸之路经济带投资合作局限于获取能源、资源，推销产能过剩产品，则“中心—外围”效应会将自然资源丰富而工业基础薄弱的经济体锁定在国际分工外围，从

① 王聪．以全球价值链为切入点融入丝绸之路经济带投资建设［J］．经济纵横，2016（8）：67－71.

根本上不利于丝绸之路经济带的振兴与发展；同时，沿线地区与国家（特别是中亚地区）发展模式的转变也对投资合作提出了新的挑战，例如，哈萨克斯坦2010年宣布实施《2010—2014年国家加速工业创新发展纲要》，限速发展采掘业，压缩不可再生资源产品的出口份额，传统能源资源类投资合作空间受限。丝绸之路经济带作为以交通运输为纽带、以互联互通为基础、以多元合作机制为特征的新型区域合作机制，强化区域经济合作的关键是“共商、共享、共建”。在融入全球价值链分工的不同阶段，如何创新投资合作模式，有侧重地分别利用金融发展的资本积累渠道、技术进步与效率渠道，激发各国或地区的内生合作意愿并融合双边或多边实际需求，以投资合作带动产业结构转型升级，进而推动经济增长与发展，是重要的理论与现实课题。

本节基于价值链分工视角，从信息化、模块网络化生产发展对投资合作基础的影响入手，探究丝绸之路经济带沿线国家与地区投资合作模式创新的机制，提出加强丝绸之路经济带沿线国家与地区在产业链条上的分工与合作，以融入全球价值链为切入点，通过推进产业集群形成、上下游与关联产业协同发展，促使各个经济体在国际价值链上的升级与攀升。在这一过程中，还应注意与整合全球与本国价值链；以企业吸收能力提升为根本，细化产业内分工，从而能够以技术创新与进步为推动并优化投资合作模式，实现丝绸之路经济带的发展。

二、丝绸之路经济带投资合作：进展、特征与问题

对中国丝绸之路经济带的投资合作，有利于打通亚欧关系、推动新型工业化改革、维护战略能源安全；对于经济带沿线国家或地区，有利于其摆脱地缘劣势、推动其规避并摆脱“资源禀赋诅咒”，以技术合作实现现代工业化道路。当前，多边投资合作在行业分布方面，较偏重基础设施建设与能源资源领域；在投资合作方式上，以信贷合作、股权合作为主，并以国企大型企业为主要参与主体，深入合作需要解决随之而来的一些问题。

1. 丝绸之路经济带投资合作的进展

从投资规模来看，年均增长率增长显著。“一带一路”倡议推动了双边、多边投资合作的快速增长，根据商务部合作司的统计数据，2003—

2013年，中国对65个"一带一路"沿线国家或地区的直接投资规模从2亿美元迅速增长至134亿美元，占中国对外直接投资总额的比例从7.1%增加至12.4%，年均增长率61.1%，远高于同期中国对外直接投资49.6%的年均增长率①。2016年第一季度，中国非金融类直接投资35.9亿美元，对外承包工程新签合同额255.9亿美元。虽然中国当前投资合作主要目的国是西方发达国家，但与丝绸之路经济带沿线国家与地区的投资合作空间广阔并且增长迅速（见表7-10）。

表7-10 中国与"一带一路"沿线国家与地区投资合作（2015年、2016年上半年）

投资合作领域	经贸合作规模（流量）	经贸合作规模（存量）
对外直接投资	2015年对"一带一路"沿线49个国家/地区进行直接投资，投资额合计148.2亿美元，同比增长18.2%②；2016年一季度对"一带一路"投资35.9亿美元，同比增长40.2%③	截至2015年5月对"一带一路"64个国家/地区累计实现各类投资1612亿美元
对外承包工程	2015年"一带一路"沿线60个国家/地区承揽对外承包工程项目3987个，新签合同额926.4亿美元；完成营业额692.6亿美元，占同期中国对外承包工程完成营业额的44.1%④；2016年上半年在"一带一路"沿线61国家新签合同3080份，合同额总计514.5亿美元⑤	截至2015年5月对"一带一路"64个国家/地区承包工程累计新签合同额6179亿美元，完成营业额4244亿美元，分别占到同期业务总规模的43.2%和43%
对外劳务合作	2015年1-5月向"一带一路"沿线55个国家/地区派出各类劳务人员8万人，5月末在外人数31.2万人，占中国在外出各类劳务人员总数的31.2%	截至2015年5月累计派出各类劳务280.3万人参与一带一路建设，占累计派出各类劳务人员总数的36.4%

数据来源：中华人民共和国商务部对外投资和经济合作司

从区域分布来看，核心合作伙伴较为稳定。2015年我国企业"一带一路"投资主要流向新加坡、哈萨克斯坦、老挝、印度尼西亚、俄罗斯和泰

① 数据来源：韩冰，王永中，等．中国对外投资季度报告（2015年第3季度）[M]．北京：中国社会科学出版社，2015.

② 数据来源：中华人民共和国商务部对外投资和经济合作司 http://hzs.mofcom.gov.cn/article/date/201601/20160101239881.shtml

③ http://hzs.mofcom.gov.cn/article/aa/201604/20160401297210.shtml

④ 数据来源：中华人民共和国商务部对外投资和经济合作司 http://hzs.mofcom.gov.cn/article/date/201601/20160101239881.shtml

⑤ 数据截至2016年7月21日，数据来源：中华人民共和国商务部对外投资和经济合作司 http://hzs.mofcom.gov.cn/article/aa/201607/20160701363728.shtml

国等①国；2016 年第一季度，主要投向新加坡、印度、马来西亚、印度尼西亚等国家或地区②。在丝绸之路经济带核心区中亚地区，核心合作伙伴投资合作关系更为显著，中国与俄罗斯、哈萨克斯坦投资合作相对更密切。在投资规模流量方面，中国与哈萨克斯坦投资合作规模从 2004 年的 231 万美元增长到 2015 年的 12 亿美元③。

表 7－11　2013 年中亚地区外商直接投资净流入（流量） 单位：百万美元

国家/地区	FDI	占 GDP 百分比
阿富汗	60	0.3
阿塞拜疆	2619	3.6
中国	347849	3.7
哈萨克斯坦	9739	4.2
吉尔吉斯斯坦	758	10.3
蒙古	2151	17.1
巴基斯坦	1333	0.6
俄罗斯	69219	3.3
塔吉克斯坦	-54	-0.6
土库曼斯坦	3061	7.5
乌兹别克斯坦	1077	1.9
世界	2207355	2.9

数据来源：世界银行

表 7－12　2004—2014 年各年中国在中亚五国、俄罗斯直接投资流量情况

单位：万美元

国家	2004	2005	2006	2007	2008	2009	2010	2011	2012	2013	2014
哈萨克斯坦	231	9493	4600	27992	49643	6681	3606	58160	299599	81149	-4007

① 数据来源：商务部合作司，http://fec.mofcom.gov.cn/article/fwydyl/tjsj/201601/20160101239838.shtml

② 数据来源：商务部合作司，http://fec.mofcom.gov.cn/article/fwydyl/tjsj/201604/20160401302113.shtml

③ 数据来源：商务部 http://fec.mofcom.gov.cn/article/ywzn/xgzx/guonei/201606/20160601337854.shtml

续表

国家	2004	2005	2006	2007	2008	2009	2010	2011	2012	2013	2014
吉尔吉斯斯坦	533	1374	2764	1499	706	13691	8247	14507	16140	20339	10783
塔吉克斯坦	499	77	698	6793	2658	1667	1542	2210	23411	7233	10720
土库曼斯坦	—	—	-4	126	8671	11968	45051	-38304	1234	-3243	19515
乌兹别克斯坦	108	9	107	1315	3937	493	-463	8825	-2679	4417	18059
俄罗斯	7731	20333	45211	47761	39523	34822	56772	71581	78462	102225	63356

数据来源：2004—2012 年数据来自《2012 年度中国对外直接投资统计公报》；2013—2014 年度数据来自商务部《2014 年度中国对外直接投资统计公报》

在投资规模存量方面，2005—2015 年中国对中亚总投资 330 亿美元，其中在哈萨克斯坦投资 235.5 亿美元①；根据《2014 年度中国对外直接投资统计公报》，截至 2014 年丝绸之路经济带建设在俄罗斯与哈萨克斯坦的投资存量规模分别达到 86.95 亿美元与 75.41 亿美元，远超丝绸之路经济带其他中亚国家与地区。

表 7-13 2013—2014 年年末中国对外直接投资存量 单位：亿美元

	俄罗斯	哈萨克斯坦	吉尔吉斯斯坦	塔吉克斯坦	土库曼斯坦	乌兹别克斯坦
2013 年年末投资存量	75.82	69.57	8.86	5.99	2.53	1.98
2014 年年末投资存量	86.95	75.41	9.84	7.29	4.48	3.92

数据来源：《2014 年度中国对外直接投资统计公报》

2. 丝绸之路经济带投资合作特征与问题

丝绸之路经济带沿线国家与地区拥有丰富的能源资源，但很多发展中国家面临资金技术瓶颈。投资合作模式呈现出以下几大特征与问题：

首先，从行业分布与结构看，基础设施建设与能源资源领域投资比重较大，技术投资合作等领域投资逐年增长。一方面，亚洲开发银行预测 2010—2020 年亚洲基建存在 83000 亿美元的缺口②，中国凭借在基础设施建设领域的资金与技术优势，与丝绸之路经济带沿线国家与地区在基础设施建设、能源资源合作与高端制造业（高铁、核电等）等方面展开了多层次的投资合作。以与哈萨克斯坦投资合作为例，中国是哈萨克斯坦的主要

① http://finance.sina.com.cn/roll/20150713/005922663222.shtml

② 数据来源：http://news.xinhuanet.com/fortune/2014-10/30/c_1113046148.htm

外商直接投资来源国，2009—2013 年中国累计向哈萨克斯坦直接投资 225.7 亿美元，占 2009—2013 年中国向关税同盟国家直接投资总额的 91.5%。与其他参与直接投资的国家一样，能源尤其是石油和天然气开采领域是投资合作的主要领域，以 2011 年为例，采矿业投资金额 448.8 亿美元，占比约 30.61%①。另一方面，中国与丝绸之路经济带沿线国家与地区的技术合作投资进展顺利，如陕西杨凌与哈萨克斯坦的农业技术合作，中国与俄罗斯在核电、航空、航天、电子等领域的技术投资合作。2012 年中国自俄罗斯引进民用技术 43 项，合同金额 1.4 亿美元②。投资合作集中于能源资源，容易强化并放大环境污染效应。从嵌入全球价值链推动区域增长角度看，为兼顾各国区域环境利益，双边投资合作领域应逐渐从初期的能源与矿产勘探、交通运输与信息通信为主，向"绿色"发展战略合作逐渐转变，将低层次能源开发与深加工结合，在基础建设之外拓展新材料、新能源方面的合作。

表 7－14　截至 2011 年年底 FDI 在哈萨克斯坦各经济领域中的占比

领域	金额（亿美元）	占比（%）
农、林、牧、渔业	1.41	0.10
采矿业	448.84	30.61
制造业	154.12	10.51
电力、燃气及水的生产及分配	6.54	0.45
建筑业	33.36	2.27
贸易、汽车维修及家庭用品	83.23	5.68
酒店及餐饮业	3.31	0.23
运输和通信	23.91	1.63
金融活动	71.55	4.88
房地产经营、租赁及为企业提供服务	603.54	41.16
教育、卫生和社会服务	3.22	0.22
专业组织、商会和协会活动	29.71	2.03
其他类别	3.61	0.25
总计	1466.33	100

数据来源：哈萨克斯坦央行，转引自中国商务部驻哈萨克使馆经商参处

① 数据来源：中国商务部驻哈萨克斯坦共和国使馆经济商务参赞处，网址如下：http://kz.mofcom.gov.cn/article/jmxw/201412/20141200841723.shtml

② 数据来源：商务部 2014 年《对外投资合作国别（地区）指南》。

其次，从投资合作方式选择看，丝绸之路经济带投资合作以上合组织框架下信贷合作、股权合作为主要模式。分工明确的亚洲基础设施投资银行、丝路基金、金砖银行、亚洲开发银行为丝绸之路经济带沿线国家投资合作提供资金支持，有效推动了丝绸之路经济带投资合作。如2013年中国在上合组织框架下以优惠出口买方信贷形式与吉尔吉斯斯坦"北—南公路"修复项目签署总金额约4亿美元的贷款协议①；2015年4月丝路基金设立之初的第一个金融支持项目，被用于中国与巴基斯坦的卡洛特水电站、科哈拉水电站等其他能源电力项目的建设，投资合作以瓜达尔港、能源、交通基础设施与产业合作为重点②。相对较为单一的投资合作模式在丝绸之路经济带建设初期可以有效规避风险，降低交易成本，进而快速推进投资项目；伴随着资源禀赋、技术水平的升级变化，价值链的各个环节也在全球范围转移，更为多样性的合作模式有利于提供充足的资金。

最后，从投资合作主体看，国有大型企业是主要的投资合作主体。能源资源类企业有中石油、中石化等，工程承包类企业有中国路桥、中铁五局、中国水电建设集团、新疆特变电工集团、新疆北新路桥等。由于基础设施和能源建设项目周期长、投资金额大，部分国家对民营企业进入设有诸多限制，如与哈萨克斯坦能源投资合作中，仅中石油、中石化、中海油等少数国企或与国企合作背景企业拥有原油进口权，随着丝绸之路经济带建设的深入，中国石油海外投资项目从1997年的2个迅速增长到2013年年底的30多个。近些年，少数民营企业逐渐有机会参与能源、化工等领域的投资合作，但数量与规模仍有待提高。例如，广汇能源作为国内唯一一家同时具有煤、油、气资源的民营企业，虽然早在2009年便出资57.06亿元与哈萨克斯坦TBM公司投资合作"斋桑油气综合开发项目"，但在2012年仍受限于民营企业身份而无法获得原油进口权，不能利用进口过境原油精深加工石化产品，经多方协调，2015年6月重新募集资金推动哈萨克斯坦LNG（液化天然气）清洁能源一体化项目建设。全球价值链的生产性主体，包括一体化企业、零售商、领导厂商、交钥匙供应商与零部件供应商

① 数据来源：商务部2014年《对外投资合作国别（地区）指南》

② http://www.fdi.gov.cn/1800000121_21_79637_0_7.html

（Sturgeon，2001），价值链描述了某种商品或服务从生产到交货、消费和服务的一系列过程。显然，全球价值链不仅由大量互补的企业组成，还有不断变化的契约关系而联结起的企业网络组织集。以大型国有企业为主的参与主体虽然解决了当前投资中资金规模限制等问题，但深化丝绸之路经济带投资合作需要多种生产性主体的参与。

三、价值链分工视角的丝绸之路经济带投资合作：逻辑机理与路径选择

不同于传统的排他性关税同盟，丝绸之路经济带不再是传统意义的货物贸易“商贸走廊”，而是网络状互联互通、共赢发展的区域合作机制。从金融发展对经济增长的作用机制层面看，丝绸之路经济带投资合作具有以下新的特点：其一，中国与丝绸之路经济带沿线国家存在金融机构合作的制度门槛，深度开放、配套设施健全的银行与金融市场有利于持续性融资与共同分担风险，但其建设更需要充分考虑具体的制度背景与约束条件；其二，沿线国家主要为发展中国家，而在经济发展初级阶段，金融发展主要通过资本积累渠道，以熨平禀赋冲击的方式推动双方经济增长，从而双边金融合作当前多集中于贸易融资、货币互换等有限的范围与规模层面；其三，伴随着与全球价值链的对接，中小企业会逐渐成为投资合作的重要参与方，但其应对境外汇率、利率等风险的识别与规避能力均相对较差，为深入推动投资合作以利于双方经济增长，金融发展在这一阶段中需要侧重于提供信息支持、咨询服务以及风险规避手段创新等以推动项目筛选、过程监督，降低相关风险。信息化时代，以模块化生产、产品内专业化（Intra－product Specialization）与价值链分工为代表，深入到产品生产层面的国际分工形式为丝绸之路经济带投资合作模式创新提供了可能的理论基础。

在理论层面，模块化生产网络与全球价值链分工使投资合作模式有创新改进的基础。20 世纪后半期以来，随着模块化技术在产品设计、生产等领域的广泛应用，以模块化生产实现规模经济，同时又以模块分解与组合形成异质性产品，满足市场多样性需求，在此背景下模块化生产网络逐渐发展成为一种新兴的产业组织形态（柯颖、王述英，2007）。模块化将价

值链上的企业、组织与服务对象分解为可以进行独立运行的半自律子系统，可有效降低交易成本，从而引致投资合作方式的转变：随着模块化技术将分工从单纯的纵向线性生产工序扩展为网络状功能分工，传统的生产链也由线性链条变化为网络状生产链。

在实践层面，地缘优势差异使得模块间协同合作有现实操作的可能。全球价值链分工使价值的创造、知识与技术的创新都形成并广泛分散于网络状生产链中。丝绸之路经济带沿线各国、各地区经济发展基础与地缘优势存在差异，可以通过模块化分解，培养并形成不同的专业化分工，用全产业链上共同组成部分、彼此不可分割的特性，强化双方合作实现共赢（马莉莉，2014），以不同模块间的协同合作推动资源最优配置。

（一）与全球价值链对接是投资合作的切入点

全球化所带来的通信与运输成本降低及模块化生产，使得跨国公司将不同要素密集度生产环节配置到各国中，形成覆盖全球的国际生产网络或"全球价值链"（Global Value Chains，GVCs）分工体系（WTO 和 IDE - JETRO，2011[①]）。丝绸之路经济带投资合作模式创新应以与全球价值链对接为切入点，其原因有三：

第一，全球价值链上的"雁阵"格局形成产业升级基础，融入全球价值链的过程即产业升级的重要内容（刘仕国等，2015）。全球价值链将各国经济紧密连接，形成规模庞大的物流、贸易流与资金流，随之而来的是接近国际技术前沿的研发、设计、营销等技术与知识资本。融入全球价值链有助于丝绸之路经济带沿线发展中国家或地区获得、借鉴发达国家的先进工艺、技术与经验，并利用后发优势有效实现产业技术优化升级。

第二，对接并嵌入全球价值链分工，是开拓市场、提高经济可持续发展能力的平台与基础。全球价值链上游高附加值部件的研发、设计与市场营销等环节，与下游低附加值的制造、组装环节形成"两头高、中间低"的"微笑曲线"价值链分布结构，一国或地区专注于价值创造中某一工序

① World Trade Organization，Institute of Developing Economies - Japan External Trade Organization. Trade Patterns and Global Value Chains in East Asia：From Trade in Goods to Trade in Tasks［M］. Geneva：WTO，2011.

或区段，而不再是某种产品。当前，丝绸之路经济带投资合作规模虽然逐年显著增长，但相比于制造业，更多的投资流向了石油、能源类产业，这样的投资结构也导致一些国家与地区出口结构偏重初级产品（王聪，2015①），产业链条短、加工程度相对较低、产业辐射效应差，经济发展带动效果微弱，相对处于价值链低端。因而丝绸之路经济带投资合作切入点应突出参与全球价值链分工，有规划地由单一领域投资向上下游一揽子投资转变。

第三，对于丝绸之路经济带沿线的陆锁国（Land Locked Country），融入国际价值链以带动产业升级更重要：①以初级产品为主出口、最终产品为主进口的贸易模式使得这些国家或地区很容易在全球价值链中被边缘化。②单纯地在基础设施或能源资源领域进行投资合作，一是需要大量资金资本、建设周期相对较长，投资方利润获得由于政治因素等存在一定的风险性；二是对资源型产业依赖大，在市场竞争中很容易被锁定在生产价值链的低端。③单纯地以交通走廊的形式对沿线区域经济增长与发展的推动力有限且不可持续，不利于丝绸之路经济带建设；反之，若为迎合对方工业化需求，仅投资高附加值的下游产业，则又会导致由于交通基础设施、水利、电力等匮乏而使融入全球价值链缺乏现实可行性。中国在与陆锁国地区的投资合作中，应规避单纯的低级的资源勘探、基础设施建设等投资合作，应辅以技术合作、金融、服务业合作等方式，推进上下游与关联产业协同发展，推动价值链各个环节在地区间转移，促使各个经济体在国际价值链上的升级与攀升。

（二）知识溢出、技术创新是投资合作深化的基础

丝绸之路经济带沿线一些国家，特别是陆锁国（Land Lock Country）由于国内基础设施相对落后、与国际相关产业的通达性较低，产业嵌入位置与增值能力均较低，在参与价值链分工中被逐渐边缘化（如尼泊尔），存在被锁定在价值链低端的风险，亟须通过基础设施建设、高端制造业投资合作提升增值能力与价值链分工地位。电网、铁路、管道等基础设施的

① 王聪．丝绸之路经济带核心区产业转型与合作：新结构经济学的视角［J］．人文杂志，2015（3）：35－42.

连通，贸易往来的增加为这些国家融入全球化竞争、实现价值链的攀升提供了基本保障；而知识溢出、技术创新则是中国与这些国家或地区投资合作进一步深化的基础：①通过投资合作融入全球价值链，最终目的是实现产业升级，而产业升级从来就不是一蹴而就的过程，需要持续的技术创新与升级。纵观发达国家产业发展历史，产业发展变化过程实质就是技术创新与升级的过程；先有产业技术升级，后有产业结构转变。②融入全球价值链，利用模块化网络化与产品内分工，使得经济发展水平各异的丝绸之路经济带国家与地区均能在模块多层次分解中选择不同的专业化与异质化方向，这一过程实现的前提条件是技术创新（马莉莉，2014）。全球价值链各环节在空间上的分离、重组与运行是在生产者或购买者推动下完成的，由此对应不同核心技术创新领域。由于位于区域"经济凹陷带"，西部地区与丝绸之路核心区中亚各国在资源禀赋与地缘方面具有良好的投资合作基础，在加工制造业、现代服务业、农牧业、能源资源类产业存在较强的互补性，其中，纺织、服装、食品加工业、旅游、现代物流、电子商务等产业均参与"购买者驱动型全球价值链"，竞争优势源于范围经济，投资合作中应以商业资本为主导，并在设计、市场营销等环节推动技术创新；而西部地区的高端装备制造业、战略性新兴产业则强调技术研究与开发、生产工艺改进、产品更新等价值环节，知识溢出效应相对大，参与"生产者驱动型价值链"，与丝绸之路经济带沿线国家投资合作前景广阔，有利于推动其资源型产业实现流程升级、功能升级，构建非资源型产业链。

表7－15　全球价值链的类型与差异

	Ⅰ 生产者驱动型价值链	Ⅱ 购买者驱动型价值链
主导资本	产业资本主导	商业资本主导
强调	技术研究和开发、生产工艺改进、产品更新等价值环节	市场营销、渠道和品牌等流通环节
典型产业与特征	计算机、航空和汽车等技术密集型产业	服装、制鞋、玩具等劳动密集型低技术产业；技术较稳定
创新与学习方式	破坏性创造；探索性学习 ➢ 所需知识多源于企业外部，从而吸收能力调节效应更关键	挖掘性学习 ➢ 改进、实施、生产效率和选择；知识生产与技术发展相对稳定

续表

	Ⅰ 生产者驱动型价值链	Ⅱ 购买者驱动型价值链
主导资本	产业资本主导	商业资本主导
知识溢出效应	知识溢出效应相对大 ➢ 代工企业更接近于制造技术创新源，更易吸收产品技术和工艺流程等方面知识溢出	知识溢出相对弱，且存在门限效应 ➢ 代工企业更接近于营销模式创新源 ➢ 若吸收能力未达到最低临界水平，则无法利用外部环境中的技术机会
知识溢出方式	隐性知识（经验、诀窍、技能、信念与心智模式等）比显性知识（以规范化与系统化语言传播）对技术创新更重要	即使存在创新也可能对外部隐性知识依赖性小

资料来源：陶锋（2011）①，根据文章思想绘制表格

（三）结合国内价值链、集约化与可持续发展是拓展的方向

模块化生产与产品内分工使得传统的生产链由线性关系演变为网络状关系，价值链升级由“微笑曲线”两端延伸向全球网络化布局转变，在此背景下，投资合作基础也由最初的地缘优势为主逐步转向比较优势与竞争优势推动。丝绸之路经济带投资合作规模逐渐扩大，相应的投资合作领域与方式也应顺势拓宽。以当前重点合作的能源类投资领域为例，20 世纪 90 年代中亚各国在刚脱离苏联、发展资金缺乏的背景下出台“油气兴国战略”，随后伴随着经济快速发展其逐渐强化资源保护意识，限制油气资源的投资合作，例如，哈萨克斯坦在 2009 年 1 月 1 日实行新的税法，整体提高了税负水平，将原有约 3% 的矿区使用费改为矿产资源（石油）开采税，税率增长至 7% ~20%②，增大了投资合作的成本。面对投资需求的变化，除了在非资源领域，如高端制造业与基础设施建设等领域展开合作外，在能源资源领域可采用两种模式拓展投资合作：一是发挥新疆与中亚的地缘优势，以可再生资源与可耗竭能源的“双轨”引进机制展开合作；二是相对更关键的，应立足国内市场、结合国内价值链，突出集约化与可持续性

① 陶锋．吸收能力、价值链类型与创新绩效——基于国际代工联盟知识溢出的视角［J］．中国工业经济，2011（1）：140－150.

② 数据来源：广汇能源《关于控股子公司新疆广汇石油有限公司哈萨克斯坦斋桑油气项目调整投资的公告》，http：//pdf. dfcfw. com/pdf/H2_ AN201211160005603432_ 1. pdf

发展。依据市场导向的价值链体系，集群中的企业可凭“杠杆能力”（Leveraging Competence）将某条价值链上学习到的东西运用到另外一条价值链，推动低成本升级，实现全球价值链、国家价值链和区域价值链的对接（刘志彪、张杰，2009），进而有可能构建以中国为枢纽的双环流价值体系（蓝庆新、姜峰，2016）。面对越来越严苛的资源类投资合作环境，对外展开投资合作的基本出发点应是国内的需求，同时对于已经获得的能源油气项目，应提高利用效率，以集约化、可持续发展的模式展开投资，既推动丝绸之路经济带沿线国家工业化发展，又有利于中国提升产业国际位势。

（四）吸收能力提高是以投资促发展的关键

知识产生具有路径依赖特性，“吸收能力”（Absorptive Capability）被认为是影响技术溢出效应的关键（Escribano 等，2009）。融入全球价值链虽然可以使得发展中国家在理论上能够利用后发优势获得技术升级，提高技术引进、模仿与吸收的效率，推动产业结构升级，但实践中初始收入水平低的地区仍需提高吸收能力以真正实现追赶（肖利平，2010）。在创新投资合作模式时，还应区分生产者驱动型价值链、购买者驱动型价值链（陶锋，2011），有针对性地推动企业创新与技术溢出。以中国清洁能源为例。虽然中国的清洁能源在大规模制造业及部分清洁能源产品的大批量组装方面具有优势，在中亚国家油气中下游产业建设、火电开发、太阳能和风能发电方面也已有广泛的投资合作，但是亟待调整的现状是：清洁能源原材料依赖进口、核心技术设备缺失、产品出口规模大但附加值低，占中国太阳能光伏产品80%以上的晶体硅产品的主要原材料90%来自国外；多晶硅的提纯与精炼技术掌握在美、德、日八大供应商手中，中国在生产多晶硅的高耗能与尾气回收方面技术薄弱；光伏产业产量95%左右靠国外需求拉动（邵昌平、田慧芳，2013）。由于新能源产业链包括研发、设备制造与终端利用三部分，研发若无进展，就会成为落后产能；终端利用不足，就将形成过剩产能。因而应从两方面推动投资合作模式创新：一是金融体系应当为生产要素的重组提供便利，鼓励内外新能源企业合作研发，以提高本国企业的吸收能力，实现更好的技术溢出与知识资本存量增长；二是以能源项目建设、能源产业现代化改造推动产业链延伸，将技术、资本带到丝绸之路经济带沿线国家与地区，提高当地企业的吸收能力与就业水平，促进其工业化发展。

为推动丝绸之路经济带投资合作模式的创新，在路径选择方面有必要从发展中国家基本国情出发，建立相关协同配合机制：

首先，在融入全球价值链分工初期，应加速跨境经济合作区、经贸区的建设，推动产业集群形成与发展。面对不完善的法律与制度环境，参与投资合作的企业可以用扎堆的产业集群方式获得更接近市场、劳动力资源集中与更容易获得技术的收益，还可以减少制度因素的约束，改善融资环境与履约环境（龙小宁等，2015），有助于面对政治不确定性、法律体系不健全的丝绸之路经济带沿线国家或地区投资合作的顺利展开。正在筹划与推动中的“丝绸之路经济带”与欧亚经济联盟对接的合作模式①有利于这一协同配合机制的形成。在融入全球价值链分工初期，要通过政府隐性信用担保促进资本短期内迅速积累，以熨平禀赋冲击；构建便利的交易方式、支付清算，以创造一个资金能够顺畅有效地流动的机制。

其次，在逐步嵌入全球价值链分工后，应侧重发展现代服务业，推动生产性服务业（如研发、物流、金融、信息服务、会计统计、律师服务等）效率的提升以加速或强化价值链的攀升。全球价值链将生产网络上各个国家紧密联系在价值链上，生产性服务则是连接各个链条的重要纽带。已有研究表明，金融支持与区域市场整合在促进价值链提升上存在互补性，前者强化了后者对价值链的驱动作用；随着时间的推移，区域市场整合对价值链提升作用逐渐下降，而金融支持对价值链的影响随时间而增强（姚博，2014）。从而丝绸之路经济带建设初期以基础设施建设促进互联互通，推动了区域市场的整合，有利于价值链提升，此阶段侧重金融发展的数量型作用机制；随着投资合作的深入，应辅之以较少的金融控制、更高质量的生产性服务以强化价值链提升作用，这一阶段则侧重于金融发展的质量型作用机制。

最后，在融入全球价值链与构建、拓展本土价值链的过程中，应当以序贯区域发展的方式推动丝绸之路经济带沿线各国与地区自发合作，形成投资合作有效的反馈机制、生产要素重组的试错机制，例如，通过知识产

① http：//www.landbridgenet.com/yaoujingmao/2015 - 09 - 06/22810.html

权保护、更好的商务环境推动投资便利化，以制度支持与保障推动投资合作，推动允许试错的资本市场发展等；在投资合作主体方面，随着丝绸之路经济带建设深入，应考虑由国家、政府主导转向企业主导，推动民营企业的介入，以PPP（Public－Private－Partnership）融资模式等方式推动投资合作的深入等。

四、结论与对策

全球价值链、模块化生产与产业内分工为创新丝绸之路经济带投资合作模式提供了新的可能的研究视角与理论框架，在分析当前投资合作现状、特征与问题的基础上，应从切入点、基础、方向与关键四个方面深化对丝绸之路经济带投资合作的理解。在融入全球价值链分工的不同阶段，应当有侧重地分别利用金融发展的资本积累渠道、技术进步与效率渠道，以投资合作带动产业结构转型升级，进而推动经济增长与发展。基于地缘政治与资源禀赋的投资合作，其最终目的是为了促进各经济体的经济发展，而经济发展是一个多维度、非线性、具有路径依赖而动态的过程，从利益、行为与保障三方面需要政策与制度随之进行调整。

首先，在利益方面，协调投资合作各方关系，应以融入全球价值链为切入点，兼顾东道国的国内价值链延伸与国际价值链的嵌入。由于历史、政治与民族文化等方面原因，在丝绸之路经济带沿线国家或地区展开投资合作不可避免会面临投资风险与发展阻碍，嵌入全球价值链与价值网络、构建区域协同发展的新地缘经济态势需要：一是在战略层面，丝绸之路经济带沿线各国、各地区基于不同的发展基础与地缘优势，融入模块化网络，在模块分解中实现企业异质化、地区差异化的分工；此外，有学者提出以企业合作协调各方利益，在中国企业与相关发展中国家当地企业、发达国家企业间建立利益共同体，构建商品、资源、资本与技术的协调发展机制（蓝庆新、姜峰，2016）；二是在操作层面，强化基础设施建设特别是国际间运输通道等交通基础设施建设；积极参与高附加值下游产业投资，规避"原料产地""倾销市场"等内容单一而低级的投资合作形式，协调各方利益关系，并随着融入全球价值链初期、嵌入后等不同阶段，以技术合作、高端服务业贸易等促使各个经济体实现生产环节向更具核心技术与高增加值的任务（Task）或环节转移，以嵌入全球价值链获取技术进步与市场关联，提升竞争力。此过程中，投资合作要以要素禀赋结构升级、产业结构升级与空间结构优化为核心内容与目的。

其次，在行为方面，应加强丝绸之路经济带沿线国家与地区在产业链条上的产品内分工、模块化分工与合作，通过推进产业集群形成、上下游与关联产业协同发展，促使各经济体在国际价值链上升级与攀升。一是提高内外市场通达性以推动产业集群发展，进而加速模块化分解。深化投资合作以进一步拓展联通欧亚，从而能够最大限度地集聚异质性产品需求，推动生产链分解与模块化协同演进。二是推动连接的标准与规则的合作，特别是铁路、钢材、轻纺与工程建设等领域的标准互认。因为价值的生成、知识与技术创新都分布在网络状的生产链中，通过不同模块之间的协作与创新实现最有效率的配置，相对统一的标准能够有效降低交易成本。三是降低投资合作制度成本。由于模块化分工的实质是知识分工，在知识产权保护与执行制度缺位的背景下，许多企业以恶性价格竞争、挖关键技术人员等方式与研发企业竞争，不利于产业链条上的产品内分工合作。相关投资便利化、改善融资环境与履约环境的政策，应在保护知识累积、扩散的同时，以提高企业吸收能力为根本，以产业内分工细化为形式，以技术创新与进步为主要推动力，创新投资合作模式，实现丝绸之路经济带的发展。

最后，在保障方面，应强化知识资本积累以推动价值链升级。全球价值链分工背景下丝绸之路经济带投资合作为发展中国家融入世界经济、借助知识技术溢出实现产品升级与过程升级提供了机遇，但更高层级的功能升级与链条升级的实现还有赖于长期、大量的知识资本积累。模块化形成的前提是不同模块之间的知识共享，从而在政策实施方面应注意：一是降低知识传播的障碍，以人力资本培养、投资贸易与人员往来的便利化、人员互访与技术培训等，推动丝绸之路经济带沿线国家与区域多层次、宽领域的合作；二是避免知识投资不足。知识具有公共物品的属性，因而市场力量将不会引发最优的投资，应理顺政府、科研机构与企业间关系，使政府在方向引领、标准制定与监管、基础性研究支持等方面发挥积极作用。此外，由于知识创新与扩散的重要途径源于企业间互动，相似的知识结构能够降低生产与技术引进中的不确定性，带动价值链升级。当前西北地区与丝绸之路经济带核心区的中亚各国，在地理空间相互毗邻、具有相似的农业生产条件、劳动力资源条件，产业存在很强的互补性，有利于知识累积与扩散传播。应在基础学科层面打破学科界限，以学科交叉融合推动知识创新；在企业组织层面，以组织内、组织间知识整合与再创新，推动价值链的整合。

本章小结

从要素禀赋升级与价值链整合视角看，“一带一路”建设背景下以金融发展推动经济增长，需要厘清产业转型与合作、投资合作的具体可行路径：

（1）从中亚各国产业结构演变与现状入手，结合新结构经济学理论框架，丝绸之路经济带核心区互联互通、产业转型与合作的可行路径包括：在产业转型与合作动力方面，要素禀赋升级与比较优势培育是基础，硬性与软性基础设施改善是突破口，科学技术与工业合作是关键；在产业转型与合作方向方面，需要侧重政府在信息提供与外部性补偿方面的作用，通过提升企业自生能力，将金融发展、技术创新与产业结构调整相结合。

（2）基于模块化生产与价值链分工视角，在投资合作方面：应加强丝绸之路经济带沿线国家与地区在产业链条上的分工与合作，以融入全球价值链为切入点，通过推进产业集群形成、上下游与关联产业协同发展，促使各个经济体在国际价值链上升级与攀升。在融入全球价值链分工初期，要通过政府隐性信用担保促进资本短期内迅速积累，以熨平禀赋冲击；构建便利的交易方式、支付清算，以创造一个资金能够顺畅、有效地流动的机制；在逐步嵌入全球价值链分工后，应侧重金融体系效率的提升，以加速或强化价值链攀升。在这一过程中，还应注意与本国价值链的结合；以提高企业吸收能力为根本，以产业内分工细化为形式，以技术创新与进步为主要推动力，创新投资合作模式；并以金融服务业发展、序贯区域发展与知识资本积累等措施协同配合。

第八章　转型期的金融发展与经济增长Ⅱ：新型工业化

第四次工业革命背景下，如何通过质量型作用机制使得金融发展加速新型工业化的建设，从而有效推动经济增长，是一个有待深入研究的问题。回归“知识”这一理论概念，本章从知识的生产、积累、扩散与创新等角度，分析知识如何借助价值链重构、企业与产业共同演化等途径推动新型工业化；反过来，新型工业化的深化怎样进一步加速知识的累积与扩散，以此探寻知识与新型工业化的内在逻辑，找出核心问题与可能的应对措施，以认识技术革命影响下的新型工业化实现路径，深化对转型期的金融发展与经济增长关系的认识。

第一节　金融发展、知识创新与经济增长

当今世界已经进入知识经济时代，知识创新推动技术进步，进而影响经济增长的速度与质量。掌握知识的人力资本被重视程度也逐年提升，在大学深造获得学位会直接推动就业收入的提升，统计数据显示，美国1972年25～34岁年龄段拥有学位的人比没有学位的人多赚22%，而在2013年这一数据上升到了70%；此外，相较于学校的知名度，大学生的收入水平与所学专业的相关性更高，回报率最高的是工科、计算机和数学，其次是经管、理科、人文和艺术类（见图8－1）。

演化经济学认为，知识的增长就如同生物体的成长一样，有其自身的规律。在一些较为成熟的产业部门，如农业部门，资源禀赋与成本等因素会直接影响技术进步的方向，但仅从需求或要素禀赋角度来解释知识的增长与变化远远不够。由于金融体系的基本功能是在不确定条件下实现经济资源的跨时期与跨区域优化配置，而知识增长本身充满不确定性与偶然

性，将金融发展、知识创新与经济增长纳入一个框架下分析，有利于深化对金融发展与经济增长关系的认识。

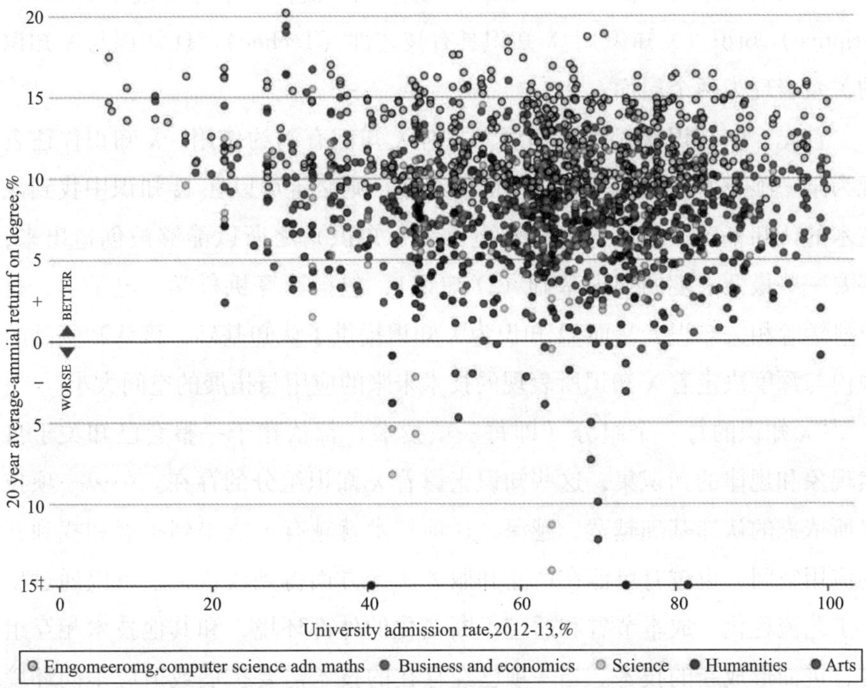

图 8-1　美国 452 所高校 2012—2013 年大学生专业与收入回报率关系[①]

数据来源：PayScale；National Centre for Education

一、Ω 知识与 λ 知识

Ryle（1949[②]）曾把知识分为“知其窍（How）”与“知其事（What）”。在理论层面，知识也可用类似的方法被分为两类（Mokyr,

① 转引自英国《经济学人》杂志网页：http://www.economist.com/blogs/graphicdetail/2015/03/daily-chart-2？fsrc=scn/tw/te/dc/revengeofthenerds 图形横坐标是美国 452 所高校 2012—2013 年的入学率，纵坐标衡量大学生学位的回报率（按学位计算的 20 年平均年收入，高于 0 则意味着上大学后收入水平提升，反之则意味着下降），网页访问时间 2016 年 8 月 28 日。

② Ryle, G. The Concept of Mind [M]. Chicago: University of Chicago Press, 1949.

2010[①])：一是关于是“什么”的知识，被称为命题（Propositional）知识（Ω 知识），这是关于自然现象与规模的知识，具有认知性（Episteme）；二是利用 Ω 知识生成的关于“如何”的知识，被称为指导性或指令（Prescriptive）知识（λ 知识），λ 知识具有技艺性（Techne）。Ω 知识与 λ 知识的关系表现为两个层面：

首先，Ω 知识映射到 λ 知识，并对 λ 知识有制约作用。λ 知识往往表现为某一项技术，如果一项技术能够存在，则必定可以在 Ω 知识中找到该技术的认知基础。例如，笔记本电脑（λ 知识）之所以能够被创造出来，需要一些最低限度的知识基础（Ω 知识），包括计算机科学、电子学、材料科学等相关知识，从而 Ω 知识为 λ 知识提供了认知基础，该认知基础的规模与深度决定着 λ 知识所表现的技术未来的应用与拓展的空间大小。

“λ 知识的每一个组分（即每一项技术）都依赖于一整套已知关于自然现象和规律的知识集，这些知识支撑着 λ 知识组分的存在。……一项技术所依靠的认知基础越宽、越深，这项技术就越有可能得到扩展和找到新的应用空间，也越有可能在产品和服务质量方面得到改进，还可以通过生产工艺流程化、成本节省和适应不断变化的外部环境，和其他技术相互组合，进而形成新的技术。当一项已经存在的技术需要扩展或适应不同环境时，认知基础的深度和广度就变得越来越重要起来，技术运用者往往回过去找‘理论家’帮忙”（Mokyr，2010：15）。

其次，λ 知识与 Ω 知识间存在正向反馈作用。λ 知识与 Ω 知识具有互补性，其中一方的增长会促进另一方的边际产出增加，从而这个过程具有自我持续的特征（Milgrom 等，1991[②]）。例如，某一项技术被偶然发现了，该技术在实践中的应用会被整合入 Ω 知识体系，推动 Ω 知识的发展：①实践中如何更好地应用该技术、如何解释新的现象等疑问，会刺激对相关问题进一步的解释，从而有可能使得 Ω 知识获得边际增长；②技术进步拓展出新的认知机会，实验或计量方法的改进、仪器设备与研究手段的进

① 莫基尔（Mokyr，J.）．雅典娜的礼物：知识经济的历史起源［M］．北京：科学出版社，2010.

② Milgrom，P.，Roberts，J. Complementarities，Momentum，and the Evolution of Modern Manufacturing［J］. *American Economic Review*，1991，81（2）：84－88.

步，为开展新研究、增加Ω知识提供了可能性；③新技术出现后，会促进后续的技术改进；由于新技术以某一Ω知识集为基础，技术的成功增强了人们对该Ω知识集的信心，从而推动认知基础进一步深化与扩展，形成反馈作用。

但值得注意的是，虽然λ知识对Ω知识具有正向反馈作用，但如果没有Ω知识所带来的认知基础的持续增长与扩大，技术或λ知识虽然可以经过改进并发展到更高水准，却由于欠缺认知基础，不会形成持续、动态的新知识自我强化与积累的过程。

图8－2阐述了本章所要研究的主要内容，从基于知识的新型工业化视角分析转型期的金融发展与经济增长的关系；其中左边的框图解释了Ω知识与λ知识的关系。Ω知识集不仅可以自我成长，而且为λ知识提供了越来越宽的认知基础（图中以阴影描黑部分）；λ知识累积并增长后又反过来使得Ω知识得到扩展。

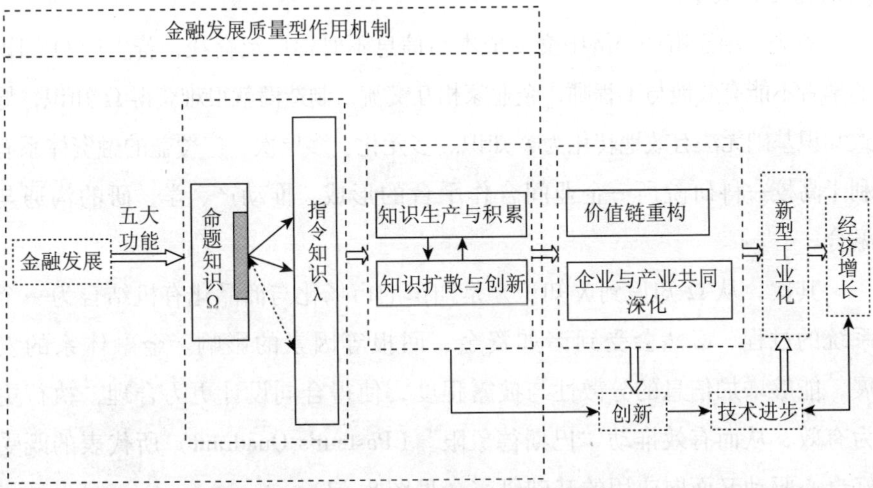

图8－2　转型期的金融发展与经济增长：基于知识的新型工业化

二、金融发展与Ω知识—λ知识转化

命题知识（Ω知识）与指令知识（λ知识）之间这种特殊的相互关系，使得金融发展有可能通过质量型作用机制推动知识创新与新型工业化，进而影响经济增长。金融体系通过五大基本功能，解决不完全市场中的信息问题（信息不对称、不完全）、市场问题（交易成本、市场摩擦）、委托代理问题（逆向选择、道德风险）与认知问题（有限理性、有限认知），推动Ω知识与λ知识的边际增长，强化二者间正向反馈作用，并拓宽技术所依赖的认知基础：

1. 作为制度因素，金融体系效率、可达性的提升有利于λ知识的生产

Ω知识能够形成知识基础，但λ知识的生产仍需要必要的金融发展为支持。知识基础的存在只增加了λ知识出现的概率，却不能保证知识基础得到充分利用。例如，古希腊人虽然了解光学知识，却未能发明出双筒望远镜或眼镜，其原因在于λ知识的出现不仅与知识基础有关，还受到其他多种因素的影响，包括决定社会偏好与优先次序的文化因素，以及构建激励与惩罚架构的制度因素等。作为重要的制度因素，金融体系的发展水平与信息技术一起，共同决定了生产者获取Ω知识的成本，进而影响知识流动的速度和效率。

首先，由于市场经济中交易成本与信息不对称广泛存在，若生产Ω知识的学者不能有效地与工程师、企业家相互交流，制造商就很难获得Ω知识，导致知识基础无法有效地转化为λ知识。多元化、多层次、广覆盖的融资体系有利于高校—科研院所—企业间合作平台的形成，推动产、学、研的沟通与融合。

其次，从Ω知识到λ知识，是知识的市场化与商品化有机结合为一个系统的过程，必然会受到诸如资金、回报等因素的影响。金融体系的发展，能够增加信息的分散性与披露程度，使得合同设计更为合理，执行更为有效，从而有效推动"巴斯德象限"（Pasteur's Quadrant）所代表的既受好奇心驱动又面向应用的基础研究（见图8-3）。

最后，在Ω知识集合已经给定的情况下，工程师、技术人员与投资者将会接受价格及其他类似信号，搜寻已有的命题知识，并以之为指导，创造出知识的新组合或新应用，形成λ知识（Mokyr，2010①）。这一系列活

① 莫基尔（Mokyr，J.）. 雅典娜的礼物：知识经济的历史起源［M］. 北京：科学出版社，2010：299.

动反映在爱迪生象限（Edison's Quadrant）内，包含只由应用目的而引起的研究（不寻求对某一科学领域现象的全面认识）。金融体系效率、可达性的提高，可通过资本形成、信息揭示、风险管理等途径，以风险投资、私募股权投资等形式，降低Ω知识向λ知识转化的成本，并推动知识的扩散与创新。

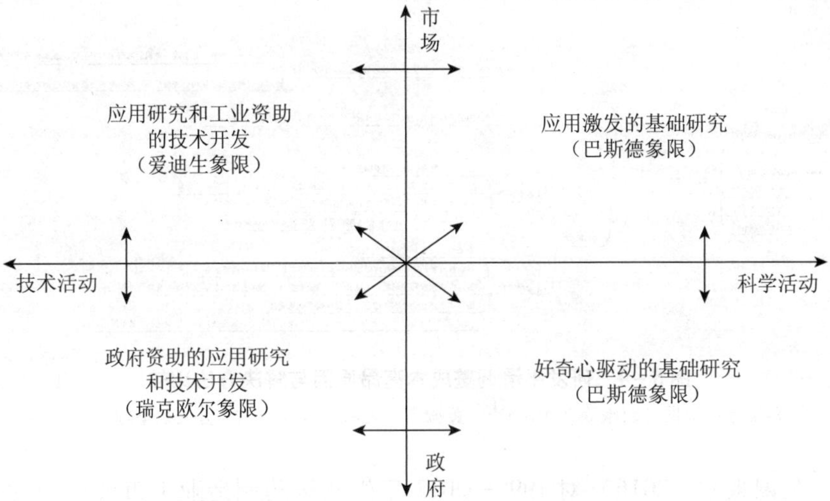

图8－3　鲁坦（Ruttan，V. W.）的象限分类法

资料来源：转引自曾国屏，王程韡．知识资本、全球化与科技创新［M］．北京：清华大学出版社，2013：88

2. 金融发展为Ω知识与λ知识的形成提供长期而持续的投资并实现研发平滑

Ω知识与λ知识的形成是昂贵的，需要大量的长期投资；知识与技术渐进演化的特性使得研发过程会产生不可避免的浪费，这是研发过程内在不确定性的本质所决定的。金融发展不仅能够为之长期提供大量的投资；而且可以分散Ω知识、λ知识形成过程中的内在风险，降低研发活动的不确定性，实现研发平滑。

首先，以银行为代表的金融中介可以提供多种金融服务，包括信用托收、现金管理等，以帮助企业平滑研发活动。相较于债务融资带来的破产清算的风险，以及大量持有自有现金以缓冲短期财务冲击，企业成本相对较低，且不会挤占用于投资基础研究的资金。

其次，银行等金融中介可随时查看企业现金管理与往来账户状况，提供贷款时不需要企业提供与研发相关的关键性信息，有助于研发信息的排他性、对企业监管的便利性；而且因为软预算约束方面的原因，在 Ω 知识与 λ 知识的形成过程中，银行从自身利益出发，会尽力帮助降低交易成本、平滑研发活动、促进知识技术转化。

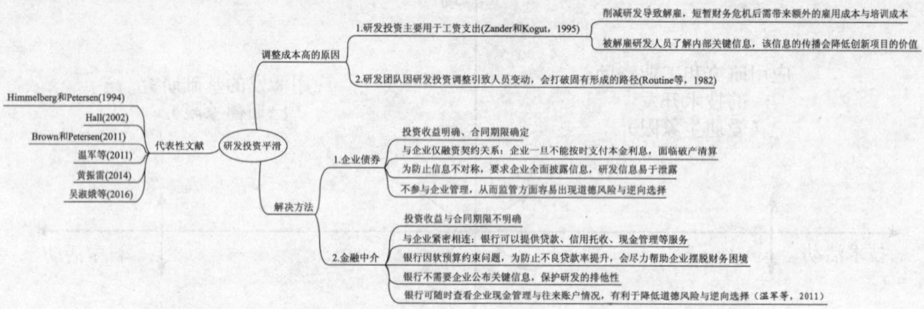

图 8 -4　研发平滑调整成本高昂原因与解决方法比较

资料来源：根据吴淑娥等（2016）①、黄振雷，吴淑娥（2014）② 等文献整理

吴淑娥等（2016）对 1998—2012 年生物医药制造业上市公司融资来源与研发平滑关系的研究证明，以银行贷款为主的融资方式有效促进了企业研发的增长，股权融资是平滑研发最重要的渠道，且调节作用最大。因而促进 Ω 知识与 λ 知识形成，进而推动创新，从根本上还需要金融资本的增长、金融体系及与之相关的融资制度的完善。

3. 最关键的，金融发展有利于 Ω 知识的识别与筛选

相比于增加研发活动的资金总量或规模以促进创新，投资给谁、如何投资、如何让潜在用户获得 Ω 知识等问题更为关键。由于 Ω 知识构成了潜在的新技术的认知基础，具有公共性与开放性的特征，可以将 Ω 知识映射到 λ 知识并推动发明→模仿→发明的良性循环，所以任何形式的激励创

① 吴淑娥，仲伟周，卫剑波，黄振雷．融资来源、现金持有与研发平滑——来自我国生物医药制造业的经验证据［J］．经济学（季刊），2016（2）：745 -766.

② 黄振雷，吴淑娥．现金持有会影响研发平滑吗？［J］．经济与管理研究，2014（2）：119 -128.

新的制度必须以扩展Ω知识为根本目的。反之，如果激励创新的制度未能最终推动Ω知识的拓展，企业家所采用的技术依赖于狭窄的认知基础，创新与技术进步最终会逐渐成为无本之木。市场经济中，金融部门是主要的控制中心，通过资产价格、利率与制度规范，引导资源在各种用途之间配置；金融体系通过投资项目甄别将资金导向生产率高的项目。

值得注意的是，在经济发展早期阶段，一国产品结构相对较简单，与技术前沿距离较远，可以通过“干中学”、模仿再创新的方式从发达国家学习相关经验，此阶段政府较容易发现提高生产率的机会，并通过金融发展数量作用机制推动资本积累，将资源引导到相关Ω知识的研究与开发中。但随着经济复杂度的提高，政府将很难将资源引向最好的用途（Spence 和 Lim，2011[①]），考虑到金融发展对经济增长作用机制可能的阶段性与动态性特征，此时金融体系也应进行相应的改革，与特定经济发展阶段及其演变相适应的金融体系才能有效识别与筛选Ω知识，形成持续知识创新。

第二节　基于知识的新型工业化：内在逻辑与路径选择[②]

一、问题提出

工业化的动态过程往往呈现出显著的演化特征，历次技术经济范式的演变推动了工业化的进程。当前以新能源、3D打印机、纳米技术、新材料、生物技术与生物电子为特征的第六次技术革命浪潮，正逐渐形成以数字化与信息技术为基础，以技术快速发展为驱动力，以物理类、数学类和生物类门类为主的“第四次工业革命”（Schwab，2016[③]）。新一轮工业革命的核心是智能化与信息化，其影响将渗透到各个行业全产业链，全球的生产方式由大规模生产转到规模化定制新阶段，平台经济、企业的网络

① 斯宾塞（Spence. M），林重庚（Lim，E）. 中国经济中长期发展和转型：国际视角的思考与建议［M］. 北京：中信出版社，2011：17.

② 王聪. 基于知识的新型工业化：内在逻辑与路径选择［J］. 天津社会科学，2016（6）：101－105.

③ 施瓦布（Schwab，Klaus）. 第四次工业革命［M］. 北京：中信出版社，2016.

化、扁平化成为新趋势，共享经济、平台经济等新业态层出不穷，互联网带来的资源创新互通会深刻影响全球资源配置的方式，也会通过技术与企业创新对我国的新型工业化道路产生巨大影响。

区别于前三次工业革命，新的技术革命背景下技术和数字化将带来一场深刻的系统性变革：一是发展速度呈指数级而非线性的增长，并不断催生更新、更强大的新技术；二是广度和深度不断扩大，不仅改变人们所做的事情与做事方法，还将改变人类自身；三是系统性影响越来越深远，将涉及国家、公司、行业之间以及整个社会所有体系的变革。新一轮工业革命可能在技术层面带来约23项变革，包括可植入技术、可穿戴设备联网、万物互联、数字化家庭、智慧城市、人工智能、共享经济、区块链、3D打印技术与神经技术的应用等（Schwab，2016）。面对新的技术革命，若仍囿于传统的线性思维，则难以对即将到来的挑战形成战略性思考。

为培育新的经济增长点，近年来西方各国针对工业化提出了新的发展战略。美国提出了“再工业化”理念，并推出《重振美国制造业框架》《先进制造业国家战略计划》；德国制定了《德国高技术战略2020》，设立“工业4.0平台”；日本也推出《创新2025计划》。这反映了各经济体正在为应对由2008年次贷危机所引致的世界经济金融危机，为在危机后抢占新一轮科技与产业制高点、重构全球产业竞争格局而制订战略。

我国在2002年党的十六大报告中首次提出了新型工业道路的概念，即“坚持以信息化带动工业化，以工业化促进信息化（被简称为‘两化’），走出一条科技含量高、经济效益好、资源耗损低、环境污染少、人力资源得到充分发挥的新型工业化路子”。党的十七大报告将工业化与科学发展观相融合，将能源与环境问题纳入考虑，要以工业化实现人与自然、经济、社会间的和谐发展。十八大报告从具体发展途径与方式角度，提出“促进工业化、信息化、城镇化、农业现代化”同步发展，以四化同步，推动两化深度融合，进一步深化与拓展了中国特色新型工业化道路的内涵与外延；2015年颁布了纲领性文件《中国制造2025》，部署了全面推进实施制造强国战略。

在战略层面，中国的新型工业化战略与其他各国相似，都是以信息技术、互联网与先进制造业结合，推动新一轮制造业的发展；但作为发展中国家，由于研发投入、产品质量与产业发展阶段与其他发达国家存在差距，故而中国发展战略在具体表现形式方面略有不同。例如，德国工业4.0着眼于高端装备制造业，以“信息物理融合系统”实现系统在一定程度自我优化的“自适应”行为，推动智能生产；而中国则基于产业技术基础与发展现状，更侧重于信息化与工业化的深度融合。

对新型工业化认识的演进源于中国处于工业化中后期的现实。面对第六次科技改革浪潮与即将到来的第四次工业革命，中国尚未完成工业化过程便进入信息化社会。既有大量技术设备、管理与加工能力尚处于20世纪80年代发展水平的中小企业，又有接近世界技术前沿的大型制造企业。从而中国新型工业化的实质，一是以新技术革命历史机遇为契机，通过产业创新与升级，从制造大国转变为制造强国，实现对发达国家的技术经济追赶与超越；二是在认可科技对生产力发展的原始推动作用的同时，适当地主动引导生产力的发展方向，使得工业化发展过程满足作为社会生产力的人与自然和谐、人与社会和谐的需要。

已有研究丰富并深化了对新型工业化的认识与理解，厘清了两方面问题：一是新型工业化道路的内涵与实现途径，应反映以第六次技术革命浪潮为核心的新一轮工业革命的影响，既包括信息化，又包括可再生能源革命、智能化与纳米技术革命（黄阳华，2015①）；二是应当在转变技术经济范式过程中深化工业化，并推动生产力与生产关系的相应调整。新一轮工业革命的技术特征表现为生产系统控制的一体化、制造过程的智能化、制造系统的微型化、全生命周期产品的制造能力与友好的人机关系，工业发展过程中既有技术创新也有制度演进（黄群慧、贺俊，2013②；王俊，2014③）。

面对即将到来的第四次工业革命，有必要从知识视角进一步深化对新型工业化的认识，其原因在于：①先进制造技术、制造系统与制造范式对

---

① 黄阳华．德国“工业4.0”计划及其对我国产业创新的启示［J］．经济社会体制比较，2015（2）：1-10.

② 黄群慧，贺俊．“第三次工业革命”与中国经济发展战略调整——技术经济范式转变的视角［J］．中国工业经济，2013（1）：5-18.

③ 王俊．基于演化经济学视角的新型工业化战略选择［J］．财经科学，2014（11）：83-91.

传统技术经济范式的革新与替代，使得知识在制造系统中的重要性进一步凸显，知识是新型工业化的核心要素并贯穿于新型工业化建设的始终。一方面，新一轮工业革命会形成一个高度灵活、人性化、数字化的产品生产与服务模式，低成本劳动力不再是企业的竞争优势，知识成为关键生产要素。因为在大数据背景下，如何快速将海量数据以有意义的形式排列处理以形成有用的信息，挖掘信息间的联系从而转化为知识进而推动技术进步，决定了一国竞争力的高低；另一方面，新一轮工业革命背景下，工业物联网、云计算、人工智能、增材制造（Additive Manufacturing）等基础制造技术及与之相联系的生产组织方式的整合与创新，成为新型工业化不断深入的核心技术驱动力，新型工业化深入的过程就是以能源技术、材料技术、生物技术等发展，通过数字化、网络化、智能化生产，实现信息技术与传统产业融合的过程，并在这一过程中，推动并实现个人知识的组织化、社会化，默会知识的表出化与形式化。②理论进展使得从知识视角解释新型工业化具备了一定的基础。演化经济学将基本假设从完全理性转到了有限知识，随着 Polanyi（2000）[①] 提出的“默会知识”（Tacit Knowledge）被学者们广泛接受，逐渐形成了关于知识的演化经济学阐释；企业创新“科学—技术—创新”（SIT 模式）与“干中学—用中学—互动的学习”（DUI 模式）等知识形式与创新模式的理论研究，拓展了对工业化问题的研究视野，为中国新型工业化发展提供了重要启示与全新思路；此外，嵌入在技术、制度中的技术经济范式的根本变革，使得先进技术在制造生产的过程中改进、突破并演进，从而以演化经济学理论为依据有可能会有助于对工业化这一多层次、多维度概念的深入把握。

本节研究知识生产、知识积累、知识扩散与创新如何通过价值链重构、企业与产业共同演化等途径推动新型工业化发展；反过来，新型工业化的深化进一步加速知识的累积与扩散，以此探寻知识与新型工业化的内在逻辑，找出核心问题与可能的应对措施，以更好地认识技术革命的影响下新型工业化的实现路径。

---

① 波兰尼（Polanyi，M.）. 个人知识——迈向后批判认识论［M］. 贵阳：贵州人民出版社，2000.

二、知识与新型工业化的内在逻辑

新型工业化不是单纯的“去工业化”，其本质上是强化创新驱动发展模式，以工业发展应对发展中问题（贾根良，2013①；黄阳华，2015）。制造技术的突破在提升工业化水平的同时，也深刻改变着员工与组织、组织与组织之间的生产关系，网络化使得员工从传统的服务者转换成为参与设计、安装、改装、保养物理信息融合系统的操纵者与协调者，随着虚拟与现实的融合，知识与生产也相互促进。当工业制造范式从单件小批量制造、大规模生产、大规模定制转向全球化个性化制造范式时，竞争的关键资源也依次从技能工人与通用机床、大规模流水线、运营管理能力与工人技能转向可重构生产系统、技术平台与人的技能和知识（黄群慧、贺俊，2013）。因此，以数字化、信息化与智能化发展为基础的新型工业化无法绕开“知识”这一内核。

“知识”是创新经济学与演化经济学的关键性概念之一，信息技术的发展就是为更有效地处理可编码知识（Codified Knowledge）所做的反应。大数据背景下，智能制造与移动互联网技术快速发展，如何更有效地认识并推进中国特色新型工业化成为亟待解决的问题。回归“知识”这一理论概念，有助于拓展对新型工业化的研究视野。借鉴 Hodgson（2005）②、Antonelli（2006）③ 与 Hidalgo（2015）④ 关于知识、信息与演化经济学的思想理念，可以从知识生产、知识积累、知识扩散这一脉络去理解新型工业化。

（一）新技术范式、弥散式知识与新型工业化

面对生产组织方式与技术浪潮变革，越来越多的学者赞成以技术创新

---

① 贾根良．第三次工业革命与新型工业化道路的新思维——来自演化经济学和经济史的视角［J］．中国人民大学学报，2013（2）：43-52．

② 霍奇逊（Hodgson，G. M.）．制度与演化经济学现代文选：关键性概念［M］．北京：高等教育出版社，2005．

③ 安东内利（Antonelli，Cristiano）．创新经济学、新技术与结构变迁［M］．北京：高等教育出版社，2006．

④ Hidalgo，Caesar A. Why Information Grows：The Evolution of Order，from Atoms to Economies［M］. New York：Basic Books，2015.

及其扩散作为工业革命分析框架的核心（贾根良，2013、2015[①]；王俊，2014；张亚斌、马莉莉，2015[②]；黄阳华，2016[③]）。然而，从技术创新到非均衡产业结构变化是一个不确定且漫长的过程，机械地将技术变革与工业革命一一对应，会陷入相对偏颇的“技术决定论”。由于技术演化在本质上是知识演化，新型工业化的建设与深入的过程实际上是以知识生产、知识积累、知识扩散与创新推动技术进步的发展过程，以及随之而来的组织结构、人—机关系、体制制度的演化过程。“工业革命不是经济增长的起点，……但是，工业革命是知识因素诱发经济增长这一机制得到显著增强的时代”（Mokyr，2010[④]），新一轮工业革命为加速知识生产与积累创造了必要的条件：①大数据、信息化推动了纯数字化平台的崛起，降低了交易成本与边际成本，数据共享、协作式创新成本也大幅度下降，进而促进了知识生产与知识积累。例如，西门子利用从事机器学习的创新企业Ayasdi的力量解决了从大量数据中提炼信息的难题，而Ayasdi则利用现实中的数据验证其拓扑数据的分析方法，同时扩大市场份额[⑤]，协作式创新加速了双方相关知识的累积与生产。②大数据的处理加速了知识生产与积累。数据经过组织的数字、图像，按照特定目的排列或处理之后就形成了信息，而结构化后用于生产的有价值的信息则构成了知识。知识与信息虽然一般表现为内在与形式的关系，但其实二者在一定条件下可以相互转化，存在较强的互动性。数字化、智能化使得知识在更广阔的、跨学科的社会与经济情境中被生产出来，形成社会弥散的知识（Socially Distributed Knowledge）[⑥]。社会弥散的知识生产以全球化网络为背景，网络上相互联

---

① 贾根良．我国新型工业化道路主导产业的选择与战略意义［J］．江西社会科学，2015（7）：55－65．

② 张亚斌，马莉莉．大数据时代的异质性需求、网络化供给与新型工业化［J］．经济学家，2015（8）：44－51．

③ 黄阳华．工业革命中生产组织方式变革的历史考察与展望——基于康德拉季耶夫长波的分析［J］．中国人民大学学报，2016（3）：66－77．

④ 莫基尔（Mokyr，J.）．雅典娜的礼物：知识经济的历史起源［M］．北京：科学出版社，2010：30．

⑤ Schwab，Klaus. 第四次工业革命［M］．北京：中信出版社，2016：60．

⑥ 吉本斯，等（Gibbons，M. et al.）．知识生产的新模式：当代社会科学与研究的动力学［M］．北京：北京大学出版社，2011．

结点的数量增加推动了新知识的生产，在这一过程中，开放式、协同与交流至关重要，而新一轮工业革命使之成为可能。

（二）知识、价值链重构与新型工业化

工业化之所以被认为对经济有重要意义，源于其使得“变化”成为常态，企业“干中学”变为解决问题（Problem Solving）的活动，交互式学习过程推动了技术与组织创新，知识片段的新组合以产品创新与过程创新等形式得以表现。新一轮工业革命背景下，智能制造技术和以物联网（Internet of Things）与务联网（Internet of Service）为代表的新一代互联网技术的发展，推动了个人知识的组织化和社会化、默会知识的表出化和形式化，实现了价值链的重构；进而被重构的价值链以物理—信息系统为“两化融合”的载体，推动工业与国民经济体系智能化，深化了新型工业化的建设。

首先，以“云、网、端”新信息基础设施为工具和载体，新技术推动个人知识社会化、隐性（默会）知识显性化，以重构价值链。知识是认知过程与认知结果的统一（黄凯南，2010[①]），在经济学文献中 Arrow（1962）最早阐明了知识的累积过程及其经济含义。从本体论角度，知识分为个体知识（技术性知识）与群体知识（社会性知识）；从认识论角度，又可分为显性知识与隐性知识。通过云计算、大数据基础设施、互联网与物联网及移动设备、可穿戴设备与软件等应用，消费群体看似不相关的“行为”与“需求偏好”被描绘成完整的“行为轨迹”与“偏好链”，用以表征异质性的消费需求，并能够有机会参与企业产品设计、生产、营销等各环节（张亚斌、马莉莉，2015），供应链也因而更灵活，覆盖更广的地域。而以社交网络、媒体共享、微博客等为代表的社会化媒体，使人们能够更便利地收集与评论信息、从事创造性工作，个人知识得以社会化，由此创造并存储的数据贯穿产品生命周期全阶段。

表8-1 经济演化中的四种知识类型

	个体知识（自然知识）	群体知识（社会知识）
隐性知识	技巧或技能（人力资本）	非正式制度

① 黄凯南．现代演化经济学基础理论研究［M］．杭州：浙江大学出版社，2010.

续表

	个体知识（自然知识）	群体知识（社会知识）
显性知识	技术	正式制度

资料来源：宋胜洲．基于知识的演化经济学［M］．上海：上海世纪出版集团，2008：118

其次，制造系统与价值网络的纵向集成、横向集成、端到端集成，打破了企业间知识壁垒，推动隐性知识表出化以重构价值链。例如，德国“工业4.0”在制造装备、原材料、产品零部件与生产机器设备上广泛植入智能终端，借助物联网实现人与人、人与机器间的网络互动，实时信息沟通与控制，以嵌入式制造系统推动了全社会的智能化（黄阳华，2015）。这改变了传统制造业人—机器单向的控制关系，在降低经济层面交易成本的基础上，进一步从社会层面降低网络链接成本，使得原属于个人或企业的隐性（默会）知识由于制造系统与价值网络横向、纵向与端对端的高度集成而得以形式化、显性化，进而推动企业间信息共享与业务协同，实现从企业内部的价值链重构向企业间的价值链重构转变。

最后，价值网络的水平整合、全价值链工程端到端（End - to - end）数字整合、联网制造系统的垂直整合，将离散化的知识加以整合，使之系统化、自动化以重构价值链。例如，西门子公司将价值链延伸至生产规划环节，生产流程覆盖整个产品生命周期，从最初的产品设计理念，到生产与物流，再到运行与服务；一方面，工程数据可以直接转化到生产过程中，另一方面，生产信息也可直接在产品研发及生产过程中的上游工序中得到优化，实现全价值链工程端到端数字化工业设计开发。被整合的知识提高了企业的生产力与竞争力，大幅度缩短了新产品上市时间，使得利用同样资源与能源成本可以制造出更高质量的产品。

（三）知识、共同演化与新型工业化

知识在不断证伪与纠错中得到积累与发展（波普尔，1999）。新知识在网络结构中传播扩散，实际上以一种学习的过程加速了企业与产业的共同演化，推动了新型工业化。作为演化经济学前沿理论，“共同演化”沿着知识、企业家认知、学习过程、互动模式的脉络阐释了企业与产业间基于知识的相互反馈机制（黄凯南，2010）。

第一，知识具有正外部性与边际报酬递增性质，异质性与互补性构成

了知识扩散与创新的基础。由于节点知识的异质性与互补性，节点通过网络平台与节点间互动来搜寻新知识，任何节点的知识都可能成为其他节点知识创新或生产的投入要素。以往强调信息化，更多的是侧重于降低交易成本、提高生产效率以增加产出，所关注的内容更侧重于技术层面。第四次工业革命使网络化成为未来产业组织的主要形态，企业成为网络上的各个节点；此技术革命背景下的信息化，更强调信息的兼容、为智能化服务，以模块化技术、产业链生产将各个企业嵌入网络，从而其目的不再仅是增加产量，而是以大数据分析提升业绩并优化决策，在嵌入生产链、价值链的过程中分享知识，提升企业吸收能力，并最终实现智能化的生产，即信息化的内涵与侧重点从传统的降低成本转向"授之以渔"。

第二，知识扩散与创新的重要途径源于企业间互动。新知识的扩散与传播，从接受者角度看是一种学习过程，企业间的互动构成了企业的学习环境（知识环境）与选择环境（竞争环境）。新型工业化中，企业间互动推动知识创新与扩散表现在两个层面：一是在基础学科层面打破学科界限，以学科交叉融合推动知识创新；二是在企业组织界限层面，通过组织内、组织间知识整合与再创新，把最优的不同增值环节重新联结，构成一个新的价值链，实现价值链的整合。知识扩散与创新使得新技术的运用不再局限于极少数创新企业内，以知识外部效应、正反馈效应与网络效应推动新型工业化的深入。

第三，知识在企业与产业的共同演化推动下实现加速扩散与创新。企业是在专业化生产与协作过程中互动而形成的知识联结与知识集合，知识创新推动了资源与产品层面变动，进而带动企业的演化；产业是企业间互动过程中所形成的嵌套式结构，产业层面的知识创新推动了产业的演化。企业与产业共同演化过程中，伴随着知识的扩散，某一种专用知识逐步实现通用化，并带来强烈的正外部性（黄凯南，2010）。根据共同演化理论框架，企业的微观演化会通过互动将新知识扩散到产业中，推动产业宏观演化；而产业的宏观演化又构成了企业学习环境，反过来影响企业的微观演化，在协调互动中加速了知识扩散与创新。

基于企业与产业共同演化理论，以知识扩散与创新推动中国新型工业化需要进一步厘清知识编码性质的阶段性、共同演化的约束条件与影响因素，以及新型工业化的突破口。

产业演化各阶段对应不同的网络结构，知识编码性质与特征随之变化。产业发育期，产业技术距离技术空间边界较远，知识往往是默会的，企业仅与其他少数固定的企业进行知识交流，形成有规则（Regular）的网络结构，此时知识创新活跃但知识扩散较慢；产业发展期，技术向前沿空间靠近，知识编码程度提高，企业会逐渐提升与其他企业随机匹配的概率，形成小世界（Small - world）网络结构，此时，知识创新活跃、知识扩散速度提高；产业成熟期则会形成随机（Random）网络结构，由于联结是随机的，会缺乏集聚效应，导致知识创新变缓慢但知识扩散仍然迅速，知识扩散的速度最终会因知识创新减缓而逐渐下降（Watts 和 Strogatz，1998①）。中国正处于发展转型、多种生产模式并存的时代，产业技术距离技术空间边界不同，会面临不同的网络结构，准确辨析并界定产业所面临的网络结构，是制定有针对性政策的基础。此外，相比于其他国家，中国在无人机、太阳能、超级计算机等新兴技术领域已处于世界领先水平，但也面临着传统产业转型的问题，第四次工业革命使得不同学科及其成果之间的协同和整合成本下降，借助于信息化与智能化，计算机设计、增材制造、材料工程学与合成生物学正在相互深度结合形成新业态。面对这样的变化，以开放、共享的发展理念推动企业层面与产业层面的知识扩散与知识创新，有利于深化新型工业化建设。

伴随网络结构演化，企业与产业共同演化的约束条件与影响因素随之变化。根据共同演化理论，在企业建立有规则的网络结构阶段，产业尚处于萌芽期，此时需求、技术、制度与文化环境影响企业与产业共同演化；随着网络结构变为小世界型，产业集聚增强，知识的外部性、互补性与正反馈性成为主要特征，共同演化主要受到产业学习环境（知识环境）的影响；在随机网络结构下，知识的稀缺性与竞争性显现，共同演化主要受到内生的产业选择环境（竞争环境）影响（黄凯南，2010）。在工业化进程中，应当根据产业发展阶段与知识技术水平有针对性地采取激励措施，推动知识

① Watts，D. J.，Strogatz，S. H. Collective Dynamics of "Small - World" Networks [J]. *Nature*，1998，393（6684）：440 - 442.

编码程度的提高，使得企业、产业共同演化从局部互动升级为全局互动。

从知识与产业空间分布角度认识新型工业化建设的突破口。从已有知识技术与产业地理分布关系来看，产业的空间地理分布虽然与要素资源的成本有联系，但是否有相对成型的产业链条或配套设施则是更重要的因素。因为相较于小型的生产网络，大型生产网络中知识技术的移动、扩散更具难度，在已经积累了产业所需的大量知识技术与社会关系的区域，更容易发展出相关产业，这一现象被称为“接近相关变种的多样性”（Diversification toward Related Varieties）（Boschma 和 Iammarino，2009①）。从而在新型工业化进程中，区域产业链的培育需要以储存该产业所需知识技术作为突破口。积累了相关知识的创新型企业，可以利用第四次工业革命带来的研发、推广、销售与分销领域的全球性数字平台，低成本、高速度、高质量地满足消费者需求，重构价值链。总之，在从简单的数字化向更为复杂的创新模式转型的过程中，有意识地积累、存储相关知识是关键。

综上，第四次工业革命将数字技术、物理技术、生物技术有机融合在一起，形成新的机遇与挑战。中国新型工业化应以增加知识存量，加快知识生产、积累、扩散与创新为突破口，通过将个人知识社会化、隐性知识显性化、离散知识系统化，加速价值链的整合与重构，并推动技术经济范式变化。在具体操作中，应以数字化、信息化、智能化技术发展为基础，在微观层面上加速企业异质性资源的形成，在中观与宏观层面上推动知识—企业—产业的共同演化。同时，新一轮工业技术革命有可能进一步固化“中心—外围”的世界分工体系，中国还需要在技术选择与生产方式等方面进行适时调整，以下将针对这一方面作进一步阐述。

三、基于知识的新型工业化实现路径：如何抓住第二种机会窗口

发展中国家跨越式发展被认为有两种机会窗口：“第一种机会窗口”出现在发达国家技术发展成熟后，发展中国家以相对低廉的劳动力成本形

① Boschma, R., Iammarino, S. Related Variety, Trade Linkages, and Regional Growth in Italy [J]. *Economic Geography*, 2009, 85 (3): 289 - 311.

成比较优势；发达国家在技术创新方面占有制高点，有学者认为在这种情况下，发展中国家很难真正缩小与发达国家生产率的差距。“第二种机会窗口”源自处于酝酿阶段的新技术革命，佩蕾丝与苏蒂①认为这是对发展中国家真正有意义的机会窗口。伴随着社交网络、务联网、云计算、移动互联网等新兴信息技术为主导的新一轮产业技术革命，全球生产组织方式发生了深刻变革，产品内分工与模块化生产成为相对普遍的现象，从而推动“局部技术变革”的发生，使得技术相对落后的发展中国家有机会以知识累积推动尚在萌芽期的新技术发展，抓住并利用第二种机会窗口。

首先，局部化技术进步使抓住第二种机会窗口在理论上成为可能。若技术进步仅仅发生于生产产品的某一技术，则总体生产函数变化会使得生产可能性边界上某一点（而不是整个曲线）向外移动，形成局部化（Localized）技术进步，此时企业应选择能带来更多知识积累与创新并形成更多价值增值的技术（Atkinson 与 Stiglitz，1969②）。面对可再生能源革命，中国新型工业化应积极进入页岩气、可燃冰等非常规化石能源开发利用，纳米材料、生物医药材料、碳纤维、超导材料应用等新技术体系，以知识累积推动局部化技术进步，实现“跨越式发展”。

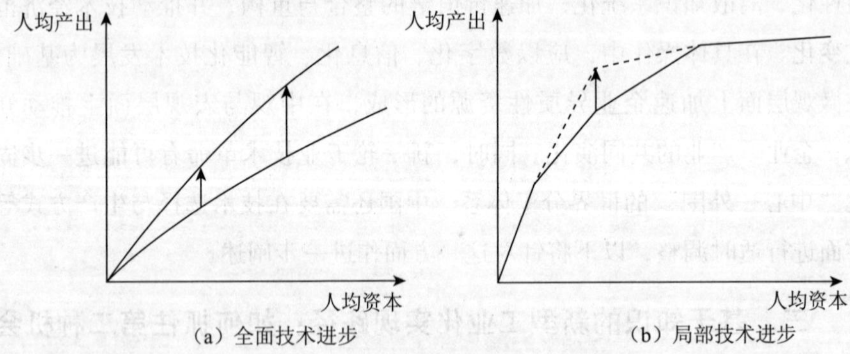

图 8-5　全面技术进步与局部技术进步

资料来源：Atkinson，Stiglitz（1969）

① 佩蕾丝，苏蒂．技术上的追赶：进入壁垒和机会窗口［A］．多西（（Dosi，Giovanni）等．技术进步与经济增长［C］．北京：经济科学出版社，1992.

② Atkinson，A. B.，Stiglitz，J. E. A New View of Technological Change［J］. *Economic Journal*，1969，79（315）：573-78.

其次，意会性低的知识与规模经济使抓住第二种机会窗口在现实中成为可能。面临即将到来的新技术革命，一方面，相关技术虽然先出现在发达国家，但由于产业尚在萌芽期，知识技术大多处于实验室阶段，知识的意会性程度低，所以发展中国家有机会与发达国家竞争；另一方面，由于重大技术革命会带来不确定性，会产生不连续（Discontinuity）与范围不经济（Diseconomies of Scope），导致现有技术发达方不愿意或不能够很好地发展与利用新技术，从而技术发展呈现出路径依赖与锁定效应的特性（Bresnahan 等，2011①），作为技术后发国的发展中国家有可能更适应新技术经济范式的要求，使得新技术在后发国迅速发展。此时，若该发展中国家具有巨大的国内市场规模，则规模经济会导致发展中国家在这一新技术的领先地位得以强化，推动一系列引致创新或发明，例如，中国高铁技术源于德国、日本，但在引进基础上消化、吸收，以规模经济推动了牵引传动系统的核心技术发展，在动力、制动、信号控制与降噪等技术上实现了独创性的突破与创新。

在新型工业化建设中，中国的优势在于拥有门类齐全、独立完整的供应链条与工业体系，39 个工业大类 191 个中类 525 个小类包括了联合国产业分类的全部工业门类。从“知识—技术—新型工业化”的脉络看，中国为推动知识积累、扩散与创新，实现从制造大国到制造强国的转变，使工业化发展过程满足人与自然、人与社会的和谐，需要进一步把握以下三方面：

第一，在核心要素的可得方面，应以数据资源积累、可兼容性构建，推动核心技术的知识生产与积累。

依据演化经济学中的知识创新与演化理论，“每次技术革命都提供了一套相互关联的、通用性的技术和组织原则，并在实际上促成了所有经济

① Bresnahan，T. Greenstein，S. and Henderson，R. Schumpeterian Competition and Diseconomies of Scope：Illustrations from the Histories of Microsoft and IBM ［R］. Harvard Business School Strategy Unit Working Paper No. 11 －077，2011（1）.

活动的潜在生产率的量子跃迁”[①]。本书认为“相互联系的技术、组织原则”包括两方面含义：一是新一轮工业革命使得数据资源成为新的生产资源，类似于劳动、资本资源，数据成为新型生产资料，企业需要主动搜集、整理并积累相关数据；二是在相互关联的技术中，可兼容性高的数据资源是相互关联的基础。数据经过结构化排列整理才能成为有用信息进而形成新的知识，所以大数据的数量固然重要，但有意识整理与更细致分类的数据挖掘则更为关键；信息化只有实现兼容化，才能真正促进智能化，数据信息的可兼容性是智能化的基础。在下一阶段工业化发展中，中国除了进一步推动信息化建设，还应积极、主动累积与大数据分析、自动机器人、模拟技术、水平和垂直系统整合、工业物联网、网络安全、云计算、增材制造与现实增强技术等相关的数据资源，推动信息数据的可兼容性也是关键。

第二，在信息通信基础设施建设方面，应重点降低摩擦成本、协调与联系成本，构建大型知识网络以增大知识存量。

知识的累积需要构建一个包含知识技术的网络，联系成本直接影响网络的规模（Hidalgo，2015），从而影响知识的积累量。科学知识、技术知识的生产受到社会、制度与经济条件的影响与约束，知识的产生与积累是推动技术创新的主要条件（Hidalgo，2015）：①生产网络的大小与其所包含的知识技术的量成正比，生产网络越大，其所包含的知识技术越多。②构建大型网络的能力取决于建立联系的成本。摩擦越小或联系成本越低，越容易构建起积累大量知识所需的大型网络。③建立积累知识的网络结构过程不一定是线性的，可能存在阈值或临界点。以企业为单位所形成的网络规模有限，所能积累的知识技术量也有限；异质性企业若能更便捷地建立联系，则更容易形成企业间大型网络，有利于更大规模知识的积累。

中国最初提出新型工业化这一概念时，便突出了“工业化—信息化”的融合，将信息化作为降低市场主体信息搜集成本、减少信息不对称与交易成本从而扩大交易范围的重要因素，在客观上有利于扩大包含知识技术

① 佩蕾丝（Perez，Carlota）. 技术革命与金融资本［M］. 北京：中国人民大学出版社，2007：14.

的网络，推动知识的累积。从当前信息化与工业化融合的速度、融合水平与位置、协调成本与融合质量等方面考察，学者们发现“双化”政策缺乏持续性、连贯性与战略性；高新技术产业在东部集聚推动东部工业结构优化升级，显著促进了东部地区工业增长模式的转变，但“双化”融合的空间格局更多地局限于北京、上海、天津等地，呈现出“马太效应”（王瑜炜、秦辉，2014①；谢康等，2012②；庞瑞芝、李鹏，2011③）。区域间、互动主体间知识存量差异大，会降低新技术扩散的速度（Rogers，2003④；Young，2007⑤）。因而在深化新型工业化建设中，应重点降低联系成本、摩擦成本，以规模经济、范围经济推动大型知识的网络的构建，提高知识存量积累。在时间层面，特别在某些发展节点上，应辅以政策精准支持；在地域层面，应侧重推动异质性企业间联系。不应将知识网络规模局限于单一企业为单位，还应以政策推动异质性企业之间的联系与互动，缩小东中西部区域知识存量差异，加速新技术扩散。

第三，在经济组织支撑方面，应在突出“硬数据”累积与构建的同时，辅以高端服务业发展等“软系统”，以推动知识扩散与创新。

不同制度或组织结构会形成不同的信息结构，影响信息的编码与抽象程度，从而影响知识的扩散速度。以金融、现代物流、信息、科技等为代表的高端服务业，以提供知识性、技术性与公共性服务为主，其发展能够加快网络经济与实体经济的融合发展，在智能物流、生产服务化、开放设计服务等领域，及服务产权交易、成果转化等环节为知识创新提供支撑。例如，德国“工业4.0”就将智能产品、状态感知控制与大数据处理相结合，以在线租用、配送、返还及设备自动预警、自动维修等新服务模式推

---

① 王瑜炜，秦辉．中国信息化与新型工业化耦合格局及其变化机制分析［J］．经济地理，2014（2）：93－100.

② 谢康，肖静华，周先波，乌家培．中国工业化与信息化融合质量：理论与实证［J］．经济研究，2012（1）：4－16.

③ 庞瑞芝，李鹏．中国新型工业化增长绩效的区域差异及动态演进［J］．经济研究，2011（11）：36－47.

④ Rogers，E. *Diffusion of Innovations*［M］. New York：The Free Press，2003.

⑤ Young H P. Innovation Diffusion in Heterogeneous Populations［J］. *Social Science Electronic Publishing*，2007（5）：1899－1924.

动纵向集成、端到端集成与横向集成，形成更好的网络正外部性。借鉴德国的经验，从知识积累角度，以信息化带动工业化的过程中不应只关注以数据中心等为代表的硬件设施的建设，面对移动互联网、智能终端设备与无线网络的普及，还应在工业智能化的基础上推动高端服务业等发展，借助“社交网络”进一步降低联系成本，以生产组织方式与商业模式创新扩大企业间联系网络，为更大规模的知识积累创造条件。

面对第四次工业革命与大数据背景所提供的“机会窗口”，中国在可再生能源与绿色技术、纳米技术与智能装备制造业等方面存在知识累积、创新与扩散的市场需求，可以首先通过智能电网（能源互联网）、机器人产业、物联网与务联网（如工业互联网）等基础设施建设累积产业相关知识，降低链接成本，构建大规模网络，抓住新技术革命的机会窗口，进而利用国内市场规模的关键作用推动技术发展。在这一过程中，信息通信比交通运输基础设施建设更为重要，前者使得人、机器与信息资源沟通协作，实现实时信息交换，推动知识积累、扩散与创新。这将有利于中国在新一轮工业革命进程中掌握竞争制高点，推动我国工业化、信息化、城镇化与农业现代化“四化同步”。

从知识的角度分析新型工业化的实现路径，将从人、人与机器、组织与价值链等方面得出以下几个有可能与其他视角不一样的观点与结论：

从知识生产与积累角度看，在人力资本方面应更侧重人才教育培训，掌握专有技术（Know－how）的人力资本是重点。知识积累需要长期、稳定的人力资本投入，相较于其他国家，中国在专利申请方面已有一定优势，但第四次工业革命背景下，在生产相关要素的整合、供应链管理、生产规划与开发设计、大数据分析与研究等一系列专业知识与技术变得更为重要；掌握专有技术（Know－how）的人力资本可以更好地开发、应用新技术，加速知识扩散、创新与产业链重构。

从知识生产与扩散角度看，在人与机器关系方面侧重处理好劳动者技能与生产设备间的关系。发达国家工业化经验表明，劳动者技能对工业长期竞争力有着极为重要的影响（Lazonick，1990①），当劳动者与机器操作之间是互补性而非替代性关系时，工人不再是设备的看护者，转而成为生产环节的参与方，能够有效参与并解决生产过程中的问题，有利于知识创新与扩散。新型工业化利用信息网络、智能化设备实现快速信息收集与分析，但信息系统的构建与发展等环节仍需要有技能的劳动者，即新知识的产生与智能化设备潜在生产效率的提升还有赖于良好的劳动者—机器关系。

从知识扩散与创新角度看，在组织与价值链方面应遵循从较低级的移动互联，向相对高级的数据交换与共享、企业—产业共同演化、动态优化逐级提升的发展路径。针对不同阶段知识创新、技术开发与发展的特点，辅以有针对性的政策支持。例如，不确定性强、相对颠覆性的创新，应以分散化的形式更多地由市场选择，以高端服务业发展等降低知识创新成本；而创新方向性、可规划性较强的领域，如工业级增材制造、新能源、新材料等相对创新周期长的技术，则相关战略规划与政府支持应更多一些。

第三节　金融发展与基于知识的新型工业化

随着人口红利、资本红利与制度红利的逐步释放，中国经济正在进入以结构调整、动力转换为主要特征的新常态，在这一过程中，金融将会发挥越来越重要的作用。面对第四次工业革命带来的机遇，信息技术逐渐向产业部门渗透融合，互联网、物联网、云计算、大数据、智能制造与智能物流等引发新技术、新服务与新业态出现。“数字化”带来了新型商业模式与消费模式，为生产、贸易与创新均提供了新的途径。金融发展在支持新型工业化发展方面取得了显著进展，但也存在一定的问题。

在宏观层面，World Economic Forum（2016a）② 公布的报告显示，中

① Lazonick W. Organizational Capabilities in American Industry: The Rise and Decline of Managerial Capitalism [J]. *Business & Economic History*, 1990 (19): 35-54.

② World Economic Forum. The Global Information Technology Report 2016 [R]. World Economic Forum, 2016. 报告利用“网络就绪指数”（NRI）衡量各经济体从第四次工业革命中获益的就绪程度，该指标于2001年设立，2015年涉及71个指标，2016年减少为53个单项指标，包括四大类：环境、就绪程度、使用情况与影响力。

国在139个经济体的信息通信技术发展状况排序中位列第59位，在商业与创新环境指标模块、基础设施建设指标模块方面明显低于其他中等偏上国家的平均水平。其中，商业与创新环境指标模块中，风险资本可获得性虽然排序较靠前，但得分值仅为3.8①，金融体系尚有进一步改革的空间。

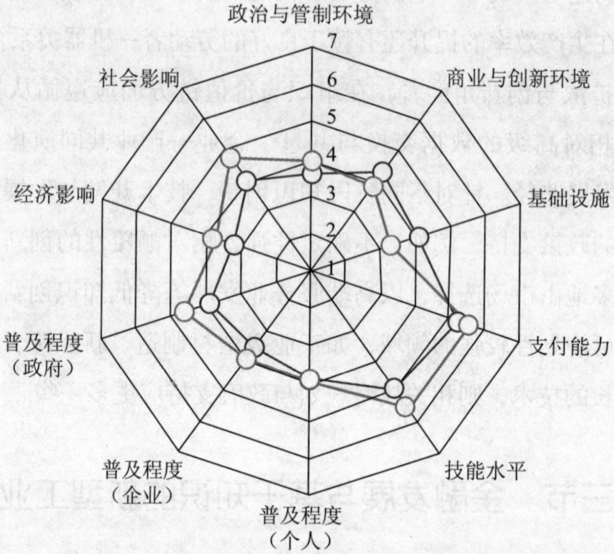

图8-6　2016年中国信息技术发展状况（网络就绪指数，NRI）②

注：该指数评估经济体利用数字化变革的能力，并评估其从第四次工业革命中获利的就绪程度

在产业层面，韩先锋等（2014）③ 统计归类了中国工业部门信息化与技术创新的融合模式，并将其大致分为四类。从分类来看，仅有交通运输设备制造业等三个行业实现了“高信息化高创新”的融合，医药制造业等行业创新水平仍有待提高；特别是从行业分布看，绝大多数行业都需要进

---

① 报告中“商业与创新环境指标”模块包含9个子指标，其中高新技术可获得性（4.3）、风险资本可获得性（3.8）、本地竞争强度（5.4）、管理类院校质量（3.9）、政府对高新技术的采购（4.3）五个指标分值1-7，分值越高越好。

② World Economic Forum. The Global Information Technology Report 2016 [R]. World Economic Forum, 2016.

③ 韩先锋，惠宁，宋文飞．信息化能提高中国工业部门技术创新效率吗？[J]．中国工业经济，2014（12）：70-82.

一步依靠金融机构与信息服务机构为创新主体提供投融资支持、扩大信息技术的投资。

表 8-2 中国工业部门信息化与技术创新融合模式

融合模式	行业分类	行业占比（%）
高信息化高创新	交通运输设备制造业、电气机械及器材制造业、通信设备计算机及其他电子设备制造化	8.11
低信息化高创新	纺织业、纺织服装鞋帽制造业、木材加工及木竹藤、棕草制造业、家具制造业、文教体育用品制造业、金属制品业、通用设备制造业、专用设备制造业、仪器仪表及文化办公用机械制造业	24.32
高信息化低创新	农副食品加工业、食品制造业、饮料制造业、烟草制品业皮革毛皮羽毛（绒）及其制品业、化学原料及化学制品制造业、有色金属冶炼及压延加工业、工艺品及其他制造业、电力热力的生产和供应业	35.14
低信息化低创新	煤炭开采和洗选业、石油和天然气开采业、黑色金属矿采选业、有色金属矿采选业、非金属矿采选业、造纸及纸制品业、印刷业和记录媒介的复制、石油加工炼焦及核燃料加工业、化学纤维制造业、橡胶制品业、燃气生产和供应业、水的生产和供应业	32.43

资料来源：转引自韩先锋等（2014）

在微观层面，虽然社会层面的大数据存在，但中国目前除了依然广泛存在的劳动力市场分割、要素市场分割与金融市场分割外，公共“大数据”也被分解为各个机构所拥有的小数据，数据的可获得性较低，广泛交换数据的公共大数据市场仍然欠缺，从而投资、贷款中信息不对称、交易成本较高等问题在当前转型阶段依然较为突出。在微观层面，应当推动金融业与“互联网+”网络商业交易信息的结合，使得大数据真正转化为重要的生产要素。

为应对以上挑战，需要与制度环境、要素禀赋与经济发展阶段相匹配的适宜性金融发展模式。具体的改革措施方面，World Economic Forum (2016b)① 做了有益的探索，指出分布式账本技术（Distributed Ledger

① World Economic Forum，Deloitte. The Future of Financial Infrastructure：An Ambitious Look at How Blockchain Can Reshape Financial Services［R］. *World Economic Forum*，2016b.

Technology，或称 blockchain“区块链”）在未来有助于建立新的金融服务基础设施与流程，以更好地应对新的商业模式与创新，该技术有望于 2017 年被全球各银行所采用。在中国，互联网金融当前被当做增量式改革方式，正在通过推动利率市场化、放宽市场准入与增加资产替代选择等促进金融体系整体效率的提升。

表 8－3　互联网金融的主要业态

互联网金融业态（国内）	互联网金融业态（国外）	传统金融业务类型	互联网金融创新业务类型（补充或挑战传统业务）
余额宝、定存宝、腾讯基金超市、新浪 e 路通、基金淘宝店	Paypal 共同基金	银行活期存款业务	基于第三方支付的货币市场基金、理财产品销售
阿里小贷、京东供应链贷、苏宁小贷	eBay，Amazon Loading，Kabbage	银行中小企业贷款	基于大数据分析，为小微企业服务的供应链金融
支付宝、财付通	Paypal，Amazon Payment	银行汇款（支付结算）	第三方支付
拍拍贷、陆金所、人人贷、宜信、红岭创投	Loading Club，Prosper	资本市场债券融资（小微企业/个人）	销售债权类证券的 P2P 平台
点梦时间、追梦网、无忧筹、苏宁众筹	Kickstarter，Fundersclub，BankToThe Future	资本市场及创业投资的股权融资服务（小微企业）	众筹（crowdfunding）融资
众安保险、易安财产险、泰康在线	Geico，iX－change，Progressive Insurance Company（UBI 业务）①	保险	互联网保险
阿里银行、微众银行、苏宁银行	First Direct	银行	互联网银行

资料来源：据赵昌文、朱鸿鸣（2015）② 与其他公开资料整理

① 互联网保险多以直销方式（Geico 公司）、基于网络的财产险及意外险逆向拍卖方式（iX－change 公司）、移动式保险（Progressive Insurance Company 的 UBI 保险业务，根据汽车的里程等使用数据确定保费的保险）等模式创新。国外有报告详述互联网对保险业带来的影响：http://www.businessinsider.com/how－the－internet－of－things－is－transforming－the－insurance－industry－2015－7 以及数字革命对保险业业务的拓展：https://www.towerswatson.com/en/Insights/Newsletters/Global/Emphasis/2014/the－internet－of－things－is－transforming－the－insurance－industry

② 赵昌文，朱鸿鸣．从攫取到共容：金融改革的逻辑［M］．北京：中信出版社，2015：193.

在新的转型发展阶段，新型工业化建设与发展需要降低摩擦成本、协调与联系成本，推动Ω知识与λ知识的形成、扩散与创新，金融如何服务实体经济这一问题变得更加复杂化、细致化。提供有效融资仅仅是金融体系最基本的功能之一，面对第四次工业革命，如何协调以国有银行为核心、商业银行间接融资为主的金融体系与多元化创新主体、个性化融资需求之间的结构性差异，是下一步改革的关键。随着利率市场化的深入，存贷款利率已经逐步放开，但金融抑制依然存在，金融体系尚不能够充分反映供需双方的偏好。所以新型工业化建设中应减少政府过度干预、适度放宽金融抑制政策，以推动金融发展的质量型作用机制的有效发挥。

第四节　基于知识的新型工业化政策调整

技术发展是知识的编码化进程。在新型工业化进程中，应当根据产业发展阶段与知识技术水平有针对性地采取激励政策。一方面，数据信息的兼容性是智能化的基础，为推动知识编码程度的提高，使企业、产业共同演化从局部互动升级为全局互动，需要标准化的政策，以打破企业组织间的知识壁垒，深化金融体系改革以推动知识、信息互联互通、交换共享；另一方面，进一步推动多元化、多层次、广覆盖的金融体系与信息通信基础设施建设，构建大型知识网络以增大知识存量，并进而推动知识的显性化与表出化、系统化与社会化，实现创新驱动发展。具体来看，基于知识的新型工业化政策调整主要包括以下几个方面：

首先，为推动知识生产与积累，教育培养方式应向专业化方向调整。面对体制转轨红利、人口红利、资源红利的逐渐消退，以大规模低廉劳动力要素红利驱动的传统工业化难以为继。中国新型工业化不能简单地“去工业化”，也不能“去技能化”，适用型劳动者技能的培育有助于“人—机”关系的协调，从而能够从根本上推动以信息化带动工业化，在信息化的基础上实现智能化；掌握专有技术（Know - how）的人力资本也随之转向由学校、科研院所与企业协同培养。

其次，为推动知识积累与扩散，“软”环境与服务业应以降低企业互动成本为方向而调整。传统工业体系下，能源、交通运输等基础设施建设对工业发展至关重要；新型工业化时代，信息通信基础设施建设、高端服务业发展的作用逐渐凸显。知识生产、积累、扩散与创新离不开企业间协同与合作，合作链条上最薄弱环节将决定从企业内部的纵向集成，到企业间横向集成，再到产业链上端到端集成的过程中，知识能否以低廉的成本快速累积，并形成大规模的知识技术网络，以增大知识存量。所以新型工业化不仅应突出信息化硬件方面的基础建设，还应关注以金融体系为代表的高端服务业，降低金融抑制，以标准化技术降低企业互动的成本，推动包含知识技术的网络规模的扩大。

最后，为推动知识扩散与创新，应向有意识地积累大数据与扩大共享合作的方向调整。传统工业体系下，科研院所是知识的生产主体，企业是技术的应用主体，在趋近技术前沿的过程中需重视基础研究，加强科研院所的主体地位。新型工业化时代，依然需要加强基础知识研究，不同的是企业、科研院所所拥有知识的创造与扩散构成了学习与互动，除了经济层面的市场合作外，还有很大一部分源自社交关系网（社会资本）。面临信息化与大数据背景，数据资源成为重要的生产要素之一，企业应有意识地积累、整理并利用数据资源。伴随着新型工业化建设的深入，企业组织间的边界逐渐被打破，网状结构协同生产使得不同规模的企业、企业与科研院所之间围绕产品全生命周期的价值链展开设计与生产，“云、网、端”新信息基础设施叠加在交通、能源等工业基础设施上，使得知识共享得以推动创新。

面对以信息通信技术革命与可再生能源革命为代表的第三次工业革命以及以智能化与信息化为核心的第四次工业革命，发展中国家抓住“第二种机会窗口”，需要积极参与以“创造性毁灭”为特征的技术变革，争取更大规模的市场以实现规模经济。改革难免会触动既得利益阶层，知识创新本身也会面临阻力，因此需要进一步深化结构改革，完善公共服务体系转变，以民生与公共福利为核心，构建与特定经济发展阶段及其演变相适应的金融体系，以有效识别与筛选 Ω 知识，激励企业参与知识累积、创新与扩散，实现以新型工业化、智能化提高社会总体福利水平。

本章小结

随着一国生产技术趋向世界技术前沿，研发及其所推动的技术创新成为经济增长主要动力源泉，知识的有效扩散与应用变得更为重要，从而本章回归“知识”这一理论概念，从知识的生产、积累、扩散与创新等角度，分析第四次工业革命背景下如何通过质量型作用机制使得金融发展加速新型工业化的建设，进而推动经济增长。首先，中国新型工业化应以增加知识存量、加快知识生产、积累、扩散与创新为突破口，通过将个人知识社会化、隐性知识显性化、离散知识系统化，加速价值链的整合与重构，并推动技术经济范式变化。其次，新型工业化不能简单地“去工业化”，也不能“去技能化”，适用型劳动者技能的培育有助于“人—机”关系的协调，并且能够从根本上推动以信息化带动工业化，数据信息的兼容性是智能化的基础。再次，摩擦成本、协调与联系成本影响积累知识技术的网络规模。面临信息化与大数据背景，企业应有意识地积累、整理并利用数据资源，并借助金融体系为代表的高端服务业发展进一步降低联系成本，以生产组织方式与商业模式创新扩大企业间联系网络，为更大规模知识积累创造条件，并推动知识扩散与创新。最后，为抓住“第二种机会窗口”，需要进一步深化结构改革，以民生与公共福利为核心，构建与特定经济发展阶段及其演变相适应的金融体系，以有效识别与筛选Ω知识，激励企业参与知识累积、创新与扩散，实现以新型工业化、智能化提高社会总体福利水平。

第九章　以金融发展推动经济增长的政策取向

政策选择与设计本质上是一个动态问题，其核心或关键不是找寻某个"金融发展最优结构"，也不是构建一种唯一的、与具体情况无关且普遍适用的制度形式以达到所期待的经济结果。行之有效的政策体系，必定需要充分考虑经济资源禀赋、实体经济需求和所处的经济发展阶段等因素形成的初始条件或约束条件，以金融发展推动经济增长的政策取向也应遵循同样的规律。本章从政策重点、政策建议与保障性措施角度，探讨以金融发展推动经济增长可能的政策取向。

第一节　以金融发展推动经济增长的政策重点

随着人口红利逐渐消失，距离前沿技术的差距逐渐缩小，以低成本获得发达国家技术溢出的空间越来越小；而金融抑制与金融扭曲的存在，使得中国金融体系具有较明显的结构性弱点，具体表现为：①银行风险控制过度依赖于抵押物，信用类贷款比重低；金融中介持有大量不良贷款，导致银行的稳健性（Soundness）在全球 140 个经济体中仅排名第 78 位（World Economic Forum，2015）；②金融中介以大型国有银行为主，信贷更多流向国有企业或大型公司，而非中小型企业；中小企业融资难、融资贵的老问题依然没有得到解决；③相比较发达国家，一些必要或基础的避险类金融产品与衍生品市场（如外汇期货、外汇期权）发展缓慢或严重滞后；金融市场规模、效率与可得性均显著低于发达经济体。World Economic Forum 在 2012 年与 2015 年针对营商环境的全球调查显示，金融的可获得性（Access to Finance）差或融资渠道缺乏是在中国从事商业经营的首要问题。

面对这些现实问题，在经济发展关键的转型期，中国金融体系发展应当从原先服务于政府集中资源做大项目的粗放式增长模式，逐步转向服务于依靠市场主体创新驱动的增长模式，在政策取向方面应当关注以下几个重点：

（一）政策调整应充分考虑在不同经济发展阶段金融发展对经济增长作用机制的差异性

基于新熊彼特增长理论模型，本书中对经济发展阶段的划分侧重于某一经济体相对前沿技术的距离（Distance to the Frontiers）这一维度。宏观层面上，在经济发起飞阶段，相对前沿技术距离较远，需要大量的资本积累以促进工业化，此时政府积极以金融抑制政策干预促进投资，将资本配置到战略性部门，有利于提高效率。虽然会带来投资项目浪费等问题，但收益大于成本，可以有效推进经济增长。随着经济发展向技术前沿趋近，以金融发展加速 Ω 知识—λ 知识转化，提高企业吸收能力并促进技术选择、扩散与传播变得更加重要。此时，单一的政府支持不足以有效推动 Ω 知识形成与技术创新，不利于经济可持续发展，在政策选择方面需要更多市场性行为的参与。

在区域层面，政策调整应充分考虑区域间经济发展阶段、人力资本水平与市场化程度的差异。新一轮工业革命背景下，我国须在工业化尚未完成之时就进入信息化社会，各区域不同资源禀赋类型、不同规模与性质的企业与产业并存，既有劳动密集型产业，也有资本密集型产业；既有接近技术前沿的大中型企业，又有创新小微企业，前者多依靠正规的银行类金融中介获得研发资金，后者融资多依靠基于血缘、地缘的熟人社会非正规民间金融。虽然不需要僵化地将各个地区逐一分类，但在整体上把握梯度分层有利于制定相对更有针对性的政策，并相应选择合适的金融发展作用机制。在这一过程中，政策调整应该引导并规范化非正规金融融资关系，使之市场化和制度化，以金融服务推动企业发展与产业转型，并尽可能降低金融体系风险。

（二）政策调整应减少角色错位，更好地发挥金融体系在资源配置、分散风险等功能方面的比较优势，使得金融发展为实体经济服务，并有效区分知识创造与财富创造

在知识经济时代，大学、科研院所与企业均是创新主体，鼓励大学办公司，或简单地将科研院所推向市场，将知识创造主体与财富创造主体笼统纳入一个框架，容易导致角色错位。金融体系之所以能够存在，就在于其能够有效地提供、分析、搜集、整理信息，降低不确定性与风险分散，利用其特有的金融技术以实现规模经济、范围经济从而降低交易成本。伴随着改革的逐步深入，金融体系的重要性越来越显著。应区分知识创造与财富创造，相应地调整金融结构，以多层次、多元化的金融体系支持知识生产、扩散与创新，不再单一地以扩大信贷规模为手段，应逐步降低金融抑制程度，加大利率的灵活性，以使得金融体系能够更好地充当“润滑剂”与应对外部冲击的“缓冲带”，推动金融资源跨时间、空间更有效率的配置，并分散创新主体的风险。

（三）政策调整应鼓励金融改革与企业改制、产业链升级相结合，避免金融发展脱离实体经济

在政策方面，以金融现代化为改革方向，已经基本得到学界的普遍共识，但为了在合理界限内进一步推进金融深化，需要将金融发展与实体经济发展相结合。20 世纪 70 年代后，实体经济在获得金融服务并拥有金融资产和负债的同时，金融体系内部相互持有资产与负债的规模也持续增长，某一金融产品可能在多个不同的金融机构间被多次倒卖并产生利润，从而有可能会导致风险的传递，诱发金融体系的系统性风险。Turner（2016）针对这一问题提出“金融密集度”概念，指出金融发展应与经济发展水平相适应，以避免过度信贷创造。中国金融发展的相关政策调整应当以强化金融对实体经济支持为重点，金融活动必须有利于实际资源配置的改善，避免资金在金融中介与金融市场间空转，增加金融体系的不稳定性。在政策支持领域方面，政策调整应鼓励金融改革与企业改制、产业链升级相结合，以金融发展推动“一带一路”、新型工业化的建设，进而推动经济增长。

在政策工具方面，利率市场化依然是未来政策调整深入的方向，其原因在于相较于数量型控制工具（公开市场操作、存款准本金率、再贷款与再贴现等），价格型工具（利率政策、汇率政策等）具有政策影响较难被规避的显著优势①：数量型控制工具存在“监管套利”的机会，例如，由

① 特纳（Turner，A.）. 债务和魔鬼：货币、信贷和全球金融体系重建［M］. 北京：中信出版社，2016：171.

于影子银行[①]天然不受监管，当对银行的资本要求严格或监管增加的时候，影子银行就扮演类似于连通器的作用，融资渠道会通过影子银行实现信贷扩张，从而削弱了数量型政策的有效性；而以利率政策为代表的价格型工具则不同，资本的逐利性与套利行为会导致政策对所有信贷价格均形成影响，达到其他金融工具无法实现的作用。

（四）政策调整应协调政府与市场的关系，从构建灵活的要素流动与再配置机制入手，努力避免金融资源的结构性错配与部门内不同生产经营个体间的金融资源错配

政府与市场的关系是经济学理论研究永恒的核心问题，新古典主义学派与凯恩斯学派虽然具有相同的分析框架、研究方法，却因为在界定经济环境方面的差异（信息是否充分、经济冲击来自供给还是需求等），理论结论上存在巨大分歧。以金融推动经济增长的政策调整，首先需要结合要素禀赋、所处的经济发展阶段等基本经济特征，准确地抽象并界定经济环境，进而协调政府与市场的关系。①从当前的效率驱动向未来的创新驱动阶段的转换，需要金融体系的更多服务并有效推动持续技术进步，决定经济绩效的关键是选择与创新，多样性是经济演化中的必备要素。经济起飞阶段政府指令性贷款等方式已不再适应当前的经济形势，若不加以改革，会积累更多的金融风险。在资源配置功能层面，金融体系的发展应逐渐转向以市场为导向。②虽然目前中国贷款利率已经全面市场化，在 2015 年 10 月 23 日中国央行也放开存款利率浮动上限，标志着从 1993 年提出利率市场化改革的基本设想以来，政策调整又迈出了历史性一步，但长期压制的存贷款利率与政策性利差已经扭曲了金融机构的激励机制、资本市场风险定价机制等。协调政府与市场的关系，以减少金融资源的结构性

① 影子银行是一种金融中介形式，其融资不受到传统银行存款保险制度保护，包括投资银行、对冲基金、货币市场基金、结构化投资工具（SIVs）以及在普通银行体系外的其他信用中介业务。结构化投资工具和其他表外业务会导致大规模的资产与债务不反映在银行的资产负债表上，从而使得银行表面上的资本金水平显得更加充裕。数据显示，全球影子银行机构的资产从 2002 年的 26 万亿美元，增长至 2011 年年底的 67 万亿美元，成为金融领域中重要的参与者。相关深入分析，请参见：格林斯潘．动荡的世界［M］．北京：中信出版社，2014：25. 与纽约联邦储备银行 2012 年内部报告《Shadow Banking》 https://www.newyorkfed.org/medialibrary/media/research/staff_reports/sr458.pdf

错配和部门内不同生产经营个体间的金融资源错配，不是单凭放开利率管制就可以瞬间实现的，改变金融抑制带来的金融市场分割与信贷结构失衡，关键是推动资金价格形成机制的市场化，这还需要改变以国有银行为主导的金融体系结构、打破利益集团的束缚、消除要素市场扭曲等配套性改革为辅助。

第二节　以金融发展推动经济增长的政策建议

当前中国人口红利逐渐消失，发展机遇与“中等收入陷阱”风险并存，金融发展“不足”与“过剩”也同时存在，表现为金融体系的资源配置功能扭曲，基础的避险类、理财类金融产品与衍生品市场发展相对滞后，但同时过量倾斜性信贷政策导致某些行业产能过剩，并由此积累了一些系统性风险。以金融发展推动经济增长，从政策措施上看：

第一，在战略层面，应当结合经济发展阶段，从金融发展规模（深度）、效率、可得性等维度入手，逐渐降低金融抑制与金融市场分割；同时还应当避免杠杆率超速提升而增加金融与经济的脆弱性[①]。World Economic Forum 的2015—2016年全球竞争力报告从八个方面衡量一国的金融竞争力，包括金融服务的可得性、支付能力、利用股票市场融资、获得贷款与风险投资的难易程度、银行体系的稳健性、股票市场监管与相关法律保护等，既有对金融深度与效率的衡量，又有对金融稳定性的测度。“一带一路”与新型工业化建设为企业创新、产业转型与升级创造了机遇，相对于其他国家，中国深化金融体系改革，解决原先信贷密集型粗放式经济增长所产生的风险与脆弱性问题，以金融发展推动经济增长仍有较大空间。

① 根据国外发达国家发展经验，一国金融自由化与利率市场化过程中，商业银行存在对住房按揭贷款的偏好。国家统计局显示，2016年1—7月份个人按揭贷款13305亿元，增长54.6%。信贷快速扩张虽然有利于部分抵消全球金融危机带来的负面影响，但由此形成的某些行业（如钢铁、煤矿、水泥）产能过剩、房地产过度投资等却容易增加金融与经济的脆弱性。

表 9－1　World Economic Forum（2015）国家竞争力子指标中的金融发展①衡量指标

维　度	序号	WEF（2015）金融市场发展衡量指标
金融深度与效率	1	Availability of financial services 金融服务的可得性
	2	Affordability of financial services 金融服务的支付能力
	3	Financing through local equity market 利用股票市场融资
	4	Ease of access of loans 获得贷款的难易程度
	5	Venture capital availability 风险投资的可得性
金融稳定性	6	Soundness of banks 银行体系的稳健性
	7	Regulation of securities exchange 证券交易的监管
	8	Legal rights index 相关法律指标

第二，在核心内容方面，应关注经济增长动力的转型，以金融发展促进Ω知识的识别与筛选、形成、转化为落脚点，以推动企业创新和产融结合，实现对产业链及产业集聚的支持。

下一步深化金融改革的政策，应当以提供正确的激励机制为出发点，使得金融发展让人们乐于并敢于去开发生产市场经济所必需的默会知识，以知识生产、传播与扩散实现创新。Mullainathan 在其 2014 年行为经济学著作《稀缺：我们是如何陷入贫穷与忙碌的》一书中，曾阐述心智“带宽”（Bandwidth）不足会让穷人困于稀缺状态，无法摆脱贫穷，解决之道之一是改变限制的结构，以奖励机制等让事情更容易做，构建“带宽”。与之类似，与总的研发规模扩大相比，明确如何投资、投资方式、投资在哪些项目上更重要，金融体系寻找创新点、筛选并支持创新项目是推动经济持续增长的落脚点。

由于创新的出现具有时间累积性与地理集聚性的特征，政策调整应当允许试错，有利于集聚。银行体系与证券市场的金融功能与比较优势各有不同：银行体系对于发展低风险的传统型产业具有内生性比较优势，资本市场的流动性水平提高则有利于高风险的创新企业或产业的成长。在改革过程中应发挥二者间的互补性。

① World Economic Forum 的 2015—2016 年全球竞争力报告中第八项子指标衡量一国金融竞争力，原文中为 Financial Market Efficiency，意为金融市场效率，但其内容表述与指标设计既涉及金融市场也包含银行等金融中介机构，故而此处表标题用金融发展一词指代。

第三，在突破口方面，一方面，应当推动交易方式、支付清算便利化，以构造一个资金有效流动的机制，使得市场在资源配置中发挥决定性作用，这是金融体系最基本与管理相对最薄弱的环节，互联网金融的第三方支付是有益的尝试。另一方面，应提供更丰富的储蓄工具、避险金融工具，以及能够带来合适金融风险回报率的金融投资产品，以满足消费者的相关需求。此外，品种更为多样的金融产品，如股票、政府债券、企业债券等固定收益投资工具，也有利于分散居民、企业的投资风险，间接降低了非理性投资。例如，在当前的金融体系下，财富保值增值渠道有限，大量储蓄被用于房地产投机，增加了系统性风险，从长远角度看不可持续。

在具体政策措施方面，一定要将政策调整与经济发展阶段、外部约束条件等因素相结合，才能使得金融发展的作用机制更为有效。目前应以互联网金融等方式促进金融业商业模式的转型，以支持企业创新、推动产融结合，实现对产业链及产业集聚的支持：①深化银行业改革，当前金融中介的资产集聚功能较为有效，但金融资产的配置效率有待提高，应鼓励银行金融中介机构对中小企业等主要创新主体的支持，以贸易融资、贸易结算等方式为企业转型升级提供相关金融服务，并利用金融体系获取信息的便利性与相对低成本控制道德风险的比较优势，为企业提供咨询服务。②积极推进多层次资本市场的发展与规范，推动新三板与场外交易等，加速新技术的商业化，实现知识扩散与创新。③应关注地方政府融资平台债务的风险，区分财政与金融，以避免影子银行等无节制扩张，增加金融体系风险，从而在根本上不利于企业改制与创新。总之，改革的相关政策措施应以建立推动科技进步与技术创新、促进生产要素重组、允许实体经济试错的金融体系为基本目标。

第三节　以金融发展推动经济增长的保障性措施

演化经济学思想认为，经济的增长与发展不是一系列线性事件串联的结果，而是类似于一棵包含多种进化路径的分叉树，需要同时考虑外部环境影响与经济内部因素的相互作用，以金融发展推动经济增长还需要一系列保障性措施的实施。

第一，完善金融基础设施与法律架构，强化金融监管体系，以征信服务体系、担保体系等的构建加速金融服务提供者与需求者之间的信息沟通。例如，推动包括数据交易市场等基础设施的建设，以提供免费且可以广泛获得的公共数据，减少金融层面大数据的分割性，使得企业居民能够有效投资与贷款。

第二，以竞争深化利率市场化改革。利率反映的是投资的内部收益率，因此以往金融抑制政策下对利率的控制会扭曲借贷决策，由此带来了寻租空间，并相应形成既得利益集团。为了使得金融体系能够充分反映供给与需求方的偏好，需要引入金融中介间、金融市场间的竞争，在竞争中发现市场变化的价格；通过减少行政性市场的分割，形成相互竞争、相互联系的金融体系，改变正规信贷体系、影子银行体系等相互分割的利率体系。相关保障性措施包括：

应改变国有金融机构在金融市场占主导份额、以间接融资为主、市场相对封闭分割的金融结构。可以通过民营化等方式，提高国有金融机构商业化的程度；逐步转向资本市场、公司债市场的直接融资与银行的间接融资并重，结构相对更平衡、更具包容性的金融体系，以市场交叉、融合与分层向储户与企业提供多样化的金融产品与服务。

强化金融市场基准利率体系的建设。可借鉴西方发达国家常用的货币工具，探索以短期回购利率与常备借贷便利（Standing Lending Facility, SLF）利率对流动性的调节作用，并提高上海银行间同业拆放利率（Shanghai Interbank Offered Rate, SHIBOR）体系的基准性，推动以 SHIBOR 为基准的金融衍生品的交易，以引导并完善利率定价机制的构建，使得利率风险结构与利率期限结构最终由市场供求来决定。

完善金融机构准入与市场化退出机制。多层次市场化金融体系的建立需要放开准入与退出，以逐步允许资金更自由的流动。利率市场化改革让市场在资源配置中发挥决定性作用，准入管制的放开、优胜劣汰的市场化退出机制的构建是改革顺利进行的重要保障性措施。

第三，金融改革还需要与国企改革、财税改革、养老金体制改革协同推进。金融体系改革的过程，是现金流的风险与收益再细分与重新组合的过程，只有同时实施相关部门的体制与组织结构的改革，金融改革才能够真正起作用，否则有可能形成新的市场分割与扭曲，国有金融机构的改革、政府职能的重新界定与相关政府机构改革等均是亟待解决的问题。

此外，生产者获得创新收益的微观激励、人力资本的积累与投资、经济开放度的提升等作为金融发展推动经济增长的保障性措施，也有利于第四次工业经济背景下依赖观念、知识与创新驱动经济增长与发展。

本章小结

以金融发展推动经济增长，在政策调整方面政策重点包括：①充分考虑在不同经济发展阶段，金融发展对经济增长作用机制的差异性；②有效区分知识创造与财富创造，发挥金融体系在资源配置、分散风险等方面的比较优势；③金融改革与企业改制、产业链升级相结合，避免金融发展脱离实体经济；④协调政府与市场的关系，从构建灵活的要素流动与再配置机制入手，避免金融资源的结构性错配与部门内不同生产经营个体间的金融资源错配。金融现代化的建设，需要在合理界限内稳步推进金融深化，加强商业性金融机构的改革、构建多层次的资本市场，利用金融中介与金融市场的互补性推动 Ω 知识—λ 知识转化，有针对性地促进不同规模、不同创新阶段的实体经济发展。

此外，在保障性措施方面，以金融发展推动经济增长还需要国企改革、财税改革与养老金体制改革等一系列配套性经济改革的深入与完善。

结束语：总结与展望

一、思路与观点的进一步梳理

通过研究，本书得出以下几点结论：

第一，虽然金融发展的结果可能促进经济增长，但其实质、产生的原因以及表现方式上却存在显著的差异。金融发展对经济增长的作用机制可分为数量型作用机制与质量型作用机制：数量型作用机制主要表现为通过资本积累渠道动员储蓄，熨平禀赋冲击，提高资本利用效率促进经济增长，包括外延型资本积累与内涵型资本积累。而金融发展的质量型作用机制则表现为通过促进技术进步与宏观效率提高推动经济增长：一是提高技术吸收能力以促进技术外溢效应与后发优势；二是推动 R&D 项目筛选、融资、过程监督等以促进本土研发；三是通过促进企业家精神与企业成长影响技术进步主体的培育与形成。数量型作用机制可以通过政府隐性信用担保达到促进资本短期内迅速积累进而促进经济增长的目的；而质量型作用机制则更需要减少政府过度干预与适度放宽金融抑制政策，否则会因为创新主体缺失、创新过程与创新结果转化阻碍等因素不利于金融发展通过技术进步的渠道促进经济增长。

第二，金融发展通过影响前沿创新频率 μ_m 和模仿创新频率 μ_n 来推动生产率增长，有利于一国向前沿技术的收敛。本书利用相关统计数据，以高收入国家与中低收入国家 1985—2015 年面板数据为研究对象，分析了金融发展的具体作用机制，结果显示：首先，高收入国家中金融发展促进向技术前沿收敛的作用大于中低收入国家；其次，随着一国生产技术趋向世界技术前沿，本土研发成为保持较高经济增长速度的主要动力源泉，高收入国家本土研发对经济增长的推动作用大于技术引进的作用；最后，虽然金融发展可以从推动本土研发与技术引进两个方面促进经济增长，但金融发展对本土研发的推动在高收入国家更显著，主要通过质量型作用机制（促进技术进步与宏观效率提高）推动经济增长；在中低收入国家中，金融发展主要通过推动技术引进影响经济增长，但相比起人力资本积累对经济增长的积极作用，金融发展尚未能有效促进经济增长。

第三，经济增长中的金融发展作用机制具有阶段性特点，经济转轨以来中国金融发展更侧重通过数量型作用机制推动经济增长。本书基于中国金融体系的发展历程与特征的概括比较，利用省级面板数据计量分析发现，中国金融发展与经济增长间存在长期协整关系，虽然金融发展能够推动本土研发，但其对资本积累的作用相对更为显著，主要通过数量型作用机制推动经济增长，金融发展具有增长效应。此外，中国金融体系还通过结构效应推动了区域经济增长，表现为：一是通过提高技术吸收能力与研发（R&D）推动产业结构升级；二是通过促进实体经济发展，带动二元经济结构的转换；三是通过推动资源配置与技术结构升级，加快区域经济结构的优化。

第四，金融体系的发展需要充分考虑具体的制度背景与约束条件，其作用机制的有效性也不能脱离于现实的金融发展程度与经济发展水平。本书认为中国以往的政策方案着眼于政府对金融体系的有力控制，在某种程度上通过数量型传导机制实现了迅速的资本积累与经济增长，具有一定的历史意义与阶段合理性。但是，随着中国经济发展进入较高阶段，在趋向世界生产技术前沿的过程中，原有的银行信用扩张且控制通胀的机制失效，系统性风险积累增加，需要调整相应政策推动金融发展以质量型传导机制促进经济的持续稳定增长，以避免陷入“非趋同陷阱”。

第五，以金融发展推动经济持续增长需要从动力层面、能力层面与协调层面入手。①动力层面，需要推动动员型金融向资源配置型金融转变，包括：适当放宽利率管制，降低金融抑制以推动金融深化的渐进性、层次性与持续性；降低并有层次地取消制度性歧视；从关注规模扩张转向重视结构与效率的优化；有效利用银行中介与金融市场的比较优势及以区域金融一体化降低金融的分割性等。②能力层面，实施自主创新战略，表现为本土研发与技术引进、消化、吸收及再创新的集成。当技术水平与前沿技术差距较大时，应侧重通过金融发展的数量型作用机制，以提高资本积累水平，满足模仿创新所需最低固定成本，推动技术消化吸收能力的提高；当技术水平趋近前沿技术时，应侧重通过金融发展的质量型作用机制，从鼓励模仿创新转向鼓励原始创新，进而实现技术跨越，提高自主创新能力。在引进模仿技术时，应突出集成创新，在引进、吸收先进技术的同时进一步推动本土研发。还要注重发挥企业在技术进步中的主体作用，以金融发展培育并推动企业创新主体的形成，着力提高企业技术创新能力。③协调层面，需要配套性体制与制度改革的支持，主要通过制度环境、商业环境与金融稳定性等层面的改革加以实现，当前中国需要特别关注基础设施建设与银行稳定性方面的体制制度改革。

第六，转型期的金融发展与经济增长，应深化金融改革以推动“一带一路”、新型工业化建设。以金融发展推动产业转型与升级，需要充分考虑具体的制度背景与约束条件，制订基于当地实际、明确政策优先次序的解决方案，既要考虑初始要素禀赋水平，又要结合全球价值链攀升的状况，以有效推动“一带一路”建设。新型工业化背景下，为推动 Ω 知识与 λ 知识的边际增长，强化二者间的正向反馈作用，并拓宽技术所依赖的认知基础，需要与制度环境、要素禀赋与经济发展阶段相匹配的适宜性金融发展模式。

二、有待进一步研究的问题

第一，尽管本书将与前沿技术差距的概念引入经济增长中，将其作为影响金融发展促进经济增长机制与政策选择的重要变量，同时对高收入国家与中低收入国家进行了比较，突出了阶段特征，但相关计量检验研究还不够深入。这主要源于这一问题本身所具有的难度与作者所掌握的统计数据及分析方法的有限性，也是下一步有待重点解决的问题之一。

第二，熊彼特范式内生增长理论为不同政策的增长效应研究提供了一个与本书研究背景高度相关的（Context - dependent）分析框架，如何有效地将金融发展、技术进步、宏观稳定、市场竞争程度等要素与经济增长纳入同一分析框架中，考虑其对创新频率 μ_m 、μ_n 的影响，并通过优化金融发展与技术进步等核心变量指标的衡量，更准确地探求经济转型的路径及区域间均衡发展的方法，这些问题也将是后续研究工作的重点。

[illegible]

[illegible]

二、有待进一步研究的问题

[illegible]

[illegible]

参考文献

[1] Abernathy, W., Utterback, J. Patterns of Industrial Innovation [J]. *Technology Review*, 1978 (7): 40 - 47.

[2] Abramovitz, M. Catching Up, Forging Ahead and Falling Behind [J]. *Journal of Economic History*, 1986 (46): 385 - 406.

[3] Acemoglu, D., Aghion, P., Zilibotti, F. Vertical Integration and Distance to Frontier [R]. NBER Working Paper, 9191, 2002.

[4] Acemoglu, D., Aghion, P., Zilibotti, F. Distance to Frontier, Selection, and EconomicGrowth [J]. *Journal of the European Economic Association*, 2006 (1): 37 - 74.

[5] Acemoglu, D., Zilibotti, F. Was Prometheus Unbound by Chance? Risk, Diversity andGrowth [J]. *The Journal of Political Economy*, 1997 (4): 709 - 751.

[6] Acs, Z. J., Audretsch, D. B. Innovation in Large and Small Firms: an EmpiricalAnalysis [J]. *American Economic Review*, 1988 (4): 678 - 690.

[7] Agenor, P., Montiel, P. *Development Macroeconomics* [M]. New Jersey: Princeton University Press, 1999.

[8] Aghion, Howitt, and Mayer - Foulkes. The Effect of Financial Development on Convergence: Theory and Evidence [R]. National Bureau of Economic Research Working Paper No. 10358, March 2004.

[9] Aghion, P., Angeletos G., Banerjee A., and Manova K. Volatility and Growth: Credit Constraints and Productivity - Enhancing Investment [R]. NBER Working Paper No. 11349, 2004.

[10] Aghion, P., Durlauf, S. et al. *Handbook of Economic Growth Vol* 1 [M]. Amsterdam: Elsevier, 2005.

[11] Aghion, P., Howitt, P. and Mayer – Foulkes. The Effect of Financial Development on Convergence: Theory and Evidence [J]. *The Quarterly Journal of Economics*, 2005 (1): 173 – 222.

[12] Aghion, P., Howitt, P. Appropriate Growth Policy: a Unifying Framework [J]. *Journal of the European Economic Association*, 2006 (4): 269 – 314.

[13] Aghion, P., Howitt, P. *Endogenous Growth Theory* [M]. Cambridge, Massachusetts: MIT Press, 1998.

[14] Aghion, P., Durlauf, S. From Growth Theory to Policy Design [R]. Harvard University, 2007.

[15] Aghion, P., Askenazy, P., Berman, N., Cette, G., and Eymard, L. Credit Constraints and the Cyclicality of R&D Investment: Evidence from France [J]. *Journal of the European Economic Association*, 2012, 10 (5): 1001 – 1024.

[16] Alfaro, L., Chanda, A., Kalemli – Ozcan, S., and Sayek, S. FDI and Economic Growth: the Role of Local Financial Market [J]. *Journal of International Economics*. 2004 (64): 89 – 112.

[17] Alfaro, L., Chanda, A., Kalemli – Ozcan, S., and Sayek, S. Does Foreign Direct Investment Promote Growth? Exploring the Role of Financial Markets on Linkages [J]. *Journal of Development Economics*, 2010 (2): 242 – 256.

[18] Allen, F., Qian, J. and Qian, M., J. Law, Finance, and Economic Growth in China [J]. *Journal of Financial Economics*, 2005 (1): 57 – 116.

[19] Arestis, P., Chortareas, G., Magkonis, G. The Financial Development and Growth Nexus: a Meta – Analysis [J]. *Journal of Economic Surveys*, 2014, 29 (3): 549 – 565.

[20] Atkinson, A. B., Stiglitz, J. E. A New View of Technological Change [J]. *Economic Journal*, 1969, 79 (315): 573 – 78.

[21] Audretsch, D. B. *Innovation and Industry Evolution* [M]. Cam-

bridge, Massachusetts: MIT Press, 1995.

[22] Ayyagari, M., Demirguc - Kunt, A. and Maksimovic, V. Firm Innovation in Emerging Markets: the Roles of Governance and Finance [R]. Policy Research Working Paper Series, 4157, 2007.

[23] Aziz, J., Duenwald, C. Growth - financial Intermediation Nexus in China [R]. International Monetary Fund Discussion Paper, No. 02/194, 2002.

[24] Bagehot, W. Lombard Street: a Description of the Money Market [M]. Chicago: Homewood Publishing, 1873.

[25] Bailliu, J. N. Private Capital Flows, Financial Development, and Economic Growth in Developing Countries [R]. Bank of Canada Working Papers, 00 - 15, 2000.

[26] Banerjee, A. V., Newman, A. F. Occupational Choice and the Process of Development [J]. *Journal of Political Economy*, 1993 (2): 274 - 298.

[27] Barro, R. Economic Growth in a Cross - Section of Countries [J]. *Quarterly Journal of Economics*, 1991 (2): 407 - 443.

[28] Barro, R. J., Sala - i - Martin, X. Technological Diffusion, Convergence and Growth [R]. NBER Working Paper, 5151, 1995.

[29] Beck, T. Levine, R. and Loayza, N. V. Finance and the Sources of Growth [J]. *Journal of Financial Economics*, 2000 (58): 261 - 310.

[30] Beck, T., Levine, R. and Loayza, N. V. Financial Intermediation and Growth: Causality and Causes [J]. *Journal of Monetary Economics*, 2000 (1): 31 - 77.

[31] Beck, T., Levine, R. Industry Crowth and Capital Allocation: Does Having a Market - or Bank - Based System Matter? [J]. *Journal of Financial Economics*, 2002 (64): 147 - 180.

[32] Beck, T, Demirgüç - Kunt, A., and Levine, R. Finance, Inequality and the Poor [J]. *Journal of Economic Growth*, 2007 (12): 27 - 49.

[33] Beck, T., Demirgüc - Kunt, A., and Levine, R. Financial Institutions and Markets across Countries and Over Time: the Updated Financial De-

velopment and Structure Database [R]. World Bank Policy Research, Working Paper Series No. 4943, 2009.

[34] Beck, T., Demirgüc – Kunt, A., and Honohan, P. Access to Financial Services: Measurement, Impact and Policies [J]. *World Bank Research Observer*, 2009 (1): 119 – 145.

[35] Bencivenga, V. R., Smith, B. D. Financial Intermediation and Endogenous Growth [J]. *Review of Economics Studies*, 1991 (58): 195 – 209.

[36] Bencivenga, V. R., Smith, B. D. Monetary Policy and Financial Market Evolution [J]. *Federal Reseve Bank of St. Louis*, 2003 (4): 7 – 27.

[37] Bresnahan, T. Greenstein, S. and Henderson, R. Schumpeterian Competition and Diseconomies of Scope: Illustrations from the Histories of Microsoft and IBM [R]. Harvard Business School Strategy Unit Working Paper, No. 11 – 077, 2011 (1).

[38] Bittencourt, M. Financial Development and Inequality: Brazil 1985—1994 [J]. *Economic Change and Restructuring*, 2010 (2): 113 – 130.

[39] Blackburn, K., Hung, V. T. A Theory of Growth, Financial Development and Trade [J]. *Economica*, 1998 (1): 107 – 124.

[40] Blomstrom, M. Foreign Investment and Productive Efficiency: the Case of Mexico [J]. *Journal of Industrial Economics*, 1986 (15): 97 – 110.

[41] Boyreau – Debray, G. Financial Intermediation and Growth: Chinese Style [R]. World Bank Policy Research Working Paper, No. 3027, 2003.

[42] Boyreau – Debray, G., Wei S. Can China Grow Faster? a Diagnosis of the Fragmentation of Its Domestic Capital Market [R]. Washington D. C.: International Monetary Fund. IMF Working Paper, 76, 2004.

[43] Boschma, R., Iammarino, S. Related Variety, Trade Linkages, and Regional Growth in Italy [J]. Economic Geography, 2009, 85 (3): 289 – 311.

[44] Bose, N., Cothren, R. Equilibrium Loan Contracts and Endogenous Growth in the Presence of Asymmetric Information [J]. *Journal of Monetary Econonmy*, 1996 (38): 363 – 376.

[45] Brezis, E. S. , Krugman, P. and Tsiddon, D. Leapfrogging in International Competition: a Theory of Cycles in National Technological Leadership [J]. *American Economic Review*, 1993 (5): 1211 – 1219.

[46] Brown, J. R. , Fazzari, S. M. and Petersen, B. C. Financing Innovation and Growth: Cash Flow, External Equity, and the 1990s R&D Boom [J]. *Journal of Finance*, *American Finance Association*, 2009 (1): 151 – 185.

[47] Butler, A. W. , Cornaggia, J. Does Access to External Finance Improve Productivity? Evidence from a Natural Experiment [J]. *Journal of Financial Economics*, 2011 (1): 184 – 203.

[48] Caballero R. , J. On the Sign of the Investment – uncertainty Relationship [J]. *The American Economic Review*, 1991 (1): 279 – 288.

[49] Caves, R. E. Multinational Firms, Competition and Productivity in Host – country Markets [J]. *Economical*, 1974 (41): 176 – 193.

[50] Cheng, X. , Degryse, H. A. The Impact of Bank and Non – Bank Financial Institutions on Local Economic Growth in China [J]. *Journal of Financial Services Research*, 2010 (2): 179 – 199.

[51] Christensen, L. , D. Cummings, and Jorgenson, D. Relative Productivity Levels, 1947 – 1973: An International Comparison [J]. *European Economic Review*, 1981 (1): 61 – 94.

[52] Christopolous, D. K. , Tsionas, E. G. Financial Development and Economic Growth: Evidence from Panel Unit Root and Cointegration Tests [J]. *Journal of Development Economics*, 2004 (1): 55 – 74.

[53] Ĉihák, M. , Demirgüç – Kunt, A. , Feyen, E. , Levine, R. Benchmarking Financial Systems around the World [R]. World Bank Policy Research Working Paper, 6175, World Bank, 2012.

[54] Claessens, S. , Feijen, E. Financial Sector Development and the Millennium Development Goals [R]. World Bank Working Paper No. 89, 2006.

[55] Cohen, W. , Levinthal, D. Absorptive Capacity: a New Perspective on Learning and Innovation [J]. *Administrative Science Quarterly*, 1990 (35): 128 – 152.

[56] Deidda, L., Fattouh, B. Non – linearity between Finance and Growth [J]. *Economics Letters*, 2002 (74): 339 – 345.

[57] Demirgüç – Kunt, A., Maksimovic, V. Law, Finance, and Firm Growth [J]. *Journal of Finance*, 1998 (6): 2107 – 2137.

[58] Demirgüç – Kunt, A., Beck, T., Honohan, P. Finance for All? Policies and Pitfalls in Expanding Access [R]. World Bank Policy Research Report, 2008.

[59] Demirgüç – Kunt, A., Klapper, L. F. Measuring Financial Inclusion: the Global Findex Database [J]. *Policy Research Working Paper*, 2012.

[60] De la Fuente, A., Martin, J. M. Innovation Bank Monitoring and Endogenous Financial Development [J]. *Journal of Monetary Economics*, 1996 (1): 269 – 301.

[61] De Gregorio, J., Guidotti, P. Financial Development and Economic Growth [J]. *World Development*, 1995 (23): 433 – 448.

[62] Dornbusch, R., Reynoso, A. Financial Factors in Economic Development [J]. *American Economic Review*, 1989 (2): 204 – 209.

[63] Dosi, G. Technological Paradigms and Technological Trajectories: a Suggested Interpretation of the Determinants and Directions of Technical Change [J]. *Research Policy*, 1982 (2): 147 – 162.

[64] Elias, V. *Sources of Growth: A Study of Seven Latin American Countries* [M]. San Fransisco: ICS Press, 1992.

[65] Escribano, A., Fosfuri, A and Tribó, J. A. Managing External Knowledge Flows: the Moderating Role of Absorptive Capacity [J]. *Research Policy*, 2009 (1): 96 – 105.

[66] Favara, G. An Empirical Reassessment of the Relationship between Finance and Growth [R]. International Monetary Fund, Working Paper, No. 03/123, 2003.

[67] Federici, D., Carioli, F. Financial Development and Growth: an Empirical Analysis [J]. *Economic Modelling*, 2009 (2): 285 – 294.

[68] Findlay, R. Relative Backwardness, Direct Foreign Investment and

the Transfer of Technology: a Simple Dynamic Model [J]. *Quarterly Journal of Economics*, 1978 (1): 1 -16.

[69] Fisman, R., Love, I. Financial Dependence and Growth Revisited [J]. *Journal of the European Economic Association*, 2007 (5): 470 -479.

[70] Fry, M. *Money, Interest and Banking in Economic Development* [M]. London: John Hopkins University Press, 1995.

[71] Galor, O., Zeira, J. Income Distribution and Macroeconomics [J]. *Review of Economic Studies*, 1993 (1): 35 -52.

[72] Gatti, R., Love, I. Does Access to Credit Improve Productivity? Evidence from Bulgarian Firms [R]. CEPR Discussion Papers, 6676, 2008.

[73] *Gerschenkron*, *A. Economic Backwardness in Historical Perspective* [M]. Cambridge: Harvard University Press, 1962.

[74] Goldsmith, R. W. *Financial Structure and Development* [M]. New Haven: Yale University Press, 1969.

[75] Greenwood, J., Jovanovic, B. Financial Development, Growth, and the Distribution of Income [J]. *Journal of Political Economy*, 1990 (98): 1076 -1107.

[76] Gurley, J. G., Shaw, E. S. Financial Aspects of Economic Development [J]. *American Economic Review*, 1955 (45): 515 -538.

[77] Ha, J., Howitt, P. Accounting for Trends in Productivity and R&D: a Schumpeterian Critique of Semi - Endogenous Growth Theory [J]. *Journal of Money*, Credit, and Banking, 2006 (39): 733 -774.

[78] Hannan, M. T., Freeman, J. Organizations and Social Structure [A]. Organizational Ecology [C]. Cambridge: Harvard University Press, 1989.

[79] Hellmann, T., Murdock, K. and Stiglitz, J. *Financial Restraint: Towards a New Paradigm* [A]. The Role of Government in East Asian Development: Comparative Institutional Analysis [C]. London: Oxford University Press, 1997.

[80] Hermes, N., Lensink, R. Foreign Direct Investment, Financial Development and Economic Growth [J]. *The Journal of Development Studies*,

2003 (1): 142 - 163.

[81] Hicks, J. *A Theory of Economic History* [M]. Oxford: Clarendon Press, 1969.

[82] Hidalgo, Caesar A. *Why Information Grows: the Evolution of Order, from Atoms to Economies* [M]. New York: Basic Books, 2015.

[83] Hilferding, R. *Finance Capital: a Study of the Latest Phase of Capitalist Development* [M]. London: Routledge, 1981.

[84] Howitt, P., Aghion, P. Capital Accumulation and Innovation as Complementary Factors in Long - Run Growth [J]. *Journal of Economic Growth*, 1998 (3): 111 - 130.

[85] Hsu, Po - Hsuan., Tian, X., Xu, F. Financial Development and Innovation: Cross Country Evidence [R]. University of Connecticut, Working Paper, 2010.

[86] Huang, Y. P., Wang, X. Does Financial Repression Inhibit or Facilitate Economic Growth? a Case Study of Chinese Reform Experience [J]. *Oxford Bulletin of Economics and Statistics*, 2011 (6): 833 - 855.

[87] Hung, Y. Selling China: *Foreign Direct Investment during the Reform Era* [M]. Cambridge: Cambridge University Press, 2005.

[88] Hung, F. S. Explaining the Nonlinear Effects of Financial Development on Economic Growth [J]. *Journal of Economics*, 2009 (97): 41 - 65.

[89] Ilyina, A. O., Samaniego, R. M. A Multi - sector Model of Growth with Financing Constraints [R]. Mimeo: International Monetary Fund Working Paper 09/119, 2009.

[90] Ilyina, A. O., Samaniego, R. M. Structural Change and Financing Constraints [J]. *Journal of Monetary Economics*, 2012, 59 (2): 166 - 179.

[91] Inklaar, R., Koetter, M. Financial Dependence and Industry Growth in Europe: Better Banks and Higher Productivity [R]. *GGDC Research Memorandum* GD - 100, 2008.

[92] Ikonen, P. Effect of Finance on Growth Through More Efficient Utilization of Technological Innovations [R]. Bank of Finland Research, Working

Paper, 2010.

[93] Jappelli, T., Panago, M. Saving, Growth, and Liquidity Constraints [J]. *Quarterly Journal of Economics*, 1994 (1): 83 – 109.

[94] Jovanovic, B. Selection and Evolution of Industry [J]. *Econometrica*, 1982 (2): 649 – 670.

[95] Ju, J., Wei, S. J. When is Quality of Financial System a Source of Comparative Advantage? [J]. *Journal of International Economics*, 2011, 84 (2): 178 – 187.

[96] Ketten, E., Mamuneas, T., Savvides, A. and Stengos, T. Finance Development and Economic Growth – Is the Finance – Growth Relationship Nonlinear? [R]. meetings of the European Economic Association, 2004 (2).

[97] Khan, A. The Finance and Growth Nexus [J]. *Business Review*, 2000 (1): 3 – 14.

[98] Kim, L. *Imitation to Innovation: The Dynamic of Korea's Technological Learning* [M]. Boston: Harvard Business School Press, 1997.

[99] Kimball, M., S. Precautionary Saving in the Small and in the Large [J]. *Econometrica*, 1990 (58): 53 – 73.

[100] King, R., Levine, R. Finance and Growth: Schumpeter May be Right [J]. *Quarterly Journal of Economics*, 1993 (3): 717 – 738.

[101] Kokko, Zejan. Local Technological Capability and Productivity Spillovers from FDI in the Uruguayan Manufacturing Sector [J]. *Journal of Development Studies*, 1996 (4): 602 – 611.

[102] La Porta, R., Lopez – de – silanes R., Shleifer A. and Vishny R. W. Law and Finance [J]. *Journal of Political Economy*, 1998 (106): 1113 – 1150.

[103] Laeven, L, Levine, R, Michalopoulos S. Financial Innovation and Endogenous Growth [J]. *Journal of Financial Intermediation*, 2013, 24 (1): 1 – 24.

[104] Lall, S. Vertical Inter – firm Linkage in LDCs: an Empirical Study

[J]. *Oxford Bulletin of Economics and Statistics*, 1980 (42): 203 – 226.

[105] Lazonick W. Organizational Capabilities in American Industry: the Rise and Decline of Managerial Capitalism [J]. *Business & Economic History*, 1990 (19): 35 – 54.

[106] Levine, R. Financial Development and Economic Growth: Views and Agenda [J]. *Journal of Economic Literature*, 1997 (2), 688 – 726.

[107] Levine, R. Finance and Growth: Theory and Evidence [R]. NBER Working Paper 10766, 2004.

[108] Levine, R., Zervos, S. Stock Markets, Banks, and Economic Growth [J]. *American Economic Review*, 1998 (88): 537 – 558.

[109] Lee, J. Financial Development by Learning [J]. *Journal of Development Economics*, 1996 (50): 147 – 164.

[110] Levy, M. *Modernization and the Structure of Societies: a Setting for International Relations* [M]. New Jersey: Princeton University Press, 1966.

[111] Lin, J. Y., Tan, G. Policy Burdens, Accountability and the Soft Budget Constraint [J]. *American Economic Review*, 1999, 89 (2): 426 – 431.

[112] Loayza, N., Ranciere, R. Financial Development, Financial Fragility, and Growth [R]. International Monetary Fund. Working Paper No. 05/170, 2005.

[113] Lucas, R. E. On the Mechanics of Economic Development [J]. *Journal of Monetary Economics*, 1988 (1): 3 – 42.

[114] Masten, A. et al. Non – linear Growth Effects of Financial Development: Does Financial Integration Matter [J]. *Journal of International Money and Finance*, 2008 (2): 295 – 313.

[115] Méon, P. G., Weill, L. Does Financial Intermediation Matter for Macroeconomic Performance? [J]. *Economic Modelling*, 2010 (27): 296 – 303.

[116] Mcdougall, G. The Benefits and Costs of Private Investment from Abroad: a Theoretical Approach [J]. *Economic Record*, 1960 (36): 13 – 35.

[117] McKinnon, R. *Money and Capital in Economic Development* [M]. Washington, D. C: Brookings Institution, 1973.

[118] Milgrom, P, Roberts J. Complementarities, Momentum, and the Evolution of Modern Manufacturing [J]. *American Economic Review*, 1991, 81 (2): 84 - 88.

[119] Molho, L. E. Interest Rates, Saving, and Investment in Developing Countries: a Reexamination of the McKinnon - Shaw Hypotheses [R]. *International Monetary Fund Staff Papers*, 1986 (33): 90 - 116.

[120] Morales, María F. Financial Intermediation in a Model of Growth through Creative Destruction [J]. *Macroeconomic Dynamics*, 2003 (3): 363 - 393.

[121] Nelson, R. R., Winter, S. G. In Search of a Useful Theory of Innovations [J]. *Research Policy*, 1977 (6): 453 - 470.

[122] Nelson, R. R., Winter, S. G. *An Evolutionary Theory of Economic Change* [M]. Cambridge: Harvard University Press, 1982.

[123] Nourzad, F. Financial Development and Productive Efficiency: a Panel Study of Developed and Developing Countries [J]. *Journal of Economics and Finance*, 2002 (26): 138 - 149.

[124] Odedokun, M. O. Alternative Econometric Approaches for Analyzing the Role of the Financial Sector in Economic Growth: Time - series Evidence from LDCs [J]. *Journal of Development Economics*, 1996 (1): 119 - 146.

[125] Okazaki, K. Banking System Reform in China: the Challenges of Moving toward a Market - Oriented Economy [R]. Rand Corporation Occasional Paper, 194, 2007.

[126] Omran, M., Bolbol, A. Foreign Direct Investment, Financial Development and Economic Growth: Evidence from the Arab Countries [J]. *Review of Middle East Economics and Finance*, 2003 (1): 231 - 249.

[127] Pagano, M. Financial Markets and Growth: An Overview [J]. *European Economic Review*, 1993 (2): 613 - 622.

[128] Patrick, H. Financial Development and Economic Growth in Underdeveloped Countries [J]. *Economic Development Cultural Change*, 1966 (14): 174 - 189.

[129] Patrick, H. Financial Development and Economic Growth in Under-

developed Countries: Reply [J]. *Economic Development and Cultural Change*, 1972 (2): 326 -329.

[130] Phillips, A. *Technology and Markets Structure* [M]. Lexington, Mass: Lexington Books, 1971.

[131] Pigou, A. C. The Value of Money [J]. *Quarterly Journal of Economics*, 1917 (32): 38 -65.

[132] Polak, J. J. *Financial Policies and Development* [M]. Paris: OECD, 1989.

[133] Reinhart, C., Sbrancia B. The Liquidation of Government Debt [R]. NBER Working Paper, 16893, 2011 (3).

[134] Rajan R., Zingales, L. Finance Development and Growth [J]. *American Economic Review*, 1998 (3): 559 -586.

[135] Rioja, F., Valev, N. Does One Size Fit All? a Reexamination of the Finance and Growth Relationship [J]. *Journal of Development Economics*, 2004 (74): 429 -447.

[136] Rioja, F., Valev, N. Stock Markets, Banks and the Sources of Economic Growth [R]. Georgia State University Working Paper, 2009.

[137] Rogers, E. *Diffusion of Innovations* [M]. New York: The Free Press, 2003.

[138] Romer, P. M. Increasing Returns and Long - Run Growth [J]. *Journal of Political Economy*, 1986 (5): 443 -472.

[139] Romer, P. Endogenous Technological Change [J]. *Journal of Political Economy*, 1990 (98): 71 -102.

[140] Rostow, W. W. *The Stages of Economic Growth: a Non - Communist Manifesto* [M]. Cambridge: Cambridge University Press, 1960.

[141] Roubini, N., Sala - i - Martin, X. A Growth Model of Inflation, Tax Evasion, and Financial Repression [J]. *Journal of Monetary Economics*, 1995 (35): 275 -301.

[142] Rousseau, P. L., Wachtel, P. Equity Markets and Growth: Cross - Country Evidence on Timing and Outcomes: 1980 -1995 [J]. *Journal of Bank-*

ing and Finance, 2000 (24): 1933 - 1957.

[143] Ryle, G. *The Concept of Mind* [M]. Chicago: University of Chicago Press, 1949.

[144] Saint Paul, G. Technological Choice, Financial Markets and Economic Development [J]. *European Economic Review*, 1992 (3): 763 - 781.

[145] Schumpeter, J. A. *The Theory of Economic Development* [M]. Cambridge: Harvard University Press, 1911.

[146] Shaw E. S. *Financial Deepening in Economic Development* [M]. London: Oxford University Press, London. 1973.

[147] Tadesse, S. Financial Architecture and Economic Performance: International Evidence [J]. *Journal of Financial Intermediation*, 2002 (4): 429 - 454.

[148] Tadesse, S. Innovation, Information and Financial Architecture [R]. William Davidson Institute Working Papers Series, wp877, 2007.

[149] Trew, A. W. Finance and Growth: a Critical Survey [J]. *The Economic Record*, 2006 (82): 481 - 490.

[150] Townsend, R. M. Optimal Contracts and Competitive Markets with Costly State Verification [J]. *Journal of Economic Theory*, 1979 (21): 265 - 293.

[151] Valickova, P., Havranek, T., Horvath, R. Financial Development and Economic Growth: A Meta - Analysis [J]. *Journal of Economic Surveys*, 2015, 29 (3): 506 - 526.

[152] Van Elkan, R. Catching Up and Slowing Down: Learning and Growth Patterns in an Open Economy [J]. *Journal of International Economics*, 1996 (41): 95 - 112.

[153] Watts, D. J., Strogatz, S. H. Collective Dynamics of "Small - World" Networks [J]. *Nature*, 1998, 393 (6684): 440 - 442.

[154] Weiss, L. W. The Structure - performance Paradigm and Antitrust [J]. *University of Pennsylvania Law Review*, 1979 (127): 1104 - 1140.

[155] World Bank. Poverty Reduction and Economic Management

Unit. China: Promoting Growth with Equity (Country Economic Memorandum) [R]. Washington D. C.: World Bank, Report No. 24169 – CHA, 2003.

[156] World Bank. Global Financial Development Report 2013: Rethinking the Role of Government in Finance [R]. World Bank Group. 2013.

[157] World Bank. Global Financial Development Report 2014: Financial Inclusion [R]. World Bank Group, 2014

[158] World Bank. Global Financial Development Report 2015 – 2016: Long – term Finance [R]. World Bank Group, 2015.

[159] World Economic Forum. The Financial Development Report 2010 [R]. World Economic Forum, 2010.

[160] World Economic Forum. The Financial Development Report 2011 [R]. World Economic Forum, 2011.

[161] World Economic Forum. The Financial Development Report 2012 [R]. World Economic Forum, 2012.

[162] World Economic Forum. The Future of Financial Services [R]. World Economic Forum, 2015.

[163] World Economic Forum. Global Competitiveness Report 2015 [R]. World Economic Forum, 2015.

[164] World Economic Forum, Deloitte. The Future of Financial Infrastructure: an Ambitious Look at How Blockchain Can Reshape Financial Services [R]. World Economic Forum, 2016.

[165] World Economic Forum. The Global Information Technology Report 2016 [R]. World Economic Forum, 2016.

[166] World Trade Organization, Institute of Developing Economies – Japan External Trade Organization. *Trade Patterns and Global Value Chains in East Asia: From Trade in Goods to Trade in Tasks* [M]. Geneva: WTO, 2011.

[167] Wurgler, J. Financial Markets and the Allocation of Capital [J]. *Journal of Financial Economics*, 2000 (58): 187 – 214.

[168] Yilmazkuday, H. Thresholds in the Finance – Growth Nexus: a Cross – Country Analysis [J]. *World Bank Economic Review*, 2011 (2):

278－295.

［169］Young，A. The Tyranny of Numbers：Confronting the Statistical Realities of the East Asian Growth Experience［J］. *Quarterly Journal of Economics*，1995（3）：641－80.

［170］Young H P. Innovation Diffusion in Heterogeneous Populations［J］. *Social Science Electronic Publishing*，2007（5）：1899－1924.

［171］Zhang，Xiaobo，Tan，Kong－Yam. Blunt to Sharpened Razor：Incremental Reform and Distortions in the Product and Capital Markets in China［R］. International Food Policy Research Institute，Development Strategy and Governance Division Discussion Paper，No. 13，2004.

［172］Zhang，Yin，Wan，Guanghua. Household Consumption and Monetary Policy in China［J］. *China Economic Review*，2002（13）：27－52.

［173］Zilibotti，F. Endogenous Growth and Intermediation in an "Archipelago" Economy［J］. *Economic Journal*，1994（423）：462－73.

［174］安立仁．资本驱动的中国经济增长：1952—2002［J］．人文杂志，2003（6）：44－54.

［175］安东内利（Antonelli，Cristiano）．创新经济学、新技术与结构变迁［M］．北京：高等教育出版社，2006.

［176］曹珂，朱彤．外部融资依赖、金融发展与比较优势变迁——基于中国制造业部门的行业分析［J］．世界经济研究，2010（4）：26－30.

［177］钞小静，任保平．中国经济增长质量的时序变化与地区差异分析［J］．经济研究．2011（4）：26－40.

［178］陈雄兵，吕勇斌．金融发展指数的构成要素及其国际比较［J］．改革，2012（8）：53－58.

［179］陈雨露，马勇．大金融论纲［M］．北京：中国人民大学出版社，2013.

［180］陈志刚，王皖君．金融发展与中国的收入分配：1986—2005［J］．财贸经济，2009（5）：36－41.

［181］多西（（Dosi，Giovanni），等．技术进步与经济理论［M］．北京：经济科学出版社，1992.

[182] 邓光亚，唐天伟. 中部区域金融发展与产业结构调整互动研究——基于VAR模型的实证分析 [J]. 经济经纬，2010（5）：17-21.

[183] 邓向荣、曹红. 产业升级路径选择：遵循抑或偏离比较优势——基于产品空间结构的实证分析 [J]. 中国工业经济，2016，2：52-67.

[184] 费雪（Fisher，Irving）. 货币的购买力 [M]. 北京：商务印书馆，1934.

[185] 弗里德曼（Friedman，Milton）. 货币数量论研究 [M]. 北京：中国社会科学出版社，2001：2.

[186] 弗里德曼（Friedman，Milton），等. 弗里德曼的货币理论结构 [M]. 北京：中国财政经济出版社，1989.

[187] 富兰克林·艾伦（Allen，Franklin），道格拉斯·盖尔（Gale，Douglas）. 比较金融系统 [M]. 北京：中国人民大学出版社，2002.

[188] 范德胜. 金融发展与经济增长：中国的实证检验 [J]. 南京社会科学，2011（1）：29-35.

[189] 戈德史密斯（Goldsmith，R. W.）. 金融结构与发展 [M]. 上海：上海三联书店，上海人民出版社，1994.

[190] 格申克龙（Gerschenkron，A.）. 经济落后的历史透视 [M]. 北京：商务印书馆，2009.

[191] 郭为. 中国的金融抑制与经济增长 [D]. 上海：复旦大学，2004.

[192] 韩正清，王燕，王千六. 城乡经济金融二元结构：理论关系与实证分析 [J]. 财经问题研究，2010（2）：118-123.

[193] 韩先锋，惠宁，宋文飞. 信息化能提高中国工业部门技术创新效率吗？[J]. 中国工业经济，2014（12）：70-82.

[194] 郝国胜，曲昭光，徐明威，马宇. 赶超型国家金融体制比较 [M]. 北京：中国金融出版社，2001.

[195] 和瑞，李富先，陈林，林萍，丁连军. 哈萨克斯坦主要作物滴灌栽培效益分析 [J]. 内蒙古农业科技，2010（4）：57-58.

[196] 黄姗姗，李伟平. 第三代金融发展理论研究综述 [J]. 政治经济学评论，2008（1）：168-184.

[197] 黄凯南. 现代演化经济学基础理论研究 [M]. 杭州：浙江大学

出版社，2010.

［198］黄群慧，贺俊．“第三次工业革命”与中国经济发展战略调整——技术经济范式转变的视角［J］．中国工业经济，2013（1）：5－18.

［199］黄阳华．德国“工业4.0”计划及其对我国产业创新的启示［J］．经济社会体制比较，2015（2）：1－10.

［200］黄阳华．工业革命中生产组织方式变革的历史考察与展望——基于康德拉季耶夫长波的分析［J］．中国人民大学学报，2016（3）：66－77.

［201］黄振雷，吴淑娥．现金持有会影响研发平滑吗？［J］．经济与管理研究，2014（2）：119－128.

［202］黄智淋，董志勇．我国金融发展与经济增长的非线性关系研究——来自动态面板数据门限模型的经验证据［J］．金融研究，2013（7）：74－86.

［203］胡鞍钢，马伟，鄢一龙．“丝绸之路经济带”：战略内涵、定位和实现路径［J］．新疆师范大学学报（哲学社会科学版），2014（2）：1－10.

［204］胡海峰，王爱萍．金融发展与经济增长关系研究新进展［J］．经济学动态，2016（5）：102－112.

［205］霍奇逊（Hodgson，G. M.）．制度与演化经济学现代文选：关键性概念［M］．北京：高等教育出版社，2005.

［206］吉本斯（Gibbons，M. et al.），等．知识生产的新模式：当代社会科学与研究的动力学［M］．北京：北京大学出版社，2011.

［207］贾根良．第三次工业革命与新型工业化道路的新思维——来自演化经济学和经济史的视角［J］．中国人民大学学报，2013（2）：43－52.

［208］贾根良．我国新型工业化道路主导产业的选择与战略意义［J］．江西社会科学，2015（7）：55－65.

［209］姜春．时滞、回归及预调：区域金融发展与经济增长的实证研究［J］．金融研究，2008（2）：198－206.

［210］鞠晓生，卢荻，虞义华．融资约束、营运资本管理与企业创新可持续性［J］．经济研究，2013（1）：4－16.

[211] 拉佐尼克（Lazonick, W.）. 经济学手册 [M]. 北京：人民邮电出版社，2006.

[212] 黎欢，龚六堂. 金融发展、创新研发与经济增长 [J]. 世界经济文汇，2014 (2)：1-16.

[213] 李斌，李倩，祁源. FDI 技术溢出对高技术产业技术进步的门槛效应研究——基于吸收能力与金融发展视角的门限模型检验 [J]. 国际商务（对外经济贸易大学学报），2016 (3)：74-84.

[214] 李成，张琦. 金融发展对经济增长边际效应递减内在机理研究——基于“两部门划分法”的理论框架 [J]. 经济科学，2015 (5)：5-16.

[215] 李富强，董直庆，王林辉. 制度主导、要素贡献和我国经济增长动力的分类检验 [J]. 经济研究，2008 (4)：53-64.

[216] 李科，徐龙炳. 融资约束、债务能力与公司业绩 [J]. 经济研究，2011 (5)：61-73.

[217] 李青原，赵奇伟，李江冰，江春. 外商直接投资、金融发展与地区资本配置效率——来自省级工业行业数据的证据 [J]. 金融研究，2010 (3)：80-97.

[218] 李青原，李江冰，江春，Kevin X. D. Huang. 金融发展与地区实体经济资本配置效率——来自省级工业行业数据的证据 [J]. 经济学（季刊），2013 (2)：527-548.

[219] 李强. 金融发展与我国产业升级：全球价值链攀升的视角 [J]. 商业经济与管理，2015 (6)：86-96.

[220] 李金昌，曾慧. 基于金融市场发展的 FDI 溢出效应与经济增长关系：省际面板数据研究 [J]. 统计研究，2009 (3)：30-37.

[221] 李旭旦. 金融聚集与区域经济发展 [J]. 经济学动态，2007 (4)：69-72.

[222] 李延凯，韩廷春. 金融环境演化下的金融发展与经济增长：一个国际经验 [J]. 世界经济，2013 (8)：145-160.

[223] 李雪玉. 国外金融发展与跨国投资关系研究述评 [J]. 科学经济社会，2016 (1)：55-59.

[224] 李振国．旅游产业结构优化调整的新视角：金融支持［M］．武汉：武汉理工大学出版社，2013.

[225] 李忠民，刘育红，张强．“新丝绸之路”交通经济带经济增长的实证研究——基于人力资本等6个因素的面板数据模型［J］．经济问题，2011（1）：77－80.

[226] 梁泳梅，董敏杰．中国经济增长来源：基于非参数核算方法的分析［J］．世界经济，2015，11：29－52.

[227] 林毅夫，张鹏飞．后发优势、技术引进和落后国家的经济增长［J］．经济学（季刊），2005（4）：53－74.

[228] 林毅夫，孙希芳，姜烨．经济发展中的最优金融结构理论初探［J］．经济研究，2009（8）：4－17.

[229] 林毅夫．新结构经济学——重构发展经济学的框架［J］．经济学（季刊），2011（1）：1－32.

[230] 林毅夫．繁荣的求索——发展中经济如何崛起［M］．北京：北京大学出版社，2012a.

[231] 林毅夫．新结构经济学——反思经济发展与政策的理论框架［M］．北京：北京大学出版社，2012b.

[232] 林毅夫．新结构经济学的理论框架研究［J］．现代产业经济，2013（3）：18－23.

[233] 林勇，张宗益．中国经济转型期技术进步影响因素及其阶段性特征检验［J］．数量经济技术经济研究，2009（7）：73－85.

[234] 刘德学，熊芳．“金融抑制”对经济增长方式转变的影响［J］．现代经济探讨，2011（3）：5－9.

[235] 刘金全，龙威．我国金融发展对经济增长的非线性影响机制研究［J］．当代经济研究，2016（3）：71－80.

[236] 刘军．中国金融发展中的总量结构与地区差异［J］．中南财经政法大学学报，2010（6）：56－61.

[237] 刘育红，王新安．“新丝绸之路”交通基础设施与全要素生产率增长［J］．西安交通大学学报（社会科学版），2012（3）：54－59.

[238] 陆德明．现代世界体系中的中国发展［M］．上海：上海人民出

版社，2008：150－154.

［239］罗军. 金融发展门槛、FDI 与区域经济增长方式［J］. 世界经济研究，2016（4）：107－118.

［240］吕冰洋. 中国资本积累：路径、效率和制度供给［M］. 北京：中国人民大学出版社，2007：376.

［241］马克思. 资本论（第1卷）［M］. 北京：人民出版社，2004.

［242］马克思. 资本论（第3卷）［M］. 北京：人民出版社，2004.

［243］麦金农（McKinnon，R.）. 经济发展中的货币与资本［M］. 北京：中国金融出版社，2006.

［244］毛汉英. 中国与俄罗斯及中亚五国能源合作前景展望［J］. 地理科学进展，2013（10）：1433－1443.

［245］米什金（Mishkin，F. S）. 货币金融学［M］. 北京：中国人民大学出版社，1998.

［246］苗文龙. 现代货币数量论与中国"高货币化"成因［J］. 数量经济技术经济研究，2007（12）：108－116.

［247］莫基尔（Mokyr，J.）. 雅典娜的礼物：知识经济的历史起源［M］. 北京：科学出版社，2010.

［248］牟晓云，石柱鲜，石林松. 金融变量对我国主要宏观经济指标的影响分析［J］. 统计与决策，2011（1）：105－108.

［249］诺顿（Naughton，B）. 中国经济：转型与增长［M］. 上海：上海人民出版社，2010.

［250］帕尔默（Palmer，R. R. et al.，等）. 工业革命：变革世界的引擎［M］. 北京：世界图书出版公司北京公司，2010.

［251］彭建刚，李关政. 我国金融发展与二元经济结构内在关系实证分析［J］. 金融研究，2006（4）：90－100.

［252］彭兴韵. 金融发展的路径依赖与金融自由化［M］. 上海：上海人民出版社，2002.

［253］彭文平. 金融发展阶段：一个包含金融部门的内生增长模型［J］. 华南师范大学学报，2007（3）：14－22.

［254］庞瑞芝，李鹏. 中国新型工业化增长绩效的区域差异及动态演

进［J］. 经济研究，2011（11）：36－47.

［255］波兰尼（Polanyi，M.）. 个人知识——迈向后批判认识论［M］. 贵阳：贵州人民出版社，2000.

［256］佩蕾丝（Perez，Carlota）. 技术革命与金融资本［M］. 北京：中国人民大学出版社，2007.

［257］佩蕾丝，苏蒂. 技术上的追赶：进入壁垒和机会窗口［A］. 多西（Dosi，Giovanni），等. 技术进步与经济增长［C］. 北京：经济科学出版社，1992.

［258］钱良信. 我国金融发展与资本形成的动态关系研究［J］. 技术经济与管理研究. 2011（2）：86－89.

［259］钱水土，周永涛. 金融发展、技术进步与产业升级［J］. 统计研究，2011（1）：68－74.

［260］冉光和. 中国金融发展与经济增长关系的区域差异——基于东部和西部面板数据的检验和分析［J］. 中国软科学，2006（2）：102－110.

［261］冉光和，徐鲲，鲁钊阳. 金融发展、FDI 对区域创新能力的影响［J］. 科研管理，2013（7）：45－52.

［262］热依汗·吾甫尔. 中国西部地区面临的地缘经济挑战——以新疆为例［J］. 人民论坛，2014（11）：235－237.

［263］任保平. 以质量看待增长：对新中国经济增长质量的评价与反思［M］. 北京：中国经济出版社，2010：43.

［264］罗德里克（Rodrik，D.）. 一种经济学，多种药方：全球化、制度建设和经济增长［M］. 北京：中信出版社，2016.

［265］芮明杰，杨锐. 大公司主导变革：我国产业结构战略性调整的新思路、新政策：基于产业链重构视角［M］. 上海：上海财经大学出版社，2015.

［266］单豪杰. 中国资本存量 K 的再估算：1952—2006 年［J］. 数量经济技术经济研究，2008（10）：17－31.

［267］邵宜航，刘仕保，张朝阳. 创新差异下的金融发展模式与经济增长：理论与实证［J］. 管理世界，2015（11）：29－39.

［268］沈红波，寇宏，张川. 金融发展、融资约束与企业投资的实证

研究［J］. 中国工业经济，2010（6）：55－64.

［269］沈坤荣，张成. 金融发展与中国经济增长——基于跨地区动态数据的实证研究［J］. 管理世界，2004（7）：15－21.

［270］沈能. 技术创新的金融安排研究［D］. 大连：大连理工大学，2008.

［271］师文明，王毓槐. 金融发展对技术进步影响的门槛效应检验——基于中国省际面板数据的实证研究［J］. 山西财经大学学报，2010（9）：38－45.

［272］世界银行报告小组. 金融与增长——动荡条件下的政策选择［M］. 北京：经济科学出版社，2001.

［273］舒元，才国伟. 我国省际技术进步及其空间扩散分析［J］. 经济研究，2007（6）：106－118.

［274］舒元，徐现祥. 中国经济增长模型的设定：1952—1998［J］. 经济研究，2002（11）：3－11.

［275］斯宾塞（Spence. M），林重庚（Lim，E）. 中国经济中长期发展和转型：国际视角的思考与建议［M］. 北京：中信出版社，2011.

［276］司托克斯，D. E.（Stokes，D. E）. 巴斯德象限：基础科学与技术创新［M］. 北京：科学出版社，1999.

［277］施瓦布（Schwab，Klaus）. 第四次工业革命［M］. 北京：中信出版社，2016.

［278］宋翠玲. 对我国区际经济与金融差距关联性的实证分析［J］. 数量经济技术经济研究，2007（10）：120－130.

［279］宋胜洲. 基于知识的演化经济学［M］. 上海：上海世纪出版集团，2008.

［280］苏李，臧日宏，闫逢柱. 中国金融服务业与经济增长的 Granger 分析——基于地理集聚视角［J］. 东北大学学报，2010（1）：23－28.

［281］苏基溶，廖进中. 动员性扩张还是市场配置：中国金融体系功能的检验［J］. 财经论丛，2009（5）：41－47.

［282］苏楠，宋来胜. 金融发展对 FDI 技术溢出效应的影响［J］. 中南财经政法大学学报，2012（4）：54－61.

[283] 孙壮志．“丝绸之路经济带”：打造区域合作新模式［J］．新疆师范大学学报（哲学社会科学版），2014（3）：36－41.

[284] 唐清泉，巫岑．银行业结构与企业创新活动的融资约束［J］．金融研究，2015（7）：116－134.

[285] 唐礼智，罗婧．金融发展与FDI技术溢出效应：线性还是非线性？［J］．吉林大学社会科学学报，2013（3）：49－57.

[286] 谭之博，赵岳．外商直接投资的挤入挤出效应：金融发展的影响［J］．金融研究，2014（9）：69－83.

[287] 陶锋．吸收能力、价值链类型与创新绩效——基于国际代工联盟知识溢出的视角［J］．中国工业经济，2011（1）：140－150.

[288] 特纳（Turner，A.）．债务和魔鬼：货币、信贷和全球金融体系重建［M］．北京：中信出版社，2016.

[289] 王聪．马克思经济学与西方经济学货币数量理论比较研究［J］．经济纵横，2010（9）：24－28.

[290] 王聪．丝绸之路经济带核心区产业转型与合作：新结构经济学的视角［J］．人文杂志，2015（3）：35－42.

[291] 王聪．以全球价值链为切入点融入丝绸之路经济带投资建设［J］．经济纵横，2016（8）：67－71.

[292] 王聪．基于知识的新型工业化：内在逻辑与路径选择［J］．天津社会科学，2016（6）：101－105.

[293] 王海燕．在上海合作组织框架内中国新疆与中亚国家的产业合作［J］．俄罗斯中亚东欧市场，2006（8）：21－32.

[294] 王海燕．中国参与中亚区域能源合作的策略［J］．新疆金融，2008（2）：27－31.

[295] 王俊．基于演化经济学视角的新型工业化战略选择［J］．财经科学，2014（11）：83－91.

[296] 王守坤．政府与金融的政治关联：经济效应检验及中介路径判断［J］．经济评论，2015（5）：3－20.

[297] 王永中，高凌云．金融发展与内生经济增长理论评述：人力资本积累视角［J］．首都经济贸易大学学报，2007（3）：98－103.

［298］王永中．浅析金融发展、技术进步与内生增长［J］．中国社会科学院研究生院学报，2007（7）：59－65.

［299］王永剑，刘春杰．金融发展对中国资本配置效率的影响及区域比较［J］．财贸经济，2011（3）：54－60.

［300］王琰，蒋先玲．金融发展制约 FDI 溢出效应的实证分析［J］．国际贸易问题，2011（5）：138－148.

［301］王瑜炜，秦辉．中国信息化与新型工业化耦合格局及其变化机制分析［J］．经济地理，2014（2）：93－100.

［302］王宏淼．西方国家经济增长方式的历史演变及对当今的启示［J］．现代经济探讨，2006（6）：30－36.

［303］王少国．金融发展在二元经济结构转换中的金融贡献［M］．北京：中国经济出版社，2005.

［304］魏众．中国“十二五”期间收入分配问题及对策研究［R］．中国社会科学院经济所工作论文，2009.

［305］魏枫．资本积累、技术进步与中国经济增长路径转换［J］．中国软科学，2009（3）：39－45.

［306］文礼鹏，郭熙保．借用技术与资本积累型经济增长——兼论全要素生产率与经济增长效率的异同［J］．当代财经，2010（8）：14－19.

［307］吴信如．金融发展的福利收益和“门槛效应”一个动态最优增长分析［J］．财经研究，2006（2）：118－126.

［308］吴淑娥，仲伟周，卫剑波，黄振雷．融资来源、现金持有与研发平滑——来自我国生物医药制造业的经验证据［J］．经济学（季刊），2016（2）：745－766.

［309］武志．金融发展与经济增长：来自中国的经验分析［J］．金融研究，2010（5）：58－68.

［310］冼国明，冷艳丽．地方政府债务、金融发展与 FDI——基于空间计量经济模型的实证分析［J］．南开经济研究，2016（3）：52－74.

［311］肖利平．后发优势、吸收能力与追赶型增长的区域差异［J］．中国软科学，2010（1）：60－66.

［312］熊彼特．经济发展理论［M］．北京：中国社会科学出版

社，2009.

［313］熊鹏，王飞．中国金融深化对经济增长内生传导渠道研究——基于内生增长理论的实证比较［J］．金融研究，2008（2）：51－60.

［314］谢朝华，刘衡沙．中国金融发展与TFP关联关系实证研究——基于技术创新和制度创新的中介效应分析［J］．财经理论与实践，2014（1）：33－38.

［315］谢康，肖静华，周先波，乌家培．中国工业化与信息化融合质量：理论与实证［J］．经济研究，2012（1）：4－16.

［316］徐海霞．外商直接投资、金融市场与东道国经济增长：理论与实证［J］．金融理论与实践，2016（3）：12－18.

［317］徐海燕．中国与中亚的能源“双轨”合作［J］．国际问题研究，2013（6）：90－99.

［318］阳小晓，赖明勇．FDI与技术外溢——基于金融发展的理论视角及实证研究［J］．数量经济技术经济研究，2006（6）：72－81.

［319］杨殿中．中国企业对中亚五国直接投资的产业分布及产业选择建议［J］．中央财经大学学报，2012（9）：66－71.

［320］杨恕，王术森．丝绸之路经济带：战略构想及其挑战［J］．兰州大学学报（社会科学版），2014（1）：23－30.

［321］杨兴全，曾义．现金持有能够平滑企业的研发投入吗？——基于融资约束与金融发展视角的实证研究［J］．科研管理，2014（7）：107－115.

［322］杨友才．金融发展与经济增长——基于我国金融发展门槛变量的分析［J］．金融研究，2014（2）：59－71.

［323］姚博．金融支持、区域市场整合与价值链提升［J］．产业经济研究，2014（2）：11－20.

［324］姚先国，武鑫．中国的金融制度转型——基于经济危机中的观察［J］．经济学动态，2010（11）：51－59.

［325］姚耀军．金融发展与城乡收入差距关系的经验分析［J］．财经研究，2005（2）：49－59.

［326］姚耀军．金融中介发展与技术进步——来自中国省级面板数据

的证据［J］. 财贸经济，2010（4）：26－31.

［327］姚耀军. 金融发展和全要素生产率：一个文献回顾［J］. 浙江社会科学，2011（3）：144－149.

［328］易信，刘凤良. 金融发展、技术创新与产业结构转型——多部门内生增长理论分析框架［J］. 管理世界，2015（10）：24－39.

［329］于成永. 金融发展与经济增长关系：方向与结构差异——源自全球银行与股市的元分析证据［J］. 南开经济研究，2016（1）：33－57.

［330］余泳泽，张先轸. 要素禀赋、适宜性创新模式选择与全要素生产率提升［J］. 管理世界，2015（9）：13－31.

［331］余泳泽. 中国省际全要素生产率动态空间收敛性研究［J］. 世界经济，2015（10）：30－55.

［332］余官胜. 东道国金融发展和我国企业对外直接投资——基于动机异质性视角的实证研究［J］. 国际贸易问题，2015（3）：138－145.

［333］于震，杨苜，刘淼. 中国金融发展与生产率增长［J］. 社会科学战线，2008（5）：48－53.

［334］曾国屏，王程韡. 知识资本、全球化与科技创新［M］. 北京：清华大学出版社，2013.

［335］张丽平. 中美产业互补性研究［M］. 北京：商务印书馆，2011.

［336］张建伦. 加强丝绸之路经济带产业合作［J］. 中国发展观察，2014（5）：24－26.

［337］张杰. 制度金融理论的新发展：文献述评［J］. 经济研究，2011（3）：145－159.

［338］张璟，沈坤荣. 地方政府干预、区域金融发展与中国经济增长方式转型——基于财政分权背景的实证研究［J］. 南开经济研究，2008（6）：122－141.

［339］张军. 资本形成、工业化与经济增长：中国的转轨特征［J］. 经济研究，2002（6）：3－13.

［340］张磊. 中国高速经济增长过程中的货币、金融扭曲［R］. 中国社会科学院经济所博士后工作报告，2006.

[341] 张林. 中国双向 FDI、金融发展与产业结构优化 [J]. 世界经济研究，2016 (10)：111 - 124.

[342] 张炜. 技术创新过程模式的发展演变及战略集成 [J]. 科学学研究，2004 (2)：94 - 98.

[343] 张炜，杨选良. 自主创新概念的讨论与界定 [J]. 科学学研究，2006 (6)：956 - 961.

[344] 张亚斌，马莉莉. 大数据时代的异质性需求、网络化供给与新型工业化 [J]. 经济学家，2015 (8)：44 - 51.

[345] 赵昌文，朱鸿鸣. 从攫取到共容：金融改革的逻辑 [M]. 北京：中信出版社，2015.

[346] 赵丽芬. 美国和日本产业转型升级的经验与启示 [J]. 产业经济评论，2015 (1)：100 - 104.

[347] 赵奇伟. 金融发展、外商直接投资与资本配置效率 [J]. 财经问题研究，2010 (9)：7 - 51.

[348] 赵华胜. "丝绸之路经济带" 的关注点及切入点 [J]. 新疆师范大学学报（哲学社会科学版），2014 (3)：27 - 35.

[349] 赵勇，雷达. 中美经济失衡的性质及调整：基于金融发展的视角 [J]. 世界经济，2009 (1)：62 - 71.

[350] 赵勇，雷达. 金融发展与经济增长：生产率促进抑或资本形成 [J]. 世界经济，2010 (2)：37 - 50.

[351] 赵振全，于震，杨东亮. 金融发展与经济增长的非线性关联研究——基于门限模型的实证检验 [J]. 数理经济技术经济研究，2007 (7)：54 - 62.

[352] 赵振全，于震，刘森. 中国金融发展、储蓄率与经济增长间的动态影响机制 [A]. 21 世纪数量经济学（第九卷）[C]. 2008 (12)，第六届经济学年会论文.

[353] 郑志刚，邓贺斐. 法律环境差异和区域金融发展——金融发展决定因素基于我国省级面板数据的考察 [J]. 管理世界，2010 (6)：14 - 27.

[354] 中国社会科学院经济研究所经济增长前沿课题组. 经济增长、

结构调整的累积效应与资本形成［J］. 经济研究，2003（8）：3－12.

［355］中国社会科学院经济研究所经济增长与宏观稳定课题组. 开放中的经济增长与政策选择［J］. 经济研究，2004（4）：4－15.

［356］中国社会科学院经济研究所经济增长前沿课题组. 高投资、宏观成本与经济增长的持续性［J］. 经济研究，2005（10）：12－23.

［357］中国社会科学院经济研究所中国经济增长与宏观稳定课题组. 干中学、低成本竞争和增长路径转变［J］. 经济研究，2006（4）：4－14.

［358］中国社会科学院经济研究所中国经济增长与宏观稳定课题组. 金融发展与经济增长：从动员性扩张向市场配置的转变［J］. 经济研究，2007（4）：4－17.

［359］周好文，钟永红. 中国金融中介发展与地区经济增长：多变量VAR系统分析［J］. 金融研究，2004（6）：130－137.

［360］周立. 中国各地区金融发展与经济增长（1978—2000）［M］. 北京：清华大学出版社，2004.

［361］周丽丽，杨刚强，江洪. 中国金融发展速度与经济增长可持续性——基于区域差异的视角［J］. 中国软科学，2014（2）：58－69.

［362］朱波. 金融发展与内生增长：理论及基于中国的实证研究［M］. 成都：西南财经大学出版社，2007.

［363］祝佳. 创新驱动与金融支持的区域协同发展研究——基于产业结构差异视角［J］. 中国软科学，2015（9）：106－116.

［364］朱闰龙. 金融发展与经济增长文献综述［J］. 世界经济文汇，2004（6）：46－64.

［365］踪家峰，熊行，周聪. 区域金融结构与经济增长［J］. 财经科学，2009（9）：11－17.

索 引

后记

博士学习之旅，一路走来，师恩、友情与亲情让我得以战胜困难顺利完成学业，饮水思源，我心中充满感恩。

本书得以付梓，首先需要感谢的是我的恩师张炜教授。在读博的过程中，我有幸在科研、工作以及生活中得到先生的悉心教导与帮助，这都成为我人生中最宝贵的财富。成为张先生的弟子以来，先生治学严谨、实事求是的科研作风一直潜移默化地影响着我、激励着我。先生认真严谨的科研态度尤其深深感动着我，无论多忙，对于我每次的论文进展汇报，先生总是第一时间给我反馈；先生的指导均能高屋建瓴，使我受益良多，极大地启发了我的思路，坚定了我研究的信心并增强了我的研究热情。没有恩师的谆谆教诲与悉心关怀，就没有本书。恩师严谨的治学态度、敏锐的洞察力、渊博的知识以及高尚的品德都是我终身学习的榜样。

感谢西北大学经济管理学院所有老师在我读博过程中的指导，特别感谢任保平教授对我的教诲与帮助。任教授对论文的撰写提供了极具启发性与建设性的意见，并给予了殷切的关怀与鼓励；衷心感谢王正斌教授一直以来的悉心关怀与谆谆教导；衷心感谢何爱平教授、赵守国教授、常云昆教授、陈希敏教授、高煜教授等老师对我论文写作的启发、指点与无私帮助；衷心感谢康蓉副教授、刘慧侠副教授对我承担的双语教学任务的指导以及博士学习的鼓励与支持；还要感谢在学习过程中白永秀教授、王满仓教授、孙万贵教授、师萍教授、姚慧琴教授、冯涛教授等老师的教诲，各位老师引领我较系统地掌握现代经济学的理论与方法，为进一步的科研工作打下了扎实基础。感谢李波老师、张素娥老师、张琳老师、安树军老师对我的热情帮助。特别需要感谢公共管理学院的杨选良副教授，杨老师待人热诚，不仅在我博士学习期间给予我不倦教诲与悉心指导，也在工作与学习中给予我许多的帮助，我们建立了真挚的师生友谊；同时感谢陕西省科技信息研究所张薇所长、《天津社会科学》杨晓丽老师、中国社会科学院工业经济研究所黄阳华老师为研究提供的宝贵支持与热情帮助。衷心感谢论文开题、匿名评审与答辩中的各位导师以及南京大学商学院耿修林教授、耿强副教授等各位老师的无私帮助。

衷心感谢我的同事们、经济学博士班的全体同学与朋友们给予的鼓励与关心，与他们的交流让我受益匪浅。感谢马莉莉教授助我体悟科研的乐趣、励我坚韧，在此一并感谢刘瑞明副教授、马小勇副教授、张龙副教授、钞小静副教授、赵麦茹副教授、赵勇副教授、刘燕妮副教授、吴振磊副教授、岳利萍副教授、王凯、焦少飞、褚志远、余洁、董联党、岳永、肖毅及各位无法一一提及的同窗们和师兄、师姐、师弟与师妹们。

在求学过程中，尤其要感谢我的家人，他们是我不断进取与前进的动力。感激父母对我无微不至的关爱，让我的成长之路充满温暖、愉悦与欢欣；感谢爱人陈亮悉心呵护带给我的幸福与快乐，公公婆婆的温馨关爱与无私付出，家人的理解与支持是我坚实的后盾，是我永远的精神支柱。

非常感谢本书的出版过程中，中国经济出版社霍宏涛老师、贺静老师的真诚指导与悉心帮助。

在此向所有关心我、给予我无私帮助的老师、同学、朋友与家人致以最诚挚的谢意！

王　聪

2016 年 12 月